Willem Caland

Das Śrautasūtra des Āpastamba

Willem Caland

Das Śrautasūtra des Āpastamba

ISBN/EAN: 9783965062887

Auflage: 1

Erscheinungsjahr: 2019

Erscheinungsort: Treuchtlingen, Deutschland

Literaricon Verlag UG (haftungsbeschränkt), Uhlbergstr. 18, 91757 Treuchtlingen. Geschäftsführer: Günther Reiter-Werdin, www.literaricon.de. Dieser Titel ist ein Nachdruck eines historischen Buches. Es musste auf alte Vorlagen zurückgegriffen werden; hieraus zwangsläufig resultierende Qualitätsverluste bitten wir zu entschuldigen.

Printed in Germany

DAS ŚRAUTASŪTRA DES ĀPASTAMBA

AUS DEM SANSKRIT

ÜBERSETZT

VON

DR. W. CALAND
PROFESSOR AN DER UNIVERSITÄT UTRECHT

1.—7. BUCH

GÖTTINGEN
VANDENHOECK & RUPRECHT
1921

LEIPZIG
J. C. HINRICHS'SCHE
BUCHHANDLUNG

Auslieferung durch Vandenhoeck & Ruprecht in Göttingen

In der Reihenfolge des Erscheinens Band 6

Gruppe 7

Einleitung.

Zu den sechs einen Anhang zur heiligen Überlieferung *(śruti)* bildenden Werken, den sogenannten Vedāṅgas, gehört auch die Darstellung des Rituals, welches in Aphorismen *(sūtras)* abgefaßt unter dem Namen Śrautasūtra bekannt ist. Da der Veda dreiteilig ist[1], finden sich auch mehrere Śrautasūtras vor. So besitzen wir Śrautasūtras, die zum Ṛgveda gehören und demnach das Ritual für den mit dem Ṛgveda operierenden Opferpriester (den Hotṛ) und seine Gehilfen darstellen; daneben gibt es Sūtras für den Sänger (Udgātṛ) und seine Assistenten, denen beim Somaopfer hauptsächlich das Singen der Gesänge obliegt; auch gibt es Sūtras für den Adhvaryu cum suis, welche die eigentlichen Handlungen meist unter Begleitung von prosaischen Formeln oder von Versen zu verrichten haben. Diese Darstellungen des Rituals sind keineswegs Erfindungen ihrer Autoren. Bekanntlich enthalten diejenigen Teile des Veda, welche man als die ältesten bezeichnen darf, die sogenannten Bündel *(saṃhitās)*, die Verse *(ṛc's)* für den Hotṛ cum suis, die Gesänge *(sāmans)* für den Udgātṛ cum suis und die Formeln *(yajus)* für die Adhvaryus. Von Anfang an muß daneben das Ritual überliefert worden sein, welches diese Lieder, Gesänge und Formeln begleiteten. Die älteste Darstellung dieses Rituals ist in den sog. Brāhmaṇas fixiert worden; das sind die Prosatexte, welche die Spekulation über das Opfer enthalten, den Zweck der Opferhandlungen darlegen, den Sinn der begleitenden Sprüche und Verse enthüllen. Die Sūtras sind ihrem eigentlichen Wesen nach nur Exzerpte aus diesen Brāhmaṇas. Diejenigen Brāhmaṇastücke, welche das eigentliche Opfer darstellen, bilden den Kern dieser Sūtras, in welchen das Ritual aber zu einem System verarbeitet und ausgearbeitet worden ist. Da nun schon frühzeitig verschiedene mehr oder weniger von einander abweichende Rezensionen der Saṃhitās entstanden, kamen auch mehrere Rezensionen der Brāhmaṇas und damit Abweichungen im Ritual zustande. Sehr vieles ist verloren gegangen; aber bis jetzt sind uns zwei, freilich sehr wenig verschiedene, Rezensionen der Ṛksaṃhitā mit zwei grundverschiedenen Brāhmaṇas bekannt, während die Sāmasaṃhitā in zwei ziemlich stark abweichenden Rezensionen mit ebenfalls zwei sehr verschiedenen Brāhmaṇas vorliegt. Noch stärker ist die Differenzierung des Yajurveda, der in zwei Hauptgruppen zerfällt: den älteren Schwarzen und den jüngeren Weißen Yajurveda. Vom Schwarzen Yajurveda, in welchem die Saṃhitāstücke und die Brāhmaṇapartieen vermischt überliefert sind, bestehen gegenwärtig nicht weniger als vier Rezensionen: die Maitrāyaṇī-saṃhitā der Mā-

[1] Der vierte Veda, der Atharvaveda, kommt, wenn es sich um das rein vedische Opfer handelt, nicht in Betracht.

navaschule, das Kāṭhaka der Kaṭhas, die damit fast wörtlich übereinstimmende Kapiṣṭhala-saṃhitā und die Taittirīya-saṃhitā mit dem Taittirīya-brāhmaṇa und dem Taittirīya-āraṇyaka. Zum Weißen Yajurveda, in welchem Saṃhitā und Brāhmaṇa geschieden sind, gehören zwei nur teilweise verschiedene Rezensionen, die der Mādhyandinas und der Kāṇvas.

Jede dieser Śākhās nun hat ihr eignes Sūtra:

Ṛgveda	Ṛksaṃhitā	Aitareya-brāhm., Ait. Araṇyaka;		Aśvalāyanasūtra.
		Kauṣītaki-brāhm., Kauṣ. „ ;		Śāṅkhāyanasūtra.
Sāmaveda	Kauthuma-Rāṇāyanīya-Saṃhitā	Tāṇḍya-brāhmaṇa		Lāṭyāyanasūtra. Drāhyāyaṇasūtra.
	Jaiminīya-Saṃhitā	Jaiminīya-brāhmaṇa		Jaiminīyasūtra.
Yajurveda	Schwarzer	Maitrāyaṇī-saṃhitā		Mānavasūtra.
		Kāṭhaka		Sūtra verloren.
		Kapiṣṭhala-saṃhitā		„ „
		Taittirīya-saṃhitā, brāhmaṇa und āraṇyaka		Baudhāyanasūtra. Bhāradvājasūtra. **Āpastambasūtra.** Hiraṇyakeśisūtra. Vaikhānasasūtra.
	Weißer	Mādhy. Vājasaneyi-saṃhitā und āraṇyaka	Śatapatha-brāhmaṇa	Kātyāyanasūtra.
		Kāṇvīya Vājasaneyi-saṃhitā und āraṇyaka	Śatapatha-brāhmaṇa	Sūtra verloren.

Die Mehrheit der Brāhmaṇas und Sūtras zu einer Śākhā erklärt sich einerseits hauptsächlich aus lokalen Gründen; auf der anderen Seite scheinen auch Motive persönlicher Art diese Spaltungen veranlaßt zu haben, wie denn das Brāhmaṇa des Weißen Yajurveda fortwährend heftig gegen die Carakaadhvaryus des Schwarzen Yajurveda polemisiert, deren Praxis es häufig verurteilt. — Es ist nun das Gewöhnliche, daß ein Sūtra sich der zugehörigen Saṃhitā und dem Brāhmaṇa genau anschließt, deren Lieder, Gesänge und Formeln als bekannt voraussetzend und nur vermittelst der Anfangswörter *(pratīka)* andeutend, und Zitate aus dem zugehörigen Brāhmaṇa ebenfalls in abgekürzter Form gebend. In dieser Hinsicht hat sich von den zum Schwarzen Yajurveda der Taittirīya-śākhā gehörigen Sūtras das Baudhāyanīya-sūtra am reinsten zu erhalten gewußt. Anders steht es mit demjenigen Sūtra, welches den Namen des Āpastamba führt. Oben ist die Behauptung aufgestellt worden, daß die Sūtras im allgemeinen nicht nur so erfunden worden sind, sondern sich auf die Brāhmaṇas gründen. Nicht immer aber geben die Brāhmaṇas, wenn sie einen Vers oder einen Gesang oder eine Formel besprechen, auch deutlich die Handlung an, welche der Vers oder der Gesang oder die Formel begleiten soll. Es ist nun auf der einen Seite nicht unwahrscheinlich, daß neben der in den Brāhmaṇas fixierten Überlieferung noch weitere Tradition des Rituals bestand, welche diese Anwendung, den *viniyoga,* aufbewahrte. Eine sorgfältige Vergleichung aber des Āpastambīya-sūtra, einerseits mit dem eignen Brāhmaṇa, andererseits mit den ihm ferner stehenden Brāhmaṇas, lehrt uns, daß der Verfasser dieses Textes nicht selten mit Hintanstellung seines eignen Brāhmaṇa (d. h. der Brāhmaṇateile der Taittirīya-saṃhitā und des Taittirīya-brāhmaṇa und -āraṇyaka), die Vorschriften und die Anwendung (den *viniyoga*) den fremden Texten entnimmt. Häufig wird von ihm z. B. das Vājasaneyaka unumwunden zitiert, aber noch viel häufiger werden die Anwendungen der Formeln von Āpastamba diesem Brāhmaṇa entnommen. Sehr oft auch werden Verse, Formeln und Anwendungen derselben aus dem ihm freilich näher stehenden Kāṭhaka oder der Maitrāyaṇī-saṃhitā übernommen. In der unten gegebenen Übersetzung des Textes des Āpastamba habe ich, soweit mir das möglich war, alle Entlehnungen aus den fremden Texten nachgewiesen. Ist Āpastamba also in dieser Hinsicht nicht eine so ganz reine Quelle für das Ritual der Taittirīya-schule wie z. B. Baudhāyana, so ist dieses Werk dennoch nicht nur für den Vedaforscher gerade wegen dieser Art von Synkretismus um so interessanter, sondern auch für den Religionsforscher, da dieser zu gleicher Zeit vieles aus den verwandten Texten erfährt.

Noch manches andere Problem philologischer Art bietet eine kritische Untersuchung des Āpastamba; zu diesen Problemen gehört in erster Reihe das Verhältnis, das zwischen ihm und dem Taittirīya-brāhmaṇa und -āraṇyaka besteht. Die Sache verhält sich nämlich so, daß die Taittirīya-saṃhitā von unserem Autor immer als bekannt vorausgesetzt wird: die in der Saṃhitā vorliegenden Verse und Formeln werden immer nur vermittelst ihrer Anfangswörter angedeutet, und wenn auf Prosaaussprüche aus diesem Texte Bezug genommen wird, so werden ebenfalls nur die Anfangswörter kurz zitiert und mit einem einfachen ity uktam abgeschlossen. Wo jedoch Verse angegeben werden, die im Taittirīya-brāhmaṇa vorliegen, oder Prosastücke erwähnt werden, welche sich in diesem Brāhmaṇa finden, da gibt Āpastamba sowohl die Verse wie die Prosastücke ganz, ohne Abkürzung. Das Wesen dieses Verhältnisses ist mir noch nicht ganz klar geworden. Erst die ganze Durcharbeitung des Werkes wird darüber — oder vielleicht auch nicht! — Aufschluß geben können.

Aus dem vorher Gesagten ist es klar, daß ein Sūtra seinem Wesen nach den ganzen bezüglichen Veda repräsentiert, freilich ohne diejenigen Brāhmaṇateile, welche die Erklärung der Verse oder der parallel laufenden Handlungen zu geben beabsichtigen. Zum richtigen Verständnis und zur Würdigung des Sūtra jedoch ist eine stetige Vergleichung auch dieser — oft primitiven und kindlichen — Erklärungsversuche unentbehrlich. Würde man indes zu jedem Sūtrasatze auch das einschlägige Brāhmaṇa mitteilen wollen, so würde die Arbeit einen allzugroßen Umfang bekommen und außerdem wäre es nicht immer lohnend, zu jedem Sūtra das Brāhmaṇa zu geben. Ich habe darum nur eine Auswahl getroffen und nur dort, wo es entweder zum richtigen Verständnis notwendig oder aus anderen Rücksichten empfehlenswert schien, auch das Brāhmaṇa mitgeteilt.

Noch in einer anderen Hinsicht gibt die Übersetzung mehr als der Text enthält, da ich mich nicht damit begnügt habe, die Zitate aus der Saṃhitā (die Formeln also) in ihrer vom Autor abgekürzten Form zu geben, sondern dieselben, mit wenigen Ausnahmen, vollständig übersetzt habe. Auch habe ich vieles, was zum richtigen Verständnis eigentlich in parenthesi hinzugefügt werden müßte, ohne die Häkchen in die Übersetzung aufgenommen. Der sachkundige Leser wird leicht unterscheiden können, was von mir entweder auf Grund des Kommentars oder der Deutlichkeit halber hinzugefügt worden ist.

Bei der Lektüre des Āpastamba soll der Leser fortwährend im Auge behalten, daß dieses Sūtra zum Yajurveda gehört, daß es also nur einen Teil des ganzen Veda gibt. Eigentlich müßten Ṛg-, Sāma- und Yajurveda zusammengenommen werden, um ein Ganzes zu ergeben: alles paßt hier zusammen und greift ineinander. Wer nur einen von den Vedas, besonders bei den größeren Opfern, in Betracht zieht, dem ergeht es, als ob er z. B. von einem Streichquartette nur eine Stimme hört. Solche zusammenfassende Darstellungen gibt es bis jetzt nur drei: die des Voll- und Neumondsopfers von A. Hillebrandt, die des Tieropfers von R. Schwab und die des Agniṣṭoma von W. Caland und V. Henry. Indem die hier gebotene Bearbeitung des Āpastamba als eine Vorarbeit zu weiteren derartigen zusammenfassenden Darstellungen betrachtet werden möge, dürfte sie auch dem religionswissenschaftlichen Forscher von Nutzen sein, da ich mich bemüht habe, wo es nötig schien, auch das Ritual der anderen Veden, wo es in die Darstellung der Adhvaryus eingreift, zu berücksichtigen.

Āpastamba selber freilich gibt, wie die Mehrzahl der anderen Adhvaryusūtras, mehr als das bloß für den Adhvaryu bestimmte Ritual. Er behandelt auch ziemlich ausführlich das Verhalten des Brahman, des Opferveranstalters und des Hotṛ. Diese Tatsache erklärt sich daraus, daß es einem Opferpriester freistand, unter gewissen Umständen auch andere Funktionen mit der seinigen zu verbinden[1].

Die unten gebotene Übersetzung ist die erste, die bis jetzt von einem Śrautasūtra unternommen wurde — um des Vaitānasūtra nicht zu gedenken, das wenig umfangreich und von sekundärem Interesse ist. — Gerne und dankbar erkenne ich den großen Nutzen an, den mir Hillebrandt's und Schwab's Arbeiten gebracht haben, und nicht weniger erkläre ich mich Eggelings vorzüglicher Übersetzung des Śatapatha-brāhmaṇa (in den „Sacred Books of the East“) zu Dank verpflichtet. Aber es bleibt immerhin ein großer Rest schwer und wohl auch teilweise nicht zu verstehender Sätze, für die ich die Nachsicht meiner Leser und Kritiker anrufe.

[1] Ausführlich handelt darüber ein Aufsatz in der Wiener Zeitschrift für die Kunde des Morgenlandes XVII, p. 119 ff.

Erklärung der Abkürzungen.

Ait. Br.: Aitareya-brāhmaṇa ed. Aufrecht.

Āp.: Āpastamba-śrautasūtra ed. R. Garbe in Bibliotheca Indica. Jedes Zitat ohne nähere Angabe der Quelle (z. B. bloßes I. 3. 15 usw.) bezieht sich auf Āpastamba.

AS: Atharvavedasaṃhitā ed. Roth-Whitney.

Āśv.: Āśvalāyana-śrautasūtra, Ausg. der B. I.

Baudh.: Baudhāyana-śrautasūtra ed. W. Caland in der B. I.

Bhār.: Bhāradvāja-śrautasūtra. Münchener und Berl. Hss.

C. H.: L'agniṣṭoma, par W. Caland et V. Henry, Paris 1907.

G. G. A.: Göttingische gelehrte Anzeigen.

Hill. NVO.: Das altindische Neu- und Vollmondsopfer dargestellt von A. Hillebrandt, Jena 1880.

Hir.: Hiraṇyakeśi-śrautasūtra (Praśna 1—10 in der Ausgabe der Ānandāśrama-series 1907, ferner nach der Münchener Hs.).

K.: Kāṭhaka ed. L. von Schroeder.

Kāty.: Kātyāyana-śrautasūtra ed. A. Weber.

Kauṣ. br.: Kauṣitaki-brāhmaṇa ed. B. Lindner.

Mān. śrs.: Mānava-śrautasūtra teilweise von F. Knauer ediert.

MS.: Maitrāyaṇī-saṃhitā ed. L. von Schroeder.

RS.: Ṛksaṃhitā ed. Th. Aufrecht, Bonn 1877.

Śāṅkh.: Śāṅkhāyana-śrautasūtra ed. A. Hillebrandt.

SBE.: The Sacred Books of the East ed. M. Müller.

ŚBr.: Śatapatha-brāhmaṇa (Mādhy. rez.) ed. A. Weber.

Schwab, Tieropf.: Das altindische Thieropfer, bearbeitet von R. Schwab, Erlangen 1886.

TĀ.: Taittirīya-āraṇyaka, Ausg. der Bibl. Indica.

TBr.: Taittirīya-brāhmaṇa, Ausg. der Bibl. Indica.

TS.: Taittirīya-saṃhitā, ed. A. Weber (Indische Stud.. voll. XI, XII).

Vaikh.: Vaikhānasa-śrautasūtra, Hs. aus Madras.

VS.: Vājasaneyi-saṃhitā ed. A. Weber.

WZKM.: Wiener Zeitschrift f. d. Kunde des Morgenlandes.

ZDMG.: Zeitschrift der Deutschen Morgenländischen Gesellschaft.

Erstes Buch.

Das Voll- und Neumondsopfer.

Bei dem Vollmondsopfer sind die Hauptopfergaben zwei Opferkuchen: ein für Agni und ein für Agni-Soma bestimmter; bei der Neumondsfeier sind es ebenfalls zwei Opferkuchen, deren erster gleichfalls für Agni, deren zweiter aber für Indra-Agni bestimmt ist. Derjenige jedoch, der schon ein Somaopfer dargebracht hat, ersetzt bei dem Neumondsopfer den zweiten Opferkuchen durch das sog. Sāṃnāyya, d. h. eine Spende von zwei Arten von Milch, deren erste man am Abend vor der Feier gemolken hat und welche man gerinnen läßt (dies ist die saure Milch, das *dadhi*); die andere Art von Milch hat man am Morgen selber des Feiertages gemolken, und diese wird gekocht (das *śṛtaṃ payas*). Die beiden Milcharten bleiben getrennt bis zum Moment ihrer Darbringung; dann wird eine bestimmte Quantität in einen Opferlöffel gegossen und dem Indra oder Mahendra dargebracht. — Āpastamba beginnt, nach der Erörterung einiger Handlungen, welche den beiden Feiern gemeinsam sind, seine Darstellung mit der Beschreibung, wie man dieses Sāṃnāyya erhält, und zwar zunächst mit dem Herbeiholen des Astes, um die Kälber von den Mutterkühen wegzutreiben (I. 1. 8 — I. 2. 10); darauf folgt das feierliche Schneiden und Herbeiholen der Opferstreu und die Herstellung verschiedener anderer Requisiten (I. 3. 1 — I. 6. 10). Jetzt unterbricht er seine Darstellung durch die Einschaltung des Klößemanenopfers (I. 7 — 10), welches nicht einen integrierenden Teil des Neumondsopfers ausmacht, sondern als selbständige Feier am Vorabend des Neumondstages abgehalten wird. Dann folgt die Beschreibung, wie die Milch für die Dadhispende gemolken wird (I. 11. 3 — I. 14. 6). Mit I. 15 fängt dann die Darstellung des eigentlichen Voll- und Neumondsopfers an, welche, mit deren Modifikationen und mit den Regeln, wie sich während dieser Feiern der Brahman und der Opferveranstalter zu betragen haben, die ersten vier Bücher umfaßt. — Übrigens ist im Auge zu behalten, daß jedes vedische Opfer im Vihāra vollzogen wird, d. h. auf dem Opferplatz, in welchem zuvor die drei sakralen Feuer (der Gārhapatya oder das „Kochfeuer", der Āhavanīya oder das „Opferfeuer", östlich davon, und der Dakṣiṇāgni oder das zum Kochen des als Opfergabe bestimmten Muses dienende Feuer zwischen den beiden andern Feuern und etwas südlich von denselben) feierlich gegründet worden sind (die Darstellung dieser „Feuergründung", des *agnyādhāna,* erfolgt bei Āpastamba erst in Buch 5), in welchen täglich die später (in Buch 6) behandelten Abend- und Morgenmilchspenden, das Agnihotra, dargebracht werden.

Zum besseren Übersicht folgt hier erst die detaillierte Inhaltsangabe der ersten drei Bücher.

Die Handlungen des vorhergehenden Tages, I. 1. 1 — 14. 15:

Zulegen von Brennholz zu den Feuern *(agnyanvādhānam)*, I. 1. 1 — 7.
Melken der für das Sāṃnāyya bestimmten Milch:
Herbeischaffen des Astes *(śākhāharaṇam)*, I. 1. 8 — 2. 1.
Forttreiben der Kälber *(vatsāpākaraṇam)*, I. 2. 2 — 10.
Schneiden und Herbeiholen der Streu *(barhiśchedanam, barhirāharaṇam)*, I. 3. 1 — 5. 5.
Zusammenschnüren des Brennholzes *(idhmasaṃnahanam)*, I. 5. 6 — 6. 3.
Verfertigen des Wisches *(vedakaraṇam)*, I. 6. 4 — 6.
Verfertigen des Schürhakens *(upaveṣakaraṇam)*, I. 6. 7.
Verfertigen des „Astreinigers" *(śākhāpavitrakaraṇam)*, I. 6. 9 — 10.
(Das Klößeväteropfer *(piṇḍapitṛyajñaḥ)*, I. 7 — 10).
Melken der Sāṃnāyyamilch *(sāṃnāyyadohanam)*, I. 11. 1 — 14. 11.
Umstreuen der Feuer *(agniparistaraṇam)*, I. 14. 12 — 15.

Die Handlungen des Feiertages:

Bereitstellen der Opfergeräte *(pātrasaṃsādanam)*, I. 15. 6 — 14.
Vorwärtsführen des Praṇītawassers *(praṇītāpraṇayanam)*, I. 16. 1 — 11.
Ausschütten der Opfersubstanz *(havirnirvapaṇam)*, I. 16. 12 — 18. 7.
Besprengen der Opfersubstanz *(haviḥprokṣaṇam)*, I. 19. 1 — 3.
Abschlagen der Körner *(phalīkaraṇam)*, I. 19. 3 — 21. 2.
Mahlen der Körner *(peṣaṇam)*, I. 21. 3 — 9.
Ansetzen der Schüsselchen, auf welchen die Opferkuchen gebacken werden *(kapālopadhānam)*, I. 22. 1 — 23. 6.
Backen der Opferkuchen *(puroḍāśaśrapaṇam)*, I. 24. 1 — 25. 13.
Ausgießen für die Āpyas *(āpyaninayanam)*, I. 25. 14 — 16.
Verfertigen der Vedi *(vedikaraṇam)*, II. 1. 1 — 3. 10.
(stambayajurharaṇam, II. 1. 4 — 2. 2.)
(pūrvaḥ parigrāhaḥ, II. 2. 3.)
(uttaraḥ parigrāhaḥ, II. 3. 7.)
Reinigen der Opferlöffel *(sruksaṃmārjanam)*, II. 3. 11 — 5. 1.
Umgürten der Herrin des Hauses *(patnīsaṃnahanam)*, II. 5. 2 — 10.
Ausschütten, Ansfeuersetzen, Fertigstellen und Reinigen der Butter *(ājyanirvapaṇam, ājyādhiśrayaṇam, ājyasādanam, ājyotpavanam)*, II. 5. 11 — 7. 1.
Besprengen des Brennholzes, der Vedi, der Streu *(idhma-, vedi-, barhiḥprokṣaṇam)*, II. 7. 2 — 12.
Ausgießen des Sprengwasserüberrestes *(prokṣaṇiśeṣaninayanam)*, II. 8. 2.
Loslösen der Streu *(barhirvisraṃsanam)*, II. 8. 2 — 4.
Wegnehmen des Prastara *(prastarāpadānam)*, II. 8. 5 — 7.
Bestreuen der Vedi *(vedistaraṇam)*, II. 9. 1 — 4.
Umlegen der Umlegehölzer *(paridhiparidhānam)*, II. 9. 5 — 7.

Auflegen der zwei „aufrechten“ Scheite *(ūrdhvayoḥ samidhor ādhānam)*, II. 9. 9 — 11.
Hinlegen der Opferlöffel *(sruksādanam)*, II. 9. 12 — 10. 3.
Einsegnen der Opferlöffel usw. *(srugabhimantraṇam)*, II. 10. 4.
Beschmalzen der Opfersubstanz *(havirabhighāraṇam)*, II. 10. 4 — 5.
Wegnehmen der Opfersubstanz vom Feuer *(havirudvāsanam)*, II. 10. 6.
Besalbung der Schüsselchen *(kapālapratyañjanam)*, II. 11. 3.
Besalbung der Opferkuchen *(puroḍāśāñjanam)*, II. 11. 4.
Hinsetzen der Opfersubstanz auf die Vedi *(havirāsādanam)*, II. 11. 7 — 9.
Hinlegen des Wisches *(vedāsādanam)*, II. 10. 10.

Hauptteil des Opfers:

Hersagen der Entzündungsverse *(sāmidhenīnām anuvacanam)*, II. 12. 1 — 6.
Der Butterguß mit dem Sruva *(srauva āghāraḥ)*, II. 12. 7 — 9.
Abwischen des Feuers *(agnisaṃmārjanam)*, II. 12. 10 — 13. 1.
Der Butterguß mit der Juhū *(srauca āghāraḥ)*, II. 13. 2 — 14. 13.
Pravara des Hotṛ *(hotuḥ pravaraḥ)*, II. 15. 1 — 16. 15.
Die Voropfer *(prayājāḥ)*, II. 17. 1 — 7.
Die Butterteile *(ājyabhāgau)*, II. 18. 1 — 8.
Die Hauptspenden *(pradhānahomāḥ)*, II. 18. 8 — 20. 4.
(upāṃśuyājaḥ, II. 19. 12 — 20. 1).
Die Parvanspenden *(pārvaṇau homau)*, II. 20. 5 — 21. 2.
Die Spende an Agni sviṣṭakṛt *(sviṣṭakṛddhomaḥ)*, II. 21. 3 — 7.
Abteilen des Prāśitra *(prāśitrāvadānam)*, III. 1. 1 — 5.
Abstechen der Iḍā *(iḍāvadānam)*, III. 1. 6 — 12.
(yajamānabhāgāvadānam, III. 1. 9).
Heranrufen und Verzehren der Iḍā *(iḍopahvānabhakṣaṇe)*, III. 2. 1 — 3. 1.
Die Viertelung des Opferkuchens *(caturdhākaraṇam)*, III. 3. 2 — 11.
Das Anvāhāryamus *(anvāhāryam)*. III. 3. 12 — 4. 4.
Die Nachopfer *(anūyājāḥ)*, II. 4. 5 — 5. 2.

Schlußhandlungen:

Das Auseinanderschieben der Opferlöffel *(srugvyūhanam)*, III. 5. 3 — 7.
Besalben der Paridhis und des Prastara *(paridhiprastarāñjanam)*. III. 5. 7 — 6. 4.
Die „Guten Worte“ *(sūktavākam)*, III. 6. 5.
Fortwerfen des Prastara *(prastarapraharaṇam)*, III. 6. 6 — 7. 9.
Der Śaṃyuvākaḥ, III. 7. 10.
Fortwerfen der Umlegehölzer *(paridhipraharaṇam)*, III. 7. 11 — 13.
Darbringen der Neigen *(saṃsrāvahomaḥ)*, III. 7. 14 — 15.
Patnīsaṃyājāḥ, III. 8. 1 — 9. 6.
Die Butter-iḍā *(ājyeḍā)*, III. 9. 7 — 9.
Die Saṃpatnīyaspende *(saṃpatnīyo homaḥ)*, III. 9. 10 — 11.
Darbringung der Putzabfälle *(phalīkaraṇahomaḥ)*, III. 9. 12 — 10. 1.

Spenden an Sarasvatī *(sārasvatā homāḥ)*, III. 10. 2.
Werfen des Wisches *(vedaprāsanam)*, III. 10. 3 — 5.
Losbinden der Herrin des Hauses *(patnīvimokaḥ)*, III. 10. 6 — 9.
Prāyaścittaspenden *(prāyaścittahomāḥ)*, III. 11. 1 — 13. 1.
Spende des Samiṣṭayajus *(samiṣṭayajurhomaḥ)*, III. 13. 2 — 4.
Ausstreuen der Gräser des Hotṛsitzes *(hotṛṣadanastaraṇam)*, III. 13. 5
Verstecken des Schürhakens *(upaveṣopagūhanam)*, III. 13. 6 — 14. 3.
Entfernen der Schüsselchen *(kapālodvāsanam)*, III. 14. 4.

I. 1.

1. Jetzt werden wir das Voll- und das Neumondsopfer erklären.

2. Nachdem der Adhvaryu das Morgen-Agnihotra dargebracht hat und den dazu verwendeten Āhavanīya hat ausgehen lassen oder entfernt hat, und nachdem er einen anderen Āhavanīya nach vorne geführt (d. h. dem Gārhapatya entnommen und auf die Feuerstätte niedergelegt) hat, legt er Stücke Brennholz in die Feuer nach[1].

[1] Und zwar in der Weise wie in Sūtra 4—7 dargelegt wird. Parallel damit laufen die Handlungen des Opferveranstalters IV. 1. 8—IV. 2. 2.

3. Für einen, der den höchsten Wohlstand erreicht hat[1], führt er kein anderes Feuer nach vorne[2].

[1] Ein *gataśrī*, vgl. I. 14. 9.
[2] Weil ein solcher, vgl. VI. 2. 12, den Āhavanīya ständig zu unterhalten hat.

4. Nachdem er den Vers geflüstert hat: „Ihr Götter, die ihr den Weg kennet, schaffet dem Opfer den Weg; durch den Gott, den Herrn des Geistes, soll das Opfer vom Winde her in Gang gesetzt werden“[1], setzt er mit dem Verse: „Der Glanz sei mir, o Agni, bei den rivalisierenden Anrufungen“[2] durch Hinzulegung von Holzscheiten den Āhavanīya in Flammen; mit dem nächstfolgenden Verse[3] den Gārhapatya, mit dem folgenden[4] den Dakṣiṇāgni.

[1] TBr. III. 7. 4. 1, vgl. III. 13. 2 mit Bem. 3.
[2] TS. IV. 7. 14. a. [3] Ib. b.
[4] Ib. c. Dieser Abschnitt (IV. 7. 14) der TS. enthält das „rivalisierende“ Lied, das ursprünglich bei einem rivalisierenden Somaopfer vom Hotṛ hergesagt wurde, vgl. XIV. 19. 10.

5. Oder jedes Feuer mit je drei Versen (des Abschnittes TS. IV. 7. 14)[1].

[1] Der Haupttext des Baudh. (I. 1) verordnet, das mit je drei Versen von TS. IV. 7. 14 drei Scheite in jedes Feuer nachgelegt werden.

6. Den letzten (d. h. den 10.) Vers jedoch flüstre er in diesem Falle[1] oder lege damit im Āhavanīya nochmals ein Scheit auf.

[1] So auch Baudh. nach dem Dvaidha-sūtra (XX. 1 : 3. 7).

7. Nach der Überlieferung einiger[1] hat das Nachlegen von Brennholz mit den großen Worten[2] statt.

[1] So Rāthītara, nach Baudh. XX. 1 : 4. 5, und, fakultativ, Kāty. II. 1. 6.
[2] *bhūḥ, bhuvaḥ, suvaḥ.*

8. Beim Opfer desjenigen, der das Sāṃnayya verrichtet, holt er einen

Ast von Butea frondosa (palāśa oder parṇa)[1] oder von Prosopis spicigera (śamī)[2] herbei, welche reich mit Blättern und Zweigen versehen ist[3], dessen Spitze nicht dürr ist, und der keine Höhlung hat[4].

[1] So das eigne Brāhmaṇa des Āpastamba (TBr. III. 2. 1. 1): „Einst befand sich der Soma in dem, von der Erde ab gerechnet, dritten Raume: im Himmel. Ihn holte die als Adler gedachte Gāyatrī. Von ihr wurde von den Wächtern des Soma ein Fittig (*parṇa*) abgebrochen. Dieser wurde zum Palāśa (= *parṇa*). Daher der Name *parṇa*. Der Parṇa ist das Brahman (d. h. das heilige Wort). Indem er vermittelst des Parṇaastes die Kälber forttreibt, treibt er sie vermittelst des Brahman fort."

[2] So erlauben es MS. und K., auf Grund entweder davon, daß einst Rudra die Bäume versengte und darauf die Götter ihn durch die Śamī beschwichtigten (*aśamayan*), oder weil Rudra, als Prajāpati das Vieh geschaffen hatte, diesem nachstellte und dann durch die Śamī beschwichtigt wurde.

[3] Weil ein unbelaubter Ast einem Stock ähnlich und der Stock ein *vajra* (Donnerkeil oder Wurfgeschoß) ist, und er so das Vieh des Opferveranstalters mit einem Geschoß treffen würde (MS. IV. 1. 1).

[4] Zum Zwecke dieses Astes vgl. I. 2. 2 ff. und I. 6. 7.

9. „Für einen, von dem er wünscht, daß er arm an Vieh sein möge, hole er einen Ast ohne Blätter und mit dürrer Spitze herbei[1]: er wird arm an Vieh; für einen, von dem er wünscht, daß er Vieh besitzen möge, hole er einen herbei, der reich mit Blättern versehen ist: er macht ihn reich an Vieh", so wird in der heiligen Überlieferung[2] gelehrt.

[1] Also z. B. bei einem *abhicāra*. [2] Nl. TBr. III. 2. 1. 2.

10. Denjenigen Ast, der am Baume nach Ost oder Nord oder nach Nordost gerichtet ist, diesen schneidet er ab[1] mit der Formel: „Zum Saft dich, zur Kraft dich"[2].

[1] Nach ŚBr.; die Brāhmaṇas des Schwarzen Yajurveda geben hier die Handlung nicht an. [2] TS. I. 1. 1. a.

11. Oder aber er schneidet ihn ab mit der Formel: „Zum Saft dich" und biegt ihn gerade oder fährt mit der Hand den Ast, vom dicken Ende bis zur Spitze, entlang mit der Formel: „Zur Kraft dich"[1].

[1]) Die letzte Alternative wird von Hir. und Baudh. (XX. 1 : 5. 13) empfohlen, nur mit diesem Unterschied, daß der Zuletztgenannte den Aste entlang blickt.

I. 2.

1. Mit dem Verse: „Diesen nach Nordost gerichteten Ast, zu Saft und Kraft zurechtgemacht, der reich belaubt ist und nicht dürr an der Spitze, hole ich herbei als Schützer des Viehs"[1] holt er ihn zum Opferplatz herbei.

[1] TBr. III. 7. 4. 8.

2. Mit der Formel: „Winde seid ihr! Herbeikommend seid ihr!"[1] treibt er vermittelst dieses Astes wenigstens sechs Kälber von den Mutterkühen weg[2].

[1] TS. I. 1. 1. b. Vielleicht hat Böhtlingk (ZDMG. 56, 116) Recht mit seiner Vermutung, daß als ursprünglicher Wortlaut *avāyava sthopāyava stha* statt des überlieferten *vāyava stho°* anzunehmen ist, vgl. auch Bem. 2 zu VII. 12. 5; dann bedeutet die Formel: „Weggehend seid ihr (nl. die fortgetriebenen Kälber); herbeikommend seid ihr" (nl. die beibehaltenen Kühe). — Baudh. (XX. 1 : 6. 1) bezieht *vāyavaḥ stha* auf die männlichen, *upāyavaḥ stha* auf die weiblichen Kälber. Das Brāhmaṇa (TBr. III. 2. 1. 3—4) sagt über die Formel: „*Vā-*

yava stha" sagt er. Vāyu (der Wind) ist der Aufseher des Luftraums. Die Kühe haben den Luftraum als ihre Gottheit. Dem Vāyu übergiebt er sie. Dadurch nun, daß er sagt: „*Vāyava stha*", entfernt er die Kühe (da er sie ja dem Vāyu übergehen hat). Er sagt nun *upāyava stha* und ruft dadurch dem Opferveranstalter die Kühe herbei (*upa*)."

[2] Von den Kühen, welche am Abend die Milch für den Sāṃnāyya liefern werden, müssen über Tag die Kälber entfernt gehalten werden.

3. Oder, statt mit dem Aste, vermittelst Gräser oder Grasbüschel.

4. Mit den Formeln: „Gott Savitṛ soll euch forttreiben zum vorzüglichsten Werke. Machet, ihr Kühe, den Anteil der Götter schwellen, indem ihr saftreich, milchreich, nachkommenreich, gesund und krankheitsfrei seid. Kein Bösewicht soll über euch die Macht haben, kein Dieb"[1] treibt er die Kühe vermittelst des Astes zum Weideplatz hinaus.

[1] TS. I. 1. 1. d, e.

5. Eine von den hinausgetriebenen Kühen berührt er mit dem Aste oder mit den Gräsern oder Grasbüscheln[1].

[1] Vgl. I. 2. 3.

6. Nach der Überlieferung einiger lautet die unter Sutra 4 mitgeteilte Formel: „... Machet, ihr Kühe, dem Indra", nach der Überlieferung anderer „... dem Mahendra den Anteil der Götter schwellen"[1].

[1] Die Mānavas und Vājasaneyins schalten zwar *indrāya* ein, aber die Rezension des Spruches nach deren Saṃhitā stimmt doch nicht genau mit der hier von Apastamba gegebenen überein.

7. Für einen, der dem Indra das Sāṃnāyya opfert, soll er „Indra", für einen, der es dem Mahendra opfert[1], soll er „Mahendra" als Götternamen statt des in den Sprüchen überlieferten Namens anwenden[2].

[1] Vgl. I. 14. 9—11.

[2] Dies gilt für die vorhergehende Vorschrift und für die späteren, z. B. I. 2. 8, 1. 13. 3 usw.

8. Den Kühen, wenn sie hinausgetrieben sind, spricht er den Vers nach: „Euch, die Ihr klares Wasser aus der guten Quelle trinket, euch, die Ihr hundert Herbste Milch für Indra gebet, euch soll des Rudra Geschoß meiden"[1].

[1] Zusammengeflickter Vers aus TBr. II. 8. 8. 12 oder MS. IV. 1. 1 und TS. I. 1. 1. f.

9. Mit der Formel: „Möget ihr ständig und zahlreich bei diesem Herrn der Rinder sein"[1] kehrt er sich nach rechts herum in der Richtung der Wohnung des Opferveranstalters[2].

[1] TS. I. 1. 1. g.

[2] Die Brāhmaṇas erwähnen die Handlung nicht, welche diese Formel begleiten soll.

10. Mit der Formel: „Schütze das Vieh des Opferveranstalters"[1] verbirgt er den Ast von Ost nach West oder von West nach Ost[2] in dem beim Feuer stehenden Karren[3] oder in dem Feuerhäuschen[4].

[1] TS. I. 1. 1. h.

[2] So daß dieser in östlicher Richtung (wahrscheinlich im Stroh des Daches), mit der Spitze entweder nach W. oder nach O., liegt. [3] Vgl. I. 17. 5.

[4] Das eigne Brāhmaṇa des Āpastamba (TBr. III. 2. 1. 5) deutet die Handlung, welche die Formel begleiten soll, nicht an. Es sagt nur: „Deshalb kehrt abends das Vieh zu (dem Stalle) zurück." Die MS. und das K.: „In westlicher Richtung (*pratīcīm*) verbirgt er den Ast; deshalb kommen die Tiere (d. h. die Kühe) abends aus dem Walde zum Dorfe zurück. Das Vieh ist demjenigen zugewandt (*pratyañcaḥ*), der solches weiß." Nach den

Vājasaneyins (ŚBr. I. 7. 1. 8) wird der Ast auf der östlichen Seite entweder des Āhavanīya- oder des Gārhapatyahäuschens versteckt. Eine merkwürdige Parallele dazu liefert der lettische Volksbrauch, vgl. ZDMG. 72 S. 5.

11. „Wer die Wohnstätte des Adhvaryu kennt, ist im Besitz einer Wohnstätte; bis zur vierten Handlung[1] beachte er: „diese und diese Handlung werde ich vollziehen". Dies[2] ist die Wohnstätte des Adhvaryu. Wer solches weiß, ist im Besitz einer Wohnstätte", so wird in der heiligen Überlieferung gelehrt.

[1] Die Bedeutung des Ausdruckes: „bis zur vierten Handlung" entgeht mir; zu vergl. ist jedenfalls Baudh. II. 2 : 35. 16: „bis zur vierten Handlung beachtend *(abhisamīkṣamāṇaḥ)* soll er die Handlungen des Veda vollbringen lassen." Nach Bhavasvāmin z. d. St. wären die vier Handlungen: *pāṇisaṃmarśana, paristaraṇa, pātrasādana* und *brahmopaveśana* gemeint, welche Handlungen von Baudh. (I. 4) in dieser Reihenfolge beschrieben werden. Es ist unwahrscheinlich, daß auf diese Handlungen von Āpastamba angespielt wird. Vielleicht bezieht sich der Satz auf den Yajamāna und sind die vier *karmaṇi* die IV. 1. 2 gemeinte Vierzahl; vgl. jedoch auch die von Hill. N.V.O. S. 30 angeführten Wörter aus einem Prayoga: *snānādicatuṣṭayasaṃskṛtam āgnīdhraṃ vṛṇīte.* Nach Rudradatta zu Āp. wäre das Wort „vierte" nicht buchstäblich aufzufassen, sondern in möglichst weiter Bedeutung zu nehmen, und wären mit dem Adhvaryu zugleich alle Opferpriester zu verstehen.

[2] Nl. „diese vier Handlungen"; „Haus" ist im Urtext plural: *gṛhāḥ.*

I. 3.

1. Nördlich vom Gārhapatya ist eine Sichel, eine Pferderippe[1] oder die Rippe eines Zugstieres hingelegt worden.

[1] Nur dieser Gegenstand wird im Brāhmaṇa (TBr. III. 2. 2. 1) erlaubt.

2. Mit der Formel: „Auf Gott Savitṛ's Geheiß ergreife ich dich mit den Armen der Aśvins, mit den Händen des Pūṣan"[1] ergreift er die Sichel oder die Pferderippe; ist es die Rippe eines Zugstieres, so ergreift er dieselbe ohne die Formel zu flüstern[2].

[1] TBr. III. 2. 2. 1. [2] Weshalb diese Restriktion? — Die Rippe des Zugstieres kommt in keinem Brāhmaṇa vor.

3. Nachdem er die Formel: „Des Opfers Besitztum bist du"[1] über dem Gārhapatya geflüstert hat, hält er mit der Formel: „Versengt ist das Ungetüm, versengt sind die Unholde"[2] die Sichel in die Glut des Āhavanīya- oder des Gārhapatyafeuers.

[1] TS. I. 1. 2. a; für das unsichere *ghoṣad* haben MS. und K. *goṣad.* [2] TS. I. 1. 2. b.

4. Nicht die Rippe[1].

[1] Weil, nach der Vaijayantī, dem Komm. zu Hir., dieselbe verbrennen könnte. Baudh. selber (XX. 1 : 7. 4) lehrt, beide Gegenstände über das Feuer zu halten; Śālīki dagegen verbietet das Erhitzen der Sichel und empfiehlt das Erhitzen der Rippe, weil man einen scharfen Gegenstand wie die Sichel nicht in etwas Scharfem wie das Feuer, erhitzen soll, und weil die Sprüche für die Sichel gelten sollen (der bez. Spruch enthält nämlich das Femininum, vgl. Sūtra 5).

5. Nachdem er den Vers: „Diese göttliche Unterlage ist fortgegangen um die Streu zu holen, die von Manu gemachte, von der Svadhā behauene; diese Weisen bringen sie nach vorne, damit sich die Götter gerne auf die Streu setzen mögen"[1] gesprochen, macht er mit der Formel: „Den weiten

Luftraum gehe entlang"[2] einige Schritte in östlicher oder nördlicher Richtung und holt die aus Darbhagras bestehende Streu, wo er sie nur finden kann[3].

[1] TS. I. 1. 2. c. [2] TS. I. 1. 2. p. [3] So daß also keine Restriktion vorliegt in Bezug auf die Himmelsgegend, aus welcher er schließlich die Streu holt.

6. Mit den Formeln: „Von den Göttern umfaßt bist du; durch den Regen gewachsen bist du"[1] umfaßt er die Gräser.

[1] TS. I. 1. 2. d, e.

7. Mit der Formel: „Des Viṣṇu Schopf bist du"[1] läßt er eines von den erreichten Büscheln aus der Hand fahren.

[1] TS. I. 1. 11. g. Diese Handlung (vgl. II. 8. 5) nach MS. IV. 1. 2 : 3. 7. Sie steht im Widerspruch zu dem eignen Brāhmaṇa des Āpastamba (TBr. III. 2. 2. 4), das aber von ihm im nächstfolgenden Sūtra als Alternative erwähnt wird: „Wenn er von den zum Abschneiden angewiesenen Büscheln übrig ließe, so würde er einen Teil vom Opfer übergehen. Ein Büschel weise er an (d. h. umfasse er), das schneide er ganz ab, um nichts vom Opfer zu übergehen."

8. Oder, nachdem er ein Büschel umfaßt hat, schneidet er dieses ganz ab[1].

[1] Ohne vor dem Abschneiden eines aus der Hand fahren zu lassen. Also entweder jedes Grasbüschel, das zu schneiden ist, wird behandelt wie in Sūtra 6 und 7 dargetan ist, oder nur ein Büschel wird mit der in Sūtra 6 erwähnten Formel umfaßt und kein Teil desselben wird aus der Hand entlassen.

9. Oder er läßt mit der Formel: „Übriggelassen ist der Anteil der Kühe"[1] einen, oder zwei oder drei Halme aus der Hand fahren[1].

[1] Die Formel aus MS.

[2] Auch die Handlung scheint der MS. entnommen zu sein. In der MS. (IV. 1. 2 : 3. 7) wird sie so begründet: „Wenn er das erste Büschel nicht fahren ließe, so würde er zu Schaden kommen." — Ähnliches beim Abhauen des Opferpfahles: an den ersten drei dazu geeigneten Bäumen geht man vorbei (VII. 1. 19).

10. Mit der Formel: „Dies der Götter"[1] berührt er die umfaßten und mit: „Dies der Kühe"[2] die fahren gelassenen Gräser[3].

[1] TS. I. 1. 4. n.

[2] Diese Formel nur bei Āp., sie beruht wahrscheinlich auf K. (XXXI. 1 : 1. 11): „Wenn er es ganz abschnitte, so würde er den Kühen das Subsistenzmittel nehmen; einen oder zwei Halme (*śnuṣṭi*) lasse er übrig, so ... läßt er den Kühen das Subsistenzmittel."

[3] Sūtra 10 bildet wahrscheinlich mit S. 9 Alternative zu Sūtras 6—8.

11. Mit der Formel: „Auf Gott Savitṛ's Geheiß fasse ich dich, die Streu, der Götter Sitz, mit den Armen der Aśvins, mit den Händen des Pūṣan an"[1] faßt er die Gräser an der Verzweigung[2] an.

[1] Var. zu Ms. I. 1. 2 : 1. 9 (nur das letzte Wort ist verschieden).

[2] D. h. an der Stelle, wo die Zweige sich aus der Wurzel trennen.

12. Mit der Formel: „O Streu der Götter, nicht möge ich dich der Länge nach, nicht dich in der Quere treffen"[1] faßt er mit der linken Hand die Gräser zusammen.

[1] TS. I. 1. 2. f.

13. Mit der Formel: „Möge ich dein Gelenk richtig treffen"[1] legt er die Sichel (oder die Rippe) auf den Knotenpunkt der Gräser.

[1] TS. I. 1. 2. g.

14. Mit der Formel: „Möge ich, dein Schnitter, keinen Schaden nehmen"[1] schneidet er die Gräser ab.

[1] TS. I. 1. 2. h.

15. Er schneidet zuerst eine Handvoll ab, soviel als er zwischen der äußersten Spitze des Daumens und des Zeigefingers umfassen kann.

16. Dies ist das Prastarabüschel[1].

[1] Zum Hauptzweck des Prastara (der den Opferveranstalter darstellt), vgl. II. 9. 13. ff.

17. Oder[1] die Breitenmaße des Prastara sind: die Dicke eines Kuhschwanzes, eine Elle[2], eine Spanne, die Dicke des Schenkelknochens, des Knieknochens, oder des Stieles des Opferlöffels.

[1] Alternative zu Sūtra 15.
[2] Dieses Maß scheint mir etwas befremdlich; vielleicht ist der Umfang des Ellbogens gemeint.

I. 4.

1. Mit der Formel: „Schütze vor der Vermischung mit der Erde"[1] legt er es nicht unmittelbar auf der Erde[2] hin.

[1] TS. I. 1. 2. k.
[2] Er hat ein wenig Gras zwischen Prastara und Erde zu legen.

2. Er schneidet *muṣṭi's*[1] von ungerader Anzahl[2].

[1] Eine *muṣṭi* ist eine Handvoll.
[2] Von der Dicke wie in I. 3. 15 erwähnt und nach dem Ritual von I. 3. 6. ff., vgl. aber I. 4. 6. — Das Gras dient zur Um- und Bestreuung der Vedi.

3. Ebenfalls sind die Bündel[1] ungerade in Anzahl.

[1] Die *muṣṭi's* werden zu größeren Bündeln zusammengelegt.

4. Darunter rechnen einige den Prastara, um die Zahl ungerade zu machen[1].

[1] So daß in diesem Falle die *muṣṭi's* oder die Bündel selber geradezählig sind. Diese verschiedene Auffassung gründet sich auf der Stelle des Brāhmaṇa (TBr. III. 2. 2. 6): „Er schneidet *muṣṭi's* immer von ungerader Anzahl, der Paarung, der Fortpflanzung halber."

5. In Bezug auf den Prastara jedoch ist die Wahl frei[1].

[1] D. h. ob man diesen als die gerade oder die ungerade Anzahl ergebend rechnet. Nach dem Brāhmaṇa soll man unpaare muṣṭi's schneiden. Die Auffassung des Sūtrakāra ist nun, daß man den Prastara entweder dazu rechnen oder nicht dazu nehmen darf; vgl. Bhār. I. 3. s. f.: „der Prastara ist nach einigen paarig (d. h. geradezahlig), nach einigen ungeradzahlig."

6. Alle Handlungen, mit Ausnahme der Umfassung[1] und des Freigebens[2] wiederholen sich beim Schneiden der anderen Grasbüschel[3].

[1] Vgl. I. 3. 7. [2] Vgl. I. 3. 8.
[3] Bei den *muṣṭi's* kommen also die Vorschriften I. 3. 11—15 in Anwendung.

7. „Nur den Prastara schneidet er mit einem Spruche, ohne Sprüche das andere", heißt es im Vājasaneyaka[1].

[1] Nicht in unserem Brāhmaṇa oder Sūtra der Vājasaneyins, wohl aber in Baudh. 2:3. 1: „Ohne Sprüche schneidet er darauf eine ungerade Anzahl von Grasbündeln *(muṣṭi)*."

8. Nachdem er alles geschnitten hat, berührt er die Stoppeln mit der Formel: „O Streu der Götter, wachse in hundertfachen Schößlingen (wieder) auf"[1],

[1] TS. I. 1. 2. i[a].

9. und mit der Formel: „Möchten wir in tausend Zweigen (der Nachkommenschaft) uns ausbreiten"[1] sich selber.

[1] L. c. i[b].

10. Mit der Formel: „Der Aditi Gurt bist du“[1] macht er eine drei- oder fünffältige Schnur[2].

[1] TS. I. 1. 2. m[a].

[2] Die Schnur soll also entweder aus drei oder aus fünf in der Länge aneinander zu knüpfenden Bestandteilen verfertigt werden, sodaß im ersten Falle zweimal, im zweiten Falle viermal geknüpft wird. Anders erklärt Schwab, Tieropfer S. 44, vgl. aber unten II. 9. 2.

11. Mit der Formel: „Nicht zerstört ist die Geburtsstätte“[1] fügt er die Teile aneinander.

[1] Aus MS. (l. *ayupitā* statt *āyupitā*).

12. Nachdem er mit der Formel: „Der Aditi Gurt bist du“[1] die Schnur mit dem dünnen Ende nach Norden ausgebreitet hat, sammelt er mit der Formel: „In guter Sammlung sammle ich dich“[2] auf derselben die Bündel Gras[3], legt mit der Formel: „Nicht in Unordnung geraten ist die Geburtsstätte“[4] den Prastara auf das obere Bündel und schnürt mit der Formel: „Der Indrāṇī Schnur bist du“[5] alles zusammen.

[1] TS. I. 1. 2. m[a]. [2] L. c. l. [3] Vgl. I. 4. 3.

[4] Die Formel kommt nur bei Āp. vor. [5] TS. I. 1. 2. m[b].

13. Mit der Formel: „Pūṣan soll dir den Knoten knüpfen“[1] macht er den Knoten.

[1] TS. I. 1. 2. n[a].

14. Den Knoten verbirgt er unterhalb der Schnur von Ost nach West oder von West nach Ost[1] mit der Formel: „Nicht treffe dieser dich“[2].

[1] Nur so erlaubt es das Brāhmaṇa (TBr. III. 2. 2. 8), „weil der Samen von hinten nach vorne *(paścāt prācīnam)* hineingebracht wird“; vgl. übrigens Bem. 2 zu I. 2. 10.

[2] TS. I. 1. 2. n[b].

15. Mit dem Verse: „Die Gewässer, die Aśvins, die sieben Ṛṣi haben dich berührt; ich fasse mit der Sonne Strahlen die Streu, das Licht der Morgenröte an“[1] faßt er die Streu[2] an, mit der Formel: „Mit Indra's Armen hebe ich dich auf“[3] hebt er dieselbe auf, mit der Formel: „Vermittelst des Bṛhaspati Haupt trage ich dich“[4] legt er sich dieselbe auf das Haupt und kehrt zum Opferplatz zurück.

[1] Aus Ms. [2] D. h. das ganze nach Sūtra 14 verfertigte Bündel.

[3] TS. I. 1. 2. o[a]. [4] L. c. o[b].

I. 5.

1. Die beiden Sprüche: „Diese ist fortgegangen“[1] und „Den weiten Luftraum gehe entlang“[1], welche beim Hingehen gedient haben, werden auch beim Zurückkehren verwendet.

[1] Vgl. I. 3. 5.

2. Mit der Formel: „In der Aditi Schoß lege ich dich“[1] legt er die Streu innerhalb der Vedi[2] nicht unmittelbar auf die Erde[3], in der Nähe der Stelle, wo später das mittlere Umlegeholz wird angebracht werden[4].

[1] TS. I. 1. 4. s. [2] D. h. wo später die Vedi wird abgemessen werden.

[3] Vgl. TBr. III. 2. 2. 9: „damit die Leibesfrüchte (die Streu wird ja mit den Nachkommen identifiziert) gestützt werden, damit sie nicht aus dem Mutterschoße fortfallen.“ Übrigens vgl. Bem. 2 zu I. 4. 1. [4] Vgl. II. 9. 5.

3. Die Formel: „Die Streu bist du, die zu den Göttern gehende"[1] spricht er über der Streu aus, wenn dieselbe hingelegt worden ist.

[1] Aus MS.

4. Dann (nimmt er die Streu wieder auf und) legt sie mit der Formel: „Das zu den Göttern gehende bist du"[1] nicht unmittelbar auf der Erde so nieder, daß er sie vorne in der Nähe hat[2].

[1] TS. I. 1. 2. q.

[2] Übersetzung nicht ganz sicher, Zweck dieser Handlung nicht ganz klar. Hir. hat: „Mit der Formel: ‚Auf Aditi's Rücken lege ich dich' legt er die Streu an der Stelle des Gārhapatya auf einer Matte oder etwas derartigem nieder." Baudh. (I. 2:3. 9): „Er legt sie auf der einen oder anderen Substanz (Holzspahn oder hölzernem Schwerte) nieder, wo er sie gut verwahrt meint."

5. Die Verse: „Die Kräuter, welche drei Geschlechter vor den Göttern entstanden sind, deren Knoten möge ich, die Streu herbeiholend, richtig treffen"[1]; „Der saftige, opferreine, mit den Göttern vereinte Teil der Wasser soll mir günstig sein; ich, der ich euch schneide, möge keinen Schaden nehmen; hundert Herbste will ich leben"[1]; „Von den ungezählten schnüre ich die gezählten zum guten Werke zusammen; möge ich mir keinen Frevel zu Schulden kommen lassen; wieder sollen sie sich erheben und sich mehren"[2] sind, je nach dem Stichworte, die Verse, welche zur Verwendung kommen beim Drauflegen der Sichel[3], beim Abschneiden[3] und beim Zusammenschnüren[3] des für die Umstreuung bestimmten Grases.

[1] TBr. III. 7. 4. 9. [2] L. c. 10.

[3] Also resp. statt der Formeln von I. 3. 13, I. 3. 14 nur I. 4. 12.

6. Entweder von Acacia catechu (khadira) oder von Butea frondosa (palāśa) beschafft er einundzwanzig Stücke Brennholz[1].

[1] D. h. 15 für die Sāmidhenī's, vgl. II. 12. 2 ff.; 3 für die Umlegehölzer, vgl. I. 5. 7. II. 9. 5 ff.; 2 für die Āghāras, vgl. I. 5. 11, II. 9. 9, und eines für die Nachopfer, vgl. I. 5. 11. III. 4. 6.

8. Drei Umlegehölzer sollen da sein von Butea frondosa (palāśa), Gmelina arborea (kārṣmarya), Acacia catechu (khadira), Ficus glomerata (udumbara), Aegle marmelos (bilva), Andersonia rohitaka (rohītaka), Flacourtia sapida (vikaṅkata) oder welche Holzarten sonst zum Opfer geeignet sind[1].

[1] Die ganze Vorschrift beruht offenbar auf ŚBr. (I. 3. 3. 19—20).

9. Sie sind feucht oder trocken, letzterenfalls mit dem Rinde versehen.

10. Das mittlere[1] ist das dickste, dünner und länger ist das für die Südseite, das dünnste und kürzeste ist das für die Nordseite bestimmte.

[1] Nl. das an die westliche Seite des Āhavanīya zu legende.

11. Zwei Scheite für die Āghāras[1] und eines für die Nachopfer[1], das macht einundzwanzig.

[1] Vgl. Sūtra 6.

12. Von Gräsern, an denen sich die Wurzeln noch befinden oder von denen die Wurzeln fortgenommen sind, verfertigt er in der schon vorher beschriebenen Weise[1] eine Schnur und breitet dieselbe mit dem dünnen Ende nach Norden aus.

[1] Vgl. I. 4. 10—12[2].

I. 6.

1. Dann sammelt er (d. h. legt er zusammen) das Brennholz über der Schnur mit den zwei Versen[1]: „Da du, (o Agni,) in der Gestalt einer schwarzen Antilope in die Bäume eingegangen bist[2], sammle ich dich in guter Sammlung daraus (d. h. aus den Bäumen) einundzwanzigfach[3].“ „Die drei Umlegehölzer, die drei Holzscheite[4], den Upaveṣa[5], den Rührstab[6] und die Dhṛṣṭi[7], welche (alle) in das Leben des Opfers eingehen, sammle ich in guter Sammlung.“

[1] TBr. III. 7. 4. 8—9. [2] Vgl. TBr. III. 3. 6. 2: „Agni verbarg sich vor den Göttern: in der Gestalt einer schwarzen Antilope drang er in die Bäume ein.“ [3] Vgl. I. 5. 6, 11. [4] Die zwei für die Aghāras und das eine für die Nachopfer bestimmte. [5] Vgl. I. 6. 7. [6] Vgl. I. 7. 5. [7] *dhṛṣṭi* und *upaveṣa* werden sonst gleichgestellt, vgl. I. 12. 1, I. 22. 2. Die beiden Instrumente sind einander sehr ähnlich (vgl. die Abbildung in CII., planche III. 21).

2. Mit den Formeln: „Du bist die schwarze im Lager sich aufhaltende Antilope[1]. O du vorangehender Gott, möchte ich dich zu tragen im Stande sein“[2] schnürt er das Brennholz mit der Schnur zusammen. Den Knoten verbirgt er unterhalb der Schnur von Ost nach West oder von West nach Ost[3], und legt das Brennholz nicht unmittelbar auf der Erde hin[4].

[1] TS. I. 1. 11. a[a]. [2] TA. IV. 3. 3. vgl. unten XV. 4. 12. [3] Vgl. I. 4. 14 und I. 2. 10. [4] Vgl. Bem. 2 zu I. 4. 1.

3. Die Splitter, die beim Behauen der Holzscheite abgefallen sind, legt er gutverwahrt hin[1].

[1] Zu deren Bestimmung vgl. III. 9. 12.

4. Mit dem Verse: „Durch dich haben sie (nl. die Götter) die Erde als Vedi erworben; durch dich wird das allverleihende Opfer zustande gebracht; der Sache kundig begleitest du das unversehrte Opfer; durch dich reiht der Hotṛ die Halbmonate aneinander“[1], verfertigt er von Gräsern den Wisch *(veda)*[2].

[1] TBr. III. 7. 4. 12. Der letzte Satz deutet auf das Ausstreuen des Veda durch den Hotṛ (vgl. III. 10. 5) vom Gārhapatya zum Āhavanīya, vgl. TBr. III. 3. 9. 11. [2] Über die Verwendung dieses Grasbündels vgl. I. 24. 5, I. 25. 12, II. 1. 3 usw.

5. Er verfertigt ihn in der Form des Knies eines liegenden Kalbes für einen, der Kühe wünscht, in der Form eines Korbes für einen, der Speise wünscht, mit dreifach gewundenem Kopfende für einen, der Ansehen als Vedakenner wünscht[1].

[1] Das Nähere über diese drei Arten, wie der Veda hergestellt wird, s. bei Schwab, Tieropf. S. 11.

6. Nachdem er das Gras des Veda, in der Entfernung einer Spanne von der Schnur, abgeschnitten hat, legt er die Schnitzel gutverwahrt nieder[1].

[1] Sie kommen später, II. 4. 2, zur Verwendung.

7. Nachdem er innerhalb der später darzustellenden Vedi die Blätter von dem Aste[1] bis auf einige abgebrochen hat und den Ast an der Wurzel (d. h. am dicken Ende) abgeschnitten hat, verfertigt er aus dem abgeschnittenen unteren Teile des Astes den Upaveṣa[2] mit dem Verse: „Schürhaken (upaveṣa) bist du, für das Opfer trugen sie (d. h. die Götter?) dich als Zurüstung

(pariveṣa), dem Indra die Opfergabe bereitend; du sollst uns gnädig und günstig sein"[3].

[1] Der zuletzt I. 2. 10 erwähnt worden ist. [2] Zu dessen Verwendung vgl. z. B. I. 12. 1 (= *dhṛṣṭi?*). [3] TBr. III. 7. 4. 13.

8. Mit dem Verse: „Vom dritten Himmel her ward der Soma von der Gāyatrī herbeigeholt; zum Somatrunk, um denselben zu mischen, ergreife ich den inneren Bast"[1], ergreift er einen Splitter von den Schnitzeln[2] und legt denselben gutvermerkt nieder[3].

[1] TBr. III. 7. 4. 1. [2] *parivāsanaśakalam.* Können die an dem oberen Teile des Astes zurückgebliebenen Blätter gemeint sein (vgl. Sūtra 7)? [3] Behufs der Handlung von I. 13. 15.

9. Nachdem er einen dreifachen (d. h. aus drei Kuśagräsern bestehenden) „Reiniger" verfertigt hat, befestigt er denselben mit der Formel: „Der Vasus hundertströmiger Reiniger bist du, der Vasus tausendströmiger Reiniger bist du"[1] lose an dem Aste[2], die Wurzel an der Wurzel, die Spitze an der Spitze, ohne einen Knoten zu machen.

[1] TS. I. 1. 3. 1. [2] Und zwar an dem oberen Teile des Astes (vgl. I. 6. 7). Dies ist das *śākhāpavitra,* der „Astreiniger", verwendet z. B. I. 12. 3 ff.

10. Die beiden Verse: „Das so große, eine Spanne messende dreifache Gras am Palāśa[1] soll als Reiniger beim Opfer mir die Milch ganz lauter und opferrein machen". „Diese beiden, der Aushauch und der Einhauch, sollen allerwärts die Glieder des Opfers strotzen machend sich bewegen, in dem die Opfergabe läuternden Reiniger"[2] spricht der Opferveranstalter aus, während der „Astreiniger" verfertigt wird.

[1] Der Ast besteht ja aus Palāśaholz, I. 1. 8. [2] TBr. III. 7. 4. 11.

11. Dann befegt man das Feuergebäude tüchtig und beschmiert die Feuerstätten[1] mit Wasser, in welches Kuhurin gemischt ist.

[1] D. h. wohl deren Ränder.

12. Der Opferveranstalter und die Herrin des Hauses putzen sich.

13. Zwei neue für das Sāṃnāyya bestimmte irdene Töpfe sind, so weit der Kies reicht[1], mit Kuhurin beschmiert worden.

[1] *yāvaccharkaram,* BR.: „im Verhältnis zur Menge des Kieses". Man hat sich eher mit Rudradatta die Töpfe so zu denken, daß deren oberer Teil gefärbt, aber der untere Teil „au naturel" gelassen ist. Nur dieser untere Teil wird abgewaschen, damit die Farben nicht durch die scharfe Substanz verdorben werden. — Zwei Sāṃnāyya-Töpfe gibt es (vgl. II. 11. 9): der eine ist für die süße zu kochende, der andere für die saure Milch bestimmt.

I. 7.

1. Am Neumondstage, am Tage, wo man den Mond nicht erblickt, hält er das Klößeväteropfer[1].

[1] Weshalb an diesem Moment bei der Neumondsfeier den Vätern geopfert wird, erklärt das Brāhmaṇa (TBr. I. 3. 10. 1): „Als Indra den Vṛtra getötet und die Asuras besiegt hatte, kam er gegen den Neumondstag heran; die Väter (die ihm zur Seite gestanden hatten) waren am Tage vorher schon angekommen. Zu den Vätern hatte sich das Opfer (d. h. das Neumondsopfer) gesellt. Dies verlangten die Götter zurück, aber sie gaben es nicht heraus. Da sagten die Väter: „Wir wollen uns etwas ausbedingen, dann werden wir es zurückgeben. Uns soll am Tage vorher (d. h. am Tage vor der Neumondsfeier) geopfert werden.' Da gaben sie es ihnen zurück. Deshalb wird den Vätern am Tage vorher geopfert."

2. Am Nachmittage oder an dem Zeitpunkt, wo die Sonne gerade über den Baumwipfeln steht, geht man mit dem Klößeväteropfer vor.

3. Mit dem Verse: „Der saftige, opferreine (Teil) der Wasser" usw.[1] holt er Streu herbei, die mit den Wurzeln mit einem Ruck abgetrennt worden ist,

[1] Vgl. oben I. 5. 5.

4. oder Gräser, die mit einem Ruck abgetrennt und an den Wurzeln abgeschnitten worden sind[1].

[1] So das ŚBr. (II. 4. 2. 17).

5. Nachdem er mit Gräsern, deren Spitzen nach Südost[1] gerichtet werden, das südliche Feuer umstreut hat und südlich oder westlich davon Gräser zusammengestreut hat, setzt er einzeln[2] in einer nach Südost gerichteten Reihe die für das Klößeväteropfer benötigten Gefäße fertig: das hölzerne Schwert, den Rührstab, das schwarze Antilopenfell, den Mörser, den Stössel, die Wanne, den Buttertopf, den Carukessel und was er sonst braucht.

[1] Im Gegensatz zu I. 14. 14. [2] Im Gegensatz zu I. 15. 6; diese Vorschrift beruht auf TS. I. 6. 8. 2, vgl. Bem. 1 zu I. 15. 6.

6. Der mit Reis versehene Karren ist mit der Deichsel nach Südost[1] hingestellt worden.

[1] Im Gegensatz zu I. 17. 5. — Der Karren steht wahrscheinlich westlich vom südlichen Feuer, vgl. Baudh. III. 10 : 79. 16.

7. Der Adhvaryu, sein Gewand über der rechten Schulter und unter der linken Achselhöhle tragend[1], schüttet, indem er einen[2] „Reiniger" über den Carukessel hält, vermittelst dieses Kessels, von Süden oder von Norden her, vom Karren Reis in ein anderes Gefäß[3] aus.

[1] Dies ist die beim Väteropfer gewöhnliche Tracht; beim Götteropfer trägt man das Gewand (später die Opferschnur, das yajñopavīta) über der linken Schulter und unter der rechten Achselhöhle. [2] Im Gegensatz zu I. 17. 10. [3] Vgl. Sūtra 9.

8. Nachdem er den Kessel gefüllt hat, wischt er ihn ab[1].

[1] Offenbar soll diese Handlung stattfinden, ehe der Inhalt übergeschüttet wird. — Das Abwischen besagt, daß er mit der flachen Hand über die Oberfläche fährt und so wegstreicht, was zu viel ist.

9. Er schüttet den Reis in ein irdenes Gefäß aus mit der Formel: „Den Vätern genehm schütte ich euch aus"[1], oder ohne Spruch.

[1] Vgl. I. 17. 12.

10. Im Mörser, welcher auf dem Antilopenfelle, dessen Nacken nach Nordwest[1] gerichtet ist, westlich vom südlichen Feuer gestellt ist[2], schlägt die Herrin des Hauses, mit dem Angesicht nach Süden gekehrt und stehend, die Körner aus, jedesmal, bei der darauf folgenden Sichtung vermittelst der Wanne die Hülsen fortschüttelnd[3], aber bei der dann erfolgenden Überschüttung der Körner in den Kessel die enthülsten und die unenthülsten Körner nicht sondernd[4].

[1] Im Gegensatz zu I. 19. 4. [2] Vgl. I. 20. 7. [3] Im Gegensatz zu I. 20. 11.

11. Einmal[1] schlägt sie die Putzabfälle ab.

[1] Im Gegensatz zu I. 20. 11 am Ende; vgl. übrigens ŚBr. II. 4. 2. 9.

12. Über dem südlichen Feuer[1] kocht der Adhvaryu das Mus (den Caru) von den „lebendigen“ Körnern[2].

[1] Im Gegensatz zu I. 22. 1. [2] Das Mahlen (I. 21. 6), d. h. das Töten der Körner, findet also nicht statt. Die Körner sollen ganz bleiben.

13. Nachdem er mit der Formel: „Fortgeschlagen sind die Asuras, die Unholde, die Piśācas, die auf der Vedi sitzenden“[1] zwischen Gārhapatya und südlichem Feuer[2] oder südöstlich vom südlichen Feuer[2] die Vedi aufgeritzt hat, indem er mit dem hölzernen Schwerte eine Linie von sich ab in südlicher oder südöstlicher Richtung am Boden zieht[3]; nachdem er diese Linie mit der Formel: „Es sollen sich die Väter reinigen“ mit Wasser besprengt hat, und darüber die Formel: „Es sollen herkommen die gedankenschnellen Väter“ gesprochen hat, bestreut er die Vedi[4] mit dem mit einem Ruck abgetrennten Grase[5] mit dem Verse: „Ich bringe dich den Vätern, dich, die mit einem Ruck abgeschnittene Streu, die wollenweiche angenehme. Es sollen auf ihr sich setzen meine lieben Väter, Großväter und Urgroßväter mit ihren Begleitern.“

[1] Aus VS. (II. 29, wo aber *piśācāḥ* fehlt). [2] Sonst befindet sich die Vedi zwischen Gārhapatya und Āhavanīya, und ist nach O. gerichtet (II. 1. 1). [3] Im Gegensatz zu II. 2. 7 flgg. [4] Vgl. II. 9. 2 flgg. [5] Vgl. I. 7. 3.

I. 8.

1. Nachdem er mit gereinigter[1] frischer oder ungereinigter zerlassener Butter das in dem Kessel gekochte Mus beschmalzt[2] und es vom Feuer entfernt hat, stellt er den Rührstab und den Kessel mit dem gekochten Mus auf die vermittelst des hölzernen Schwertes gezogene einfache Linie (d. h. auf die Vedi)[3].

[1] Das Schmalz wird also behandelt nach II. 6. 7, aber mit einem Reiniger und ohne den Reiniger hin und her zu bewegen. [2] Dies wohl nach ŚBr. (II. 4. 2. 10).
[3] Vgl. I. 7. 13.

2. Südlich davon legt er auf die Vedi: Polster und Kissen, Augensalbe, Salbe für den Körper (Sesamöl), einen Krug Wasser, einzeln (nicht paarweise) nieder[1].

[1] Diese Vorschrift ist vom Pitṛyajña übernommen (VIII. 14. 16).

3. Der Adhvaryu, der sein Gewand über der linken Schulter und unter der rechten Achselhöhle trägt (d. h. der „opfermäßig“ behängt ist), schüttet, nachdem er das rechte Knie gebogen und auf den Rührstab eine Unterlage von Schmalz gegossen hat und vermittelst dieses Rührstabs dann aus dem Mus eine Portion abgestochen und diese beschmalzt hat, dieselbe mit der Formel: „Dem von den Vätern getrunkenen Soma svadhā, Verbeugung!“[1] in das südliche Feuer aus.

[1] TBr. I. 3. 10. 2.

4. Eine zweite Spende: „Dem von den Angirasen und von den Vätern begleiteten Yama svadhā, Verbeugung[1]!“ Eine dritte: „Dem Agni, Führer der Manenspeise, svadhā, Verbeugung[2]!“

[1] Nicht in TBr. erwähnt [2] TBr. I. 3. 10. 3.

5. Nachdem er zur dritten Spende[1] die von der zweiten am Rührstab hangen gebliebenen Körner in das Feuer geschüttet hat, legt er ohne Spruch den Rührstab in das Feuer.

[1] Welche hier die im gewöhnlichen Opfer dem Agni sviṣṭakṛt geltende ersetzt (vgl. II. 21. 6).

6. Er opfert nicht dem Yama, nach einigen[1].

[1] Das eigne Brāhmaṇa des Āpastamba (TBr. I. 3. 10. 3—4) ist nicht allzu deutlich, da es nur die Spende an Soma und Agni erwähnt und dennoch von drei āhutis redet. Es ist aber wahrscheinlich, daß der Autor dieses Textes nur eine āhuti an Soma und eine an Agni vorschreibt und als dritte Spende das Hinwerfen des Mekṣaṇa betrachtet haben will. — Übrigens opfern auch die Vāj. (ŚBr. II. 4. 2. 12) und die Mānavas (Mān. śrs. I. 1. 2. 17—18) nicht dem Yama.

7. Mit den Versen: „Fortgehen sollen die vätergestaltigen Asuras, die in verschiedenen Gestalten herumgehen; die welche *parāpuro nipuro bharanti*, die soll Agni von diesem Ort vertreiben"[1]. „Die Väter, sowohl die, welche Götter, als die, welche Menschen sind, sowohl die, welche im Mutterschoß gestorben, als die, welche fortgeworfen sind, sowohl die, welche hinaufgehoben (?), und die, welche vergraben sind, die sollen alle vereint hier sich gütlich tun"[2]. „Sie, die, Asuras seiend, verschiedene Gestalten annehmend, nach freiem Willen herumgehen, die, welche *parāpuro nipuro bharanti*, die soll Agni von diesem Ort vertreiben"[2]. „Die Asuras, die den Verwandten ähnlich durch Zauberkunst in die Väter eingegangen sind, die, welche *parāpuro nipuro bharanti*, die sollst du, o Agni, von diesem Ort vertreiben"[3] entnimmt er dem südlichen Feuer einen einzelnen rauchenden Feuerbrand[4].

[1] Vgl. Mān. śrs. I. 1. 2. 8. [2] Nur aus Āp. bekannter Vers.
[3] VS. II. 30. [4] Vgl. VIII. 17. 8.

8. Nachdem er einmal mit dem hölzernen Schwerte eine Linie in südöstlicher Richtung in den Boden eingeritzt hat und diese mit dem Verse: „Es sollen sich erheben die unteren und die weitesten und die mittleren lieblichen Väter, die zum Leben eingegangen sind, nicht gefährdend. Sie, die Väter, die das Rechte kennen, sollen uns günstig sein bei den Anrufungen"[1] mit Wasser besprengt hat, legt er den Feuerbrand am äußersten Ende dieser Linie nieder[2].

[1] TS. II. 6. 12. i. [2] Das Ritual wohl aus ŚBr. (II. 4. 2. 13—14).

9. Von nun an verrichtet der Opferveranstalter, das Gewand über der rechten Schulter und unter der linken Achselhöhle tragend, die Handlungen.

10. Mit den Formeln: „Es sollen sich reinigen meine Väter", „Es sollen sich reinigen meine Großväter", „Es sollen sich reinigen meine Urgroßväter" gießt er auf die vermittelst des hölzernen Schwertes eingeritzte Linie aus den beiden hohl aneinander gehaltenen Händen Wasser hin.

11. Oder er umgießt dieselbe dreimal mit Zukehrung der linken Seite.

12. Nach der Überlieferung der Vājasaneyins kommen drei Wasserkrüge zur Verwendung[1].

[1] Dieser Brauch wird in unseren Vāj.-Texten nicht erwähnt; Kāty. IV. 1. 10 erwähnt einen Wasserkrug. Die Śaunakins (Kauś. sū. 87. 29) gießen mit drei Versen je ein Wassergefäß aus.

I. 9.

1. Nachdem er das linke Knie gebeugt hat, legt er mit der Hand[1], deren Fläche er nach unten hält, auf die mit einem Ruck abgetrennte Streu drei Klöße nieder, deren Reihe im Süden schließt, mit den Formeln: „Dies dir, o Vater Soundso, und denen, die hinter dir sind.“ „Dies dir, o Großvater Soundso, und denen, die hinter dir sind.“ „Dies dir, o Urgroßvater Soundso, and denen, die hinter dir sind“[2].

[1] Wahrsch. der linken. [2] TS. I. 8. 5. C a.

2. Ohne Spruch einen vierten.

3. Dieser ist beliebig[1].

[1] Im Brāhmaṇa (TBr. I. 3. 10, 4) werden nur drei Klöße vorgeschrieben.

4. Oder er gibt die Klöße so, daß er mit dem Urgroßvater anfängt[1].

[1] So machen es die Śaunakins, vgl. Kauś.- sū. 88. 8—10.

5. Was ohne Namennennung gegeben wird, kommt nicht zu (den Vätern).

6. Wenn er seine Verwandten[1] (d. h. seine drei Vorfahren und deren Namen) nicht[1] kennt, so gebe er den ersten Kloß mit der Formel: „Svadhā den auf der Erde sitzenden Vätern“, den zweiten mit: „Svadhā den im Luftraum sitzenden Vätern“, den dritten mit: „Svadhā den im Himmel sitzenden Vätern“.

[1] l. *bandhūn na* statt *bandhū na*.

7. Wenn er zwei Väter hat[1], so erwähne er bei jedem Kloße je zwei.

[1] Wie dies bei einem Adoptivsohn der Fall ist.

8. Wenn sein Vater noch am Leben ist, so gebe er die Klöße nicht[1], sondern höre auf, nachdem er die Handlungen bis zur Opferspende verrichtet hat[2].

[1] Nach Hir. sollen in diesem Falle die Klöße doch dem Groß- und dem Urgroßvater gegeben werden. Er erwähnt aber auch die Vorschrift einiger, daß man nicht über einen Lebendigen hinaus geben soll. [2] In diesem Falle schließt also das Klößeväteropfer mit I. 8. 5 ab.

9. Nachdem er stehend seine Verehrung dargebracht hat mit folgendem Verse und folgender Formel: „Wenn meine Mutter ihre Pflicht vergessen hat, wenn sie ihr Gelübde gebrochen hat, so soll mein Vater diesen Samen an sich nehmen, *abhuranyopapadyatām*“[1]. „Den mit svadhā verbundenen Vätern svadhā, Verbeugung! Den mit svadhā verbundenen Großvätern svadhā, Verbeugung! Den mit svadhā verbundenen Urgroßvätern svadhā, Verbeugung!“, kehrt er sich abwärts, nachdem er gesagt: „Hier tut euch gütlich, jeder nach seinem Anteil, o Väter“[2].

[1] Dieser Vers, dessen Schlußwörter mir trotz Pischel (GGA. 1894, 1003) immer undeutlich sind, kommt öfters vor (vgl. Verf. Altind. Ahnencult S. 193). [2] TS. I. 8. 5. b b.

10. Er sitzt abgewendet in der Nähe, bis der heiße Dampf von den Klößen aufgehört hat[1].

[1] So nach TBr. I. 3. 10. 6: „Die Väter genießen den heißen Dampf.“

11. Wenn der heiße Dampf aufgehört hat, oder auch eher, kehrt er sich

zu den Klößen um[1] und sagt: „Die lieblichen Väter haben sich gütlich getan“[2].

[1] Aus *abhi* in *abhiparyāvartate* scheint hervorzugehen, daß er sich erst mit der Sonne (oder umgekehrt?) von Süd nach Nord gewendet hat, und nun sich weiter (*abhi*) nach Süden kehrt. [2] Vgl. TBr. I. 6. 9. 9. und Bem. zu VIII. 16. 10.

12. Den Rest der Opfersubstanz, der sich noch im Kessel befindet, beriecht er[1] mit dem Verse und der Formel: „Die Väter, die gleichartig einträchtig in Yamas Reich sind, diesen soll Raum, Svadhā, Verbeugung und Opfer unter den Göttern zustande kommen“[2]. „Gebet einen männlichen Nachkommen, Ihr Väter.“

[1] Vgl. dazu TBr. I. 3. 10. 6: „Die Veda-Erklärer sagen: „Soll der Rest der Opfergabe genossen oder nicht genossen werden?“ Wenn er davon genösse, so würde er die einem Fremden gehörige Speise genießen. 'Wenn er sie nicht genösse, so würde er des Anteils an der Opfergabe beraubt sein und sich außer Gemeinschaft mit den Vätern stellen. Er (der Rest) soll bloß berochen werden: so ist er einerseits nicht genossen und andererseits nicht ungenossen.“ (Zu *janyam annam* vgl. Ṣaḍv. br. I. 7. 3. mit Eelsingh's Bem. und Ms. I. 4. 9: 57. 3—4). [2] TBr. II. 6. 3. 4.

13. Von einem (Opferveranstalter), der krank ist, soll er (der Rest der Opfergabe) genossen werden, von einem, der Speise wünscht, soll er genossen werden, oder von einem, der, obschon er in der Lage ist, Speise zu haben, keine Speise ißt[1], soll er genossen werden.

[1] Weil er von Indigestion gequält wird?

14. Nachdem er wie vorher[1] drei Hände voll Wasser über der mit dem hölzernen Schwerte gezogenen Linie ausgegossen hat, gibt er den Vätern die Augensalbe, die Salbe, ein Kleid, dreimal bei jedem Kloße.

[1] Vgl. I. 8. 10.

15. Die Augensalbe mit der Formel: „Salbe dir die Augen, Vater Soundso.“ „Salbe dir die Augen, Großvater Soundso.“ „Salbe dir die Augen, Urgroßvater Soundso.“

16. In derselben Weise die Salbe, aber er verändert den Wortlaut in „Salbe dich“ (statt „Salbe dir die Augen“).

17. Wenn er die Namen nicht kennt, dann mit den Formeln: „Es sollen sich meine Väter die Augen salben.“ „Es sollen sich meine Großväter die Augen salben.“ „Es sollen sich meine Urgroßväter die Augen salben.“ In derselben Weise die Salbe, aber er verändert den Wortlaut in: „Es sollen . . . sich salben.“

I. 10.

1. Mit der Formel: „Hier habt ihr Kleider, o Väter. Nehmet, o Väter, nichts anderes als dieses von uns“ schneidet er von seinem Gewand die Franse und legt dieselbe hin, oder statt der Franse ein Büschel von Wolle, wenn er in der ersten Hälfte des Lebens[1], von seinem eigenen Haare[2], wenn er in der letzten Hälfte des Lebens steht[2].

[1] Wenn er noch nicht 50 Jahre alt ist (Āśv.), wenn er noch nicht 66 Jahre und 8 Monate alt ist (Baudh., der offenbar das auf 100 Jahre berechnete Leben in drei Teile zu 33 J. 4 Mon. verteilt). [2] *loma*, nicht Haupthaar, sondern Haar des Körpers.

[2] Vgl. TBr. I. 3. 10. 7: „In der letzten Hälfte des Lebens schneide er sich Haar ab; denn zu dieser Zeit ist man den Vätern näher.“

2. Wenn der heiße Dampf von den Klößen gewichen ist, flüstert er die Verehrungsformeln: „Verehrung, o Väter, eurem Safte. Verehrung, o Väter, eurem Sprühen. Verehrung, o Väter, eurem Leben. Verehrung, o Väter, eurer Svadhā. Verehrung, o Väter, eurem Zorne. Verehrung, o Väter, eurer Grausigkeit. Verehrung Euch, o Väter. — Die, welche in der dortigen Welt sind, die sollen sich bei Euch halten; die, welche in der hiesigen Welt sind, die sollen sich bei mir halten. Möget ihr die vorzüglichsten derjenigen sein, die in der dortigen Welt, möchte ich der vorzüglichste derjenigen sein, die in der hiesigen Welt sind“[1].

[1] TS. III. 2. 5. s—u. Zu den ersten sechs Formeln ist zu bemerken, daß die Väter den sechs Jahreszeiten gleichgestellt werden.

3. Er bringt stehend den Vätern seine Verehrung dar mit der Formel: „Gebet uns, o Väter, eine Wohnung, wir wollen Euch, o Väter, eine Wohnung geben“[1].

[1] Vgl. VS. II. 32.

4. Mit dem Verse: „Labung führend, Ambrosia, Schmalz, Milch, süßen Trank und Parisrut, seied Ihr svadhā und sättiget meine Väter“[1] gießt er Wasser auf die Linie nieder.

[1] VS. II. 34.

5. Mit den das Wort „Geist“ enthaltenden Versen, deren Anfang lautet: „Den Geist rufen wir zu uns“[1], bringt er den Vätern stehend seine Verehrung dar.

[1] TS. I. 8. 5. g—i.

6. Mit dem Verse: „Stehet auf, o Väter, gehet hin, ihr Helden, gehet den uralten Pfad des Yama entlang. Gebet uns Reichtum und was erfreulich ist, und meldet den Göttern, daß wir den gebührenden Anteil entrichtet haben“[1] heißt er die Väter aufstehen.

[1] Der Vers nur in Āp. und Hir.; ich lese mit Hir. *bhagadān* statt *bhagadhām*

7. Mit dem hinschaffenden Verse: „Gehet hin, ihr lieben Väter, die tiefen uralten Pfade entlang und begebet euch zu den (andern) wohlwollenden Vätern, die zusammen mit Gott Yama schwelgen“[1] schafft er sie hin.

[1] TS. I. 8. 5. f.

8. Mit dem Verse: „Prajāpati, kein anderer als du hält alle diese Geschöpfe umfaßt. Möchte uns der Wunsch, mit welchem wir opfern, in Erfüllung gehen, möchten wir über Reichtum verfügen“[1] begibt er sich, das Gewand über der linken Schulter und unter der rechten Achselhöhle tragend, zur Stelle des Gārhapatya.

[1] TS. I. 8. 14. m.

9. Mit dem Pankti-Verse: „Wenn wir dem Luftraum, der Erde und dem Himmel, wenn wir Vater und Mutter geschadet haben, von dieser Schuld soll Agni gārhapatya mich lösen, er soll mich von der Schuld meiner verkehrten Tat befreien“[1] bringt er stehend dem Gārhapatya seine Verehrung dar.

[1] TS. I. 8. 5. k.

10. Den mittlern Kloß übergibt er der Herrin des Hauses mit der Formel: „Ich gebe dir der Wasser, der Kräuter Saft zu essen, empfange eine wesenbildende (?) Frucht“.

11. Dieser wird von der Herrin des Hauses gegessen, nachdem sie den Vers geflüstert hat: „Leget in mich, o Väter, eine Frucht, einen lotosbekränzten Knaben, daß hier ein Mann sein möge“[1]. Sie wird dann einem männlichen Kinde das Leben schenken, so wird in der heiligen Überlieferung gelehrt[2].

[1] VS. II. 33. [2] Diese Śruti-Aussage habe ich bis jetzt in keinem Brāhmaṇa angetroffen.

12. Mit dem Verse: „Die meinigen, die, eins von Geburt und eins von Geist, lebendig unter den Lebendigen sind, deren Glück möge in dieser Welt hundert Jahre bei mir zustande kommen“[1] ißt der Opferveranstalter einen von den übrigen Klößen, oder auch nicht.

[1] TBr. II. 6. 3. 5.

13. Nachdem er die Klöße in den Kessel beisammen gelegt hat, wirft er mit dem Verse: „Welche gleichartig“ usw.[1] die mit einem Ruck abgetrennte Streu in das Feuer.

[1] Vgl. I. 9. 12.

14. Mit dem Verse: „Der Jātavedas ist Bote unseres Opfers gewesen; er hat die Opfergaben hingeführt, sie duftig machend; du hast (o Agni) sie übergeben; nach Herzenslust haben sie gespeist. Kehre nun, o Agni, der Sache kundig, zu den Göttern wieder“[1] wirft er den einzelnen Feuerbrand[2] in das südliche Feuer zurück, und die Gefäße besprengt habend bringt er sie paarweise zurück.

[1] Var. zu TS. II. 6. 12. n. [2] Vgl. I. 8. 7. a. E.

15. Damit ist die Darstellung des Klößeväteropfers zu Ende geführt.

16. Die Klöße werfe er ins Wasser oder lasse sie von einem Brahmanen verspeisen.

17. Das hier beschriebene Klößeväteropfer gilt auch für einen, der die sakralen Feuer nicht gegründet hat.

18. Die Handlungen des Kochens und die Spende finden in diesem Falle im häuslichen Feuer statt.

19. Oder er verrichte die Spende in einem aus dem häuslichen Feuer ausgeführten Feuer.

20. Demjenigen Feuer, sei es das häusliche oder das ausgeführte, in welchem er die Spende darbringt, bringe er stehend seine Verehrung dar[1].

[1] Mit dem I. 10. 9 erwähnten Verse.

21. Hierbei soll aber das Wort „*gārhapatya*“ unterdrückt werden, weil die Erwähnung dieses Feuers durch den Vorgang verhindert wird.

I. 11.

1. Am Abend vor dem Neumondstage verrichtet der Opferveranstalter selber[1] das Agnihotra mit Reismehlbrühe[2]; den Rest des Agnihotra stellt er gutvermerkt hin, um die Milch gerinnen zu lassen[3].

[1] Vgl. VI. 15. 15. [2] Diese Restriktion aus ŚBr. (I. 7. 1. 10). [3] Für die Zubereitung des Dadhi (der sauren Sāṃnāyya-Milch), vgl. I. 13. 15.

2. An diesem Tage bekommen seine Kinder gar keine Milch[1].

[1] Nach Rudradatta, weil der ganze Vorrat zum Opfer dienen soll. Es scheint mir fraglich, ob dies das Motiv ist.

3. Nachdem das Abend-Agnihotra dargebracht ist, läßt er die Abendmelkung verrichten[1].

[1] Zur Erlangung der für das Dadhi bestimmten Milch.

4. Nachdem er die drei Feuer oder das eine Feuer (den Gārhapatya) oder die beiden Feuer (Āhavanīya und Gārhapatya) umstreut hat[1] und die für das Sāṃnāyya benötigten Gefäße abgewaschen hat, stellt er dieselben auf Gräsern nördlich vom Gārhapatya paarweise, mit der Öffnung nach unten, fertig,

[1] Nach dem Ritual von I. 14. 14—15.

5. und zwar: die irdene Schüssel[1], den „Ast-reiniger“[2], die Halfter[3], zwei Stricke[4], das hölzerne Gefäß zum Melken[5], das eiserne oder hölzerne Gefäß zum Bedecken[6], die Agnihotrahavaṇī[7] und den Schürhaken[8].

[1] Vgl. I. 13. 6. [2] Vgl, I. 6. 9. [3] Vgl. I. 12. 7, 9. [4] Vgl. ib. [5] Vgl. I. 12. 6. [6] Vgl. I. 14. 3. [7] Vgl. I. 11. 9 (VI. 3. 6). [8] Vgl. I. 6. 7 und I. 12. 1.

6. Zwei gleichartige Gräser, deren Spitze nicht abgebrochen ist, und die eine Spanne lang sind, macht er zu „Reinigern“[1].

[1] Durch die in den nächstfolgenden Sūtras beschriebene Handlung.

7. Mit der Formel: „Reiniger seid ihr, dem Viṣṇu geheiligt. Vāyu soll euch mit dem Geiste reinigen“[1] schneidet er die Gräser ab, nachdem er einen Grashalm oder ein Stückchen Holz zwischen die Darbhagräser und das Messer gelegt hat.

[1] TBr. III. 7. 4. 11.

8. Nicht vermittelst des Nagels schneidet er sie ab.

9. Nachdem er sie mit der Formel: „Durch Viṣṇu's Geist seid ihr gereinigt“[1] mit Wasser aufwärts bestrichen hat, gießt er Wasser in die Agnihotrahavaṇī, indem er die Reiniger über derselben hält, und reinigt dieses Sprengwasser mit den beiden Reinigern, deren Spitzen er nach Norden richtet, das erste Mal mit der Formel: „Gott Savitṛ soll euch reinigen“[2], das zweite Mal mit: „vermittelst des unversehrten Reinigers“[2], das dritte Mal mit: „mit der guten Sonne Strahlen“[2].

[1] Aus MS. oder K. [2] TS. I. 1. 5. a. vgl. TBr. III. 2. 5. 3.

10 a. Nachdem er über dem Sprengwasser die Formeln hergesagt hat: „Ihr göttlichen Wasser, die ihr zuerst trinket, die ihr vorangehet, führet dieses Opfer voraus, bringet voran den Opferveranstalter.“ „Euch hat Indra erwählt bei der Besiegung des Vṛtra. Erwählet Ihr den Indra bei der Feindesbesiegung.“ „Besprengt seid ihr“[1], kehrt er die Gefäße um, sodaß deren Höhlung nach oben kommt[2], besprengt sie mit dem geweihten Wasser dreimal mit der Formel: „Reiniget euch für das Götterwerk, für die Götterverehrung“[3] und legt die Reiniger wohlverwahrt nieder[4].

[1] TS. I. 1. 5. b—d. [2] Vgl. I. 11. 4. [3] TS. I. 1. 3. a.

[4] Mit Hinblick auf die Handlung von I. 16. 3.

10 b. Der Opferveranstalter spricht über den Gefäßen, wenn sie besprengt werden, die Verse aus: „Ihr göttlichen Wasser, ihr seid gereinigt, reiniget diese Gefäße; und reinigt für das Lab der Götter den Parṇabast“[1]. „Gereinigt von Gott Savitṛ, durch der guten Sonne Strahlen, reiniget die Kuh, die beiden Milchreiniger, den Strick, und alle Gefäße“[2]. — Wenn die Kühe aus dem Stalle herankommen, so blickt er denselben entgegen, indem er den Vers flüstert: „Hier kommen sie heran, süße Milch gebend, reich an Kälbern, herrlich und vielgestaltig. Indra soll, o ihr Kühe, euch hier bleiben lassen, viel an der Zahl, euch mehrend“[3].

[1] Vgl. I. 6. 8. — Der Vers ist TBr. III. 7. 4. 2. [3] TBr. III. 7. 4. 14.

I. 12.

1. Nachdem er mit der Formel: „Weggeglüht ist der Unhold, weggeglüht ist der Böswillige“[1] die Sāṃnāyya-gefäße am Gārhapatya gewärmt hat; nachdem er mit der Formel: „Der Schürhaken bist du, halte zurück das heilige Wort“[2] den Schürhaken[3] genommen; nachdem er mit der Formel: „Weggeschoben ist die von der Fremde drohende Gefahr, weggeschoben sind die anstürmenden Heere“[4] aus dem Gārhapatya einige glühende Kohlen in nördlicher Richtung hinausgeschoben hat[5], setzt er mit den Formeln: „Des Mātariśvan Glut bist du; der Himmel bist du, die Erde bist du; allnährend bist du durch höchstes Gesetz; sei befestigt, falle nicht um“[6] die irdene Schüssel[7] auf das Feuer.

[1] Aus VS. [2] TS. I. 1. 7. a. [3] Vgl. I. 6. 7, Bem. 2. [4] Die erste Hälfte des Yajus aus Jaim. br. I. 39. [5] Sodaß sie jedoch noch innerhalb der Feuerstätte bleiben. [6] TS. I. 1. 3. b—e. [7] Vgl. I. 11. 5.

2. Oder er setzt die Schüssel auf das Feuer mit dem Verse: „Damit das Opfer nicht hinfällig werde, setze ich die beiden[1] Schüsseln auf; sie sollen die vermittelst der Kühe herbeigeschaffte gekochte und saure Milch dem Indra zuführen“[2].

[1] Die zweite Schüssel für die Morgenmelkung, I. 14. 7, 8. [2] TBr. III. 7. 4. 13.

3. Mit der Formel: „Werde erhitzt durch der Bhṛgus, der Angirasen Hitze“[1] schiebt er nach rechts herum glühende Kohlen um die Schüssel und legt mit der Formel: „Der Vasus hundertströmiger Reiniger bist du, der Vasus tausendströmiger Reiniger bist du“[2] den „Astreiniger“ mit der Spitze nach Osten über die Schüssel[3].

[1] Modifikation von TS. I. 1. 7. i. [2] TS. I. 1. 3. f. [3] Nach TBr. III. 2. 3. 4.

4. Morgens[1] mit der Spitze nach Norden.

[1] Vgl. I. 14. 7—8. — Die Bestimmung nach TBr. l. c.

5. Die Schüssel anfassend hält er die Stimme an[1].

[1] D. h. er soll nichts Weltliches reden; dies dauert bis I. 13. 10. — Diese Bestimmung TBr. III. 2. 3. 6.

6. Oder[1] er sitzt dabei, den Astreiniger mit der Hand haltend, ohne die Schüssel anzufassen.

[1] Im Brāhmaṇa (TBr. l. c.) wird keine Alternative gestellt: *anvārabhya vācaṃ yacchati . . . dhārayann āste*, vgl. MS. (IV. 1. 3 : 4. 13): *vācaṃ yacchati . . . dhārayann āste.*

7. Mit der Formel: „Der Aditi Gurt bist du, der Indrāṇī Schnur"[1] ergreift er (nl. der Gehilfe, der die Melkung vollzieht) die Halfter[2] und ohne Formel die beiden Stricke[2].

[1] TS. I. 1. 2. m. [2] Vgl. I. 11. 5.

8. Während die Halfter ergriffen wird, flüstert der Opferveranstalter darüber den Vers: „Der dreiunddreißigste der Fäden bist du; komme herbei samt dem Reiniger. Dieser gütige Strick, die Halfter, soll der Kuh dienen"[1].

[1] TBr. III. 7. 4. 12.

9. Mit der Formel: „Pūṣan bist du"[1] legt der Melker dem Kalb die Halfter um und bindet mit den beiden Stricken die Hinterbeine der Kuh fest.

[1] Aus MS. oder VS., vgl. aber *pūṣā stha* TBr. III. 7, 4. 15.

10. „Melde es mir, wenn das Kalb zur Kuh herbeigelassen ist"[1] befiehlt der Adhvaryu dem Melker.

[1] Der Befehl entstammt dem ŚBr. I. 7. 1. 10. — Das Kalb wird zu der Kuh gelassen, um die Milch ins Fließen zu bringen.

11. Der Melker redet den Adhvaryu an: „Ich lasse es herbei". Mit dem Halbverse: „Ich lasse euch nicht krank mit eurem Jungen zusammen, durch Vermehrung des Besitzes zahlreich werdend"[1] läßt er das Kalb zur Mutterkuh heran.

[1] TBr. III. 7. 4. 15.

12. „Schreitet nicht zwischen der mit dem Kalb vereinigten Kuh und dem Opferplatze" befiehlt der Adhvaryu den Leuten.

13. Wenn jemand dazwischen passiert, so sage er: „Das Sāṃnāyya soll nicht zugrunde gehen."

14. „Ich setze mich zu ihr" redet der Melker den Adhvaryu an, und mit dem Verse: „Ich lasse euch nicht krank mit eurem Jungen zusammen, durch Vermehrung des Besitzes zahlreich werdend. Möchte ich lebendig mich setzen zu euch, den lebendigen, o Kühe, die ihr von Labung, Milch und Fettigkeit strotzet"[1] setzt sich der Melker zu der Kuh.

[1] TBr. III. 7. 4. 15.

15. Kein Śūdra soll die Melkung vollziehen, oder er darf es wohl[1].

[1] Vgl. TBr. III. 2. 3. 9: „Kein Śūdra soll die Melkung vollziehen. Der Śūdra ist ja aus dem Minderwertigen (nl. aus den Füßen des Prajāpati) entstanden. Das, was ein Śūdra melkt, ist zur Opfergabe nicht tauglich, so sagt man. (Dagegen heißt es aber:) Nur die Milch für das Agnihotra soll von einem Śūdra nicht gemolken werden. Denn diese Milch pflegt man nicht zu reinigen. Wenn die Milch über den Reiniger hinfließt (wie dies beim Sāṃnāyya der Fall ist), so wird dieselbe (obgleich ein Śūdra die Kuh gemolken hat) zur Opfergabe tauglich" (vgl. VI. 3. 11—14).

16. Er melkt in ein hölzernes Gefäß[1].

[1] Das Brāhmaṇa (TBr. III. 2. 3. 8) verbietet erst das Melken in ein hölzernes Gefäß, erlaubt es aber nachher.

17. Über der Kuh, wenn das Kalb hinzugelassen ist, über der Kuh, wenn dieselbe gemolken wird, und über dem Geräusch des in das hölzerne Gefäß fließenden Milchstromes spricht der Opferveranstalter die folgenden Verse aus: „Ich lasse euch nicht krank mit eurem Jungen zusammen" usw.[1] über der Kuh, wenn das Kalb hinzugelassen worden ist; „Himmel und Erde

sollen dieses Opfer gänzlich spenden; Dhātṛ soll mit Sonne und Vāyu mit dem Winde dem Opferveranstalter Reichtum spenden"[2] über der Kuh, wenn dieselbe gemolken wird;

[1] TBr. III. 7. 4. 15, vgl. oben I. 12. 11. [2] TBr. l. c.

I. 13.

1. „Den Brunnen melken sie, den Topf mit vier Öffnungen, die Göttin Iḍā, die Süßes spendende, himmelerwerbende. Dieses Frohe sollen Indra und Agni kräftigen, das soll dem Opferveranstalter die Unsterblichkeit verleihen"[1] über dem Geräusch des Milchstromes.

[1] TBr. l. c. 16.

2. Nachdem der Melker die Kuh gemolken hat, bringt er die Milch dem Adhvaryu.

3. Dieser fragt ihn: „Welche hast du gemolken? Kündige unsere dem Indra liebe Opfergabe dem Indra an"[1].

[1] TBr. III. 7. 4. 16.

4. Jener antwortet: „Die soundso genannte"[1], wobei er deren Namen nennt, „in welche der Götter und der Menschen Milch gelegt ist"[1].

[1] TBr. l. c.

5. „Diese ist alles Leben enthaltend"[1] sagt über ihr der Adhvaryu.

[1] TS. I. 1. 3. k a.

6. Mit der Formel: „Gott Savitṛ soll dich reinigen mit Vasu's hundertströmigem tüchtig läuterndem Reiniger"[1] gießt er die Milch über den Reiniger[2] in die irdene Schüssel.

[1] Die Formel aus VS., die Handlung nach TBr. III. 2. 3. 6. [2] Vgl. I. 12. 1 a. Ende und 3.

7. Die Formeln: „Ausgegossen ist der Tropfen (stoka), ausgegossen der Tropfen (drapsa). Dem großen Agni, dem Firmament. Svāhā der Erde und dem Himmel"[1] spricht er über den Tropfen aus.

[1] TS. I. 1. 3. g—i.

8. In derselben Weise läßt er die zweite und die dritte Kuh melken.

9. Über der zweiten spricht er: „Diese ist alles in sich fassend"[1], über der dritten: „Diese ist alles wirkend"[1].

[1] TS. I 1. 3. k b, c. Diese Formeln statt der in Sūtra 5 angegebenen.

10. Wenn er drei Kühe hat melken lassen, gibt er mit dem dreimal hergesagten Verse: „Melke reichlich dem Indra; die Opfergabe soll für die Götter wieder anschwellen; für die Kälber, für die Menschen soll sie wieder zum Melken sich fügen"[1] die Stimme frei[2] und läßt dann, ohne die irdene Schüssel angefaßt zu halten[3], ohne Formeln die folgenden Kühe[4] melken. Nach Ablauf der Melkung gießt er Wasser in den hölzernen Melkkübel und und mit der Formel: „Mischet euch, ihr frommen wogenden, Süßigkeit enthaltenden lieblichen Wasser, zum Erwerb von Reichtum"[5] gießt er das Spülwasser in die irdene Schüssel. Die Milch läßt er, ohne sie überfließen zu lassen, tüchtig gar kochen[6].

[1] TBr. III. 7. 4. 16—17. [2] Vgl. I. 12. 5 und TBr. III. 2. 3. 8. Er sagt also den Spruch dreimal her und darf von jetzt an bis auf weiteres wieder Weltliches reden.

[3] Vgl. I. 12. 5. und TBr. l. c. [4] Vgl. TBr. l. c. und I. 2. 2, wo erwähnt wurde, daß von wenigstens sechs Kühen die Kälber fortgehalten sind, damit deren Milch für das Sāṃnāyya benutzt werde. [5] TS. I. 1. 3. l. [6] In der *kumbhī*, die ja zum Feuer gesetzt worden war, I. 12. 3.

11. Wenn die Milch gekocht ist, entfernt er die Schüssel, sie von den Kohlen in östlicher, nördlicher oder nordöstlicher Richtung wegziehend[1], mit der Formel: „Mache dauerhaft die Kühe, mache dauerhaft den Herrn der Kühe; nicht soll der Herr euers Opfers Schaden nehmen"[2].

[1] Wörtlich: „eine Spur machend". Hir. hat in gleicher Bed. *karṣann iva*. Er darf sie also nicht vom Feuer aufheben. [2] Die Formel nur noch in Hir. und Mān. śrs.

12. Wenn er während eines, zweier oder dreier Tage vor dem Vorfeiertag die Milch von einer, zwei oder drei Kühen zum Behuf des Labs hat melken lassen, melkt man bis zum Vorfeiertag ununterbrochen abends und morgens neue Milch hinzu[1].

[1] Vgl. dazu Baudh. I. 1: 1. 2: „Einen Tag oder zwei Tage vorher, je nach der Jahreszeit (im Sommer einen, im Winter zwei nach dem Komm.), beschafft er die Substanz, die zum Gerinnenmachen der Opfergabe (d. h. der Milch) dienen soll."

13. Vermittelst dieser als Lab zu verwendenden sauer gewordenen Milch[1] macht er die frische gekochte Milch in der Schüssel, nachdem er deren Boden hat kalt werden lassen[2], gerinnen,

[1] *tena.* [2] Hir.: *tena śītaṃ budhnaṃ kṛtvātanakti*, wozu die Vaijayantī: *yāvad adhastāt kumbhī na śītā, tāvad ātañcane kṛte payo vikṛtiṃ gacchen, na dadhi bhavet; tadarthaṃ śītam ity uktam.* Baudh. I. 3: 5. 7 hat einfach *śītīkṛtvā*.

14. und zwar vermittelst der (in Sūtras 12, 13 erwähnten) sauren Milch mit der Formel: „Durch Soma mache ich dich als saure Milch für Indra gerinnen[1]."

[1] TS. I. 1. 3. m. — Vgl. TS. II. 5. 3. 5: „Durch saure Milch macht er (die süße Milch) gerinnen."

15. Mit der Formel: „Du bist des Opfers Kontinuität; als Kontinuität des Opfers schließe ich dich an"[1] gießt er den Überrest der Agnihotramilch[2] hinzu und mit dem Verse: „Dieser liebliche Parṇabast, der Reiniger, die süße Milch zum Soma machend, soll zu seinem eignen Mutterschoß zurückkehren, denn aus dem Soma ist er gebildet"[3] legt er den Abschnitzelsplitter[4] nach.

[1] TBr. III. 7. 4. 17. [2] Vgl. I. 11. 1 und TS. II. 5. 3. 6: „Den Überrest der Agnihotramilch macht er dazu gerinnen: zur Kontinuität des Opfers." [3] TBr. l. c. 17—18.
[4] Vgl. I. 6. 8.

I. 14.

1. Als Substitut für das Lab[1] gelten: Kräuter[2], Pūtikā[3], Kvala[4], Fruchtkörner und Parṇabast.

[1] D. h. für die I. 13. 13, 14 erwähnte saure Milch. [2] Wie Reis, Gerste usw. (Rudr.).
[3] Diese Pflanze gilt nach XIV. 24. 12 als Substitut des Soma. [4] Die Beeren des Judendorns; nach der Vaijayantī (zu Hir., der neben *kvala* auch *badara* nennt) ist der kultivierte Judendorn gemeint, während *badara* der wilde Judendorn sein soll. Nach TS. II. 5. 3. 5. ist der *kuvala* den Rakṣasen geweiht (soll also nur in *abhicāra*-Riten verwendet werden?).

2. Wenn kein Überrest des Agnihotra[1] vorhanden ist, so soll er die

Milch durch Fruchtkörner, wenn keine Fruchtkörner vorhanden sind, durch Kräuter gerinnen machen.

[1] Vgl. I. 13. 15.

3. a. Mit dem Verse: „Wachet, ihr Wasser bei den Opfergaben; wie ihr bei den Göttern wachet, so wachet für den Opferveranstalter bei diesem Opfer"[1] gießt er Wasser in das eiserne oder hölzerne Gefäß[2] und bedeckt damit die Schüssel mit der Milch mit dem Verse: „Unerschöpflich bist du; für Viṣṇu, für das Opfer bedecke ich dich vermittelst eines unversehrten Gefäßes mit Wasser, welches lauter die Nacht über bleibt[3]."

[1] Der Spruch so nur bei Ap. [2] Vgl. I. 11. 5 und TBr. III. 2. 3. 11: „Nicht mit einem irdenem Gefäß bedecke er es (das Sāṃnāyya); wenn er es mit einem irdenen Gefäß bedeckte, so würde es den Vätern geweiht sein. Mit einem ehernen oder hölzernen Gefäß bedeckt er es; denn dies steht im Schutz der Götter." — Weshalb er Wasser in das als Deckel dienende Gefäß gießt: „Das Wasser vertreibt das Rakṣas" (ib. 12).
[3] TBr. III. 7. 4. 17.

3. b. Der Opferveranstalter flüstert dazu den Vers: „Das nicht von Lehm gemachte Gefäß der Götter soll bei der langen Dauer des Opfers angewandt werden. Das Wasser ist über einen Reiniger hingegossen, trage es, möchte es nicht verfließen[1]."

[1] TBr. III. 7. 4. 14.

4. Wenn er es mit einem irdenen Gefäße bedeckt[1], so werfe er einen Grashalm oder ein Stück Holz in den Deckel nach.

[1] Was freilich in dem Brāhmaṇa verboten wird, vgl. Bem. 2 zu Sūtra 3. a.

5. Mit der Formel: „O Viṣṇu, behüte die Opfergabe"[1] stellt er die Sāṃnāyya-milch nicht unmittelbar auf der Erde hin[2].

[1] TS. I. 1. 3. n. [2] Und zwar beim Gārhapatya nach Hir. — vgl. übrigens I. 4. 1. Bem. 2.

6. Mit dem Verse: „Diese beiden, den Parṇa[1] und das Darbhagras[1], welche die Opfergabe der Götter reinigen, behüte du, o Viṣṇu, für die Morgentätigkeit: du schützest ja die Opfergabe"[2] legt er den Astreiniger[3] wohlvermerkt nieder[4].

[1] Das śākhāpavitra besteht ja aus dem Palāśa (parṇa)-Ast und aus Darbha-Gräsern, vgl. I. 6. 9. [2] TBr. III. 7. 4. 18. [3] Nach Hir. wird er erst losgebunden. [4] Behufs der am folgenden Morgen zu vollziehenden Melkung der süßen, für das Sāṃnāyya bestimmten Milch, vgl. Sūtra 7.

7. Mit demselben Aste[1] oder mit Darbhagräsern[2] und nach dem Ritual der Abendmelkung treibt er die Kälber weg für die Morgenmelkung.

[1] Vgl. Bem. 3 zu Sūtra 6. [2] Vgl. I. 2. 3.

8. a. Nachdem er die Schüsselchen für das Backen der Opferkuchen angesetzt hat[1], läßt er die Kühe für die Morgenmelkung[2] nach dem Ritual der Abendmelkung melken. Es fallen dabei aus: das Gerinnenmachen[3], das Zudecken[4] und das Hinstellen[5].

[1] Also nach der Verrichtung der I. 23. 2—24. 6 zu beschreibenden Handlungen.
[2] Zur Erhaltung der süßen zu kochenden für das Sāṃnāyya bestimmten Milch.
[3] Vgl. I. 13. 12—15. [4] Vgl. I. 14. 3. [5] Vgl. I. 14. 5.

8. b. Wer nicht schon ein Somaopfer dargebracht hat, soll kein Sāṃnāyya darbringen, oder er darf es doch[1].

[1] Das Brāhmaṇa (TS. II. 5. 5. 1) untersagt demjenigen, der noch kein Somaopfer dargebracht hat, ausdrücklich das Sāṃnāyya.

9. Es ist in der heiligen Überlieferung[1] gesagt worden und diese Bestimmungen haben hier Geltung: „Nicht bringe dem Mahendra das Sāṃnāyya dar[2], wer nicht den höchsten Wohlstand erreicht hat; dreierlei Art sind diejenigen, die den höchsten Wohlstand erreicht haben."

[1] Nl. TS. II. 5. 4. 4: „Nicht bringe dem Mahendra (das Sāṃnāyya) dar, wer nicht den höchsten Wohlstand erreicht hat; dreierlei Art sind diejenigen, die den höchsten Wohlstand erreicht haben: derjenige, der den Veda oder die drei Veden kennt, der Grāmaṇī (der Dorfoberste, ein ansehnlicher Vaiśya) und der Rājanya (nach Rudradatta ein Kṣatriya, d. h. ein Mitglied des zweiten Standes, nach der Vaijayantī der Sohn eines gesalbten Fürsten). Deren Gottheit ist Mahendra." [2] Vgl. I. 2. 7.

10. Ein Aurva, ein Gautama und ein Bhāradvāja[1] dürfen nach einem Soma-opfer dem Mahendra opfern[2].

[1] Also ein von Ūrva abstammender Jamadagnya Bhārgava (XXIV. 5. 12) usw.

[2] Wenn sie auch nicht den in Sūtra 9 aufgezählten Kategorien angehören.

11. Oder jeder beliebige.

12. Darauf erläßt der Adhvaryu den Befehl: „Umstreuet, umleget das Feuer. Das umlegte Feuer soll dem Opferveranstalter frommen. Die goldnen Säfte der Wasser und der Kräuter sollen dem Opferveranstalter (in dieser Welt) ein Zierat, dort in jener Welt Wunschkühe sein[1]."

[1] TBr. III. 7. 6. 1.

13. Nach der Überlieferung einiger dient dieser Vers bei der Umstreuung der Feuer.

14. Mit Gräsern, deren Spitzen nach Norden und nach Osten gelegt werden, umstreut er[1] die Feuer[2].

[1] Nach einigen der Adhvaryu, nach andern der Āgnīdhra. [2] Und zwar in dieser Reihenfolge: Āhavanīya, Gārhapatya, Dakṣiṇāgni, oder Gārhapatya, Dakṣiṇāgni, Āhavanīya.

15. An der West- und Ostseite sind die Gräser mit den Spitzen nach Norden gekehrt[1].

[1] Und folglich an der Nord- und Südseite nach Osten.

16. Nachdem er dies getan hat, fastet er[1].

[1] Nl. der Opferveranstalter. *upavasati*, eigentlich: „bringt er die Nacht vor dem eigentlichen Feiertage in der Nähe der Feuer zu." Sūtra 16 könnte auch so übersetzt werden: „Alle die bis jetzt beschriebenen Handlungen finden am vorhergehenden Tage statt."

17. Nachdem er am vorhergehenden Tage das Hinzulegen von Brennholz zu den Feuern[1], das Forttreiben der Kälber[2], die Anfertigung von Brennholz und Streu[3], den Wisch[4], die Vedi bis zu der zweiten Umfassung[5] abgemacht hat, mache er am folgenden Tage, nachdem er das Fett für die Āpyas hingegossen hat[6], die zweite Umfassung[7]. Auch das Umstreuen der Feuer[8] fällt bei der Neumondsfeier auf den vorhergehenden Tag; bei der Vollmondsfeier jedoch nur das Hinzulegen von Brennholz, das Umstreuen und das Fasten.

[1] I. 1. 2—7. [2] I. 1. 8—I. 2. 10. [3] I. 3. 1—I. 6. 3. [4] I. 6. 4—6. [5] II. 1. 1—II. 3. 7. [6] D. h. nachdem er die Handlungen I. 15. 1—I. 25. 16 absolviert hat (?). [7] II. 3. 7. [8] I. 14. 12—15, vgl. I. 15. 3. — Das Sūtra macht mir Schwierigkeit, besonders die darin enthaltenen Nominative *vedo vedih*. Teilweise stimmt Hir. (I. 22) über-

ein: „Am vorhergehenden Tage macht er die Vedi bei der Neumondsfeier, vor dem Herbeiholen der Streu; was vor die zweite Umfassung fällt, das verrichtet er am Tage vorher oder zugleich mit der zweiten Umfassung.“ Vaikh. III. 9: *etat sarvam amāvāsyāyām; paurṇamāsyāṃ tu pūrvedyur agnyanvādhānam idhmābarhir vedaṃ ca karoty agniparistaraṇaṃ ca; sadyo vā sarvaṃ bhavati.*

18. Bei einer Vollmondsfeier, an welcher alles auf denselben Tag fällt, wird alles am Tage selber[1] verrichtet.

[1] Am Tage der eigentlichen Feier.

I. 15.

1. Wenn die Sonne aufgegangen ist, läßt er die Vollmondsfeier, vor Sonnenaufgang die Neumondsfeier sich entwickeln.

2. Vier Opferpriester sind dabei tätig[1].

[1] Nl. Hotṛ, Adhvaryu, Āgnīdhra und Brahman.

3. Er umstreut die Feuer, wie früher[1] dargetan ist, wenn sie noch nicht umstreut sind[2].

[1] Vgl. I. 14. 14--15. [2] Vgl. I. 14. 17. Auch Baudh. (I. 4:5. 18) erlaubt das Umstreuen am Tage vorher oder an diesem Zeitpunkt; vgl. auch TS. I. 6. 7. 3, nach welcher Stelle das Umstreuen nur am vorhergehenden Tage erlaubt ist.

4. Nachdem er mit den Formeln: „Zur gottesdienstlichen Handlung[1] euch; möchte ich für die Götter imstande sein“[2] sich die beiden Hände gewaschen hat, streut er mit der Formel: „Des Opfers Kontinuität bist du; für des Opfers Kontinuität streue ich dich, für die Kontinuität des Opfers dich“[3] vom Gārhapatya bis zum Āhavanīya eine ununterbrochene Reihe von trocknem Grase[4]; ohne Spruch eine zweite südlich von der ersten, und eine dritte nördlich.

[1] Nach den meisten Texten ist als Zeitwort zu ergänzen: „wasche ich“ (wohl nach dem Kāṭh. 31. 3:4. 5, da das Brāhmaṇa der Taitt. die Handlung nicht näher angibt); nach Baudh.: „berühre ich“. [2] TS. I. 1. 4. a. [3] TBr. III. 2. 4. 1. [4] Andropogon muricatus nach einigen. Übrigens gründet sich die Handlung auf TBr. III. 2. 4. 1.

5. Südlich vom Āhavanīya macht er für den Brahman und den Opferveranstalter Sitze[1] fertig, den vorderen (östlichen) für den Brahman, den hinteren (westlichen) für den Opferveranstalter.

[1] Aus Gras, vgl. III. 18. 4.

6. Nördlich vom Gārhapatya und vom Āhavanīya streut er Darbha-gräser zusammen und setzt darauf paarweise[1] die Opfergeräte mit der Mündung nach unten gekehrt fertig hin, zehn hinten[2], zehn vorne[3]:

[1] Vgl. TS. I. 6 8. 2: „Wenn er die Geräte einzeln bereit setzte, so würden dieselben den Vätern geweiht sein (vgl. oben I. 7. 5), wenn alle zu gleicher Zeit, den Menschen; er sammelt sie paarweise, dadurch erzielt er das Wesen der Einladungs- und Opferverse und auch eine Paarung.“ [2] Also auf die Gräser nördlich vom Gārhapatya. [3] Auf die Gräser nördlich vom Āhavanīya.

7. nachdem er das hölzerne Schwert, die zum Backen der Opferkuchen bestimmten Schüsselchen usw. der Überlieferung gemäß[1] hinten fertig gestellt hat, setzt er vorne: den Sruva, die Juhū, die Upabhṛt, die Dhruvā, den Wisch, die Pātrī[2], die Butterschale, das Prāśitraharaṇa[3], das Iḍāpātra und das Praṇītāpraṇayana.

[1] Nl. TS. I. 6. 8. 2—3; es sind: der Sphya (das hölzerne Schwert) und die Kapālas; die Agnihotrahavaṇī und die Wanne; das schwarze Antilopenfell und die Śamyā; Mörser und Stößel; unterer und oberer Mühlstein. [2] Nl. die tönerne Schale zur Mischung des Mehles mit dem Wasser (I. 25. 1). [3] Das Gefäß (nach einigen kuhohrförmig, nach andern *camasa*-förmig), in welchem dem Brahman das Prāśitra gebracht wird. [4] Vgl. I. 16. 3. — Abbildungen aller dieser Geräte findet man am Ende des 1. Teiles von Caland-Henry, l'Agniṣṭoma.

8. 9. Nördlich von diesen die übrigen Geräte: die Anvāhāryasthālī, den Stein[1], den Schürhaken, die Gefäße zur Morgenmelkung[2].

[1] Vgl. I. 20. 2. [2] Nl. die I. 11. 5 genannten, ohne das zur Bedeckung dienende Gefäß (I. 14. 8. a).

10. a. Nach der Überlieferung einiger[1] kommt das Nachvorneführen des Praṇīta-Wassers vor dem Fertigstellen der Geräte.

[1] Die Vājasaneyins.

10. b. Der Sruva ist vom Holze der Acacia catechu (khadira), die Juhū von Butea frondosa (parṇa), die Upabhṛt von Ficus religiosa (aśvattha), die Dhruvā von Flacourtia sapida (vikaṅkata)[1].

[1] So nach TS. III. 5. 7.

11. Oder er lasse die Sruc-löffel[1] alle von einer dieser vier Holzsorten machen.

[1] Die Srucas sind: Juhū, Upabhṛt, Dhruvā; hier ist auch der Sruva darunter mitbegriffen.

12. Sie sollen einen Arm oder eine Elle lang sein, ihre Spitze soll an der Spitze[1], ihre Öffnung an der Rindenseite[1] und ihre Mündung wie der Schnabel eines Flamingos[2] sein.

[1] D. h. in der Richtung wo am Ast, als er sich noch an dem Baume befand, die Spitze des Astes war; nach dieser Richtung ist auch die Spitze des Löffels zu machen und wo an dem Ast, als er sich noch an dem Baume befand, die Rindenseite war, an dieser Seite des Holzes ist die Mündung zu machen. Der Ast wird offenbar, zur Verfertigung des Löffels, der Länge nach in zwei Teile geteilt, und aus jedem Teil kann eine Sruc gemacht werden.
[2] Vgl. die Abbildungen in Caland-Henry, l'Agniṣṭoma und Baudh. XX. 16 : 33. 12—17.

13. Das hölzerne Schwert, die Śamyā und das Prāśitraharaṇa sind aus dem Holze der Acacia catechu (khadira) zu verfertigen.

14. Die nicht für das Ausgießen einer Opferspende bestimmten Geräte sind aus dem Holze der Crataeva Roxburghii (varaṇa) zu verfertigen.

I. 16.

1. Jetzt verfertigt er, wenn er das Sāṃnāyya nicht darbringt, in der oben dargetanen Weise[1] zwei Reiniger.

[1] Vgl. I. 11. 6—9 a.

2. Für einen jedoch, der ein Sāṃnāyya darbringt, sind sie schon vorhanden[1].

[1] Da sie schon früher, am vorhergehenden Tage, gemacht waren; vgl. I. 11. 10 a am Ende.

3. a. Die zum Vorwärtsbringen des Praṇīta-Wassers dienende hölzerne Schale spült er mit Wasser aus mit den Formeln: „Vom Baume herrührend bist du; werde gereinigt für die Götter“[1]. Ist sie aber von Messing oder Ton, dann ohne Spruch.

[1] Die zweite Hälfte des Yajus ist TS. I. 2. 12. h a.

3. b. Vermittelst einer messingenen Schale bringe er das Wasser vorwärts für einen Opferveranstalter, der Ansehen als Vedakenner wünscht; vermittelst einer tönernen für einen, der festen Bestand wünscht[1]; vermittelst eines Melkgeschirres für einen, der Kühe wünscht.

[1] Weil das Tönerne von (der) Erde kommt und er so auf der Erde festen Bestand erhält.

3. c. Nachdem er westlich vom Gārhapatya die mit den Reinigern belegte Schale hingestellt hat, gießt er über den Reinigern Wasser in dieselbe mit den Formeln: „Wer schöpft euch? Dieser soll euch schöpfen. Wozu schöpfe ich euch? Dazu schöpfe ich euch: für Gedeihen schöpfe ich euch.“

4. Während er das Wasser schöpft und unmittelbar bevor er es schöpft, denkt er im Geiste an die Erde[1].

[1] Die Vorschrift beruht auf MS. I. 4. 10: 59. 5 oder K. 32. 7: 26. 14: „Wenn er das Wasser schöpft, denke er im Geiste an die Erde; die Erde ist ja das Gefäß des Wassers; so schöpft er es vermittelst der Erde.“

5. Nachdem er die Schale bis zum Rande gefüllt und deren Inhalt in der Weise des Sprengwassers[1] gereinigt hat und darüber den Spruch[2] hergesagt hat, erläßt er den Befehl[3]: „Brahman, ich werde das Wasser nach vorne führen, Opferveranstalter, halte die Stimme an.“

[1] Wie I. 11. 9. [2] Wie I. 11. 10 init. [3] Der Ausdruck: „Befehl“ deutet eigentlich nur auf die letzten Worte, die ersten sind vielmehr eine Anrede oder Aufforderung (*āmantraṇa*), vgl. III. 19. 2.

6. Überall vollzieht er nach einer derartigen Aufforderung erst dann die Handlung, wenn das Geheiß dazu vom Brahman gegeben ist.

7. Während das Wasser vom Adhvaryu nach vorne geführt wird, halten Adhvaryu und Opferveranstalter die Stimme an; dies dauert bis zum Haviṣkṛtruf[1].

[1] Also bis I. 19. 8. — Die Vorschrift beruht auf MS. I. 4. 10, K. 32. 7 oder ŚBr. I. 1. 2. 2, vgl. I. 1. 4. 11. — Zum Opferveranstalter während dieser Handlung, vgl. IV. 4. 4.

8. Während der Adhvaryu das Wasser, es auf der Höhe der Nase tragend und mit der rechten Hand das hölzerne Schwert darunter haltend, ohne zu stürzen, hinbringt, flüstert er die Formel: „Wer bringt euch vorwärts? Dieser soll euch vorwärts bringen“ und den Vers: „Die göttlichen Wasser will ich vorwärts bringen, sie sollen unser Opfer an richtige Stelle setzen. Im Trank schwelgend, fettrückig sind sie vorwärts gegangen, tausenderlei Gedeihen auf den Opferveranstalter niederbiegend[1].“

[1] Der Vers, welcher nur aus Āp. Bhār. und Hir. bekannt ist, enthält Schwierigkeiten: *udākuḥ* perf. von der unbelegten Wurzel *ak*? und hat man *iraṃmadantīr* als ein Wort zu lesen? vgl. *iraṃmad* MS. I. 5. 3: 70. 3?

9. Und er denkt im Geiste an die Erde[1].

[1] Vgl. Bem. zu I. 16. 4.

10. Mit der Formel: „Wer schirrt euch an? Dieser soll euch anschirren“[1] stellt er es nördlich vom Āhavanīya frei[2] auf Gräsern nieder.

[1] Var. zu TS. I. 5. 10. k. [2] *asaṃspṛṣṭāḥ* heißt wohl: „ohne daß die Wasserschale mit einem anderen Gegenstand in Berührung kommt“.

11. Man überdeckt es mit Darbhagras und schüttelt es nicht, noch bewegt es von der Stelle bis zum Abschluß des Opfers[1].

[1] Und zwar bis zu der III. 13. 5 am Ende zu beschreibenden Handlung. Das Praṇīta-

Wasser dient einerseits (vgl. TBr. III. 2. 4. 1—3), um das Opfer zu schützen; daher kommt es auch bei den Pākayajñas vor; andererseits um das für die Opferkuchen bestimmte Mehl zu mischen, vgl. I. 24. 3.

12. Nachdem er mit dem Halbverse: „Die Leute der Götter, die Gefäße, sollen sich zur Götterverehrung niedersetzen“[1] die Gefäße mit der rechten Hand, in welcher er die Reiniger hält, berührt hat,

[1] Die erste Hälfte Var. zu MS.

I. 17.

1. ergreift er mit den Formeln: „Vom Baume herrührend bist du; zur Tüchtigkeit (d. h. damit ich tüchtig sein möge) ergreife ich dich“[1] die Agnihotrahavaṇī, mit der Formel: „Zum Dienste dich“[2] die Wanne.

[1] Aus MS. oder K. [2] TS. I. 1. 4. b.

2. Mit der Formel: „Verbrannt ist das Rakṣas, verbrannt sind die Unholde“[1] wärmt[2] er diese Gegenstände am Āhavanīya oder am Gārhapatya und redet den Opferveranstalter an: „Opferveranstalter, ich werde die Opfersubstanz ausschütten[3].“

[1] TS. I. 1. 4. c. [2] Die Handlung, im eignen Brāhmaṇa nicht angedeutet, nach ŚBr. I. 1. 2. 2. [3] Zur Antwort des Yajamāna vgl. IV. 4. 4 am Ende.

3. Wenn dieser auf der Reise ist, so sagt er: „O Agni, ich werde die Opfersubstanz ausschütten.“

4. Mit der Formel: „Den weiten Luftraum gehe entlang“[1] begibt er sich zu dem Karren.

[1] TS. I. 1. 2. p (vgl. ŚBr. I. 1. 2. 4).

5. Westlich vom Gārhapatya ist der Reis oder Gerste enthaltende Karren mit den Deichseln nach Osten oder nach Norden gerichtet und mit angebundenem Joche[1] gestellt worden.

[1] Und mit einem Verschlag versehen (*saparīṇaṭkam*), Hir., vgl. Sūtra 9.

6. Mit der Formel: „Das Joch (*dhūr*) bist du, beschädige (*dhūrva*) den Beschädigenden, beschädige den, der uns beschädigt, den beschädige, welchen wir beschädigen“[1] berührt er[2] das rechte oder das linke Loch des Joches.

[1] TS. I. 1. 4 d, e. [2] Der Wortlaut nach ŚBr.; das eigene Brāhmaṇa (TBr. III. 2. 4. 3) gibt die Handlung nicht näher an.

7. Nachdem er die linke Deichsel angefaßt hat[1], flüstert er die Formel: „Von den Göttern bist du am reichlichsten schenkend, am reichlichsten spendend, am meisten willkommen, am besten führend, am besten die Götter rufend[2].“

[1] Die Handlung nach ŚBr. I. 1. 2. 12. [2] TS. I. 1. 4. f.

8. Nachdem er mit der Formel: „Viṣṇu hat dich betreten“[1] den rechten Fuß auf das linke Rad gestellt hat, besteigt er den Karren mit den Formeln: „Du bist der nicht schwankende Behälter der Opfersubstanz: stehe fest: falle nicht um[2].“

[1] Var. zu VS. [2] TS. I. 1. 4. g, h.

9. Mit der Formel: „Mit dem Winde (öffne dich)“[1] öffnet er den Verschlag und blickt[2] mit den Formeln: „Mit Mitra's Auge blicke ich auf dich;

fürchte dich nicht, erschrecke nicht; ich will dir nicht schaden"[3] auf den für die Opferkuchen bestimmten Reis (resp. auf die Gerste).

[1] TS. I. 1. 4. l. [2] Wortlaut nach ŚBr. I. 1. 2. 14. [3] TS. I. 1. 4. i, k.

10, 11. Mit der Formel: „Hinausgeworfen ist das Rakṣas[1], hinausgeworfen sind die Böswilligen"[2] wirft er eine etwaige fremde Substanz, die sich unter den Körnern befinden möchte, hinaus[3], spricht über dem Reis oder der Gerste die Formel: „Zur Kraftfülle euch, lege Milch in mich"[4] und sagt die Zehn-hotṛ-Formel[5] her. In die Wanne legt er die beiden Reiniger und schüttet darin die Opfersubstanz: den Reis oder die Gerste, vermittelst der Agnihotrahavaṇī aus. Er darf aber die Reiniger statt in die Wanne auch über die Agnihotrahavaṇī legen.

[1] Aus VS. [2] Aus K. [3] Nach ŚBr. I. 1. 2. 15. [4] Var. zu MS.
[5] TĀ. III. 1. Die Vorschrift beruht auf TBr. II. 2. 1. 6.

12. Das Ausschütten geschieht in der folgenden Weise. Mit der Formel: „Die fünf (Finger) sollen halten"[1] nimmt er eine Handvoll, wirft dieselbe in den Opferlöffel (d. h. in die Agnihotrahavaṇī) und schüttet mit der Formel: „Auf Gott Savitṛ's Geheiß schütte ich dich mit den Armen der Aśvins, mit den Händen des Pūṣan dem Agni genehm aus"[2] den geschöpften Reis in die Wanne aus. Dies findet dreimal mit dieser Formel statt, ein viertes Mal ohne Spruch[3].

[1] Aus. VS. [2] TS. I. 1. 4. m. [3] Nach TBr. III. 2. 4. 6.

I. 18.

1. In derselben Weise schüttet er die Opfersubstanz für den zweiten Opferkuchen aus, je nach der Gottheit, welcher dieser dargebracht werden soll: „dem Agni und Soma"[1] beim Vollmondsopfer, „dem Indra und Agni"[1] beim Neumondsopfer.

[1] Statt: „dem Agni" in der I. 17. 12 erwähnten Formel.

2. Nachdem er vier Hände voll ausgeschüttet hat, schüttet er auf den ausgeschöpften Reis noch ein wenig nach und berührt mit der Formel: „Dies (ist) der Götter (Teil)"[1] das Ausgeschüttete und mit der Formel: „und dieses sei uns gemeinsam"[2] das in dem Karren Zurückgebliebene[3].

[1] TS. I. 1. 4. n a. [2] Ib. n b. [3] Zum Yajamāna während dieser Handlung vgl. IV. 4. 5.

3. Darauf redet er bloß das Ausgeschüttete an mit der Formel: „Zum Gedeihen dich, nicht zur Kargheit"[1], schreitet mit der Opfersubstanz aus dem Verschlag mit der Formel: „Hier habe ich aus der Schlinge des Varuṇa"[2] und schaut nach Osten mit: „Zum Licht hinausgeblickt"[3].

[1] TS. I. 1. 4. o. [2] Die Formel: *idam ahaṃ nir varuṇasya pāśāt* ist augenscheinlich die erste Hälfte von TS. I. 3. 4. 1. Wahrscheinlich aber liegt hier MS. I. 1. 5: 3. 6 vor, umgeformt nach TS. l. c (vgl. MS. IV. 1. 5: 7. 8), so daß *amukṣi* zu ergänzen ist.
[3] Aus K. 31. 3, vgl. *svar* statt der bei den Taittirīyas üblichen Form *suvar*.

4. Mit der Formel: „Möchte ich zur Sonne hinausblicken"[1] sieht er den ganzen Opferplatz entlang, mit: „Zum Lichte des Viśvānara"[2] zum Āhavanīya; die Formel: „Svāhā der Erde und dem Himmel"[3] spricht er aus über denjenigen Körnern, die eventuell aus der Wanne herausspritzen. Dann

steigt er vom Karren herunter[4] mit der Formel: „Es sollen fest werden die Wohnungen auf der Erde und im Himmel“[5] und bringt die ausgeschüttete Opfersubstanz herbei mit der Formel: „Den weiten Luftraum gehe entlang[6].“

[1] TS. I. 1. 4. p a. [2] l. c. p b. [3] TS. I. 1. 3. i. [4] Die Handlung nach ŚBr. I. 1. 2. 22. [5] TS. I. 1. 4. q. [6] l. c. r.

5. Mit der Formel: „In Aditi's Schoß stelle ich dich“[1] setzt er die Wanne mit dem Reis westlich von und in der Nähe des Gārhapatya, je nach der Gottheit, für welche die Opfergaben bestimmt sind, die Formel: „Soundso beschütze die Opfersubstanz“ variierend[2],

[1] TS. I. 1. 4. s. [2] l. c. t. und vgl. I. 14. 5.

6. oder westlich von und in der Nähe des Āhavanīya, wenn er die Opferkuchen am Āhavanīya backt[1].

[1] Vgl. I. 22. 1 und ŚBr. I. 1. 2. 23.

7. Wenn er statt aus dem Karren aus einer irdenen Schüssel ausschüttet, so flüstre er, nachdem er das hölzerne Schwert südlich von derselben niedergelegt hat, über dieser Schüssel alle die Sprüche, die er sonst über dem Karren flüstert[1].

[1] Also I. 17. 6—8. Die Bestimmung entstammt wohl dem ŚBr. (I. 1. 2. 8).

I. 19.

1. Nachdem er in die Agnihotrahavaṇī, in welcher sich die Grannen noch befinden[1], Wasser gegossen hat und dies in der oben[2] erörterten Weise gereinigt und angeredet hat, redet er den Brahman an: „Brahman, ich werde besprengen[3].“ Darauf besprengt er mit der Formel: „Auf Gott Savitṛ's Geheiß besprenge ich euch mit den Armen der Aśvins, mit den Händen des Pūṣan dem Agni genehm“[4], je nach der Gottheit, welcher die Opfergabe bestimmt ist, variierend[5], dreimal die Opfersubstanz, ohne jedoch auch das Feuer zu besprengen[6].

[1] Der Löffel soll also nicht erst gereinigt werden. [2] Vgl. I. 11. 9—10. [3] Vgl. III. 19. 3. [4] TS. I. 1. 5. e. [5] Vgl. I. 18. 1. [6] Die zum Besprengen dienenden Tropfen sollen nicht auch über das Feuer kommen.

2. Wen er haßt, für den besprenge er auch das Feuer.

3. a. Nachdem er die Gefäße umgekehrt hat, sodaß deren Mündung nach oben gerichtet ist[1], und sie dreimal besprengt hat mit der Formel: „Werdet gereinigt für das Werk der Götter, für den Gottesdienst“[2], stellt er die Agnihotrahavaṇī mit dem Rest des Sprengwassers vor dem Gārhapatya hin[3].

[1] Vgl. I. 15. 6. [2] TS. I. 1. 5. I. [3] Behufs der späteren Handlung: II. 3. 13, II. 8. 1.

3. b. Mit der Formel: „Auf Gott Savitṛ's Geheiß“ usw. ergreift er das Fell der schwarzen Antilope, schüttelt es mit der Formel: „Abgeschüttelt ist das Rakṣas, abgeschüttelt sind die Unholde“[1] dreimal über der Stelle, wo später der Kehrichthaufen hergestellt werden wird[2], ab, indem er den Nacken des Felles aufwärts und die Fleischseite nach außen hält[3].

[1] TS. I. 1. 5. g. [2] Vgl. II. 1. 7. [3] Die haarige Seite kehrt er also auf sich zu.

4. Mit der Formel: „Der Aditi Haut bist du, die Erde soll dich entgegennehmen“[1] breitet er es nördlich vom Gārhapatya oder an der Stelle des

Kehrichthaufens aus, mit dem Nacken nach Westen und die haarige Seite nach oben gekehrt[2].

[1] TS. I. 1. 5. h. [2] Vgl. TBr. III. 2. 5. 6.

5. Den Hinterteil des Felles schlägt er von Osten nach Westen zusammen[1].

[1] D. h. er faltet den hinteren Teil so doppelt, daß dieser Teil, der östlich lag, unter den mittleren Teil des Felles westlich gekehrt zu liegen kommt.

6. Während er das Fell nicht aus der linken Hand fahren läßt[1], rollt er mit der Formel: „Du bist das (Fell), auf welchem (der Soma) gepreßt wird, der Aditi Haut soll dich entgegennehmen"[2] den Mörser darauf.

[1] So nach ŚBr. I. 1. 4. 5 am Ende. [2] TS. I. 1. 5. i.

7. Während er den Mörser nicht aus der linken Hand fahren läßt, streut er mit den Formeln: „Agni's Körper bist du: das Freigeben der Stimme; für das Fest der Götter schöpfe ich dich"[1], dreimal mit den Formeln, ein viertes Mal ohne Spruch, die Opfergabe (d. h. den Reis oder die Gerste) in den Mörser.

[1] TS. I. 1. 5. k, l.

8. Mit den Formeln: „Du bist der vom Baume herrührende Stein; bereite du sorgfältig den Göttern diese Opfergabe"[1] ergreift er den Stößel und schlägt den Reis dreimal ab mit den Worten: „O Havisbereiter, komm"[2], oder er ruft den Havisbereiter nicht gleichzeitig mit dem Abschlagen[3].

[1] TS. I. 1. 5. m, n. [2] TBr. III. 2. 5. 8. [3] Sondern unmittelbar davor; so macht es das ŚBr.

9. Mit: „Havisbereiter, komm"[1] ruft er bei dem Opfer eines Brahmanen; mit: „Havisbereiter, komm herbei"[1] beim Opfer eines Kṣatriya, mit: „Havisbereiter, eile herbei"[1] beim Opfer eines Vaiśya, mit: „Havisbereiter, lauf herbei"[1] beim Opfer eines Śūdra[2].

[1] *ehi, āgahi, ādrava, ādhāva*; von allen bekannten Texten hat nur das ŚBr. (I. 1. 4. 12) diese Fassung. [2] Nl. einen Rathakāra oder Niṣāda, denen auch die Gründung der sakralen Feuer erlaubt ist (vgl. Bem. 1 zu V. 3. 19).

10. Oder die erste Formel gilt für alle[1].

[1] So das eigene Brāhmaṇa des Āp. (TBr. III. 2. 5. 8).

11. Mit der Formel: „Möchte ich das Rakṣas, den Nebenbuhler, vom Himmel wegschlagen"[1] schlägt er den Reis oder die Gerste ab[2].

[1] Diese Formel nur noch bei Bhār. Hir. Vaikh. [2] Nachdem er erst (I. 19. 8) dreimal mit dem Haviṣkṛtruf abgeschlagen, fährt er mit dieser Formel fort, bis alle Körner abgeschlagen sind.

I. 20.

1. Wenn die Fruchtkörner sichtbar geworden sind[1], erteilt er den Befehl, laut zusammenzuschlagen[2].

[1] So Hir. [2] Der Befehl nach TBr. III. 2. 5. 9.

2. Zu diesem Zweck ergreift der Āgnīdhra mit der Formel: „Der Hahn bist du mit süßer Zunge"[1] den Stein und schlägt damit auf den oberen und den unteren Mühlstein mit den Formeln: „Bring Saft und Kraft herbei durch deinen Klang; erklinget weit! Möchten wir in jedem Kampfe siegen[2]."

[1] Aus MS. [2] TS. I. 1. 5. o, p, q.

3. Zweimal auf den oberen, einmal auf den unteren Mühlstein. Durch dreimalige Verrichtung der Handlung vollführt er neun Male das Zusammenschlagen[1].

[1] Also neun Male wird zusammengeschlagen, aber sechs Male die Formel gesprochen, da nach einmaligem Aussprechen derselben je zweimal auf den oberen Stein geschlagen wird.

4. Oder er ergreift mit der Savitṛformel[1] statt des Steines die Śamyā und schlägt damit auf die Mühlsteine[2].

[1] „Auf Gott Savitṛ's Geheiß ergreife ich dich mit den Armen der Aśvins, mit den Händen Pūṣans." [2] So machen es die Vājasaneyins (ŚBr. I. 2. 1. 17).

5. Mit der Formel: „Durch Regen gewachsen bist du"[1] schiebt er die Wanne mit dem Reis an der Ost- oder Nordseite unter den Mörser.

[1] TS. I. 1. 5. r.

6. Nachdem er die Formel: „Durch Regen gewachsen seid ihr" über den für die Opferkuchen bestimmten Körnern ausgesprochen hat, streut er sie mit der Hand in die Wanne mit der Formel: „Die durch Regen gewachsene (Wanne) soll dich in Empfang nehmen[1]."

[1] TS. I. 1. 5. s.

7. Mit der Formel: „Fortgeschüttet ist das Rakṣas, fortgeschüttet sind die Unholde"[1] schüttet er über der Kehrichtstelle die Hülsen aus der Wanne fort.

[1] TS. I. 1. 5. t.

8. Über den aus der Wanne herausfallenden Hülsen spricht er die Formel: „Weggeworfen ist das Rakṣas, weggeblasen sind die Feinde"[1].

[1] Die beiden Sätze auch in Vaikh., der letzte auch in Hir.

9. Nachdem er die Hülsen auf das mittlere der für das Backen des Opferkuchens bestimmten Schüsselchen geschüttet hat, streut er dieselben aus dem Schüsselchen unterhalb des Felles der schwarzen Antilope in nordwestlicher Richtung aus mit der Formel: „Der Rakṣasen Anteil bist du[1]."

[1] TS. I. 1. 5. u. Nach TBr. III. 2. 5. 10. werden die Rakṣasen durch das ihnen geopferte Blut des Opfertieres von den Kühen, durch das Opfer der Hülsen von den Kräutern ferngehalten. — Übrigens ist die Darstellung des Āp. von ŚBr. I. 9. 2. 33 am Ende beeinflußt.

10. Mit der Hand (und nicht aus dem Schüsselchen) streut er sie aus nach einem Brāhmaṇa der Bahvṛcas[1].

[1] Diese Bestimmung ist weder im Ait. Br. noch im Kauṣ. Br. nachzuweisen.

11. Nachdem er das Schüsselchen mit Wasser benetzt und wohlvermerkt niedergelegt und Wasser berührt hat[1], sondert er mit der Formel: „Vāyu soll euch sondern"[2] die enthülsten von den unenthülst gebliebenen Körnern, läßt die Fruchtkörner mit der Formel: „Der goldhändige Gott Savitṛ soll euch entgegen nehmen"[3] in die hölzerne Schale fallen, blickt auf dieselben hin mit der Formel: „Mit sichrem Auge blicke ich auf euch hin zu Wohlfahrt, zu Glanz, zu guter Nachkommenschaft; zum Schutze der Sehkraft äußre ich meinen Wunsch"[4] und erläßt dann den Befehl, dreimal rein zu putzen[5].

[1] Vgl. XXIV. 2. 9. [2] TS. I. 1. 5, v. [3] l. c. w. [4] Dieser Spruch nur bei Āp.; er stimmt teilweise zu TS. I. 1. 10. k b. [5] Der Befehl nach TBr. III. 2. 5. 11. — Das *phalīkaraṇa* wird vom Sāyaṇa (zu Baudh.) definiert als *svaityācchadakatuṣāpanayanam*.

12. 13. Die Herrin des Hauses oder, wenn diese nicht da ist[1], eine beliebige Person, kommt jetzt herbei und schlägt die Körner ab[2].

[1] Weil sie z. B. verstorben oder *anālambhukā* (nicht geeignet die sakralen Gegenstände zu berühren, weil sie z. B. die Menses hat) ist.

[2] Das eigentliche Abschlagen war nach Āp. (vgl. I. 19. 11) schon vom Adhvaryu verrichtet. Jetzt soll die Gattin das Abschlagen zu Ende führen, indem sie auch die dünnen inneren Hülsen (die Fruchtbläschen, die *phalikaraṇāni*) durch fortgesetztes Abschlagen loslöst.

I. 21.

1. Die Herrin des Hauses[1] schlägt die Putzabfälle[2] gründlich ab, das erste Mal mit der Formel: „Für die Götter reiniget euch“[3], das zweite Mal mit: „Für die Götter werdet gereinigt“, das dritte[4] Mal mit: „Für die Götter schmücket euch“, oder jedesmal ohne Spruch.

[1] So, explicite, Hir. [2] Die *phalikaraṇas*, welche für die Handlung von III. 10. 1 aufbewahrt bleiben. [3] Diese Formel aus ŚBr. [4] Das *phalikaraṇam* geschieht ja (vgl. I. 20. 11 am Ende) dreimal.

2. Nachdem der Adhvaryu die Fruchtkörner abgespült hat, gießt er mit dem Verse: „Den hangen gebliebenen Überrest von den dreimal rein geputzten Körnern sollen die Wasser zum Anteil der Unholde von hier fortführen“[1] das Spülwasser in drei Absätzen über dem Kehrichtplatz aus.

[1] TBr. III. 7. 6. 20.

3. Nachdem er jetzt die Handlungen vom Ergreifen des schwarzen Antilopenfelles ab bis zum Draufstellen[1] verrichtet hat, legt er mit der Formel: „Des Himmels Stütze bist du, die Erde soll dich entgegennehmen“[2] die Śamyā mit dem dicken Ende nördlich gerichtet auf das schwarze Antilopenfell, legt mit der Formel: „Des Berges Unterlage bist du, des Himmels Stütze soll dich entgegennehmen“[3] den unteren Mühlstein über die Śamyā und mit der Formel: „Die vom Felsen herrührende Unterlage bist du, der Berg soll dich entgegennehmen“[4] den oberen Mühlstein auf den unteren.

[1] Also von I. 19. 3 b bis I. 19. 6 (bis: „. . . fahren läßt“). Hierzu die Formeln TS. I. 1. 6. a, b. [2] TS. I. 1. 6. c. [3] l. c. d. [4] l. c. e.

4. Das Nicht-aus-der-Hand-fahren-lassen wie früher[1].

[1] Vgl. I. 19. 6, 7.

5. Nachdem er die Formel: „Ihr seid Süßes enthaltende Schößlinge“[1] über den Körnern ausgesprochen hat, streut er mit den Formeln: „Auf Gott Savitṛ's Geheiß streue ich dich mit den Armen der Aśvins, mit den Händen Pūṣans aus, dem Agni genehm; Getreide (dhānyam) bist du, sättige (dhinuhi) die Götter“[2], je nach der Gottheit den Spruch variierend, die Körner aus dem Mörser auf den unteren Mühlstein, dreimal mit, einmal ohne Formel.

[1] Das Yajus nur noch bei Hir. und Vaikh. [2] TS. I. 1. 6. f, g.

6. Mit: „Dem Aushauch dich“[1] schiebt er den oberen Mühlstein nach vorne (d. h. in östlicher Richtung über den unteren Mühlstein), mit: „Dem Einhauch dich“[1] nach hinten, mit: „Dem Zwischenhauch dich“[1] hält er den oberen Stein einen Augenblick in der Mitte des unteren Steines stille.

Darauf mahlt er ohne Unterbrechung mit: „Dem Aushauch dich, dem Einhauch dich, dem Zwischenhauch dich[1].“

[1] TS. I. 1. 6. h.

7. Nachdem er mit der Formel: „Lange Dauer habe ich, zum Leben, hintenan gefügt“[1] ein letztes Mal den oberen Stein nach vorne geschoben und mit der Formel: „Der goldhändige Gott Savitṛ soll euch entgegennehmen“[2] das Gemahlene auf das schwarze Antilopenfell geschüttet und mit der Formel: „Mit unversehrtem Auge blicke ich auf euch hin“[3] darauf hingeblickt hat, erläßt er den Befehl[4] an die Herrin des Hauses[5]: „Mahle ohne wieder darauf zu streuen[6], mache es fein[7].“

[1] TS. I. 1. 6. i. (über die Deutnng des Yajus bin ich nicht ganz sicher).
[2] TS. l. c. k. [3] Var. zn TS. I. 1. 10. k b. [4] Der Befehl nach TBr. III. 2. 6. 4.
[5] *asaṃvapantī: patitānāṃ piṣṭakaṇānāṃ punar āvapanam akurvantī*, Sāyaṇa zn Baudh.; Hir. hat, abweichend vom Brāhmaṇa: *avyavakirantī*.
[7] Sodaß keine Klümpchen bleiben.

8. Eine Sklavin oder die Herrin des Hauses mahlt.

9. Oder aber die Herrin des Hauses schlägt ab[1] und die Śūdrafrau mahlt.

[1] Vgl. I. 20. 12.

I. 22.

1. Die Opfergaben kocht er auf dem Āhavanīya oder dem Gārhapatya[1].

[1] Das Saṃnāyya nur auf dem Gārhapatya, vgl. I. 12. 1.

2. Nachdem er mit der Formel: „Die Dhṛṣṭi bist du, stütze das heilige Wort“[1] den Schürhaken genommen und über demselben die Formeln gesagt hat: „Des Unholds Hand versenge[2]; du bist die Schlange der Tiefe“[3], schiebt er vermittelst des Schürhakens mit der Formel: „Fort, o Agni, schlage das rohes Fleisch fressende Feuer“[4] zwei brennende Kohlen in westlicher Richtung aus dem Gārhapatya[5], wirft eine von diesen mit der Formel: „Verscheuche das rohes Fleisch fressende Feuer“[6] in nordwestlicher Richtung hinaus, legt mit der Formel: „Heran führe das die Götter verehrende Feuer“[7] die andere südlich[8], auf die Stelle im Feuerherde, wo der Opferkuchen gebacken werden soll, hin und setzt mit der Formel: „Fest bist du, festige die Erde, festige die Lebensdauer, festige die Nachkommen, schiebe die Verwandten um diesen Opferveranstalter herum“[9] das mittlere der für das Backen des Opferkuchens bestimmten Schüsselchen auf diese Kohle hin.

[1] TS. I. 1. 7. a. [2] Nur aus Āp. und Hir. bekannt. [3] TS. I. 3. 3. q.
[4] TS. I. 1. 7. b a. [5] Jedoch so, daß die Kohlen noch innerhalb der Feuerstätte bleiben.
[6] TS. l. c. b b. [7] ib. b c. [8] Es sollen ja zwei Opferkuchen gebacken werden: ein achtschüsseliger für Agni bestimmter und ein elfschüsseliger für Agni-Soma (bzw. Indra-Agni) bestimmter. Zuerst werden die Kapālas (d. h. die flachen irdenen quadratischen, teilweise halbmondförmigen, mit kleinen aufstehenden Rändern versehenen Schüsselchen) für den Agnikuchen an der Westseite des Feuers angesetzt, und nördlich davon gleichfalls an der Westseite der elfschüsselige Kuchen. So erklärt sich dakṣiṇam im Gegensatz zu uttaram von I. 23. 2. [9] „Sodaß die Verwandten ihm untertan werden.“ Die Formel ist TS. I. 1. 7. d.

3. Nachdem er mit der Formel: „Weggebrannt ist das Rakṣas, weggebrannt sind die Feinde“[1] eine Kohle auf das Schüsselchen gelegt hat, setzt er ein zweites Schüsselchen, unmittelbar neben das erste und östlich

davon, hin, mit der Formel: „Stütze bist du, festige den Luftraum, festige den Aushauch, festige den Einhauch, schiebe die Verwandten um diesen Opferveranstalter herum"[2]; dann ein drittes wieder östlich vom zweiten, mit der Formel: „Ein Träger bist du, festige den Himmel, festige die Sehkraft, festige das Gehör, schiebe die Verwandten um diesen Opferveranstalter herum"[3]; dann ein viertes südlich von dem mittleren mit der Formel: „Schichtend bist du, sitze in allen Himmelsgegenden"[4] und mit der Formel: „Umschichtend bist du, sitze in allen Himmelsgegenden"[4] ein fünftes nördlich von dem mittleren[5].

[1] TS. I. 1. 7. c. [2] l. c. e. [3] l. c. f. [4] Aus MS. [5] Zu dieser Ansetzung der Kapālas ist erstens zu bemerken, daß Āp. stark von seiner eignen Saṃhitā (TS. I. 1. 7) abweicht und fremde Formeln statt der eignen einfügt. Zweitens, daß dieses Verfahren, mir wenigstens, unbegreiflich ist. Wie kann das erste Kapāla als „mittleres" bezeichnet werden (Sūtra 2), wenn noch zwei Kapālas östlich von demselben anzusetzen sind? Mit Āp. stimmen Bhār., Hir., Vaikh. und Mān. śrs. wesentlich überein. Baudhāyana dagegen hat die folgende mit der Saṃhitā übereinstimmende Reihenfolge: 1. mittleres Kapāla (mit TS. I. 1. 7. d); 2. östlich davon das zweite (mit TS. l. c. e); 3. westlich von dem mittleren das dritte (mit TS. l. c. f); 4. südlich von dem mittleren das vierte auf der Südseite (mit TS. l. c. g); 5. vor diesem das fünfte (mit TS. l. c. h); 6. hinter diesem das sechste (mit TS. l. c h); 7. 8. zwei nördlich (mit TS. l. c). Dieser Darstellung entspricht auch die des Weißen Yajurveda (vgl. Hillebrandt N.V.O. S. 35).

4. Zweckentsprechend[1] setzt er die anderen Schüsselchen an (und zwar mit den folgenden Formeln).

[1] Die Reihenfolge ist also frei. Nach Hir. und Vaikh. sollen südlich von der mittleren Reihe zwei, und nördlich davon drei Kapālas angesetzt werden.

I. 23.

1. Mit der Formel: „Der Maruts Schar bist du"[1] das sechste; mit der Formel: „Ein Halt bist du, festige die Himmelsgegenden, festige den Schoß, festige die Nachkommen, schiebe die Verwandten um diesen Opferveranstalter herum"[2] das siebente; mit der Formel: „Schichtend seid ihr; Nachkommen diesem; Reichtum diesem; schiebe die Verwandten um diesen Opferveranstalter herum"[3] das achte.

[1] Die Formel nur noch in Hir. und Vaikh. [2] TS. I. 1. 7. g. [3] TS. l. c. h.

2. In derselben Anordnung[1] setzt er die Schüsselchen für den nördlichen[2] Kuchen an.

[1] Also vom Ausschieben der Kohle an (I. 22. 2). [2] Vgl. Bem. 8 zu I. 22. 2.

3. Oder aber er legt, nachdem er das mittlere Schüsselchen angesetzt hat, den Zeigefinger der linken Hand darauf[1], schiebt mit der rechten Hand vermittelst des Schürhakens mit der Formel: „Weggebrannt ist das Rakṣas, weggebrannt sind die Feinde" eine Kohle auf das mittlere Schüsselchen und setzt westlich von diesem das zweite an mit der Formel: „Stütze bist du" usw. und östlich von diesem das dritte mit der Formel: „Ein Träger bist du" usw[2]. Die anderen zweckentsprechend.

[1] Diese Handlung ist offenbar den Vājasaneyins entnommen, vgl. Bem. zu Sūtra 4.
[2] Diese Reihenfolge ist die gewöhnliche, vgl. Bem. 5. zu I. 22. 3.

4. Die Vājasaneyins schreiben das Belegen vermittelst des Fingers und das Schieben der Kohle für jedes Schüsselchen vor[1].

[1] Dies geht nicht deutlich aus ŚBr. I. 2. 1. 7 und Kāty. II. 4. 30 hervor. Das Belegen mit dem Zeigefinger ist aber jedenfalls Vājasaneyin-Ritual.

5. Mit der Formel: „Schichtend seid ihr, nach oben schichtend"[1] oder ohne Formel setzt er die Schüsselchen nach dem achten an[2].

[1] Aus VS. [2] Also für einen Kuchen, der auf mehr als acht Kapālas gebacken wird. Die Vorschrift ist übrigens, wie es scheint, aus ŚBr. (I. 2. 1. 12 am Ende) entlehnt.

6. Mit der Formel: „Werdet erhitzt durch die Glut der Bhṛgu's, der Angirasen"[1] schiebt er vermittelst des Wisches Kohlen auf die Schüsselchen[2] und setzt das sogenannte Madantī-Wasser[3] auf das Feuer.

[1] TS. I. 1. 7. i. [2] Um sie recht heiß zu machen für das Backen des Kuchens.
[3] Das im Schwarzen Yajurveda: madantī (von Baudh. *piṣṭasaṃyavanīya*), im Weißen: *visarjanī* genannte Wasser, welches erhitzt werden soll, um zur Mischung mit dem Mehl zu dienen, vgl. I. 24. 5.

I. 24.

1. In die ausgewaschene und durch Feuersglut getrocknete hölzerne Schale[1], über welcher er die zwei Reiniger hält, schüttet er[2] das Mehl aus mit der Formel: „Auf Gott Savitṛ's Geheiß schütte ich dich mit den Armen der Aśvins, mit den Händen des Pūṣan dem Agni genehm aus"[3], je nach der Gottheit, für welche die Opfergabe bestimmt ist, variierend, dreimal mit der Formel, das vierte Mal ohne Formel.

[1] Die *pātrī piṣṭodvapanī*, vgl. I. 15. 7. [2] Aus dem schwarzen Antilopenfelle, vgl. I. 21. 7. [3] TS. I. 1. 8. a.

2. Während er ausschüttet, hält er die Stimme an; er läßt sie frei, wenn er den Opferkuchen mit Asche überdeckt[1].

[1] Vgl. I. 25. 12—13 (10).

3. Nachdem er das Mehl in der Weise des Sprengwassers[1] gereinigt hat, vermischt er es mit einem Teil des Praṇītawassers[2].

[1] Wie I. 11. 9. [2] Zum Praṇītawasser vgl. I. 16. 5 ff. Bhār I. 25: *praṇītābhir havīṃṣi saṃyauty, anyā vā yajuṣotpūya sruveṇa praṇītābhya ādāya . . . āharati.*

4. Oder, wenn es kein Praṇītawasser gibt[1], mit anderem Wasser, welches er erst mit der Formel zu reinigen hat.

[1] Wie z. B. bei dem *paśupuroḍāśa* eines vom Somaopfer einen Teil bildenden Tieropfers, und in anderen Fällen (Rudr.). Nach Hir. ist anderes Wasser nur im Notfall erlaubt.

5. a. Nachdem er vermittelst des Sruvalöffels vom Praṇītawasser genommen hat und es unten mit dem Wisch gestützt hat, gießt er es auf das Mehl mit den Formeln: „Die Wasser haben sich mit den Wassern, die Kräuter mit dem Safte vereinigt; ihr reichen, süßen, vermischet euch mit den beweglichen süßen"[1]; darauf verrührt er es mit dem kochenden Wasser[2] mit der Formel: „Von den Wassern stammt ihr her, vermischet euch mit den Wassern"[3], und vermischt es mit der Formel: „Zur Erzeugung vermische ich dich[4]."

[1] TS. I. 1. 8. b, c. Besser begreiflich und mehr mit dem Wortlaut des Spruches übereinstimmend ist Baudh., der ihn hersagen läßt, während das Praṇītawasser und das kochende Wasser zu gleicher Zeit auf das Mehl gegossen werden. [2] Vgl. I. 23. 6 am Ende.

[3] TS. l. c. d., aber hier richtig *adbhyaḥ*, statt des auch Mān. śrs. vorkommenden fehlerhaften *adbhiḥ* des Āp. [4] TS. l. c. e.

5. b. Nachdem er mit dem Rührstab Mehl und Wasser vermischt hat, verfertigt er einen Kloß mit der Formel: „Des Makha Haupt bist du“[1], zerteilt diesen mit der Formel: „Scheidet euch je nach eurem Anteil“[2], macht aus den zwei Hälften zwei gleichgroße Klöße und berührt die beiden je nach der Gottheit, für welche jeder Kloß bestimmt ist, mit: „Dies dem Agni“ den für Agni bestimmten, mit: „Dies dem Agni und Soma“ den für Agni und Soma bestimmten.

[1] TS. I. 1. 8. g. [2] Diese Formel nur noch in Bhār. Hir. Vaikh.
[3] Vermutlich Var. zu TS. I. 1. 8. f.

6. Nachdem er mit der Formel: „Hier schiebe ich die Front des heranrückenden Heeres weg“[1] die Kohlen von den Schüsselchen[2] vermittelst des Wisches weggeschoben hat, setzt er mit der Formel: „Das alles Leben enthaltende Glutgefäß bist du“[3] den für Agni bestimmten Opferkuchen[4] auf den acht Schüsselchen auf das Feuer.

[1] TBr. III. 7. 5. 1. [2] Vgl. I. 23. 6. [3] TS. I. 1. 8. h. [4] D. h. einen von den zwei in I. 24. 5. erwähnten Klößen.

7. In derselben Weise den nördlichen Opferkuchen auf den nördlichen Schüsselchen[1].

[1]) Vgl. Bem. 8 zu I. 22. 2 und I. 23. 2.

8. In derselben Ordnung werden von hier ab die Handlungen an diesen Opferkuchen verrichtet[1].

[1] D. h. jedesmal werden erst am südlichen, darauf am nördlichen Opferkuchen alle die im Folgenden zu beschreibenden Handlungen verrichtet.

I. 25.

1. Eine gleichartige Handlung absolviert er an jedem Kuchen[1].

[1] So wird z. B. das Ausbreiten des Kloßes (I. 25. 3) über den Schüsselchen erst am südlichen, dann am nördlichen vollzogen.

2. Die Handlungen, bei welchen dies möglich ist, werden einmal verrichtet[1].

[1] Z. B. das paryagnikaraṇa. I. 25. 8.

3. Mit der Formel: „Weit breite dich aus; weit soll dein Opferherr sich ausbreiten“[1] den Opferkuchen (d. h. das Mehl, den Kloß) ausbreitend, breitet er ihn über alle Schüsselchen aus[2].

[1] TS. I. 1. 8. i. [2] Nach TS. II. 6. 3. 4.

4. Er macht ihn nicht hoch und nicht wie einen Pfannkuchen anzusehen, sondern in der Gestalt einer Schildkröte[1], von Pferdehufmaß[2].

[1] Also nicht ganz flach wie ein Pfannkuchen, aber auch nicht hoch, sondern höher in der Mitte und dünn an den Rändern (*tanvanta*, Baudh.). Die Schildkrötengestalt beruht auf TS. II. 6. 3. 2—3: „Die Angirasen gingen zuletzt von der Erde zur Himmelswelt; da kamen die Ṛṣi's zu dem von ihnen verlassenen Opferplatz und erblickten den Opferkuchen, der in der Gestalt einer Schildkröte . . .“ usw. [2] Vgl. ŚBr. I. 2. 2. 10.

5. Oder er macht ihn so groß wie es ihm gut dünkt[1].

[1] Vgl. ŚBr. l. c.

6. „Er macht ihn nicht allzu breit" meinen einige[1].

[1] Nl. Die Vājasaneyins, vgl. ŚBr. I. c. 9, wo der Wortlaut derselbe ist (nur *kuryāt* statt *karoti*).

7. Mit der Formel: „Nimm dir eine Haut"[1] macht er ihn durch Wasser weich[2], ohne das Wasser über dem Kuchen hinausfließen zu lassen.

[1] TS. I. 1. 8. k. [2] Nach den anderen Sūtras des Schwarzen Yajurveda gießt er Wasser in die zur Mischung des Mehles gebrauchte hölzerne Schale und schmiert den Rest des mit dem Wasser vermischten Mehles nach rechts herum dreimal über den Opferkuchen.

8. Nachdem er mit der Formel: „Abgeschnitten ist das Rakṣas, abgeschnitten sind die Feinde"[1] alle Opfergaben dreimal von rechts nach links mit einem Feuerbrand umzirkelt hat, umglüht er sie mit der Formel: „Gott Savitṛ soll dich in dem höchsten Firmament backen"[2] vermittelst Feuerbrände

[1] TS. I. 1. 8. l. [2] l. c. m.

9. Mit den Formeln: „Agni soll durch deinen Körper nicht hinbrennen: O Agni, behüte die Opfergaben"[1] hält er brennende Darbhagräser oder andere brennende Gegenstände darüber.

[1] TS. I. 1. 8. n, o.

10. Mit dem Befehl: „Backet, ohne zu verbrennen"[1] läßt er die Stimme frei[2].

[1] TBr. III. 2. 8. 7. [2] Vgl. I. 24. 2 und TBr. l. c.

11. Der Āgnīdhra macht die Opfergaben tüchtig gar[1].

[1] Vgl. TS. II. 6. 3. 4: „Der Opferkuchen, welcher verbrannt ist, gehört der Nirṛti an; welcher nicht gar gebacken ist, dem Rudra; welcher gar gebacken ist, der steht im Schutze der Götter; deshalb soll er gebacken werden ohne daß man ihn verbrennt: damit er im Schutze der Götter sein möge."

12. Mit der Formel: „Vermische dich mit dem heiligen Worte"[1] schiebt er vermittelst des Wisches Asche, die mit heißen Kohlen gemischt ist, auf den Opferkuchen[2].

[1] TS. I. 1. 8. p. [2] Vgl. TS. II. 6. 3. 4: „Mit Asche überdeckt er ihn, daher ist der Knochen mit Fleisch bedeckt; vermittelst des Wisches überdeckt er ihn: daher ist das Haupt mit Haar bedeckt."

13. Er darf auch in diesem Moment[1] die Stimme freilassen[2].

[1] Statt in dem in Sūtra 10 erwähnten; in diesem Fall soll nach Rudradatta der Befehl jetzt gegeben werden. [2] So machen es Baudh. Hir. Vaikh.

14. Nachdem er das Wasser, mit welchem er die Finger abgewaschen, und das Wasser, mit welchem er die hölzerne Schale abgespült hat, zusammengegossen und darüber einen Feuerbrand gehalten hat, ritzt er mit dem hölzernen Schwerte innerhalb der Stelle, wo die Vedi angebracht worden ist oder werden soll, drei Linien in östlicher oder nördlicher Richtung in den Boden.

15. Über diesen Linien gießt er, im Westen schließend, das Wasser aus, ohne es zusammenfließen zu lassen, je ein Drittel über jeder Linie, das erste Mal mit der Formel: „Dem Ekata svāhā"[1], das zweite Mal mit: „Dem Dvita svāhā"[1], das dritte Mal mit: „Dem Trita svāhā[1]."

[1] TS. I. 1. 8. q. — Diese drei: Ekata, Dvita, Trita heißen die Āpyas (Āpīyas oder Āpeyas) oder Āptyas (so richtiger das ŚBr.). Über ihre Entstehung sagt der Schwarze Yajurveda (TBr. III. 2. 8. 9 ff., vgl. MS. IV. 1. 9, K. XXXI. 7): „Als die Götter das Havis (den Reis usw.) heran-

gebracht hatten (? *bhṛtvā*, Sāyaṇa: *vrīhyavaghātādinā haviḥ sampadya*; jedenfalls hatten die Götter durch die Zubereitung des Havis eine Schuld auf sich geladen, ebenso wie es derjenige tut, der den Soma auspreßt), sprachen sie: „An wem werden wir uns jetzt abwischen?" (D. h. „auf wen unsere Schuld übertragen"). Da sprach Agni: „Leget eure Gestalten zusammen in mich; ich werde euch denjenigen erzeugen, an dem ihr euch abwischen werdet." Die Götter legten nun ihre Gestalten in Agni zusammen (und deshalb sagt man: „Agni ist alle Gottheiten"). Da bewarf er das Wasser mit einer brennenden Kohle; daraus entstand Ekata; er bewarf es zum zweiten Male; daraus entstand Dvita; er bewarf es zum dritten Male; daraus entstand Trita. Weil sie aus dem Wasser (*ap-*) entstanden waren, daher ihr Name Āpya, weil sie aus den Göttern selber (*ātman*) entstanden waren, daher der Name Ātmya (dieser zweite Name der Āpyas ist sonst unbekannt; Ātmeya und Ātmīya MS. und K.; vielleicht ist dieser Name eine schwache Reminiscenz an Āthvya, vgl. Eggeling in SBE. XII, S. 48 Bem.). Da wischten die Götter sich an den Āpyas ab; die Āpyas wischten sich an demjenigen ab, über welchem, während er schläft, die Sonne aufgeht; derjenige, über dem die Sonne aufgeht, wischte sich an demjenigen ab, über welchem, während er schläft, die Sonne untergeht; derjenige, über dem die Sonne untergeht, wischte sich ab an dem an den Nägeln Kranken; der an den Nägeln Kranke an dem Braunzähnigen; der Braunzähnige an dem, welcher die jüngere Tochter vor der älteren verheiratet; dieser an demjenigen, dessen jüngerer Bruder eher heiratet als er selber; dieser an dem, der einen Mann erschlägt; dieser an dem, der einen Brahmanen erschlägt; von demjenigen, der einen Brahmanen erschlägt, ging die Schuld nicht weiter." — Übrigens ist die Richtung, in welcher das Wasser ausgegossen wird (er fängt im Osten an und schließt im Westen ab), auffallend, da im gewöhnlichen Ritual die res faustae im Osten abzuschließen pflegen.

16. Oder er gießt erst das Wasser aus und hält dann über dem auf die Linien gegossenen Wasser den Feuerbrand[1].

[1] Alternative zu Sūtra 14 und 15. Das Brāhmaṇa (TBr. III 2. 8. 12) erwähnt erst das Ausgießen, dann das Erhitzen.

Zweites Buch.

Die Voll- und Neumondsopfer, Fortsetzung.

II. 1.

1. Nachdem er mit der Formel: „Auf Gott Savitṛ's Geheiß ergreife ich dich mit den Armen der Aśvins, mit den Händen des Pūṣan"[1] das hölzerne Schwert ergriffen hat, die Formel: „Des Indra rechter Arm bist du, der tausendzackige, hundertschärfige"[2] über demselben geflüstert hat, nachdem er es mit der Formel: „Deiner Glut will ich nicht entgegengehen"[3] vermittelst Darbhagräser abgewischt hat[4], verfertigt er mit diesem hölzernen Schwerte hinter dem Āhavanīya die nach Osten sich erstreckende Vedi, welche entweder die Länge des Opferveranstalters haben oder unbegrenzt[5] sein darf.

[1] TS. I. 1. 9. a. [2] l. c. b. Durch die Worte der Formel wird der Sphya dem Donnerkeil des Indra gleichgestellt. [3] Die Formel nur in Āp. [4] Die anderen Taittirīya-

Sūtras schärfen die Spitze des Sphya mit Darbhagras und verwenden dazu teils TS. 1. 1. 9. c, teils I. 1. 9. b b und c. Vgl. auch ŚBr. I. 2. 4. 7. [5] Sie darf also auch größer sein.

2. Die Quere macht er so groß, daß die Vedi für die hingesetzten Opfergaben Raum hat [1].

[1] Zum Genaueren vgl. Āp. śulbasūtra IV. 5. (ZDMG. LV, S. 580 und LVI, S. 338; Bürk's Übersetzung dieser Stelle scheint mir ungenau zu sein).

3. Mit dem Verse: „Vermittelst des Wisches (*veda*) erwarben (*vividuḥ*) die Götter die Vedi: die Erde. Sie, die Erde, verbreitet sich über das Irdische; innerhalb der Geschöpfe trägt sie eine Leibesfrucht; daraus entsteht das allschenkende Opfer" [1] berührt er mit dem Wisch dreimal die Stelle der Vedi, entweder vor oder nach [2] dem Stambayajus [3].

[1] TBr. III. 3. 9. 10. [2] Das Brāhmaṇa (TBr. l. c.) hat bloß „vor". [3] D. h. eigentlich: „die Büschelopferformel"; gemeint ist das weiter unten zu beschreibende Wegwerfen von Gras von der Stelle der Vedi vermittelst des Sphya.

4. Von dem vorderen, ein Drittel bildenden Teil der Vedi holt er das Stambayajus [1].

[1] Die Vedi wird in drei gleichgroße Teile verteilt gedacht; von dem am meisten östlich gedachten Drittel soll in der nun zu beschreibenden Weise das Gras und der Staub genommen und weggeworfen werden. Die Scholiasten zu Āp. und Hir. behaupten, daß das mittlere Drittel gemeint ist.

5. Nachdem er mit der Formel: „Der Erde Schutzwehr bist du" [1] hier [2] einen Darbhagrashalm mit der Spitze nach Norden oder nach Osten hingelegt, auf diesen Grashalm mit dem hölzernen Schwerte mit der Formel: „O Erde, du Götterverehrerin, der Wurzel deines Krautes will ich nicht schaden" [3] geschlagen hat, sodaß ein Stück davon abgeschnitten wird, und mit der Formel: „Weggeschlagen von der Erde ist der Araru" [4] das durch das Schwert abgeschlagene Stück samt dem durch das Schwert aufgewühlten Staub weggenommen hat, schafft er es fort mit der Formel: „In die Hürde gehe, in den Kuhstall [5]." Mit der Formel: „Der Himmel soll dir regnen" [6] blickt er dann auf die Vedi oder auf den Opferveranstalter.

[1] Aus VS. (Kāṇva). [2] Nl. auf die in Sūtra 4 angegebene Stelle.
[3] TS. I. 1. 9. d. [4] l. c. e. [5] l. c. f. [6] l. c. g.

6. Mit der Formel: „Fessele, o Gott Savitṛ, in weiter Ferne mit Schlingen wer uns haßt und wen wir hassen; entlasse ihn nicht von da" [1] streut er es in einer Entfernung von drei Füßen oder in unbegrenzter Entfernung [2] nördlich von der Vedi auf den vorderen dritten Teil hin [3].

[1] TS. I. 1. 9. h. [2] Vgl. Bem. 5 zu II. 1. 1. [3] Die Strecke gerade nördlich von der Vedi wird dreiteilig gedacht und auf das östliche Drittel wird der Staub geworfen.

7. Dies ist der Kehrichtplatz (utkara).

8. Mit der Formel: „Der Araru soll dir nicht gen Himmel springen" [1] bedeckt der beim Utkara sitzende Āgnīdhra das Hingestreute mit den beiden hohl an einander gehaltenen Händen.

[1] TS. I. 1. 9. r.

9. In derselben Weise [1] schafft er den Staub ein zweites und ein drittes Mal fort.

[1] Vgl. jedoch II. 2. 1.

10. Ohne Spruch zum vierten Male wegschaffend, schafft er auch den Rest des Grashalmes weg.

II. 2.

1. Der Spruch zum zweiten Schlagen mit dem hölzernen Schwerte ist: „Fort den nicht die Götter verehrenden Araru“[1], zum dritten: „Der Araru soll nicht gen Himmel fliegen“[2]; der Spruch zum zweiten Wegnehmen ist: „Weggeschlagen von der götterverehrenden Erde ist der Araru“[3], zum dritten: „Weggeschlagen von der Erde ist der nicht-götterverehrende Araru[4].“

[1] Diese Formel ist wahrscheinlich eine Abkürzung der Kaṭhaformel (Kāṭh. I. 9); sie ersetzt bei dem zweiten Schlagen TS. I. 1. 9. d. [2] Aus Kāṭh. [3] TS. I. 1. 9. i; dieses Yajus statt TS. I. 1. 9. e beim erstmaligen Wegnehmen. [4] TS. l. c. n.

2. Der Āgnīdhra bedeckt das Hingestreute beim zweiten Hinstreuen mit der Formel: „Nach unten gedrängt ist das Rakṣas“[1], beim dritten mit: „Nach unten gedrängt ist der Böswillige“[1], beim vierten mit: „Nach unten gedrängt sind die Zauberer[1].“

[1] Diese drei Formeln, sonst nirgends angetroffen außer in Hir., ersetzen die Formel des ersten Hinstreuens TS. I. 1. 9. r.

3. Nachdem er mit der Formel: „Ein Tropfen von dir springe nicht zum Himmel“[1] auf das Loch in der Vedi, welches durch den Wurf des hölzernen Schwertes gemacht worden, und woher er den Schutt genommen, niedergeblickt hat, umfaßt (d. h. umritzt) er die Vedi vermittelst des hölzernen Schwertes mit den Formeln: „Die Vasus sollen dich mit dem Gāyatrī-versmaß umfassen“[2] an der Südseite (die Linie nach Osten ziehend), mit: „Die Rudras sollen dich mit dem Triṣṭubh-versmaß umfassen“[2] an der Westseite (die Linie nach Norden ziehend), mit: „Die Ādityas sollen dich mit dem Jagatī-versmaß umfassen“[2] an der Nordseite (die Linie nach Osten ziehend)[3].

[1] Aus MS. oder VS. [2] TS. I. 1. 9. s. [3] Diese Umritzung ist der erste, *pūrva parigrāha*; der zweite *(uttara p.)* wird II. 3. 7 erörtert.

4. Mit der Formel: „Weg schlage von der Erde den nicht gottverehrenden Araru, die nicht Gottverehrenden“[1] wühlt er die Oberfläche der Vedi mit dem hölzernen Schwerte auf.

[1] Das Yajus ist offenbar Kāṭh. I. 9, wo aber (wie XXV. 4) *adevayajanāj jahi* gelesen wird. Weder diese Lesart noch die des Āp.: *adevayajano jahi* ist mir begreiflich; ich vermute *adevayajanān* (acc. pl. msc.).

5. Von der aufgewühlten Erde streut der Āgnīdhra dreimal auf den Kehrichtplatz hin.

6. Der Adhvaryu erläßt, indem er den folgenden Vers spricht, den Befehl: „Verfertiget, ihr Männer, diese Vedi — kommet heran —, die den Göttern willkommne auf dem Schoß der Aditi (d. h. der Erde). Sämtliche Götter haben dieselbe gerne entgegengenommen; Reichtum und Gedeihen sollen sich beim Opferveranstalter einfinden[1].“

[1] Aus K. (I. 9; v. Schroeders Text ist verdorben). Statt dieses dem Kāṭhaka entnommenen Verses erwartet man vielmehr TBr. III. 7. 7. 13 (wo richtig *etya* statt *eta* gelesen wird).

7. Mit der Formel: „Auf Gott Savitṛ's Geheiß verrichten die Weisen die heilige Handlung“[1] gräbt er die Vedi zwei oder drei oder vier Finger

tief, oder so tief wie das Weiße der Ferse reicht[2], oder nach dem Maße der flachen Hand[3], oder nach dem Maße der Radspur, oder nach dem Maße einer Furche, oder nach dem Maße einer Spanne[4]; und sie soll mit loser Erde versehen sein[5].

[1] TS. I. 1. 9. t. [2] *yāvat pārṣṇyāḥ śuklam* Ap., *yāvat pārṣṇiyai śvetam* Baudh. und Hir. Vielleicht entspricht dieser Ausdruck der Angabe des Brāhmaṇa (TS. II. 6. 4. 5, TBr. III. 2. 9. 11): *ā pratiṣṭhāyai.* [3] Der *pṛtha* als Maß ist nach Baudh. 13 Aṅguli. [4] Von diesen Maßen erwähnt das Brāhmaṇa (ll. cc.) die Tiefe von vier Fingern, und die Spanne, vgl. auch die vorhergehende Bemerkung. [5] Nach TS. und TBr. ll. cc.

8. Über diese Maße gräbt er nicht hinaus[1].

[1] Wohl, weil die zu tief gegrabene Vedi den Vätern geweiht sein würde (*pitṛdevatyātikhātā,* TS. TBr. ll. cc.).

9. Er gräbt sie so, daß sie nach Süden etwas höher[1] und nach Osten oder Nordosten[2] etwas abschüssig ist.

[1] So nach TS. l. c. [2] So nach TBr. III. 2. 9. 8.

II. 3.

1. Nach vorne (d. h. nach Osten) führt er die beiden Schultern hinauf, nach hinten (d. h. nach Westen) die Hüfte[1].

[1] Sodaß die vordere (d. h. die von N. nach S. gerichtete) Grenze der Vedi etwas eingebogen ist und den Āhavanīya, die hintere Grenze den Gārhapatya teilweise umfaßt. Vgl. die Darstellung in Hillebrandt, NVO, S. 191 und S.B.E. XXVI, S. 475. — Die Vorschrift nach TBr. III. 2. 9. 9.

2. Vorne ist sie enger, hinten breiter, in der Mitte etwas eingebogen[1].

[1] Häufig wird die Vedi mit einem Weib verglichen, vgl. z. B. ŚBr. I. 2. 5. 6, auf welcher Stelle die unsrige beruht.

3. Was von Pflanzenwurzeln hinausragend zurückbleibt, bricht er vermittelst des hölzernen Schwertes, nicht vermittelst des Nagels, ab[1].

[1] Vgl. TBr. III. 2. 9. 10: „Die Wurzeln bricht er ab; er entwurzelt dadurch seinen Nebenbuhler. Auf die hinausragenden Wurzeln stürzen sich die Unholde. Wenn er sie mit der Hand abbräche, so würden seine Nachkommen nägelkrank werden. Mit dem Sphya bricht er sie ab: der Sphya ist ein Donnerkeil. So schlägt er durch den Sphya die Unholde vom Opfer weg." Vgl. MS. IV. 1. 10 am Ende und K. XXXI. 8 am Ende.

4. Was von loser Erde überschüssig zurückbleibt, streut er auf den Kehrichtplatz.

5. Mit loser Erde, die von anderswo herbeizuholen ist, versehe er die Vedi für einen Opferveranstalter, der Vieh wünscht[1].

[1] Diese Bestimmung (auch in Bhār. Hir. Vaikh. Mān.) ist wohl einem Brāhmaṇa entnommen.

6. In diesem Falle grabe er, nachdem er die Handlungen verrichtet hat, die vor das Graben der Vedi fallen[1], das, was (d. h. die lose Erde, die) er herbeiholt, mit dem Spruche aus.

[1] Also von II. 1. 1 bis II. 2. 6. [2] Nl. mit TS. I. 1. 9. t.

7. Nachdem er den Brahman angeredet hat mit den Worten: „Brahman, ich werde die zweite Umfassung anbringen"[1], ritzt er um die Vedi herum mit dem hölzernen Schwerte die Linien[2]: im Süden mit der Formel: „Das Ṛta bist du"[3], im Westen mit: „Des Ṛta Sitz bist du"[3], im Norden mit „Des Ṛta Schönheit bist du[3]."

[1] Zum ersten Umreißen vgl. II. 2. 3. — Zum Brahman bei dieser Handlung vgl. III. 19. 3.
[2] Vgl. II. 2. 3. [3] TS. I. 1. 9. u.

8. Nach der Überlieferung einiger sind die beiden Umfassungen umgekehrt[1].

[1] D. h. die Sprüche des ersten Parigrāha (II. 2. 3) werden bei dem zweiten (II. 3. 7) und vice versa verwendet. Die Vājasaneyins verwenden wenigstens (vgl. ŚBr. I. 2. 5. 6 und 11) die im Schwarzen Yajurveda zur zweiten Umfassung gebrauchten Sprüche bei der ersten; zu der ersten gebrauchen sie andere Sprüche.

9. Mit den Formeln: „Träger bist du, Selbstträger bist du; die Breite bist du, die Gute bist du"[1] und dem Viertelverse: „Ehe der Grausige davonschleicht, o Mächtiger . . ."[2] glättet er mit dem hölzernen Schwerte von Ost nach West die Vedi[3].

[1] TS. I. 1. 9. v, w. [2] l. c. x a (der Sinn des Verses ist dunkel).
[3] Vgl. TS. II. 6. 4. 3—4: „Durch das Graben der Vedi macht er sich in gewissem Sinne einer grausamen Tat schuldig; mit: „Träger bist du, Selbstträger bist du", glättet er sie: zur Beschwichtigung." Daraus geht auch hervor, daß der Viertelvers (TS. I. 1. 9. x a) nicht zu dieser Handlung gehört. Da aber Sūtra 10 mit x b anfängt, ist es die Absicht des Āpastamba, vgl. XXIV. 2. 4), daß auch dieser Viertelvers hinzuzunehmen ist.

10. Mit dem Rest des Verses: „. . . erhebend die Erde, die frische Ströme enthaltende, welche sie durch Svadhāruf zum Mond emporhoben, diese verehren die Weisen, sie erblickend"[1] blickt er die Vedi entlang.

[1] TS. l. c. x c—d (jīradānum z. l.?).

11. Nachdem er auf dem westlichen Drittel[1] der Vedi das hölzerne Schwert in die Quere (d. h. so, daß dessen oberer Teil nach Norden gerichtet ist) fest gestellt hat, erläßt er den Befehl[2]: „Setze das Sprengwasser hin[3]; setze Brennholz und Streu in der Nähe hin[4]; wische den Sruva und die Opferlöffel ab[5]; komme, nachdem du die Herrin des Hauses umgürtet hast[6], mit dem Schmalze heran[7]."

[1] Vgl. Bem. zu II. 1. 4. [2] TBr. III. 2. 9. 14. [3] Vgl. II. 3. 13.
[4] Vgl. II. 3. 17. [5] Vgl. II. 4. 2ff. [6] Vgl. II. 5. 2ff. [7] Vgl. II. 6. 5.

12. Oder auch er erlasse den Befehl nicht[1].

[1] Im ersten Falle (Sūtra 11) soll der Āgnīdhra die Befehle ausführen, im zweiten Falle (Sūtra 12) verrichtet der Adhvaryu selber alle die in Sūtra 11 erwähnten Handlungen. — Die Fakultativstellung des Befehles beruht offenbar auf ŚBr. I. 2. 5. 21.

13. Nachdem er das Sprengwasser angefüllt hat und das hölzerne Schwert nach Norden weggeschoben hat, gießt er, mit der linkend Hand das Schwert haltend, mit der rechten etwas Sprengwasser in der Nähe der Stelle, wo er das Schwert auf der Vedi gesteckt hatte, aus, so daß es das Schwert nicht berührt[2], und stellt das Wasser auf die Spur des Schwertes mit der Formel: „Das Ṛta zustande bringend seid ihr"[3], dabei denkend an den Feind des Opferveranstalters[4].

[1] Vgl. Bem. 3 zu I. 19. 3 a. [2] *sphyam asaṃspṛṣṭāḥ?* [3] *ṛtasadha(ḥ) stha.* Das Yajus nur noch in Hir. und Vaikh. [4] So nach TS. II. 6. 4. 4.

14. Mit der Formel: „Ein hundertzackiger vom Baume herrührender (Blitz) bist du, des Feindes Tod"[1] wirft er das Schwert nach Westen[2] auf den Kehrichtplatz, dabei denkend an den Feind des Opferveranstalters[3].

[1] TS. II. 6. 4. 1 (wo die Formel freilich zur Begleitung einer anderen Handlung vor-

geschrieben wird). [2] D. h. während er östlich vom Utkara steht, schlendert er den Sphya nach Westen. [3] Vgl. TBr. III. 2. 9. 15 und III. 2. 10. 1.

15. Nicht ohne die Hände gewaschen zu haben faßt er die Opfergefäße an[1].

[1] Vgl. TBr. III. 2. 10. 2.

16. Nachdem er die Hände gewaschen hat, spült er das hölzerne Schwert ab, ohne dessen Spitze zu berühren[1].

[1] Vgl. TBr. l. c. — Nach Kāty. II. 6. 4. 3. wird der Sphya westlich vom Praṇīta-Wasser gelegt.

17. Nördlich vom Āhavanīya[1] setzt er Brennholz und Streu mit den Spitzen nach Osten in der Nähe hin: südlich von der Streu das Brennholz, nördlich vom Brennholz die Streu.

[1] Vom Praṇītawasser nach Bhār. Hir., westlich vom Praṇītawasser nach Kāty.

II. 4.

1. Nach der Überlieferung einiger kommt jetzt erst das Umgürten der Herrin des Hauses, nach der Überlieferung einiger erst das Reinigen der Opferlöffel[1].

[1] Die erste Anordnung wird in keiner von unseren Quellen gefunden.

2. Nachdem er mit der Formel: „Kommet, ihr von Butter Triefenden; Agni ruft euch zum Gottesdienste“[1] die Opferlöffel ergriffen und sie in die Glut des Āhavanīya oder des Gārhapatya gehalten hat mit den Formeln: „Entgegengebrannt ist dem Rakṣas, entgegengebrannt ist den Feinden; durch Agni's schärfste Glut glühe ich euch aus“[2] und über den Löffeln die Formel hergesagt hat: „Nicht geschärft seid ihr, die Vernichter der Nebenbuhler“[3], reinigt er mit den Spitzen des Wisches[4], die er entweder in so viele Teile verteilt als es Löffel gibt oder nicht verteilt, die Löffel, welche er mit der Öffnung nach oben und der Mündung nach Osten oder Norden hält.

[1] Diese Formel nur noch in Hir. und Vaikh. [2] TS. I. 1. 10. a, b.
[3] Aus MS. oder K. [4] Vgl. I. 6. 6.

3. Die Upabhṛt reinigt er, sie mit der Mündung nach Norden haltend, nach einigen[1].

[1] Wer diese *„eke“* sind, ist nicht zu sagen.

4. Mit der Formel: „Den Kuhstall will ich nicht wegwischen; ich reinige dich, den behenden, den die Nebenbuhler besiegenden“[1] wischt er den Sruva ab, und zwar mit den Spitzen der Gräser an der Innenseite zu wiederholten Malen von allen Seiten auf die Mündung[2] zu und stets zurücknehmend[3]; den Stiel wischt er mit dem unteren Ende der Grasspitzen ab[4].

[1] TS. I. 1. 10. c. [2] Da der Sruva keine eigentliche Mündung hat, dürfte hier die linke Seite des Sruvakopfes gemeint sein, von welcher der Inhalt ausgegossen zu werden pflegt.

[3] Mit den Gräsern wird also nicht hin und her gerieben, sondern nach jeder Auswischung wird das Gras aufgehoben und wieder in den inneren Teil des Sruvakopfes gelegt und dann damit nach der linken Seite hin gewischt (*bilam abhi samāhāram* zu trennen? und ist Zusammenhang mit MS. IV. 1. 12 : 17. 2: *sarvataḥ samāhāya* anzunehmen? wo vielleicht *samāhārya* zu lesen ist).

[4] Und zwar so, daß mit den unteren Enden der Vedaabschnitzel der Stiel oben, von seinem Ende bis zur Stelle, wo der Kopf beginnt, abgewischt wird, und darauf unten in entgegengesetzter Richtung, vgl. TBr. III. 3. 1. 4 („deshalb sind die Haare auf der oberen Seite am Arme nach vorne, auf der unteren Seite zurück gerichtet“).

5. Mit der Formel: „Die Stimme, den Aushauch, will ich nicht wegwischen; ich reinige dich, die behende, die die Nebenbuhler besiegende“[1] wischt er die Juhū ab, und zwar mit den Spitzen der Vedaabschnitzel an der Innenseite zu wiederholten Malen nach vorne (= von sich ab)[2], mit den mittleren Teilen der Schnitzel an der Außenseite auf sich zu, und mit den unteren Enden den Stiel.

[1] TS. I. 1. 10. d. [2] Also von der Stelle, wo Stiel und Kopf zusammentreffen, nach dem Schnabel zu.

6. Mit der Formel: „Das Auge, das Gehör, will ich nicht wegwischen; ich reinige dich, die behende, die die Nebenbuhler besiegende“[1] wischt er die Upabhṛt ab, welche er nach Norden gerichtet hält[2] und zwar mit den Spitzen an der Innenseite zu wiederholten Malen auf sich zu, mit den mittleren Teilen an der Außenseite von sich ab, und mit den unteren Enden den Stiel.

[1] TS. I. 1. 10. d. [2] Vgl. II. 4. 3.

7. Mit der Formel: „Nachkommenschaft und Mutterschoß will ich nicht wegwischen; ich reinige dich, die behende, die die Nebenbuhler besiegende“[1] die Dhruvā in der Weise des Sruva[2].

[1] TS. I. 1. 10. d. [2] Also wie II. 4. 4.

8. Mit der Formel: „Die Gestalt, die Farbe der Kühe will ich nicht wegwischen[1]; ich reinige dich, das behende, das die Nebenbuhler besiegende“[2] wischt er das Prāśitraharaṇa aus, oder ohne Formel.

[1] Diese Formel mit leichter Var. auch bei Baudh. und Bhār.

[2] Var. zu TS. I. 1. 10. c d. Die Reinigung dieses Löffels wird im Schwarzen Yajurveda nicht erwähnt, nur das ŚBr. erwähnt sie: ohne Formel.

9. Die ausgewischten und noch nicht ausgewischten Löffel bringt er nicht mit einander in Berührung.

10. Nachdem er sie mit der Formel: „Durch Agni's schärfste Glut glühe ich euch“[1] wieder gewärmt hat, besprengt er sie und setzt sie auf Darbhagras vor oder hinter den Kehrichtplatz[2].

[1] TS. I. 1. 10. b. [2] Das wiederholte Erhitzen, das Besprengen und das Hinsetzen ist wohl bei jedem Löffel einzeln zu verrichten unmittelbar nach der Reinigung.

11. Nachdem er die zum Reinigen der Löffel verwendeten Vedaabschnitzel mit Wasser besprengt hat,

II. 5.

1. wirft er sie mit dem Verse: „Vom Himmel her ist der Schmuck niedergebreitet, auf der Erde Gipfel ist er gelegen; vermittelst dieses tausendschössigen vernichten wir den Nebenbuhler, svāhā“[1] in dasjenige Feuer, an welchem er die Löffel gewärmt hat[2] oder er wirft die Gräser auf den Kehrichtplatz[3].

[1] TBr. III. 3. 2. 1 (l. kakubhi); der Vers ist offenbar Variante zu AS. II. 7. 3, wo das Darbhagras angeredet wird. [2] Vgl. II. 4. 2.

[3] Beides erlaubt das Brāhmaṇa (TBr. III. 3. 2. 3).

2. Mit dem Verse: „Mir Frohsinn, Nachkommen, Wohlfahrt und Körper[1] erwünschend, umgürte ich mich, dem Agni gegenüber mein Gelübde haltend,

zur (Welt der) Tugend"[3] umgürtet er die Herrin des Hauses, welche hinter dem Gārhapatya entweder mit den Knieen aufwärts sitzt oder steht[3].

[1] Statt Körper *(tanūm)* hat die Atharvanische Rezension (AV. XIV. 1. 42) das besser begreifliche: „Reichtum". [2] TS. I. 1. 10. e.

[3] Nach dem Brāhmaṇa (TBr. III. 3. 3. 1) soll sie sitzen.

3. Einige lassen die Herrin des Hauses selber den Vers hersagen[1].

[1] Und darauf deutet der Wortlaut des Verses hin.

4. Er umgürtet sie (bzw. sie umgürtet sich) an der Innenseite (d. h. unterhalb) des Gewandes mit einer Schnur von Muñjagras, welche eine Schlinge an dem einen der beiden Enden hat, oder mit einem Jochband[1].

[1] Das Jochband verwenden die Vāj. (ŚBr. I. 3. 1. 13).

5. Er umgürtet nicht auch das Gewand; nach einigen[1] umgürtet er aber auch das Gewand.

[1] So die Vāj. (ŚBr. l. c. 14), und TBr. III. 3. 3. 3.

6. Nachdem er ihr das Band zwei oder dreimal nach rechts herum um die Mitte geschlungen hat, macht er links vom Nabel einen Knoten, der sich leicht auflösen läßt, und zieht das Ende rechts vom Nabel durch[1]. Darauf erhebt sie sich und bringt stehend dem Gārhapatya ihre Verehrung dar mit der Formel: „O Hausherr Agni, lade mich ein[2]."

[1] Statt *avasthāpya* hat Hir. *parikarṣati*; vgl. X. 9. 15. Übrigens sind, dem Wortlaut des Textes nach, alle die Handlungen von Sūtra 6 von der Gattin selber zu verrichten, wie es auch in der Tat denkbar ist mit Hinsicht auf die in Sūtra 3 gestellte Möglichkeit.

[2] Aus K.

7. Mit den Formeln: „Ihr Gattinnen der Götter, ladet mich ein[1]. O Gattin, Gattin, dieser hier ist dein Raum[2]; Verbeugung sei dir, verletze mich nicht"[3] bringt sie den Gattinnen der Götter stehend ihre Verehrung dar.

[1] Aus K. [2] Aus MS. [3] U. a. TS. IV. 7. 13. d a. [4] Diese Formeln richtet sie nach Hir. westlich vom Gārhapatya an die Götterfrauen. Die ganze Handlung (auch in Baudh.) gehört nicht zum urspr. Taittirīya-Ritual.

8. Nachdem sie einige Schritte von dieser Stelle weg nach Süden gemacht hat[1], setzt sie sich im Süden nach Norden gerichtet nieder mit dem Verse: „Nachkommen und Gatten besitzend haben wir uns unversehrt in der Nähe von dir, o Agni, gesetzt, der du die Nebenbuhler versehrest und selber unversehrt bist[2]."

[1] Der Sitzort der Herrin des Hauses ist somit südlich von der Stelle, wo sie umgürtet worden ist (Sūtra 2), südwestlich vom Gārhapatya (vgl. TBr. III. 3. 3. 2). [2] TS. I. 1. 10 f.

9. Sie flüstert darauf den Vers: „Möchte ich wie Indrāṇī Nicht-Witwe sein; wie Aditi reich an Söhnen. Nicht einspännig setze ich mich in deiner Nähe, o Gārhapatya, damit ich tüchtige Nachkommenschaft erhalten möge[1]."

[1] TBr. III. 7. 5. 10.

10. Der Opferveranstalter erläßt den Befehl: „Umgürtet soll sie meinem Opfer sitzend beiwohnen[1]."

[1] Dieser „Befehl" nur bei Āp. und offenbar dem ŚBr. (I. 3. 1. 12) entnommen, wo die Worte indes nur den Gedanken des Yajamāna ausdrücken und kein Befehl sind. — Die Patnī ist umgürtet bis III. 10. 6.

11. „Mit reichlicher Butter verrichtet er die Voll- und Neumondsopfer", so heißt es in der heiligen Überlieferung[1].

[1] Die Quelle dieser Aussage ist nicht nachweisbar.

II. 6.

1. Mit der Formel: „Pūṣan soll deine Mündung lösen"[1] deckt er die Öffnung des Butterfasses auf und schmelzt am Dakṣiṇāgni die Butter. Mit der Formel: „Aditi bist du mit fehlerlosem Fittig"[2] ergreift er die Butterschale und schüttet mit der Formel: „Der Mächtigen Milch[3] bist du, der Kräuter Saft[3]; von dir, der du nicht vermindert wirst, schütte ich aus zum Gottesdienste"[4] in diese Schale, über welcher er die zwei Reiniger hält, die Butter aus, setzt sie am südlichen Dakṣiṇāgni ans Feuer mit dem Verse: „Hier schritt Viṣṇu aus; dreifache Fußspur machte er, seine im staubigen (Boden) beschüttete"[5] und, nachdem er sie mit der Formel: „Zur Labung dich"[6] über dem südlichen Teil des Gārhapatya angesetzt hat und mit: „Zur Kraft dich"[6] von da entfernt hat, bringt er sie der Herrin des Hauses, den Wisch darunter haltend.

[1] Die Formel nur noch in Bhār., Hir., Vaikh. [2] So Āp. Vaikh.; statt *acchidrapattrā* hat Bhār. *acchidraputrā* und Hir. *anācchinnapavitrā*. [3] Die Butter ist ja der Kühe *(mahīnām)* Produkt, die sich mit Gras ernähren. [4] TS. I. 1. 10. i. [5] TS. I. 2. 13. e. [6] TS. I. 1. 1. a.

2. Diese blickt, nachdem sie zuvor die Augen geschlossen und dann wieder geöffnet hat[1], ohne auszuatmen darauf hin mit der Formel: „Du bist der großen (Kühe) Milch, der Kräuter Saft bist du; mit unversehrtem Auge blicke ich auf dich zu guter Nachkommenschaft[2]."

[1] Die rituellen Handlungen von Sūtra 1 und 2 sind stark durch MS. beeinflußt: das dreimalige Ans-feuer-setzen (am Dakṣiṇāgni, Gārhapatya und Āhavanīya, vgl. Sūtra 5), das damit zusammenhängende Flüstern des Verses: „Hier schritt Viṣṇu aus", stammt aus MS. IV. 1. 12. — Mit Āp. stimmen die anderen jüngeren Taittirīya-Schulen überein (nicht Baudh.).
[2] TS. I. 1. 10. k.

3. Mit der Formel: „Glut bist du"[1] setzt er die Schale mit Butter über dem nördlichen Teile des Gārhapatya an.

[1] TS. I. 1. 10. l[a].

4. Falls keine Herrin des Hauses da ist, fällt das Ansetzen über dem Gārhapatya mit: „Glut bist du" fort[1].

[1] Also bloß das zuletzt erwähnte Ans-feuer-setzen, nicht das in Sūtra 1 erwähnte, fällt fort. Es hätte nämlich in diesem Falle keinen Zweck, da das Ansetzen am Gārhapatya bezweckt, die Unreinheit des Blicks der Gattin zunichte zu machen (TBr. III. 3. 4. 2: *amedhyaṃ vā etat karoti yat patny avekṣate; gārhapatye 'dhiśrayati medhatvāya*). Wie mit den anderen Handlungen der Patnī verfahren wird, wenn sie nicht da ist, darüber ist man uneinig: einige wollen die Handlungen vom Yajamāna verrichten lassen, andere wollen sie ganz und gar fortfallen lassen (Baudh. XX. 10: 23. 7).

5. a. Nachdem er die Schale mit der Formel: „Zur Glut dich"[1] vom Feuer entfernt hat, schafft er sie mit der Formel: „Glut bist du; hinter der Glut gehe vorwärts"[2] fort.

[1] So die Formel auch in Bhār., Hir., Vaikh. [2] TS. I. 1. 10. l[a].

5. b. Mit der Formel: „Agni soll deine Glut nicht wegführen"[1] setzt er

die Schale über dem Āhavanīya ans Feuer und stellt sie dann mit den Formeln: „Agni's Zunge bist du, den Göttern willkommen. Sei den Göttern (zur Hand) für jeden Platz, zu jeder Formel"[2] auf die Spur des hölzernen Schwertes[3].

[1] TS. I. 1. 10. c l. [2] l. c. m, n. [3] Vgl. II. 3. 13; nördlich vom Sprengwasser, nach Hir.

6. Mit der Formel: „Schmalz bist du, Wahrheit bist du, Aufseher des Wahren bist du; du bist die dem Viśvānara, die den Allgöttern zukommende Opfergabe von gereinigtem Ungestüm und wahrhaft siegreich. Der Sieg bist du, besiegend bist du; besiege die Unholde, besiege die Anfeindenden; siege in den Schlachten, besiege die Angreifer. Tausendkräftig bist du, dazu verhilf mir. Des Schmalzes Schmalz bist du, der Wahrheit Wahrheit, wahrhaft langlebig bist du, wahrhaft mutig bist du, mit Wahrheit beschmalze ich dich; von dir möchte ich genießen"[1] blicken Adhvaryu und Opferveranstalter, nachdem sie die Augen geschlossen und wieder geöffnet haben, ohne darauf auszuatmen, auf das Schmalz hin[2].

[1] TS. I. 6. 1. b. [2] Vgl. TBr. III. 3. 6. 1: „Da er die anderen Opfergaben mit Butter beschmalzt, womit beschmalzt er das Schmalz?" „Mit der Wahrheit", so sage er. Die Wahrheit ist das Auge. Mit der Wahrheit beschmalzt er es (indem er mit dem Auge darauf hinblickt). Derjenige aber, der mit dem Auge darauf hinblickt, läuft Gefahr, blind zu werden. Er blicke darauf hin, nachdem er zuvor die Augen geschlossen und dann wieder geöffnet hat. So behält er die Sehkraft."

7. Jetzt reinigt er die Butter vermittelst der beiden Reiniger, deren Spitze er nach Norden richtet, indem er sie stets zurückführt[1].

[1] D. h. er bewegt die beiden Grashalme von sich ab durch die Butter und darauf wieder auf sich zu; vgl. TBr. III. 3. 4. 4: „Die beiden Reiniger sind Aus- und Einhauch; die Butter ist der Opferveranstalter. So bringt er den Aus- und den Einhauch in den Opferveranstalter; jedesmal zurückführend: denn in dieser Weise bewegen sich Aus- und Einhauch."

II. 7.

1. Und zwar das erste Mal mit der Formel: „Leuchte bist du"[1], das zweite Mal mit: „Licht bist du"[1], das dritte Mal mit: „Glanz bist du[1]."

[1] TS. I. 1. 10. o.

2. Nachdem er in der früher dargelegten Weise[1] das Sprengwasser gereinigt hat vermittelst der mit Butter beschmierten Reiniger[2], schöpft er, indem er mit der linken Hand unter jeden Opferlöffel, in welchen er schöpft, den Wisch hält, vermittelst des Sruva, in welchem er keinen Rest des vorigen Schoppens zurückläßt[3], innerhalb der Vedi[4] die verschiedenen Butterquantitäten.

[1] Vgl. I. 11. 9, dazu TS. I. 1. 10. p. [2] Nach dem vorhergehenden Sūtra liegen die Reiniger noch in der Ājyasthālī. — Die Vorschrift beruht auf TBr. III. 3. 4. 5.

[3] Genau genommen gilt diese Vorschrift natürlich nicht für den ersten Graha.

[4] Er läßt also die Ājyasthālī auf der Vedi stehen und schöpft aus derselben in die darüber gehaltenen Opferlöffel.

3. Er schöpft die Butter in die Juhū, indem er deren Mündung auf gleicher Höhe mit dem oberen Rande der Butterschale hält, in die Upabhṛt, indem er deren Mündung in der Mitte[1] hält, in die Dhruvā, indem diese auf der Erde auf den Wisch gestellt ist.

[1] Also halbwegs der Oberfläche der Vedi und des oberen Randes der Ājyasthālī. Diese Haltung der Löffel ist in Übereinstimmung mit deren Wesen, da ja (vgl. TBr. III. 3. 1. 1—2) die Juhū dem Himmel, die Upabhṛt dem Luftraum, die Dhruvā der Erde gleichgesetzt wird.

4. Viermal schöpft er in die Juhū, achtmal in die Upabhṛt, viermal in die Dhruvā[1],

[1] Vgl. TBr. III. 3. 5. 3.

5. oder für einen, der Vieh wünscht, fünfmal in die Dhruvā; in die beiden anderen Löffel wie bei der Grundform[1].

[1] In diesem Falle in Juhū und Upabhṛt wie in Sūtra 4.

6. Nach einigen[1] schöpft er zehnmal in die Upabhṛt, fünfmal in die beiden anderen Opferlöffel.

[1] Wer diese „einige“ sind, ist nicht nachzuweisen.

7. Eine größere Quantität schöpft er in die Juhū, etwas weniger in die Upabhṛt, am meisten in die Dhruvā[1].

[1] Er erreicht dies dadurch, daß er mehr oder weniger Butter in den Sruva nimmt. Die Anzahl der Schöpfungen soll dieselbe bleiben. — Die Juhū soll eine größere, die Upabhṛt eine geringere Quantität erhalten, weil die erstere dem Yajamāna, die letztere dessen Nebenbuhlern gleichgesetzt wird; dadurch macht er ihm seine Nebenbuhler untergeben (TBr. III. 3. 6. 4).

8. Mit den drei Formeln: „Dich, die Leuchte, schöpfe ich in die Leuchtende für die Götter für jeden Platz, zu jeder Formel. Dich, das Licht, schöpfe ich in das Licht für die Götter für jeden Platz, zu jeder Formel. Dich den Strahl, schöpfe ich in den Strahl für die Götter für jeden Platz, zu jeder Formel“[1] und den zweien: „Den fünf Winden zur Stütze, zum Halt schöpfe ich dich. Den fünf Jahreszeiten zur Stütze, zum Halt schöpfe ich dich“[2] schöpft er vier- oder fünfmal[3] in die Juhū.

[1] TS. I. 1. 10. q, r (drei Formeln!). [2] TS. I. 6. 1. c, d.
[3] Fünfmal wenn der Opferveranstalter ein *pañcāvattin* ist (vgl. Bem. 2 zu II. 18. 1); sonst fällt natürlich das fünfte Mal aus.

9. Mit den Formeln: „Den fünf Himmelsgegenden zur Stütze, zum Halt schöpfe ich dich[1]. Den fünf Stämmen zur Stütze, zum Halt schöpfe ich dich[2]. Den fünf Ozeanen zum Halt schöpfe ich dich[3]. Den fünf Rücken zum Halt schöpfe ich dich[4]. Die den Göttern liebe Stätte, der unerschütterliche Gottesdienst bist du; zum Genuß der Götter schöpfe ich dich“[5], und mit den fünf Formeln, deren erste anfängt: „Dem fünf Öffnungen habenden Caru zur Stütze, zum Halt schöpfe ich dich“[5] schöpft er acht- oder zehnmal[6] in die Upabhṛt.

[1] TS. I. 6. 1. e. [2] l. c. f. [3] Aus MS. oder K. [4] Aus MS.
[5] TS. I. 6. 1. g, l. [6] Zehnmal, wenn er *pañcāvattin* ist, sonst achtmal. Im letzten Falle fällt von den zwei Gruppen von fünf Formeln je die letzte fort.

10. Mit dem Rest des Kapitels[1] schöpft er vier- oder fünfmal, nach jeder Formel, in die Dhruvā.

[1] Nl. mit den TS. I. 6. 1 übrig bleibenden fünf Formeln (m—q). Ist er nicht *pañcāvattin*, so fällt die letzte aus. — Āpastamba hat das Verfahren mit dem Butterschöpfen viel komplizierter gemacht als es das ursprüngliche Ritual der Taittirīyas verlangte, indem er auch TS. I. 6. 1 hinzunimmt; diese Sprüche waren wohl bloß zum Anumantraṇa für den Yajamāna bestimmt. Zum reinen Ritual der Taitt. vgl. Baudh. I. 12: 19. 3—8.

11. Nicht auf den Kehrichtplatz stellt er die in den Löffeln geschöpfte Butter hin [1].

[1] Die Stelle, wo die Löffel vorläufig (später kommen sie auf die Vedi) hinzusetzen sind, wird in den älteren Texten nicht genauer angedeutet. Nach späteren (z. B. Śrautapadārthanirvacanam S. 24) werden sie, im Ritual der Baudhāyanīyas wenigstens, hinter dem, nördlich vom Praṇīta-Wasser gestellten, Brennholz und Streu hingestellt, in einer nach Norden gerichteten Reihe.

12. Von der innerhalb der Vedi geschöpften Butter bringt man nichts westwärts [1].

[1] D. h. die in den Löffeln geschöpfte Butter dient nur zu den Spenden in dem vorne, ostwärts gelegenen Āhavanīya, also nicht z. B. zu den Patnīsaṃyājas, die im Gārhapatya dargebracht werden (vgl. III. 8. 1 ff.).

II. 8.

1. a. Nachdem er über dem Sprengwasser [1] wie früher [2] den Vers gesprochen und den Brahman angeredet hat [3], besprengt er das Brennholz [4], nachdem er es gelöst hat [5], dreimal mit der Formel: „Du bist die schwarze im Lager sich aufhaltende Antilope [6]; dem Agni svāhā [7]."

[1] Das noch immer innerhalb der Vedi auf der Spur des Sphya steht (vgl. II. 3. 13).
[2] Vgl. I. 10. 11 a. [3] Wie I. 19. 1. [4] Vgl. II. 3. 17. [5] Vgl. I. 6. 1.
[6] Mit dieser Formel wird der im Holze weilende Agni angeredet, vgl. TBr. III. 3. 6. 2: „Agni verbarg sich vor den Göttern; die Gestalt einer schwarzen Antilope angenommen habend, drang er in die Bäume." [7] TS. I. 1. 11. a.

1. b. Mit der Formel: „Die Vedi bist du, der Streu svāhā" [1] dreimal die Vedi; mit der Formel: „Die Streu bist du, den Opferlöffeln svāhā" [2] dreimal die Streu.

[1] TS. I. 1. 11 b. [2] l. c. c.

1. c. Nachdem er die Streu innerhalb der Vedi mit dem Knoten nach Osten hingelegt hat, besprengt er deren Spitzen mit der Formel: „Dem Himmel dich" [1], deren Mitte mit: „Dem Luftraum dich" [1], die Wurzeln mit: „Der Erde dich [1]."

TS. I. 1. 11. d.

2. Nachdem er die Spitzen der Streu in dem Löffel [1] getränkt hat, tränkt er deren Wurzeln darin [2].

[1] Nl. in der Agnihotrahavaṇī, welche das Sprengwasser enthält.
[2] Vgl. ŚBr. I. 3. 3. 4.

3. Nachdem er mit der Formel: „Zum Gedeihen dich" [1] mit der den Löffel [2] haltenden rechten Hand von Ost nach Westen auch den Knoten besprengt hat, gießt er mit der Formel: „Svadhā den Vätern, sei Labung den auf der Streu sitzenden. Gehe mit Labung zur Erde" [3] den Rest des Sprengwassers, beginnend bei der südlichen Hüfte [4] der Vedi und endigend bei der nördlichen [4], in einem ununterbrochenen Strahl aus und löst den Knoten der Streu mit der Formel: „Pūṣan soll deinen Knoten lösen [5]."

[1] Die Formel nur noch in Bhār. und Vaikh.; *poṣāya vaḥ*, Hir.
[2] Die Agnihotrahavaṇī. [3] TS. I. 1. 11. e, f. [4] D. h. von der südwestlichen bis zur nordwestlichen Ecke. Bhār. läßt den Rest des Sprengwassers in derselben Richtung innerhalb der Vedi ausgießen. [5] Aus MS.

4. Wenn der Knoten nach Osten durchgesteckt war, so zieht er ihn nach Westen zurück[1].

[1] Die Vorschrift bezieht sich auf I. 6. 2: *paścāt prāñcaṃ vā*. Sie stammt aus dem Brāhmaṇa (TBr. III. 3. 6. 5), wo als Zweck der Handlung angegeben wird: „Daher wird der Samen nach vorne *(prācīnam)* hinein (d. h. in die Vulva) gebracht und werden die Jungen nach hinten *(pratīcīḥ)* geboren" (d. h. kommen in entgegengesetzter Richtung aus dem Uterus hervor).

5. Mit der Formel: „Des Viṣṇu Schopf bist du"[1] nimmt er den Prastara[2], ihn sachte zu dem Āhavanīya hin[3] schiebend, von der Streu weg. Er zieht ihn weder in die Höhe, noch zieht er ihn nach vorne oder zurück. Er wirft ihn nicht auseinander, er streicht nicht mit der Hand über ihm in die Quere, noch von oben nach unten, noch von unten nach oben[4].

[1] TS. I. 1. 11. g. [2] Vgl. I. 3. 16. [3] Dies ist Āpastamba's Auffassung des Wortes *purastāt* in dem Satze: *purastāt prastaraṃ gṛhṇāti* (TS. II. 6. 5. 2 und TBr. III. 3. 6. 6). Angesichts der Überlieferung der Mānavas (MS. IV. 1. 13: 17. 12): *mukhataḥ prastaraṃ gṛhṇāti* (womit K. XXXI. 10: 12. 12: *purastāt pr. gr.* parallel läuft) bedeuten die Worte vielmehr: „Zuerst ergreift er den Prastara (der ja zu oberst auf die Streu gebunden war, Āp. I. 4. 12). Er macht den Yajamāna, welcher dem Prastara gleichgestellt wird, zu oberst."

[4] Diesen Vorschriften kommt am nächsten MS. IV. 1. 13: 17. 14—16 und K. XXXI. 10: 12. 13—16, vgl. auch unten III. 6. 8.

6. Mit dem Verse: „Dieser Aushauch und dieser Einhauch sollen zum Opferveranstalter hingehen. Beim Opfer sind sie ja die Läuterer gewesen, die die Opfergabe reinigenden Reiniger"[1] und mit der Formel: „In den Opferveranstalter bringe ich Aushauch und Einhauch"[2] legt er die beiden Reiniger zum Prastara und überreicht den Prastara mit den Reinigern dem Opferveranstalter mit der Formel: „Durch Aushauch und Einhauch mache ich dich bekörpert[3]." Der Opferveranstalter überreicht ihn dem Brahman.

[1] TB. III. 7. 4. 12. [2] Die pavitras sind ja Aus- und Einhauch, der Prastara ist der Yajamāna (TBr. III. 3. 6. 7). Die Formel auch in Baudh. Bhār. (?) Hir. Vaikh. Mān. śrs.

[3] Die Formel auch Hir. Vaikh.

7. Der Brahman oder der Opferveranstalter behält den Prastara[1].

[1] Bis auf weiteres, vgl. II. 9. 5.

II. 9.

1. Nachdem er einiges Gras auf die Vedi gelegt hat, streut er an der Südseite[1] der Vedi auf dieses Gras das Band[2] oder in die Quere[3].

[1] Diese Vorschrift wohl nach K. XXXI. 10: 12. 16.

[2] Mit welchem Streu und Prastara zusammengeschnürt gewesen sind (I. 4. 12), und dessen Stränge er jetzt auflöst.

[3] Er streut die Stränge also an der Südseite innerhalb der Vedi in östlicher oder in nordöstlicher Richtung, von der südwestlichen bis zur nordöstlichen Ecke (nach Baudh. I. 13: 20. 3).

2. Mit der Formel: „Wollenweich streue ich dich als guten Sitz für die Götter"[1] bestreut er die Vedi reichlich und undurchsichtig[2] mit der Streu, im Osten[3] oder im Westen[3] abschließend, dreifügig oder fünffügig[4].

[1] TS. I. 1. 11. h. [2] Sodaß die Oberfläche der Vedi durch die Streu hindurch nicht sichtbar ist. Auffallenderweise hat Āp. *anatidṛśyam*, obschon das Brāhmaṇa (TS. II. 6. 5. 2, TBr. III. 3. 6. 8) *anatidṛśnam* hat. [3] So auch Bhār., Hir., Vaikh., die Vāj. und Śāliki Baudh. XX. 11: 25. 9). Baudh. (und Mān.?) dagegen nur von Osten nach Westen.

[4] D. h.: erst streut er einen Büschel auf die Westseite der Vedi von Süd nach Nord, darauf einen zweiten auf die Mitte, dann einen dritten auf die Ostseite (oder umgekehrt).

3. Mit den Spitzen bedeckt er die Wurzeln[1].

[1] Von den Gräsern, deren Spitzen nach Osten (oder Westen) liegen, werden die Wurzeln mit den Spitzen der nächstfolgenden Bestreuung bedeckt.

4. Bei jeder Abteilung sagt er den Spruch[1].

[1] Also drei- oder fünfmal TS. I. 1. 11. h.

5. Den Prastara in der Hand haltend[1] legt er die Umlegehölzer, aneinander anschließend, um den Āhavanīya herum: erst das mittlere an der Westseite mit dem dünnen Ende nach Norden mit der Formel: „Du bist der Gandharva Viśvāvasu; dem Opferveranstalter eine Beschützung *(paridhi)* vor jedem Feinde, du der zu Erflehende, der Erflehte"[2], das zweite an der Südseite mit dem dünnen Ende nach Osten mit der Formel: „Du bist Indra's rechter Arm, dem Opferveranstalter eine Beschützung" usw.[3] wie oben; das dritte an der Nordseite gleichfalls mit dem dünnen Ende nach Osten mit der Formel: „Mitra und Varuṇa sollen dich von Norden einschließen mit festem Gesetz, dem Opferveranstalter" usw.[4] wie oben.

[1] So nach TBr. III. 3. 6. 8 (da der Prastara dem Yajamāna gleichgestellt wird, legt durch diese Handlung der Yajamāna selber in mystischer Weise die Paridhi's herum).
[2] TS. I. 1. 11. i. [3] l. c. k. [4] l. c. l.

6. Mit der Spitze bis zum Ende des Āhavanīya reichend legt er das südliche, mit der Spitze von dem Ende des Āhavanīya etwas zurückbleibend[1] das nördliche.

[1] So fasse ich, abweichend von Böhtlingk (Wörterbuch in kürz. Fassung II. 292: „mit der Spitze abgewandt") *avāgram.* Böhtlingk's Deutung ist mit Sūtra 5 unvereinbar: vgl. Vaij. zu Hir.: *nyūnatvena sthitam āhavanīyāyatanād agraṃ yasya so 'vāgraḥ.* Meine Auffassung stimmt auch mit der Tatsache überein (vgl. I. 5. 10), daß das südliche Umlegeholz etwas länger, das nördliche etwas kürzer ist.

7. Nachdem er die Formel: „Die Sonne soll dich vorne (d. h. von Osten) vor jeder Verleumdung beschützen"[1] über dem Āhavanīya ausgesprochen hat, setzt er, den Prastara über dem Feuer haltend, den Āhavanīya in gehörigen Stand[2].

[1] TS. I. 1. 11. m. „Das Umlegen der Paridhi's bezweckt (vgl. TS. II. 6. 6. 2) das Rakṣas abzuhalten; deshalb werden die Hölzer anschließend hingelegt, damit das Rakṣastum nicht hineindringe. Vorne aber wird das Feuer nicht umlegt, denn die aufgehende Sonne schlägt das Rakṣastum vorne weg." Der ursprüngliche Gedanke ist wohl ein anderer: das Feuer, in welchem den Göttern geopfert wird, soll im Osten, woher die Götter kommen, ihnen zugänglich bleiben. [2] Durch Zulegung von gewöhnlichen Holzscheiten. Der Ausdruck entstammt wohl dem Ritual der Vāj. (ŚBr. I. 3. 3. 12, Kāty. II. 7. 29).

8. „Behufs der Nachopfer[1] schiebt er zwei brennende Holzscheite in östlicher Richtung[2] heraus" sagt das Vājasaneyaka[3].

[1] Vgl. III. 5. 1 ff. [2] Auf den östlichen inneren Rand der Āhavanīya-Feuerstätte zu.
[3] Vgl. ŚBr. I. 8. 2. 1, dessen Wortlaut: *te vā ete ulmuke udūhanty anuāyjebhyaḥ* freilich etwas abweicht. Āp. selber übernimmt, wie aus III. 4. 5 hervorgeht, diese Vorschrift von den Vājasaneyins. Bhār.: *atraike 'nūyājārtham ulmuke nirūhanti.*

9. Nachdem er das mittlere Umlegeholz berührt hat[1], legt er die beiden für die Āghāras[2] bestimmten Holzscheite mit den Spitzen nach oben[3] auf[4].

[1] Wohl nach ŚBr. I. 3. 4. 5, obschon der Moment der Berührung hier ein anderer ist.

[2] Vgl. I. 5. 11 und II. 12. 7, II. 14. 1. [3] *ūrdhve*, d. h. vermutlich etwas schräg, sodaß die dünnen Enden etwas höher als die dicken liegen. Diese Stellung *(ūrdhve)* beabsichtigt, die Rakṣasen von oben wegzuhalten (von den vier Seiten ist der Āhavanīya durch die Paridhi's und die Sonne schon eingeschlossen), TS. II. 6. 6. 3.
[4] In die Mitte des Āhavanīya, nach Bhār.

10. Mit dem Verse: „Dich, o weiser Agni, den zum Mahle einladenden leuchtenden, wollen wir entzünden, den mächtigen, im Opfergang"[1] legt er das südliche, mit der Formel: „Ein Scheit bist du[2], zu langem Leben dich"[3] das nördliche auf.

[1] TS. I. 1. 11. n. [2] Aus VS.
[3] Diese Formel in diesem Zusammenhang dem Āp. (und Vaikh.) ausschließlich eigen.

11. Oder das letzte ohne Spruch[1].

[1] Nur so will er das eigene Brāhmaṇa des Āp. (TS. II. 6. 6. 3).

12. Zwei gleich große Darbhagräser, welche keinen Schößling in sich haben, nimmt er als „Trennungsgräser" *(vidhṛti)*.

13. Mit der Formel: „Ihr beide seid die Stütze des Bauernstandes"[1] legt er dieselben innerhalb und zwar in die Mitte der Vedi mit den Spitzen nach Norden[2], und darüber legt er mit der Spitze nach Osten den Prastara mit der Formel: „Sitze auf dem Sitz der Vasus, der Rudras, der Ādityas[3]."

[1] TS. I. 1. 11. o. [2] Nach TBr. III. 3. 6. 10. [3] l. c. p.

14. Die Wurzeln des Prastara (d. h. der den Prastara bildenden und aufgelösten Gräser) sind näher herangezogen als die Wurzeln der Streu[1].

[1] Die Vedi ist mit Gräsern bestreut, deren Wurzeln nach Westen liegen; auch die Wurzeln des Prastarabündels sollen nach Westen liegen, jedoch nicht über denen der Streu (der mittleren Abteilung), sondern etwas mehr auf den Āhavanīya zu.

15. Auf den Prastara stellt er die mit der Butter gefüllten Opferlöffel[1] hintereinander[2], so daß sie sich gegenseitig nicht berühren, jeden mit einer der folgenden Formeln: „Die butterfette Juhū bist du mit Namen; mit liebem Namen sitze an lieber Stätte." „Die butterfette Upabhṛt bist du mit Namen . . . Stätte." „Die butterfette Dhruvā bist du mit Namen . . . Stätte[3]."

[1] Vgl. II. 7. 12. [2] Also von West nach Ost über dem Prastara, dessen Gräser in derselben Richtung liegen. [3] TS. I. 1. 11. q.

II. 10.

1. Oder auch bloß die Juhū auf den Prastara.

2. In diesem Falle setzt er sie so hin, daß der Stil der Juhū bis an die Wurzeln des Prastara reicht; nördlich von der Juhū die Upabhṛt etwas mehr westlich, unter die beiden Trennungsgräser, und nördlich von der Upabhṛt die Dhruvā etwas mehr westlich, über die Trennungsgräser[1].

[1] Die Sūtra 1 und 2 angegebene Reihenfolge (von Süd nach Nord) ist die in allen anderen Quellen vertretene, nicht die II. 9. 5 gegebene. Sie ist auch in Übereinstimmung mit der üblichen Gleichstellung: *juhūḥ = dyauḥ, upabhṛt = antarikṣam, dhruvā = pṛthivī.* — Übrigens sind die Löffel wohl alle mit dem Stiel nach Westen gerichtet.

3. Mit der Formel: „Du bist der mächtige Stier, der Sohn der Fettreichen; mit liebem Namen sitze auf liebem Sitze"[1] setzt er den Sruva südlich von der Juhū oder nördlich[2] von der Dhruvā hin.

[1] TBr. III. 7. 6. 10. [2] Uttareṇa ist im Texte nur einmal zu lesen. Zum Hinsetzen

des Sruva wird in der TS. keine Formel gegeben, und weder Baudh. noch ŚBr. erwähnen diese Handlung, welche vielleicht der MS. (I. 1. 12) oder dem K. entlehnt ist.

4. Nachdem er die Formeln: „Diese haben sich gesetzt in der Welt der Guttat; behüte sie, o Viṣṇu, behüte das Opfer, den Opferherrn und mich, den Leiter des Opfers[1]“ über den Löffeln ausgesprochen und die Formeln: „Die Viṣṇus seid ihr, des Viṣṇu Stätten seid ihr, dem Prajāpati geweiht[2]“ über den in den Löffeln befindlichen Butterportionen, schiebt er in der Weise wie dies bei den Schüsselchen geschehen ist[3], die glühenden Kohlen[4] vom Opferkuchen weg, spricht über dem Kuchen die Formel: „O Sonne, verbreite dein Licht zu großer Lebenskraft[5]“ und beschmalzt mit dem Verse: „Anschwellen soll der in Schmalz ruhende; Agni soll die Erlaubnis zur Darbringung der Opfergaben erteilen; salbe dir das Loch, salbe dir die Haut; dich, den schönen gütererwerbenden, beschmalze ich dem Agni genehm mit der Kühe Glanz[6]“ den für Agni bestimmten Opferkuchen[7]; ohne Spruch den nördlichen[8] (links stehenden).

[1] TS. I. 1. 11. r—t. [2] Aus MS. [3] Vgl. I. 24. 6. [4] Vgl. I. 25. 12.
[5] TBr. III. 7. 5. 2. [6] l. c.
[7] Vgl. TS. II. 6. 3. 5: „Die gargekochte Opfergabe, welche nicht beschmalzt ist, ist zwar von dieser Welt hingegangen, aber noch nicht zur Götterwelt angelangt; ehe sie vom Feuer entfernt wird, beschmalzt er sie und macht sie so zu den Göttern hingelangen.“
[8] Vgl. I 23. 2, I. 24. 5 am Ende.

5. Mit dem Verse: „Mit deiner Seele, welche in die Tiere (d. h. die Kühe) eingegangen ist, und sich unter die einzelnen Götter verteilt hat, nachdem du damit beseelt und mit Butter versehen worden bist, gehe, o Soma, zu den Göttern, verschaffe den Himmel mir, dem Opferveranstalter“[1] beschmalzt er die morgens früh gemolkene und jetzt gar gekochte Milch des Sāṃnāyya[2].

[1] TBr. III. 7. 5. 3. [2] Falls das Sāṃnāyya bei der Neumondsfeier dargebracht wird (vgl. Hillebrandt, N.V.O. S. 69, 194 unten, und oben I. 14. 8).

6. Nachdem er mit dem Halbverse: „Weich mache ich dir den Sitz, vermittelst des Schmalzgusses mache ich ihn dir lieb“[1] in eine Schüssel eine Unterlage von Butter gegossen, entfernt er mit dem Verse: „Feucht, sich ausbreitend (?) tritt gar gekocht hervor der Hüter der Welt, der Erzeuger der Gebete“[2] den Opferkuchen vom Feuer, ohne ihn umzuwenden.

[1] TBr. III. 7. 5. 2—3. [2] l. c. 3.

II. 11.

1. Nachdem er mit dem Wische die Asche vom Opferkuchen weggewischt hat, legt er den Kuchen mit dem Halbverse: „Sitze und bekomme festen Fuß in diesem Ambrosia, dem Opfer von Reis, fröhlich gesinnt“[1] in die Schüssel.

[1] TBr. III. 7. 5. 3 (vgl. Bem. 1 zum vorhergehenden Sūtra).

2. Besteht der Opferkuchen aus Gerste[1], dann ohne Spruch[2].

[1] Vgl. I. 17. 5. [2] Weil der Spruch („dem Opfer von Reis“) dann nicht paßt.

3. Nachdem er mit der Formel: „Wohlbehagen, Gedeihen und der Erde Saft sollen nicht hinaufgehen“[1] vermittelst des Sruva die Schüsselchen einzeln bestrichen hat[2], besalbt er mit der Formel: „Gott Savitṛ soll dich mit Honig

salben“[2] vermittelst des Sruva den Opferkuchen reichlich mit Butter. Er salbt ihn so, daß der Kuchen nicht wie eine Schildkröte betüpfelt ist, keine Stelle übergehend[4] und nicht abscharrend[4].

[1] TBr. III. 7. 5. 3. [2] Das Wegschaffen der Kapālas, nachdem er sie gezählt hat, welche Handlung nach anderen jetzt stattfindet, wird von Āp. erst am Ende der Feier vollzogen (III. 14. 4). [3] TS. I. 3. 5. d (aus dem Paśubandharitual hierher gezogen).
[4] Ich fasse *aparivargam* und *aṇikāṣam* (auch Hir. hat das ṇ) als Absolutiva.

4. Nachdem er ihn oben mit dem Sruva besalbt hat, besalbt er ihn unten mit der Hand[1].

[1] Da er ihn, vgl. II. 10. 6, nicht umkehren darf. Die Vorschrift entstammt dem Brāhmaṇa (TS. II. 6. 3. 4): „Die Angirasen kamen als die letzten von der Erde zur Himmelswelt; da langten die Ṛṣi's an dem von ihnen verlassenen Opferplatz an und erblickten dort den Opferkuchen, der sich in der Gestalt einer Schildkröte fortbewegte. Zu ihm sagten sie: „Halte still für Indra; halte still für Bṛhaspati; halte still für die Allgötter.“ Da hielt er nicht still, und sie sprachen: „Halte still für Agni.“ Da hielt er still für Agni. Daß sowohl bei der Neumonds- wie bei der Vollmondsfeier der achtschüsselige für Agni bestimmte Opferkuchen beständig ist, hat den Zweck, den Opferveranstalter den Himmel erreichen zu lassen. Da sagten die Ṛṣi's zur Schildkröte: „Wie bist du zurückgeblieben?“ Diese erwiderte: „Ich bin ungeschmiert gewesen. Wie die ungeschmierte Wagenachse zu Schaden kommt, so bin ich zu Schaden gekommen.“ Nachdem er ihn oben besalbt (beschmiert) hat, besalbt er ihn unten: um so den Himmelsraum zu erreichen.“

5. Mit der Vierhotṛformel[1] setze er die Opfergaben[2] bei der Vollmondsfeier, mit der Fünfhotṛformel[3] bei der Neumondsfeier hin[4].

[1] TĀ. III. 2. [2] D. h. die Opferkuchen und evtl. die saure und die süße Milch des Sāṃnāyya. [3] TĀr. III. 3. [4] Diese Vorschrift nur noch in Bhār. und Vaikh. Sie scheint die im Brāhmaṇa (TS. I. 6. 10. 3) gegebene zu ersetzen (vgl. Baudh. I. 14:22. 2). Die Quelle scheint Kāṭh. (IX. 14:117. 5—7) zu sein.

6. „„Mit der Formel: „Mit liebem Namen sitze an lieber Stätte“[1] setze er alles hin, was es ferner an Opfergaben gibt, außer den für die Voll- und Neumondsfeier bestimmten Gaben“, so wird gelehrt[2].

[1] Nicht ganz übereinstimmend mit TS. I. 1. 11. q b. [2] Offenbar ist diese Vorschrift, mit Anpassung des Spruches an die eigene Saṃhitā von Āp. dem ŚBr. (I. 3. 4. 14 am Ende) entnommen. — Vgl. z. B. VIII. 10. 9, Bem. 3.

7. Hinter die Opferlöffel[1] setzt er die beiden Opferkuchen hin.

[1] Die auf der Vedi über dem Prastara liegen (II. 10. 1—2).

8. Nördlich von den Löffeln die beiden Milcharten[1].

[1] Die süße gekochte und die saure Milch für das Sāṃnāyya.

9. Oder aber er stellt mitten auf der Vedi die beiden für das Sāṃnāyya bestimmten Töpfe dicht aneinander, vorne die mit der gekochten, hinten die mit der sauren Milch, und schiebt sie dann von einander: auf die südliche Hüfte stellt er die gekochte, auf die nördliche die saure Milch.

10. Mit dem Verse: „Dieser Wisch *(veda)* machte die Erde ausfindig *(avindat)*, als sie in den tiefsten Tiefen verborgen war[1]; er soll dem Opferveranstalter Raum erwerben *(vindatu)*, er, der Vielerwirkende, soll das Opfer unversehrt machen“[2] legt er den Wisch[3] vor die Dhruvā oder nördlich von derselben hin, umstreut ringsum die Ränder der Vedi, macht den Sitz des Hotṛ[4] zurecht und beginnt mit den Sāmidhenī-Versen[5].

[1] Nach TS. VI. 2. 4. 2 hatten die Asuras die Besitztümer der Götter unter sieben Bergen

versteckt, aber vermittelst des Veda („Finder“) erwarben die Götter das Besitztum der Asuras (vgl. TS. I. 7. 4. 6). [2] TBr. III. 7. 6. 13.

[3] Dieser war zuletzt II. 10. 4 (vgl. I. 25. 6) gebraucht.

[4] Aus Gräsern, welche nördlich von der linken Hüfte der Vedi mit den Spitzen nach N.O. gelegt sind. [5] D. h. mit den ihm, während der Hotṛ diese Verse hersagt, obliegenden Handlungen.

II. 12.

1. Er erläßt die Aufforderung an den Hotṛ: „Zum Entflammen des Feuers sage die Verse her“ oder; „Zum Entflammen sage her[1].“

[1] Diese Alternative nur noch in Hir. — Zum Ritual des Hotṛ in diesem Moment vgl. XXIV. 11. 1—16.

2. Der Hotṛ rezitiert fünfzehn[1] „Entzündungs-Strophen“[2].

[1] Fünfzehn, weil es fünfzehn Tage im Halbmonate gibt, und weil die fünfzehn Gāyatrī-Verse zusammen 360 Silben enthalten, also so viel wie es Tage im Jahre gibt: Halbmonatsweise erreicht er dadurch das Jahr (TS. II. 5. 8. 2—3).

[2] Und zwar die TBr. III. 5. 2 (vgl. TS. II. 5. 7 und 8) verzeichneten elf Verse, deren Anzahl durch dreimaliges Hersagen des ersten und letzten Verses auf 15 gebracht wird. Zum letzten Verse von TBr. III. 5. 2 vgl. Āp. XXIV. 11. 15. Den Versen von TBr. l. c. entsprechen ṚS. III. 27. 1; VI. 16. 10—12; III. 27. 13—15; I. 12. 1; III. 27. 4; V. 28. 5—6, vgl. Āśv. I. 2. 7 und Śāṅkh. I. 4. 7—13.

3. „Drei Tristicha sage er her usw.“, so heißt im Brāhmaṇa[1], und die dort gegebenen Vorschriften sollen hier beachtet werden.

[1] TS. II. 5. 10 wird gelehrt, daß für einen Kṣatriya, welcher Opferveranstalter ist, drei Tristicha herzusagen sind (nl. ṚS. III. 27. 1 dreimal; VI. 16. 10—12; VII. 12. 3 dreimal). Ferner wird bestimmt, wie viele Verse zu rezitieren sind für einen Vaiśya, für einen, der festen Bestand wünscht, für einen, der priesterliches Ansehen, für einen, der Speise oder Vieh oder Mut zu erlangen wünscht (resp. 15, 17, 21, 24, 30, 32, 36, 44 und 48 Verse).

4. Bei jedem vom Hotṛ hörbar gemachten *o3m*[1] legt der Adhvaryu ein Holzscheit im Āhavanīya auf.

[1] Die letzte Silbe jedes Verses wird durch das dreimorige *om* ersetzt. Diese Vorschrift ist aber nur für die ersten 12 Verse bindend, vgl. Sūtra 6.

5. Bei Zunahme der „Entzündungsverse“ werden die Holzscheite vermehrt[1], bei Minderung geht es wie beim zugrunde liegenden Opferparadigma.

[1] Das Normale ist das Ritual des Neu- und Vollmondsopfers, also 15 Scheite (vgl. Bem. zu I. 5. 6). [2] Werden also weniger als 15 Sāmidhenīverse angewandt, wie z. B. bei der Pitryā iṣṭi, wo es deren nur drei gibt (vgl. VIII. 14. 18), so werden von den Holzscheiten bei jeder Sāmidhenī fünf Stück aufgelegt, oder bei jedem Verse eines und der Rest beim Schlußverse (vgl. Sūtra 6).

6. Sobald er den Hotṛ hat hersagen gehört: „Entflammt, o Agni, und beopfert“[1], legt er, ein Scheit für die Nachopfer[2] zurücklassend, den ganzen Rest der Scheite auf, oder er tut dies bei dem Schlußverse.

[1] Der 12. Sāmidhenīvers. [2] Vgl. III. 4. 5 und I. 5. 11.

7. Nachdem er vermittelst des Wisches den Āhavanīya dreimal befächelt hat[1], nimmt er mit dem Sruva Butter aus der Dhruvā und, den Wisch darunter haltend, gießt er sitzend[2] an der nordwestlichen Ecke des Feuers, den Sruva über die nördliche Paridhi-Verbindung hinlenkend[3], und an Prajāpati denkend, nach Südosten einen geraden, ununterbrochenen Butterguß

(āghāra)[4] aus dem Sruva in das flammende Feuer, alle ins Feuer gelegten Holzscheite damit erreichend[5].

[1] Er bringt dadurch den Hauch in den Opferveranstalter (der dem Āhavanīya gleichgestellt wird), TBr. III. 3. 7. 2. [2] Im Gegensatz zu II. 13. 11, beides nach TBr. III. 3. 7. 4—5. [3] Also an der n.-w. Ecke des Āhavanīya. [4] Dieser erste Butterguß heißt *srauva* oder *prājāpatya āghāra*; zum zweiten vgl. II. 14. 1. [5] Die beiden Āghāras sind wohl an erster Stelle über die II. 9. 9 aufgelegten Scheite auszugießen.

8. Über die beiden Buttergüsse sagt das Brāhmaṇa: „Sie sollen gerade und in östlicher Richtung ausgegossen werden, oder in die Quere und verschränkt oder nicht verschränkt[1]."

[1] Diese Bestimmungen werden nur teilweise in TS. II. 5. 11. 7 angetroffen.

9. Nachdem er vermittelst des Sruva Schmalz aus der Butterschale genommen hat, macht er die Dhruvā anschwellen (d. h. füllt er die D. wieder an) mit dem Verse: „Anschwellen soll die Dhruvā durch Schmalz, Opfer für Opfer, für die zu den Göttern Strebenden; das Euter der Sūryā im Schoße der Aditi (sei sie), weitströmend und breit bei diesem Opfer"[1], und so macht er es immer, wenn er aus der Dhruvā Butter genommen hat.

[1] TS. I. 6. 5. a.

10. Er erläßt[1] die Aufforderung: „Agnīdh, kehre die Umlegehölzer und das Feuer je dreimal ab[2]."

[1] Nachdem erst vom Hotṛ der Pravara vollzogen ist, vgl. Hillebrandt, N.V.O. S. 81.
[2] Der *sampraiṣa* abweichend von TBr. III. 3. 7. 3, wo er lautet: *agnim agnīt tris triḥ saṃmṛḍḍhi* (so auch Śālīki, Baudh. XX. 12: 27. 8). Wie bei Āp. lautet er nach Hir., Vaikh., Aupamanyava (Baudh. l. c.), Vaitānasūtra, Mānava śrs.; *agnim agnīt triḥ saṃmṛḍḍhi* nach den Vāj. (ŚBr. und Kāty.), nach Baudh. (I. 15: 23. 2): *agnīd agnīṃs tris triḥ saṃmṛḍḍhi.*

II. 13.

1. Vermittelst der Stränge des Brennholzbandes samt dem hölzernen Schwerte[1] oder ohne dasselbe wischt der Āgnīdhra, herum und entlang schreitend, die Umlegehölzer, in der Reihenfolge wie sie umgelegt sind[2], von dem dicken Ende zum dünnen Ende, je dreimal ab und wischt darauf das Feuer nach Osten[3] ab mit der Formel: „O Agni, der du den Sieg davon trägst, dich, der du im Begriffe stehst zum Siege zu eilen und den Sieg zu erringen, du Siegender, der du den Sieg erringst, zur Erringung des Sieges wische ich dich, das Feuer, den Speiseesser, ab, damit ich Speise essen möge."

[1] Welches er unter den Strängen hält.
[2] Also erst das westliche, dann das südliche, dann das nördliche, vgl. II. 9. 5. Besser im Einklang mit dem Ausdruck *anuparikrāmam* ist die von Hir. angegebene Reihenfolge: erst das südliche, darauf das westliche, dann das nördliche, nach rechts (d. h. mit der Sonne) herum, vgl. jedoch TS. II. 5. 11. 5—6. [3] Wie er das brennende Feuer abwischen kann, ist mir nicht ersichtlich. Begreiflicher, und nur dies ist die Vorschrift des Brāhmaṇa (TS. II. 5. 11. 6), ist Baudhāyana (I. 15: 23. 4), der das Feuer dreimal mit der Formel befächeln läßt.

2. Nachdem er mit den Formeln: „Die Welt bist du, breite dich aus. O Agni Opferer, hier (bringen wir dir) Huldigung"[1] vor der Dhruvā oder der Juhū die Hände in Hohllage auf die Vedi gelegt hat[2], nimmt er mit der Formel: „Komme, o Juhū, Agni ruft dich zur Götterverehrung"[3] die Juhū in

die rechte, und mit der Formel: „Komme, o Upabhṛt, Gott Savitṛ ruft dich zur Götterverehrung“[4] die Upabhṛt in die linke Hand.

[1] TS. I. 1. 12. a, b. [2] Diese Huldigung *(namaskāra)* gilt dem Āhavanīya (TBr. III. 3. 7. 6). Das Nähere ist wohl dem ŚBr. (I. 4. 5. 1) entnommen.
[3] TS. I. 1. 12. c. [4] ib. d.

3. Mit der Formel: „Möget ihr beiden, o Fettreichen, mir heute leicht zu behandeln sein, leicht euch hinwendend, leicht euch herwendend“[1] legt er die Juhū über die Upabhṛt.

[1] Das Yajus ist mit leichter Änderung der MS. entnommen.

4. Nachdem er die Juhū über die Spitze der Upabhṛt zurückgezogen hat[1], senkt er die Juhū über der Mündung derselben nieder[2].

[1] Er bringt die Juhū nicht seitwärts über die Upabhṛt, sondern bringt sie ihrer Länge nach vor die Upabhṛt und zieht sie so zurück, daß sie in ihrer Länge über der Upabhṛt zu liegen kommt. [2] So soll er jedesmal verfahren, wenn er eine Spende ausgießen will, vgl. das nächstfolgende Sūtra.

5. In dieser Weise hat überall das Drüberlegen und das Niedersenken statt.

6. Er läßt die beiden Löffel nicht klingend zusammenstoßen[1] und hält sie in der Höhe des Nabels[2].

[1] Diese Vorschriften entstammen dem ŚBr. (XI. 4. 2. 2 und 4).

7, 8. Mit den Formeln: „O Agni und Viṣṇu, ich will euch nicht niedertreten. Weichet auseinander, beenget mich nicht. Schaffet mir Raum, ihr Raumschaffenden“[1] schreitet er vor den Opferlöffeln und hinter dem mittleren Umlegeholz, ohne den Prastara niederzutreten[2], in südlicher Richtung mit dem rechten Fuße voran, in nördlicher Richtung mit dem linken Fuße voran[3], oder umgekehrt[4].

[1] TS. I. 1. 12. e, f, g. (Agni = der Āhavanīya; Viṣṇu = die Vedi).
[2] Er schreitet also tatsächlich über die Vedi hin, daher der Entsühnungsspruch: „Agni und Viṣṇu, ich will euch nicht niedertreten.“ [3] Die letzte Bestimmung gilt natürlich für die Rückkehr nach vollbrachter Spende. [4] So das ŚBr. (XI. 4. 2. 3), wo auch das Entgegengesetzte erwähnt, aber verurteilt wird.

9. Mit den Formeln: „Des Viṣṇu Standort bist du. Von hier aus verrichtete Indra seine Heldentaten“[1] stellt er sich hin[2].

[1] TS. I. 1. 12. h, i. [2] An der südwestlichen Ecke des Āhavanīya mit dem Angesicht nach NO. gekehrt.

10. Der rechte Fuß befindet sich innerhalb der Vedi, der linke daran anschließend[1].

[1] So daß er mit den Zehen des linken Fußes die Ferse des rechten berührt.

II. 14.

1. Dann gießt er, aufrecht stehend[1] an der südwestlichen Ecke des Āhavanīya, die Juhū über die südliche Paridhiverbindung hin niedersenkend, mit den Formeln: „Der Gottesdienst, aufrecht den Himmelberührenden angefaßt habend, das Opfer sei nicht schwankend für den Opferherrn, von Indra begleitet, svāhā“[2] nach Nordosten einen geraden ununterbrochenen

Butterguß aus der Juhū in das flammende Feuer, alle die ins Feuer gelegten Holzscheite damit erreichend.

[1] Im Gegensatz zu II. 12. 7. [2] TS. I. 1. 12. k, l, m.

2. Die Vorschrift: „Von wem er wünscht, daß er vor seiner Zeit sterben möge“ usw.[1] ist in dem Brāhmaṇa angegeben und eventuell auch hier in Ausführung zu bringen.

[1] TS. II. 5. 11. 7: ... für den mache er den Butterguß krumm (d. h. in nicht gerader Linie); so erwirkt er, daß dessen Atem schief (d. h. nur nach einer Seite?) geht; so daß er unmittelbar stirbt.

3, 4. Für einen, den er (wohl der Opferveranstalter) haßt, unterbreche er, nachdem er den Butterguß nach oben hin ausgegossen hat, denselben[1], oder er unterbreche ihn dadurch, daß er ihn an mehreren Stellen auseinander gehen läßt.

[1] Wohl nach MS. IV. 1. 14: 19. 11 („er bricht seinen Atemzug, sodaß er sofort stirbt“).

5. Nach unten gießt er ihn aus für einen, der Regen wünscht.

6. Diese Bestimmung gilt nach einigen für einen Feind des Opferveranstalters.

7. Für einen, der den Himmel zu erreichen wünscht, bringe er den Butterguß in aufwärts steigender Linie dar, und zwar von allen Butterspenden am reichlichsten.

8. Oder aber er gieße nicht den geraden, ununterbrochenen Butterguß aus, sondern gieße die dazu bestimmte Butterquantität in die vordere Hälfte des Feuers aus, oder in die Mitte, oder in die hintere Hälfte.

9. Nach dem Ausgießen atmet er über den Stellen, wo er den Butterguß gemacht hat, aus.

10. Nachdem er mit der Formel: „Groß (ist) das Licht“[1] den Opferlöffel (nl. die Juhū) emporgehoben hat, schreitet er mit der Formel: „Schütze mich, Agni, vor Übeltat, mache mich teilhaftig der Guttat“[2] zurück[3], ohne die beiden Löffel miteinander in Berührung zu bringen[4].

[1] TS. I. 1. 12. n; nach TBr. III. 3. 7. 9 ist der Himmel gemeint. [2] L. c. o.
[3] Vgl. II. 13. 7, 8. [4] Nach TBr. III. 3. 7. 9: Die Juhū ist dem Opferanstalter, die Upabhṛt dessen Nebenbuhler gewidmet, und der Butterguß ist der Hauch; würde er die beiden Löffel miteinander in Berührung bringen, so würde er den Hauch des Opferveranstalters in seinen Nebenbuhler übergehen lassen.

11. In dieser Weise[1] wird das Hin- und Zurückschreiten, wenn es mit Sprüchen verbunden ist, immer verrichtet.

[1] Also wie II. 13. 7—10 und II. 14. 10.

12. Mit der Formel: „Du bist das Haupt des Makha, das Licht soll sich mit dem Lichte salben“[1] salbt er aus der Juhū zwei-[2] oder dreimal[2] die Butter in der Dhruvā[3].

[1] TS. I. 1. 12. p. [2] Beides erlaubt das Brāhmaṇa (TBr. III. 3. 7. 11).
[3] D. h. er schüttet den Rest der Butter aus der Juhū in die Dhruvā über, in zwei oder drei Tempi.

13. Nachdem er mit der Formel: „Aufgegossen zum Reichtum“[1] vermittelst des Sruva Schmalz aus der Dhruvā genommen hat, und mit der Formel: „Dem Tüchtigen svāhā“[2] die Juhū damit begossen hat, nimmt er

5*

ein wenig Schmalz aus der Juhū und begießt damit wieder die Dhruvā mit der Formel: „Durch das Opfer ist das Opfer fortgesetzt“[3] und legt die beiden Löffel an ihrem Platz nieder[4].

[1] Nur in Āp. Bhār. Hir. Vaikh. Mān. [2] Nur in Āp. Hir. Vaikh. Mān.
[3] Nur in Āp. Bhār. Hir. [4] Wie II. 10. 2.

II. 15.

1. Nachdem er mit den Worten: „Wer wird hier Adhvaryu sein; der wird hier Adhvaryu sein: das Opfer des Opfers (Adhvaryu). Das Wort soll das priesterliche Amt versehen; der Geist soll das priesterliche Amt versehen. Unter den Schutz des Wortes begebe ich mich. Bhūḥ, Bhuvaḥ, Suvaḥ. An Viṣṇu's Stelle stehe ich“ die Stränge des Holzscheitbandes[1], das hölzerne Schwert darunterbringend, und einen Grashalm von der Mitte der Vedi genommen hat[2], stellt sich der Adhvaryu und ebenso der Āgnīdhra zum Pravara nördlich von der Vedi hinter dem Kehrichthaufen, mit dem Angesicht nach Osten gekehrt, hin: vorne (mehr nach Osten) der Adhvaryu, hinten (d. h. westlich von ihm) der Āgnīdhra.

[1] Vgl. II. 13. 1. [2] Dies wohl aus ŚBr. I. 5. 1. 3.

2. Der Āgnīdhra, das Ende des vom Adhvaryu gehaltenen Holzscheitbandes anfassend, variiert den Spruch, indem er sagt: „Wer wird hier Āgnīdhra sein; der wird hier Āgnīdhra sein[1].“

[1] Das Übrige wie vorher, Sūtra 1.

3. Nachdem er den Brahman angeredet hat: „Brahman, zum Pravara will ich die Verkündung sprechen lassen“, läßt er den Āgnīdhra die Verkündigung machen mit dem Worte: „Verkünde“[1]; *ā3 śrā3vaya* oder *o3 śrā3vaya* oder *o3ṃ śrā3vaya*[2].

[1] Eig: „Laß hören“, „Mache daß ... hört“. [2] Die Dreimorigkeit nach Pāṇini VIII. 2. 92. Nach dem Brāhmaṇa (TS. I. 6. 11. 1) ist nur *ā śrāvaya* gebräuchlich.

4. Der Āgnīdhra, hinter dem Kehrichtplatz mit dem Angesicht nach Süden stehend und das hölzerne Schwert und die Stränge des Holzscheitbandes[1] in der Hand haltend, spricht die Verkündigung: „Es sei, er hö3re“ *(śrau3ṣaṭ)*[2].

[1] Die er vom Adhvaryu übernommen hat. [2] Die Dreimorigkeit nach Āśv. I. 4. 13. vgl. Pāṇini VIII. 2. 91. — Wenn ich den Zusammenhang richtig begreife, so steht der Āgnīdhra während dieser Handlung noch immer hinter dem Adhvaryu, der ihm den Rücken zukehrt (vgl. auch Baudh. I. 15: 24. 1).

5. Bei einem Somaopfer steht während dieser Handlung der Āgnīdhra nicht hinter dem Kehrichtplatz, sondern in der Āgnīdhrahütte.

6. Überall[1] finden in dieser Weise die Anrufung vonseiten des Adhvaryu *(āśrāvaṇa)* und der Gegenruf vonseiten des Āgnīdhra statt.

[1] D. h. auch bei anderer Gelegenheit als dem Pravara.

II. 16.

1. Die Handlung geht vor, indem man keine profanen Worte redet[1].

[1] Dies wird durch das nächstfolgende Sūtra erläutert.

2. Wenn der Adhvaryu im Begriff steht, den Anruf zu erlassen, rede er nichts anderes als den Anruf; wenn der Anruf vom Adhvaryu erlassen

worden ist, rede der Āgnīdhra nichts anderes als den Gegenruf; wenn der Gegenruf vom Āgnīdhra erlassen worden ist, rede der Adhvaryu nichts anderes als die Aufforderung an den Hotṛ zur Rezitation des Opferverses (der Yājyā); wenn die Aufforderung zur Rezitation des Opferverses erlassen worden ist, rede der Hotṛ nichts anderes als den Vaṣaṭruf[1].

[1] Diese Vorschriften sind offenbar dem ŚBr. (I. 5. 2. 8—11) entnommen.

3, 4. Wenn er (d. h. einer der im Vorhergehenden Genannten oder der Adhvaryu allein?) etwas anderes redet, so mache er (der Adhvaryu) von neuem den Anruf oder er flüstere „die großen Worte"[1].

[1] Nl. *bhūḥ, bhuvaḥ, suvaḥ.*

5. Er wählt den Hotṛ, der mit den Knieen aufwärts gerichtet sitzt[1], mit den Worten: „Der Gott Agni ist Hotṛ; er soll die Götter ehren, der Sache kundig und einsichtsvoll, in der Weise des Manu, in der Weise des Bharata[2], in der Weise des Soundso, in der Weise des Soundso"[3] je nach den Ṛṣivorfahren des Opferveranstalters[3].

[1] Vgl. II. 11. 10 und XXIV. 12. 6. [2] TS. II. 5. 11. 8 gibt nur die drei Anfangsworte der Formel. Hat man anzunehmen, daß das Folgende dem ŚBr. (I. 5. 1. 6, 7) entnommen ist? [3] Wenn der Yajamāna z. B. ein Jamadagni ist, so ersetzt er die Worte: „in der Weise des Soundso" durch: „in der Weise des Jamadagni, des Ūrva, Bhṛgu" (vgl. XXIV. 6. 13).

6. Drei Mantradichter nennt er im Pravara, je nach den Ahnen des Opferveranstalters.

7. Oder aber einen[1], zwei[2], drei[3] oder fünf[4].

[1] Wenn der Yajamāna z. B. ein Gārtsamada ist (XXIV. 6. 4). [2] Wenn er z. B. ein Āṣṭaka ist (XXIV. 9. 8). [3] Vgl. Bem. 3 zu II. 16. 5. [4] Wenn er z. B. ein Ṛkṣa ist (XXIV. 7. 6).

8. Nicht vier nennt er, und er geht nicht über fünf hinaus.

9. Von dem jüngsten aufwärts nennt beim Pravara der Adhvaryu die Ahnen des Opferveranstalters[1], von dem ältesten herwärts[2] der Hotṛ[3].

[1] Also bei dem hier in Rede stehenden Pravara sagt er z. B. (vgl. Sūtra 5): „in der in der Weise des Jamadagni, des Ūrva, des Bhṛgu" (Bhṛgu ist der Vater des Ūrva, Ūrva der Vater des Jamadagni). [2] Nach ŚBr. I. 5. 1. 10. [3] Bei dem vom Hotṛ zu vollziehenden Pravara dagegen (vgl. Bem. 1 zu II. 12. 10) wird den unmittelbar an die Sāmidhenīverse von ihm angeschlossenen Worten (TBr. III. 5. 3. 1): „Agni, groß bist du, o du, der du dem Brahman, o du ‚der du dem Bharata gedient hast" angefügt: „O du, der du dem Bhṛgu, der du dem Ūrva, der du dem Jamadagni gedient hast." — Vgl. auch TS. II. 5. 8. 7.

10. Ein Fürst[1] vollzieht den Pravara durch Anrufung der Ahnen seines Hauskaplans (purohita).

[1] Wenn ein Fürst der Opferveranstalter ist, und dieser selber seinen Ursprung nicht auf die Ṛṣi-Ahnen zurückführen kann, vgl. XXIV. 10. 13, 14. — Die Vorschrift beruht wohl auf Ait. Br. VII. 25. 4 am Ende.

11. Mit: „In der Weise des Brahman; und er soll sie heranführen. Die Brahmanen sind dieses Opfers Förderer"[1] vollendet er den Pravara.

[1] Diese Worte schließen sich an Sūtra 5 („. . . in der Weise des Soundso") an.

12. Oder aber, er nenne nicht die Ahnenreihe, sondern sage nur: „in der Weise des Manu[1]."

[1] Da es heißt (TS. V. 1. 5. 6): „Die Geschöpfe sind dem Manu entsprossen" *(mānavyo hi prajāḥ).*

13. Der Hotṛ setzt sich[1].

[1] Nach Rudradatta ist diese Bestimmung eine Alternative zu II. 16. 5 (er kann sich also auch erst jetzt setzen). Jedenfalls stören die beiden Sūtras 12 und 13 den Zusammenhang der Darstellung.

14. In seiner jetzt zu beendigenden Anrede an den Hotṛ nennt er dessen Namen leise und spricht dann laut: „der Menschliche[1]."

[1] Der Pravara schließt also (vgl. Sūtra 11): „Die Brahmanen sind dieses Opfers Förderer, Soundso ist der menschliche Hotṛ." Die letzten Worte wohl im Gegensatz zu den Anfangsworten (II. 16. 5): „Agni ist der Gott-Hotṛ." — Zur Handlung des Hotṛ's, wenn er das Wort: „der Menschliche" vernommen hat, vgl. XXIV. 12. 7—13. 3. — Es ist nicht unmöglich, daß Sūtras 13 und 14 zu versetzen sind, vgl. Hir.: *asāv iti hotur upāṃśu nāma gṛhṇāti; mānuṣa ity uccaiḥ; sīdati hotā* (und mit unwesentlicher Abweichung so auch Vaikh.).

15. Den Grashalm[1] wirft er auf die Vedi zurück.

[1] Vgl. II. 15. 1.

II. 17.

1. Nach den Worten: „. . . die mit Butter versehene"[1] ergreift er Juhū und Upabhṛt, schreitet einmal[2] nach Süden hinüber[3] und bringt hinter dem Vereinigungspunkte der beiden Buttergüsse[4] die fünf Voropfer in östlicher Richtung dar.

[1] D. h., wenn er den Hotṛ die letzten Worte seines Nigada hat sagen gehört, welche lauten: „Die mit Butter versehenen Opferlöffel, o Adhvaryu, die die Götter suchenden, alle Schätze enthaltenden, ergreife" usw. vgl. Āśv. I. 4. 11, TS. II. 5. 9. 6, TBr. III. 5. 4. 1. Dies ist der sogenannte *srugādāpanamantra* (Kāty. III. 2. 15—16).

[2] Nach jeder Voropferspende kehrt er nicht zurück (wie II. 13. 7), sondern er bringt sie alle fünf hintereinander am selben Orte stehend dar. [3] Wie II. 13. 7.

[4] Die beiden Buttergüsse *(āghāra)* sind kreuzweise (der erste von SW. nach NO., der zweite von NW. nach SO.) dargebracht worden. Die Voropfer sollen von W. nach O. ins Feuer gegossen werden, und zwar hinter dem Vereinigungspunkt dieser Āghāras. Die Nachopfer stehen dazu im Gegensatz (III. 5. 1).

2, 3. Er bringt sie entweder je nach den Himmelsrichtungen dar: das Voropfer an die Holzscheite im Osten, das an Tanūnapāt im Süden, das an die Iḍ's im Westen, das an die Streu im Norden, und das mit dem Svāhāruf in der Mitte, — oder alle an einer Stelle[1].

[1] Wie in Sūtra 1 angegeben ist.

4. Wenn auf die Anrufung vonseiten des Adhvaryu an den Āgnīdhra[1] zu jedem Voropfer gesondert der Gegenruf vom Āgnīdhra ausgesprochen worden ist[1], erläßt der Adhvaryu die Aufforderung an den Hotṛ zum ersten Voropfer mit den Worten: „Für die Holzscheite sage den Opferspruch her". für die anderen Voropfer bloß mit: „Sage den Opferspruch her."

[1] Vgl. II. 15. 3, 4 und ŚBr. I. 5. 3. 8.

5. Für einen Opferveranstalter, von welchem er wünscht, daß er besser dran sein möge, bringe er die Voropfer dar, indem er bei jeder Spende etwas näher zum Feuer herantritt[1]; für einen, von welchem er wünscht, daß er schlechter dran sein möge, bringe er sie dar, indem er bei jeder Spende etwas ferner vom Feuer zurückschreitet; für einen, von dem er wünscht, daß er weder besser noch schlechter dran sein möge, bringe er sie dar an demselben Orte stehen bleibend.

[1] Nur dieses erlaubt das eigne Brāhmaṇa des Āp. (TS. II. 6. 1. 4). — Übrigens nehme ich *abhitaram* ... *abhikrāmam* zusammen und ebenfalls *avataram* ... *pratikrāmam*, vgl. ŚBr. I. 5. 3. 6, welche Stelle zum Teil Āpastamba's Quelle sein dürfte.

6. Wenn er die ersten drei Voropfer dargebracht hat, gießt er von dem in der Upabhṛt befindlichen Schmalz einen Teil in die Juhū[1] und verrichtet damit die beiden letzten. Dann schreitet er zurück[2], beschmalzt mit dem in der Juhū befindlichen Überrest die Dhruvā und beschmalzt der Reihe nach die Opfergaben[3], die Upabhṛt zuletzt.

[1] Nach TS. II. 6. 1. 2. Diese Handlung, welche einen rein praktischen Zweck haben dürfte, wird so begründet: „Das Schmalz ist Glanz, die Streu (welcher das 4. Nachopfer gilt) ist die Nachkommenschaft. Er bringt dadurch Glanz (d. h. Gesundheit) in seine Nachkommen."

[2] Vgl. II. 13. 7. [3] Nach TS. II. 6. 1. 6.

7. a. Für einen, den er haßt, beschmalzt er die Opfergaben nicht.

7. b. Die beiden Opferlöffel (Juhū und Upabhṛt) legt er an ihren Ort[1] zurück.

[1] Auf den Prastara auf der Vedi, wie II. 10. 2.

II. 18.

1. Der für Agni und der für Soma bestimmte Butterteil (*ājyabhāga*) sind Schmalzopfergaben: jeder Butterteil besteht aus einer zu vier Malen vermittelst des Sruva in die Juhū geschöpften Quantität Schmalz.

2. Der fünfmalige Abschnitt[1] kommt den Jamadagni's[2] zu. Aber auch ein nicht zu den Jamadagni's Gehöriger darf den fünfmaligen Abschnitt darbringen, wenn er zuvor einen zu den Jamadagni's Gehörigen angeredet hat[3].

[1] Der Ausdruck *avatta (avadyati)*, welcher eigentlich vom Abschneiden aus dem Opferkuchen gebraucht wird, gilt hier auch für das Schöpfen der Butter.

[2] D. h. diejenigen, welche den Jamadagni zu ihren Ṛṣivorfahren zählen, vgl. XXIV. 6. 11 (vatsāḥ). Nach Baudh. (pravarasūtra) sind pañcāvattins: die Vatsas, die Vidas und die Ārṣṭiṣeṇas (*vatsā vidā ārṣṭiṣeṇā ity eteṣām avivāha, ete pañcāvattina iti*), vgl. auch VI. 8. 2.

[3] D. h. um dessen Erlaubnis gebeten hat? — *sarvatra* ist entweder in das nächstfolgende hinüberzunehmen (es fehlt in dem übrigens gleichlautenden Texte des Hir.) oder ganz auszuscheiden.

3. Jedesmal während er abschneidet, fordert er den Hotṛ zum Hersagen des Einladungsverses auf mit den Worten: „Für Soundso sage den Einladungsvers her." Nach jedem Abschnitte besalbt er vermittelst des Sruva das Prastaragras[1], nimmt die Juhū und die Upabhṛt[2], schreitet nach Süden hinüber, läßt seine Aufforderung an den Agnīdhra hören[3] und, wenn dieser sein: „Es sei, er soll hören" erteilt hat[3], fordert er den Hotṛ zum Hersagen des Opferverses auf mit den Worten: „Für Soundso sage den Opfervers her." Diese Vorschrift ist für alle Darbringungen giltig.

[1] Diese Vorschrift, wie es scheint, nur in Āp. und Hir. [2] Er hat mit dem Sruva die Juhū aus der Dhruvā gefüllt und die Dhruvā wieder aus der Ājyasthālī angefüllt, vgl. II. 12. 9. [3] Vgl. II. 15. 3–4.

4. 5. In dem nordöstlichen Teile des Āhavanīya opfert er dem Agni den Butterteil, in dem südöstlichen, in gleicher Höhe[1] mit dem vorhergehenden Butterteil, dem Soma[2].

[1] D. h. ebensoviel südlich von der Mitte des Feuers wie der erste Butterteil nördlich

davon ausgegossen war. Die beiden Butterteile sind die Augen des Opfers, deshalb werden sie in gleicher Höhe dargebracht, weil auch die Augen sich auf gleicher Höhe befinden (TS. II. 6. 2. 1). [2] Das Brāhmaṇa (TS. l. c.) sagt hier nur: *purastāt;* die nähere Ausführung *uttarārdhapūrvārdhe* und *dakṣiṇārdhapūrvārdhe* kann auf ŚBr. I. 6. 3. 39 beruhen.

6. Beide im flammenden Feuer[1].

[1] Also nicht zuviel nach dem Rande zu. Vielleicht ist aber die hier gegebene Vorschrift alternativ zu Sutras 4 und 5, beruhend auf ŚBr. l. c. am Ende.

7. Die für den ersten Butterteil ergriffenen Opferlöffel legt er nicht nieder bis zu der Sviṣṭakṛt-Spende[1].

[1] Also bis II. 21. 6.

8. Zwischen den beiden Stellen, wo die Butterteile dargebracht sind, gießt er die anderen Spenden aus[1].

[1] So nach TS. II. 6. 2. 1—2.

9. Nachdem er zurückgeschritten ist, gießt er eine Unterlage von Schmalz in die Juhū und schneidet mit den Formeln: „Fürchte dich nicht, erschrecke nicht; ich will dir nicht schaden; nicht soll deine Glut weggehen. Hebe den Bharata[1] auf und gieße nach; deine abgeschnittenen Teile werde ich wieder abschneiden[2]. Huldigung sei dir, schade mir nicht“[3] aus der Mitte des für Agni bestimmten Opferkuchens einen Querstreifen heraus von der Größe eines Daumengliedes; aus der Vorderseite einen zweiten dem ersteren parallel laufenden Streifen. So macht er es für einen, der viermal[4] abschneidet. Für einen, der fünfmal abschneidet, einen dritten aus der Hinterseite, ebenfalls den beiden anderen parallel laufend.

[1] Bezeichnung des Agni? [2] ? *pratyavadāsyāmi.* [3] TBr. III. 7. 5. 5.

[4] Der Butterunterguß *(upastaraṇa)* und der Butteraufguß *(abhighāraṇa)* werden als *avadāna* mitgezählt (II. 18. 9 zu Anfang und II. 19. 6 zu Anfang). Die abgeschnittenen Stücke werden in die Juhū gelegt.

10. Er schneidet die Streifen aus dem Opferkuchen heraus vermittelst der an der Fleischseite aneinander gefügten zwei Finger[1] und des Daumens, ohne die im Kuchen gemachten Einschnitte miteinander in Berührung zu bringen.

[1] Nach Vaikh. sind der mittlere Finger und der Ringfinger gemeint.

II. 19.

1. Vermittelst des Sruva teilt er vom Schmalz und von den beiden Sāṃnāyya-Milcharten[1] ab.

[1] Der süßen gekochten und der sauren Milch.

2. Für einen Nachgeborenen schneide er den ersten Streifen aus der Vorderseite[1] des Opferkuchens und lege denselben in die Vorderseite des Löffels (d. h. der Juhū), den zweiten (hinteren) Streifen schneide er aus der Mitte und lege ihn in die Hinterseite des Löffels[2].

[1] Statt aus der Mitte, vgl. II. 18. 9. [2] Durch dieses Verfahren wird der nachgeborene Sohn vor seine älteren Brüder kommen.

3. Er schneide die Streifen so aus, daß der auf der Vorderseite zuerst kommt, für einen ältesten Sohn, welcher von der ältesten Gattin seines Vaters geboren ist, oder für einen, der den höchsten Wohlstand erreicht hat[1].

[1] Vgl. I. 14. 9.

4. Er schneide sie so aus, daß der auf der Hinterseite zuerst kommt, für einen jüngsten Sohn, welcher von der jüngsten Gattin seines Vaters geboren ist, oder für einen nachgeborenen Sohn, oder für einen, der Zunahme seines Wohlstandes wünscht.

5. Und wenn ein Hauskaplan, oder einer, der eine Stellung als Hauskaplan zu erlangen wünscht, Opferveranstalter ist, so schneide er (immer noch der Adhvaryu) den ersten Streifen an der Vorderseite aus, lege denselben in die Vorderseite des Löffels und bringe die Abschnitte in der Vorderseite des Feuers dar.

6. Nachdem er die abgeschnittenen Streifen mit Schmalz begossen und mit dem Verse: „Wenn ich, die Streifen abschneidend, eine verkehrte Ordnung für dich selbst verursacht habe, so besalbe ich das wieder mit Schmalz, es soll dadurch wieder anschwellen“ [1] auch die Opfergabe, von welcher er abgeschnitten hat, mit Schmalz begossen hat, erläßt er die Aufforderungen: „Für Agni sage den Einladungsvers her,“ „Für Agni sage den Opfervers her.“

[1] TBr. III. 7. 5. 5—6.

7. Nachdem er ein wenig Schmalz aus der Juhū in das Feuer hat niederträufeln lassen und den in der Juhū befindlichen Streifen, denselben mit dem Kopf des Löffels so ziemlich bedeckend, ohne ihn zu schädigen, ins Feuer gegossen hat, läßt er ein wenig Schmalz aus dem Löffel darüber nachträufeln.

8. Die Opferspenden beginnt er an dem Vereinigungspunkt der beiden Buttergüsse [1].

[1] Die Hauptspenden sollen also an der Stelle vor dem Mittelpunkte des Feuers stattfinden (im Gegensatz zu den Voropfern, vgl. II. 17. 1), vgl. auch II. 18. 8.

9. Er bringt sie dar über dem mit der Juhū dargebrachten Butterguß [1], jede Spende mehr nach vorne als die vorhergehende und daran angeschlossen.

[1] Vgl. II. 14. 1. Da es II. 18. 8 heißt, daß die āhuti's zwischen den beiden Schmalzteilen darzubringen sind, und diese in n.-ö. oder s.-ö. Richtung ausgegossen sind (II. 18. 4, 5), ist die hier gegebene Vorschrift nicht recht begreiflich, wenn man nicht mit Rudradatta „nach vorne“ *(pūrvām)* in der Bedeutung „nach Nordosten“ nimmt. Besser begreiflich ist Bhār. (II. 18 am Anf.): „Er opfert die Opfergaben jede mehr nach vorne und angeschlossen, oder er opfert sie über dem *srucya āghāra.*“ Übrigens herrscht in den verschiedenen Schulen große Uneinigkeit über diesen Punkt, vgl. Baudh. XX. 13: 29. 9ff.: nach Baudhāyana selber bringt er sie dar, wie eben Raum ist, nach Aupamanyava bringt er sie über dem *srucya āghāra* dar, nach Rāthītara in der Mitte des Feuers, nach rechts herum in einem Kreise.

10. Für einen, den er (der Adhvaryu oder der Opferveranstalter?) haßt, bringe er die Opferspenden dar, indem er ihn in Gedanken durchbohrt.

11. In dem Augenblicke, wo das Feuer mit erlöschter Flamme noch ein wenig flackert [1], in diesem Augenblicke opfert er die Hauptspenden.

[1] Im Gegensatz zu: „wenn das Feuer aufflammt“ (II. 12. 7, 14. 1). — Zu *lelāyati* ist *lelāyat* (VI. 9. 2) und die z. d. S. zitierte MS. zu vergleichen.

12. Das „leise Opfer“, welches aus Schmalz besteht, findet nur bei der Vollmondsfeier statt; es gilt entweder Viṣṇu, oder Agni und Soma, oder Prajāpati [1].

[1] Vgl. Āśv. I. 3. 12, 13: „Zwischen den beiden Hauptspenden bringen einige das „leise Opfer“ dem Viṣṇu dar; einige bringen es bei der Vollmondsfeier dem Agni-Soma, bei der

Neumondsfeier dem Viṣṇu dar; andere bringen es gar nicht dar.“ Nach den Vāj. wird es dem Agni-Soma dargebracht (ŚBr. I. 6. 3. 23). Nach TS. (II. 6. 6. 4) wird es zwischen den beiden Opferkuchen dargebracht, um das *jāmitvam* („sameness of performance“, Eggeling) aufzuheben, da die **beiden** Hauptspenden aus einem Opferkuchen bestehen.

13. Nur die Haupthandlung geschieht leise[1].

[1] Nach den anderen Sūtratexten geschieht das so, daß alles laut verrichtet wird, nur der Name der betreffenden Gottheit leise genannt wird, z. B.: „Für Prajāpati“ (leise) „sage den Einladungsvers her“ (laut). Zum Hotṛ vgl. Hillebrandt N.V.O. S. 111.

14. Dem Viṣṇu bringe das „leise Opfer“ dar, wer Wohlstand zu erreichen wünscht.

II. 20.

1. Dem Agni-Soma, wer einen Nebenbuhler hat, dem er zuvorzukommen wünscht.

2. Wie mit dem für Agni bestimmten Opferkuchen geht er mit den weiteren Opfergaben vor, je nachdem die Gottheit ist, für die sie bestimmt sind.

3. Mit den beiden für das Sāṃnāyya bestimmten Milcharten geht er vor, nachdem er „zusammen abgetrennt hat“[1].

[1] D. h. er opfert von den beiden Milcharten, der süßen gekochten und der sauren, nicht getrennt, sondern tut die abgetrennten Portionen beider Milcharten in die Juhū und gießt sie so ins Feuer, vgl. das nächstfolgende Sūtra.

4. a. Nachdem er von der sauren Milch abgetrennt hat[1], trennt er von der süßen ab, oder umgekehrt.

[1] Vermittelst des Sruva, vgl. II. 19. 1.

4. b. Alle flüssigen Substanzen gießt er aus dem Munde des Löffels (d. h. der Juhū)[1].

[1] Hieraus scheint man folgern zu müssen, daß die Opferkuchenstreifen seitwärts aus dem Löffel gegossen werden (vgl. Hillebrandt N.V.O. S. 110, Bem. 2), und so wird deutlich Mān. śrs. I. 3. 20 vorgeschrieben: „Von der Sāṃnāyyamilch, dem Caru und den Opferkuchen opfere er mit der Seite, von den Flüssigkeiten mit der Schnauze des Löffels.“

5. Mit dem Sruva bringt er die beiden Knotentagspenden[1] dar, bei der Neumondsfeier mit dem Verse: „Den zeugungskräftigen Stier, den Vollmond, verehren wir; dieser spende uns Manneskraft und Reichtum tausendfältig; dem wohltätigen Aushauch, dem Vollmonde, svāhā“[2], bei der Neumondsfeier mit dem Verse: „Der günstige freundliche Neumond, wie eine Milchkuh mehr und mehr anschwellend, dieser spende uns Manneskraft und Reichtum tausendfältig; dem wohltätigen Einhauch, dem Neumonde, svāhā[2].“

[1] Diese beiden Spenden gehen dem Ritual des weißen Yajurveda ab. Hir. fügt sie an anderer Stelle ein (unmittelbar nach Āp. III. 10. 2); sie werden nach Hir.'s Aussage von einigen auch an dem von Āp. angegebenen Zeitpunkte erlaubt. Übrigens werden weder die Parvanspenden noch die weiter unten vor Sviṣṭakṛt fallenden im Brāhmaṇa erörtert.

[2] TBr. III. 7. 5. 13.

6. Dann bringt er die Nāriṣṭhaspenden dar mit den Versen: „Zehn sind, o Opfer, deine opferwürdigen Gestalten; die soll der Opferveranstalter mit Schmalz erfreuen; lobend den Befehl der beiden Nāriṣṭhas[1] ist der Opferveranstalter auch in dem göttlichen Raume der Götter unsterblich geworden.“ — „Welchen Anteil an Lebenskraft die Götter euch beiden, ihr Einsichtigen,

bestimmt haben, dadurch will ich euch erfreuen[2]; sättiget euch dadurch, ihr, die ihr die Bedrängnis vertreibet[3]." „Ich befinde mich in dem Raume der frommen Götter; diese meine Opfergabe soll nicht mißlingen; der Sache kundig verehre ich jetzt auch die beiden Nāriṣṭha mit dem Anteil, den Indra für sie festgesetzt hat." „Wir sollen, o Gott Soma, nicht in eine Spalte (d. h. ins Unglück) geraten[4]; ihr Maruts, seid uns bei diesem Opfer gnädig; weder Unglückszeichen noch Verwünschung soll uns erreichen, noch soll uns die Tücke des Feindes treffen[5]."

[1] Nach Sāyaṇa das innere Verdauungsfeuer im Magen und der Atem (d. h. wohl der apāna im Unterleibe?). Sehr unsicher. [2] *prīṇāni* mit Hir. und Sāy.
[3] *aṃhahau* = *aṃhohau*? [4] *adārasṛd bhavatu* mit AS.
[5] TBr. III. 7. 5. 11—13.

II. 21.

1. „Im Brahman wurzelt der Geist, im Brahman das Wort, im Brahman wurzeln die Opfer, die Opfergaben, das Schmalz; was überschüssig in der heiligen Handlung und was unzulänglich ist, das Opfer, die Knotenpunkte verlängernd, bringt es in Ordnung; die durch Svāhāruf geweihte Darbringung soll zu den Göttern gehen[1]." „Deinen Geist füge ich mit dem Geiste, in deinen Aushauch füge ich den Aushauch und in deinen Zwischenhauch; deinen Einhauch füge ich; (diese Hauche) umfassend ist der Opferveranstalter unsterblich geworden; sei zum Heile unsren Zwei- und unsren Vierfüßlern, svāhā"[2] mit diesen Versen Spruch für Spruch[3].

[1] TBr. III. 7. 11. 1. [2] Dieser Vers (!), der genau so bei Hir. gefunden wird, ist zusammengeflickt und erweitert aus TS. I. 3. 10. a, II. 3. 14. u[4]. [3] Also im Ganzen sechs Opfergüsse, mit *svāhā* schließend; ein wenig anders Rudradatta.

2. Dieser ist der Zeitpunkt der Zuopfer: entweder unmittelbar nach dem Hauptteil des Opfers oder vor dem Samiṣṭayajus[1].

[1] Eventuelle Zuopfer werden entweder hier eingefügt oder vor der III. 13. 2 erwähnten Handlung.

3. Nachdem er vermittelst des Sruva aus der Dhruvā eine Butterunterlage in die Juhū gemacht hat, schneidet er von allen Opfergaben aus deren nördlichem Teile[1] je einmal[1] ab für die Spende an Agni sviṣṭakṛt[1], je zweimal für einen Pañcāvattin.

[1] So nach TS. II. 6. 6. 5 (Agni soll eigentlich Yama, d. h. Rudra sein, deshalb wird einmal und aus dem nördlichen Teile abgeschnitten, weil die nördliche Region die des Rudra ist).

4. Der Umfang der für die Gottheit[1], der für Agni sviṣṭakṛt, der für die Iḍā[2] und der für die Viertelung[3] abgeschnittenen Teile ist immer größer als der des vorhergehenden.

[1] D. h. der für die Hauptspende bestimmten Avadānas. [2] Vgl. III. 1. 6.
[3] Vgl. III. 3. 2.

5. Nachdem er die für Agni sviṣṭakṛt abgeschnittenen Teile zweimal beschmalzt hat[1], begießt er nicht auch die Opfergaben[2], aus welchen er eben diese Teile abgeschnitten hat.

[1] Um das *caturavatta* zustande zu bringen (TS. II. 6. 6. 6).

[2] Wie dies gewöhnlich der Fall ist, wenn noch eine Darbringung von dem Havis folgen soll (vgl. z. B. II. 19. 6).

6. a. Als Aufforderungen zum Opfer an Agni sviṣṭakṛt spricht er: „Für Agni sviṣṭakṛt sage den Einladungsvers her", „Für Agni sviṣṭakṛt sage den Opfervers her.

6. b. Er opfert die für Agni sviṣṭakṛt bestimmte Opfergabe im nordöstlichen Teile des Feuers, so daß sie nicht mit den anderen Spenden in Berührung kommt[1].

[1] Vgl. TS. II. 6. 6. 6: *atihāya pūrvā āhutīḥ*, weil die vorher dargebrachten Spenden die Kühe sind, und Agni Rudra ist; wenn er das für Sviṣṭakṛt bestimmte über den anderen Spenden ausgösse, so würde er die Kühe dem Rudra übergeben und der Opferveranstalter würde seiner Kühe verlustig gehen.

7. Dann schreitet er hinter dem Āhavanīya nach Norden zurück, gießt Wasser in die Juhū und gießt dies innerhalb der Umlegehölzer aus mit dem Verse: „In Vaiśvānara spende ich diese Opfergabe, diese tausendfache hundertströmige Quelle. Diese soll strotzend unseren Vater, Großvater und Urgroßvater zum Himmelsraum tragen, svāhā[1]."

[1] Die ersten zwei Viertelverse wie TĀ., die letzten zwei lauten sowohl im TĀ. als auch in der AS. abweichend; bemerke *svarge* statt des in der Taittirīya-śākhā üblichen *suvarge*. Hir. hat wie TĀ., Baudh. (I. 17: 26. 10) kommt dem Āp. näher.

Drittes Buch.

Die Voll- und Neumondsopfer, Fortsetzung.

III. 1.

1. Nach der Überlieferung einiger[1] erfolgt jetzt erst die Handlung mit der Iḍā, nach der Überlieferung anderer[2] die mit dem Prāśitra.

[1] So nur Bhār., und vgl. Śāliki in Baudh. XX. 13: 30. 7.

[2] So alle anderen Ritualtexte, auch Āp.

2. Nachdem er den für Agni bestimmten Kuchen in östlicher Richtung oder in der Quere an der Oberfläche zerrissen und mit dem Daumen und dem Ringfinger die beiden Teile auseinander gehoben hat, schneidet er von der Mittte das Prāśitra[1] ab, in der Größe eines Gerstenkorns oder einer Pippalabeere mit dem Verse: „Ein Stück nicht größer als ein Gerstenkorn soll hier aus der angeschossenen Stelle[2] geschnitten werden; wir wollen das Opfer in Ordnung bringen: rein und wohl geopfert sei diese Opfergabe[3]."

[1] Das Prāśitra besteht aus einem Stückchen von jedem Kuchen, welche Stückchen vor der Iḍāzeremonie vom Brahman genossen werden müssen *(pra-aśitra)*.

[2] Vgl. TS. II. 6. 8. 3—4: „Die Götter schlossen den Rudra von dem Opfer aus; da schoß er auf das Opfer; die Götter kamen zu ihm (d. h. zum Opfer, zum Opferkuchen) heran, denkend: „Er (das Opfer, der Opferkuchen) soll hier für uns in Ordnung kommen", und sie sagten: „Wohlgeopfert wird von uns sein, wenn wir diesen (Rudra) zufriedenstellen werden." .....

Da schnitten sie den von ihm angeschossenen (Teil) zur Größe eines Gerstenkorns aus. Deshalb soll er (der Adhvaryu) ein Stückchen von der Größe eines Gerstenkorns ausschneiden. Wenn er ein größeres ausschnitte, so würde er das Opfer (den Opferkuchen) in Verwirrung bringen (? *ropayet tad yajñasya*)." Aus diesem Mythus geht deutlich hervor, wie gefährlich es für den Menschen ist, von der von den Göttern genossenen tabuhaltigen Opfergabe zu essen. [3] TBr. III. 7. 5. 6. Die Übersetzung der Wörter: *mā rūrupāma yajñasya* (vgl. Bem. 2) ist unsicher.

3. In derselben Weise schneidet er von der zweiten Opfergabe [1] ab.

[1] Sei es von dem zweiten Kuchen bei der Vollmondsfeier, sei es von dem Sāṃnāyya bei der Neumondsfeier.

4. Nachdem er in das Prāśitragefäß eine Unterlage von Schmalz gegossen hat, beschmalzt er das in diesem Gefäß befindliche Prāśitra nicht; oder umgekehrt [1]. Oder aber er macht sowohl die Butterunterlage wie die Beschmalzung [2].

[1] D. h.: Oder er macht nicht die Schmalzunterlage, sondern beschmalzt das Prāśitra, nachdem er dasselbe in das Prāśitraharaṇa gelegt hat. Nur dieses wird vom Brāhmaṇa (TS. II. 6. 8. 4) erlaubt. [2] So machen es die Vājasaneyins (ŚBr. I. 7. 4. 11), welche die andere Methode verurteilen (l. c. 10).

5. An diesem Zeitpunkte erfolgt nach der Überlieferung einiger das Herumtragen und das Genießen desselben [1].

[1] Diese Handlungen finden nach Āp. erst später statt: III. 2. 9—10. Die Vājasaneyins bringen das Prāśitra dem Brahman und lassen es von ihm verzehren, unmittelbar nachdem die Iḍā abgeschnitten ist (ŚBr. I. 7. 4. 9 am Ende). — Wie Āp., so alle anderen Sūtras. Das Prāśitra wird einstweilen hinter das Praṇītawasser hingestellt (Baudh. Vaikh.).

6. Nachdem er eine Unterlage von Butter in das Iḍāgefäß gegossen hat, schneidet er die aus vier oder fünf Abschnitten bestehende Iḍāportion von allen Opfergaben ab [1].

[1] Von jeder Opfergabe wird also zwei- oder dreimal ein Teil genommen (mit dem Unter- und dem Überguß macht das vier oder fünf avattas). Übrigens ist die Vorschrift II. 21. 4 zu beachten. — Im Brāhmaṇa (TS. II. 6. 8. 1) ist die Rede nur vom *caturavatta*.

7. Von dem für Agni bestimmten Opferkuchen schneidet er mit dem Verse: „Die von Manu gesehene schmalzfüßige, die von Mitra und Varuṇa ins Dasein gerufene [1], die nach einer Richtung schauende [2] (Iḍā), schneide ich, ohne eine Berührung (derselben mit den vorigen Ausschnittstellen) zu machen, aus dem südlichen Teile aus" [3], aus dessen südlichem Teile den ersten Streifen aus.

[1] Vgl TS. II. 6. 7. 1: „Manu suchte den zum Opfer passenden (Teil) der Erde; da fand er (irgendwo) hingegossenes Schmalz; und er sagte: „Wer vermag dieses auch beim Opfer zu verwenden?" Ihm antworteten Mitra und Varuṇa: „Wir beide vermögen die Kuh zu machen." Da riefen sie die Kuh ins Dasein, und an allen Stellen, wo diese die Füße niedersetzte, wurde das Schmalz hervorgepreßt; deshalb heißt sie die Schmalzfüßige."

[2] ? *ekatomukhām*. [3] TBr. III. 7. 5. 6.

8. Aus der Berührungsstelle [1] schneidet er den zweiten Streifen.

[1] D. h. aus der Mitte des Opferkuchens, vgl. TS. II. 6. 8. 3: *yan madhyataḥ prāśnanti*.

9. Und aus dem östlichen Teile des Kuchens schneidet er als Anteil des Opferveranstalters einen etwas dünnen länglichen Streifen aus.

10. Nachdem er diesen mit Schmalz tüchtig gesättigt hat, schiebt er ihn auf die Dhruvā zu [1].

[1] D. h. er legt ihn vor der Dhruvā auf das Gras der Vedi in irgend einer Schale. Die Vorschrift wohl nach ŚBr. (I. 8. 1. 13, 39).

11. Oder aber er schneidet, nachdem er aus dem südlichen Teile den ersten Streifen für die Iḍā gemacht hat[1], erst den Anteil des Opferveranstalters aus und dann den zweiten Iḍāstreifen aus der Berührungsstelle[1].

[1] Vgl. Sūtra 7 und 8

12. In derselben Weise schneidet er aus den anderen Opfergaben[1] ab.

[1] Also aus dem zweiten Opferkuchen und eventuell aus dem Sāṃnāyya.

III. 2.

1. Nachdem er die Iḍā beschmalzt und dem Hotṛ überreicht hat, schreitet er südlich am Hotṛ vorbei[1], indem er die Iḍāschale nicht aus der Hand fahren läßt.

[1] Diese Angabe beruht auf ŚBr. I. 8. 1. 13 am Ende.

2. Der Hotṛ umfängt mit der Iḍā den Adhvaryu[1].

[1] D. h. der Hotṛ, der auf seinem Sitze nördlich von der nordwestlichen Ecke der Vedi, auf den Āhavanīya blickend, sitzt, umfaßt, während er die Iḍā in der Hand hält, den Adhvaryu, der südlich an ihm vorübergehend sich hinter ihn begibt, mit der Iḍāschale, welche auch der Adhvaryu nicht aus der Hand fahren läßt.

3, 4. Oder aber der Adhvaryu schiebt, anstatt sie dem Hotṛ zu überreichen, die Iḍā in östlicher Richtung von sich ab[1] und besalbt dann, südlich vom Hotṛ sitzend, vermittelst des Sruva aus der Iḍāschale des Hotṛs zwei Fingerglieder[2], erst das hintere, dann das vordere, oder umgekehrt.

[1] Also ehe der Adhvaryu den Finger des Hotṛ salbt, macht er es entweder wie in Sūtra 1 und 2 oder wie in Sūtra 3 zu Anfang dargetan ist. [2] Er salbt die beiden Gelenke des Zeigefingers. Über den Hotṛ bei dieser Handlung vgl. XXIV. 14. 13.

5. Dem Hotṛ, der Wasser berührt hat[1], schneidet der Adhvaryu vorne mit dem Angesicht westwärts gerichtet[2] und sitzend[2] von der Iḍā die sogenannte *avāntareḍā*[3] in der Hand ab.

[1] l. *upaspṛṣṭodakāya.* [2] Nach TBr. III. 3. 8. 2.
[3] *avāntareḍā* (von den Kauṣītakins *uttareḍā* genannt) scheint die Iḍā zu bezeichnen, wenn sie sich in der Hand des Hotṛ's befindet („die eingeschlossene Iḍā"?).

6. Der Adhvaryu schneidet den ersten Streifen ab, der Hotṛ selber den zweiten, oder umgekehrt.

7. Von dem in der Iḍāschale befindlichen Fett werden die Butterunterlage und der Butteraufguß gemacht[1].

[1] D. h. der Adhvaryu macht mit dem Sruva in die Hand des Hotṛ erst eine Butterunterlage und nachdem er ihm die zwei Iḍāstücke in die Hand gelegt hat, begießt er sie ebenso.

8. a. Zweimal beschmalzt er sie für einen Pañcāvattin.

8. b. Während die Iḍā vom Hotṛ herangerufen wird[1], fassen der Adhvaryu und der Opferveranstalter dieselbe (d. h. die in der Schale befindliche Iḍā) an.

[1] Mit der aus den Ṛgvedasūtras bekannten langen Formel; Āśv. I. 7. 7, vgl. TBr. III. 5. 13 und TS. II. 6. 7 (Hillebrandt, N.V.O. S. 125).

8. c. Sobald der Adhvaryu den Hotṛ sagen hört: „Die göttlichen Adhvaryus sind herangerufen[1]" flüstert der Adhvaryu: „Möchte ich, herangerufen, reich an Vieh sein[2]."

[1] Diese Worte machen von der oben genannten Formel einen Teil aus.

[2] Weil: *paśavo vā iḍā.*

8. d. Sobald der Opferveranstalter den Hotṛ sagen hört: „Hervorgerufen ist dieser Opferveranstalter“ [1], flüstert der Opferveranstalter denselben Spruch wie der Adhvaryu.

[1] Vgl. Bem. 1 zu Sūtra 8 c.

9. Nachdem die Iḍā herangerufen worden ist, bringt er, vor dem Āhavanīya herum [1], dem Brahman das Prāśitra [2].

[1] Vgl. TS. II. 6. 8. 4: „Wenn er es quer (d. h. zwischen Vedi und Āhavanīya) herüberbrächte, so würde auch der von Rudra nicht geschossene Teil des Opferkuchens (vgl. Bem. 2 zu III. 1. 2) von diesem Gotte getroffen werden.“ [2] Vgl. III. 1. 2 ff.

10. Nachdem dies vom Brahman verzehrt worden ist [1], verzehrt der Hotṛ die Avāntareḍā mit den Formeln: „Dich, der du dem Herrn des Wortes geopfert bist, verzehre ich. Dich, der du dem Herrn des Sadas geopfert bist, verzehre ich [2].“

[1] In der III. 19. 6—20. 5 zu beschreibenden Weise. [2] TS. II. 6. 8. 1.

11. Nachdem die Iḍāportion vom Hotṛ verzehrt worden ist, essen die Beteiligten mit dem Opferveranstalter als Fünftem [1] die Iḍā, nachdem sie die Formel geflüstert haben: „O Iḍā, nimm unseren Anteil gerne an; erquicke die Kühe, erquicke die Renner; möchten wir, die wir von dir genießen, selber unversehrt und möchten unsere Leute unversehrt sein [2].“

[1] Also Hotṛ, Adhvaryu, Brahman und Āgnīdhra (vgl. I. 15. 2). [2] TBr. III. 7. 5. 7.

III. 3.

1. Dann sitzen sie mit angehaltener Stimme bis zur Reinigung [1].

[1] Vgl. Sūtra 2.

2. Nachdem sie mit dem Verse: „Der Geist soll das Licht, das Schmalz gerne entgegennehmen; er soll das Opfer, wenn es unterbrochen ist, zusammenfügen. Bṛhaspati soll dieses unser Opfer vollstrecken. Die Allgötter sollen hier sich gütlich tun“ [1] innerhalb der Vedi über dem Prastara sich mit Wasser gereinigt haben [2], viertelt er den für Agni bestimmten Opferkuchen und legt die vier Teile auf die Streu [3] innerhalb der Vedi, oder er legt den Kuchen erst auf die Vedi und viertelt ihn dann.

[1] TS. I. 5. 3. g. [2] Sie lassen sich über dem Prastara Wasser über die Hände gießen; vgl. auch TS. II. 6. 8. 3. [3] Nach TBr. III. 3. 8. 6.

3. Diesen geviertelten Kuchen (d. h. dessen vier Teile) weist der Opferveranstalter jedem zu mit den Worten: „Dies dem Brahman, dies dem Hotṛ, dies dem Adhvaryu, dies dem Agnīdh [1].“

[1] Nach TBr. l. c. 7.

4. Oder er beginnt mit dem Agnīdh, oder aber mit dem Hotṛ.

5. Nachdem der Adhvaryu mit den Worten: „Dies dem Opferveranstalter“ ihm seinen Teil angewiesen hat [1], bereitet er den dicksten Streifen für den Agnīdh als Ṣaḍavatta [2].

[1] Der schon früher, III. 1. 9, abgeschnitten war.

[2] Wie der aus sechs Abschnitten für den Āgnīdhra bestimmte Teil hergestellt wird, lehrt das Folgende. Das Ṣaḍavatta ist nicht ein neuer Abschnitt aus dem Kuchen, sondern

das dem Āgnīdhra zugewiesene Viertel, vgl. z. B. Hir.: *ādiṣṭasya sthaviṣṭham agnīdhe ṣaḍavattaṃ saṃpādayati.* Auch wird hier nicht das doppelte Ṣaḍavattagefäß angewendet, sondern die beiden Hälften werden dem Āgnīdhra in die Hand gelegt. Hillebrandt's Darstellung (N.V.O. S. 123) scheint mir unrichtig zu sein.

6. Einmal eine Butterunterlage in die rechte Hand des Agnīdhra gemacht habend, zweimal einlegend eine Unterlage gemacht habend, beschmalzt er zweimal[1].

[1] So ist die wortgetreue Übersetzung dieses, dem Brāhmaṇa (TBr. III. 3. 8. 9) entnommenen Satzes. Die Reihenfolge scheint zu sein: einmal Butteruntergnß, dann Einlegen der einen Hälfte des Viertels (vgl. Sūtra 3), dann wieder Butteruntergnß und Einlegen der zweiten Hälfte und endlich zweimalige Beschmalzung.

7. Oder aber er macht zweimal eine Butterunterlage, legt zweimal ein, und beschmalzt zweimal[1].

[1] Baudh. und Hir lassen einmal untergießen, dann die erste Hälfte des Viertels einlegen und darauf übergießen; so zweimal.

8. Der Āgnīdhra genießt seinen Anteil, nachdem er die Formel: „Des Agni Feueraltar *(āgnīdhram)* bist du, des Agni Schlachtfeuer bist du, Huldigung sei dir. Schade mir nicht" geflüstert hat.

9. Auf dem Wisch bringt er die Anteile des Brahman und des Opferveranstalters vor dem Āhavanīya herum[1].

[1] Nl. diesen beiden, welche an ihrer Stelle südlich vom Āhavanīya sitzen. — Der Wisch wird nachher zurückgebracht und auf seine Stelle niedergelegt (vgl. II. 11. 10). — Die Vorschrift ist eine Erweiterung von TBr. III. 3. 8. 9.

10. Gesondert in einer Schüssel bringt er den beiden anderen ihren Anteil[1].

[1] Dem Hotṛ bringt er das für ihn bestimmte Viertel des Kuchens und nimmt selber in einer Schüssel das für ihn bestimmte.

11. Der Hotṛ verzehrt das seinige mit der Formel: „Der Erde Teil bist du", der Adhvaryu mit der Formel: „Des Luftraums Teil bist du", der Brahman mit der Formel: „Des Himmels Teil bist du[1]."

[1] Der Yajamāna ißt sein Viertel erst später, vgl. III. 13. 4 mit IV. 13. 9ff.

12. Über dem Dakṣiṇāgni kocht er als Anvāhārya[1] eine große Portion Reisbrei von unbestimmter Quantität.

[1] Der *anvāhārya* („hinterher herbeizubringende") *odana* dient als Opferlohn für die funktionierenden Priester.

13. Nach einigen wird er in Milch gekocht.

14. Nachdem er denselben beschmalzt oder auch nicht beschmalzt hat, entfernt er ihn vom Dakṣiṇāgni und stellt ihn innerhalb der Vedi.

III. 4.

1. Darauf befiehlt er dem Opferveranstalter, ihn den südlich sitzenden Priestern hinzubringen.

2. Zu denjenigen Brahmanen, welche sich auf der Nordseite der Vedi befinden[1], sagt der Opferveranstalter: „Geht südwärts."

[1] Also zu Hotṛ, Adhvaryu, Āgnīdhra.

3. Er gibt den jetzt auf der Südseite sich befindenden Priestern den Anvāhārya mit den Worten: „Brahmanen, hier habt ihr den Reisbrei[1]."

[1] Der Odana wird wohl geviertelt und jeder (Hotṛ, Adhvaryu, Āgnīdhra, Brahman) nimmt einen Teil entgegen.

4. Wenn er entgegengenommen ist, so befiehlt der Opferveranstalter[1]: „Gehet nordwärts zurück."

[1] Der Befehl gilt natürlich nur den unter Sūtra 2 erwähnten Priestern.

5. Nachdem der Adhvaryu die noch übrigen Opfergaben[1] von der Vedi entfernt[2] und die beiden Holzscheite[3] ins Feuer zurückgeschoben hat, erläßt er den Befehl: „Brahman, wir wollen vortreten[4]. Agnīdh, nachdem du das Holzscheit[5] aufgelegt hast, wische die Umlegehölzer und das Feuer je einmal[6] ab.

[1] Also den zweiten Opferkuchen und den Rest der beiden Sāṃnāyyamilcharten.

[2] Vgl. III. 7. 15. [3] Vgl. II. 9. 8. [4] Nl. zur Darbringung der Nachopfer.

[5] Nl. das für die Nachopfer bestimmte, vgl. I. 5. 11, II. 12. 6.

[6] Im Gegensatz zu II. 12. 10. Auch hier lautet der Sampraiṣa im Brāhmaṇa (TBr. III. 3. 8. 11) ein wenig anders als bei Āp.

6. Nachdem der Brahman seine Aufforderung erteilt hat[1], legt der Āgnīdhra das Holzscheit im Āhavanīya auf mit der Formel: „Hier ist ein Holzscheit für dich, o Agni, dadurch wachse und schwelle an. Es soll wachsen und anschwellen dein Opferherr. Möchten wir wachsen und anschwellen, svāhā[2]."

[1] Vgl. III. 20. 8. [2] Die Formel, besonders am Schlusse, stimmt am meisten mit MS. überein.

7. Nachdem er in der vorher dargetanen Weise[1] die Umlegehölzer je einmal abgewischt hat, wischt er einmal das Feuer nach Osten ab mit der Formel: „O Agni, der du den Sieg davonträgst, dich, der du zum Siege geeilt bist und den Sieg errungen hast, du Siegender, der du den Sieg erringst, zur Erringung des Sieges wische ich dich, das Feuer, den Speiseesser, ab, damit ich Speise essen möge[2]."

[1] Vgl. II. 13. 1. [2] TBr. III. 7. 6. 17—18.

8. Die Stränge des Brennholzbandes wirft der Adhvaryu, nachdem er sie mit Wasser besprengt hat, mit dem Verse: „Rudra, der Stier, der Wesen Oberherr, der an der Leine gehende (?), mögest du unsere Tiere nicht schädigen. Dieses sei dir geopfert; svāhā"[1] in den Āhavanīya[2] oder auf den Kehrichthaufen oder irgendwo in die Feuerhütte oder auf die Getreidehaufen oder an einer Stelle, die entfernt von dem Kuhstall oder von der Kuhweide ist[3].

[1] TBr. III. 3. 2. 5. [2] Nur so das Brāhmaṇa (TBr. l. c.) [3] Weil es dem Vieh, wenn es auf die Gräser träte, schlecht bekommen würde (vgl. TBr. l. c. 3).

III. 5.

1. Nachdem er die in der Upabhṛt befindliche Butter in die Juhū gegossen hat, schreitet er mit Juhū und Upabhṛt einmal[1] nach Süden hinüber und bringt vor dem Vereinigungspunkte der beiden Buttergüsse die drei Nachopfer in westlicher Richtung dar. Nachdem auf die Anrufung zu jedem Nachopfer besonders der Gegenruf ausgesprochen worden ist, erläßt er die Aufforderung an den Hotṛ zum ersten Nachopfer mit den Worten: „Für

die Götter sage den Opferspruch her“, für die beiden anderen Nachopfer bloß mit den Worten: „Sage den Opferspruch her[2].“

[1] Vgl. Bem. 2 zu II. 17. 1. [2] Vgl. II. 17. 1.

2. Die Butter für das erste Nachopfer gießt er in den östlichen Teil des Āhavanīya über dem Holzscheite aus, die für das zweite bestimmte Butter in die Mitte, mit der für das letzte beginnt er im westlichen Teile, vor dem Verbindungspunkte der Buttergüsse, auf dem Holzscheite, im Osten abschließend, die beiden anderen damit in Berührung bringend[1].

[1] Er gießt also die für das letzte Nachopfer bestimmte Butter über dem ganzen nach III. 4. 6 aufgelegten Holzscheite, von Ost nach West, aus.

3. Nachdem er zurückgeschritten ist und die beiden Opferlöffel an ihre Stätte gelegt hat, schiebt er sie auseinander mit den zwei das Wort „Sieg“ enthaltenden Versen[1].

[1] Das Nähere hierüber im folgenden Sūtra. — Übrigens wird der Zweck dieser Handlung verschieden angegeben; nach TBr. III. 3. 9. 1 stößt er dadurch, daß er die Juhū nach vorne schiebt, die Nebenbuhler des Opferveranstalters, die schon da sind, weg; durch das Zurückschieben der Upabhṛt drängt er seine künftigen Nebenbuhler zurück. Etwas verschieden ŚBr. I. 8. 3. 5.

4. Mit dem ersten Halbverse: „Durch des Sieges Kraft hat Indra mich durch Erhebung erhoben“[1] hebt er mit der rechten Hand, deren Rücken nach unten gehalten wird, die Juhū samt dem Prastara empor, mit dem zweiten Halbverse: „Meine Nebenbuhler jedoch hat er durch Niederdrückung unterliegend gemacht“[1] drückt er mit der linken Hand, deren Rücken nach oben gekehrt ist, die Upabhṛt nieder.

[1] TS. I. 1. 13. a.

5. 6. Während er den Halbvers: „Durch stetige Erhebung und durch stetige Niederdrückung haben die Götter das Brahman gemehrt“[1], spricht, hebt er nach den Worten: „Durch stetige Erhebung“ die Juhū zum zweiten Male auf, drückt nach den Worten: „Durch stetige Niederdrückung“ die Upabhṛt zum zweiten Male nieder und schiebt nach den Worten: „Haben die Götter das Brahman gemehrt“ die Juhū nach vorne (d. h. nach Osten).

[1] TS. I. 1. 13. b. a, b.

7. Mit dem Halbverse: „Meine Nebenbuhler jedoch haben Indra und Agni nach verschiedenen Richtungen verstreut“[1] wirft er mit der linken Hand die Upabhṛt in westlicher Richtung außerhalb der Vedi. Dann besprengt er die Upabhṛt mit Wasser, legt sie an Ort und Stelle zurück und besalbt mit der Juhū die Umlegehölzer mit der Formel: „Den Vasus dich“[2] das mittlere, „den Rudras dich“[2] das südliche, „den Ādityas dich“[2] das nördliche.

[1] TS. I. 1. 13. b c, d. [2] TS. I. 1. 13. c.

8. Die Juhū legt er dann zwar auf die Vedi, aber nicht auf den Prastara.

9. Mit der Formel: „O Erde und Himmel, seid eines Sinnes; Mitra und Varuṇa sollen dich mit Regen fördern“[1] zieht er den Prastara unter den Trennungsgräsern hervor[2], legt die zwei Trennungsgräser auf die Streu zurück und salbt den Prastara in den Opferlöffeln[3],

[1] Aus VS. [2] Der Prastara war ja auf die Vidhṛtigräser gelegt worden, vgl. II. 9. 13.
[3] Vgl. TBr. III. 3. 9. 2.

III. 6.

1. und zwar dessen Spitze in der Juhū mit der Formel: „Das Gesalbte leckend sollen es die Vögel genießen“[1], die Mitte in der Upabhṛt mit: „Nachkommen und Mutterschoß will ich nicht wegwischen“[2], die Wurzel in der Dhruvā mit: „Wasser und Kräuter sollen anschwellen[3].“ In dieser Weise dreimal.

[1] TS. I. 1. 13. d. [2] L. c. e. [3] L. c. f.

2. 3. Oder aber mit der Formel: „Salbe dich im Himmel“[1] die Spitze in der Juhū, „Salbe dich im Luftraum“[1] die Mitte in der Upabhṛt, „Salbe dich auf der Erde“ die Wurzel in der Dhruvā. In derselben Weise wieder (zweimal).

[1] Dieselben Formeln fakultativ nur noch in Hir.

4. Jetzt ein anderes Verfahren[1]: mit der Formel: „Für die Erde (salbe ich) dich“ die Wurzel in der Dhruvā, „Für den Luftraum dich“ die Mitte in der Upabhṛt, „Für den Himmel dich“ die Spitze in der Juhū.

[1] Das offenbar dem Kāṭhaka entlehnt ist.

5. Nachdem er mit der Formel: „Zu langem Leben (ergreife ich) dich“[1] dem gesalbten Prastara einen Grashalm entnommen und diesen Halm wohlverwahrt hingelegt hat[2], ergreift er mit den beiden Händen, die rechte über der linken haltend, den Prastara, legt ihn in die Juhū und befiehlt sitzend, nachdem Aufforderung und Gegenruf[3] erfolgt sind: „Aufgefordert sind die göttlichen Hotṛ's zur günstigen Verkündigung, aufgefordert ist der menschliche zum Sagen der guten Worte. Die „guten Worte“ sage her[4].“

[1] Das Yajus nur noch in Hir., Bhār. Mān. [2] Behufs der Handlung von III. 7. 5. [3] Vgl. II. 15. 3, 4. [4] TBr. III. 3. 8. 11.

6. Während „die guten Worte“ vom Hotṛ hergesagt werden[1], wirft der Adhvaryu mit der Formel: „Die scheckigen Stuten der Maruts seid ihr; geh zum Himmel, lasse von da den Regen zu uns strömen“[2], den Prastara samt dem Aste[3] in den Āhavanīya.

[1] Die Formel ist verzeichnet TBr. III. 5. 10, vgl. Hillebrandt, N.V.O., S. 143. [2] TS. I. 1. 13. g, h. [3] Dem sog. Astreiniger, vgl. I. 6. 9.

7. Er macht am Ende der Formel kein svāhā[1].

[1] Nl. der Formel, mit welcher er den Prastara ins Feuer geworfen hat. Diese Handlung ist ja keine eigentliche Spende, sondern hat nur den Zweck, den gebrauchten Gegenstand in ritueller Weise zu entfernen (?).

8. Er bewegt, beim Hineinwerfen des Prastara ins Feuer, ihn nicht von links nach rechts noch von oben nach unten, er wirft ihn nicht auseinander, er streicht nicht mit der Hand über ihn in die Quere, er streicht nicht über ihn von oben nach unten und von unten nach oben, er werfe ihn nicht nach Norden (d. h. mit der Spitze nach Norden) hin[1].

[1] Vgl. II. 8. 5.

9. Die Hand quer haltend wirft er ihn langsam schiebend in den Āhavanīya.

10. Es ist im Brāhmaṇa gesagt worden, und das daselbst Gesagte soll in diesem Zusammenhang beachtet werden: „Er bricht ihn nicht ab“ usw.[1].

[1] Vgl. TS. II. 6. 5. 3—5: „Er bricht ihn nicht ab (d. h. er hütet sich davor, daß die Spitze des Prastarabündels, wenn er es ins Feuer wirft, abgebrochen wird); ... er wirft ihn oben in das Feuer; ... er drückt ihn nieder; ... er werfe ihn nicht so hinein, daß die Spitze an der anderen Seite hinausragt; ... er werfe ihn nicht von Osten nach Westen hinein; ... er wirft ihn in östlicher Richtung (d. h. so, daß die Spitze nach Osten liegt) hinein ..." usw.

11. Für einen Opferveranstalter, von welchem er wünscht, daß ihm ein Kind weiblichen Geschlechtes geboren werden möge, werfe er ihn hinein, nachdem er ihn ausgebreitet hat[1].

[1] D. h. nachdem er die Grashalme des Prastara von einander geschoben hat. Diese Vorschrift, deren Wortlaut nahezu mit dem K. (XXXI. 5: 108. 11) identisch ist, stimmt mit TS. l. c. überein: „Er schiebe ihn nicht seitwärts auseinander; wenn er dies täte, so würde ihm ein Kind weiblichen Geschlechtes geboren werden." Da diese Vorschrift im vorhergehenden Sūtra impliziert ist, so wird sie tatsächlich von Āp. zweimal gegeben.

III. 7.

1. Bei den Bitten[1] läßt er den Prastara fahren, indem er die Hand nach unten umkehrt.

[1] D. h. an dem Zeitpunkt, wo der Hotṛ in seinen „guten Worten" (vgl. III. 6. 6) sagt: „Dieser Opferveranstalter Soundso erfleht sich: ein langes Leben erfleht er sich" usw. (TBr. III. 5. 10. 4).

2. Dann befiehlt er: „Agnīdh, lasse gehen[1]."

[1] D. h.: „Bewirke, daß der Prastara in das Feuer geht." Der Adhvaryu legt ihn nur auf den Āhavanīya, der Āgnīdhra vollzieht die eigentliche Handlung. So auch Bhār., Hir., Vaikh. und Mān. Nach Baudh. und den Vājasaneyins ist es der Adhvaryu selber, der den Prastara hineinwirft, nicht auch der Āgnīdhra.

3. Der Āgnīdhra zieht den Prastara, ohne ihn (d. h. dessen Grashalme) auseinander gehen zu lassen, dreimal mit den hohl aneinander gehaltenen Händen in die Höhe, das erste Mal mit der Formel: „Vermittelst des roten (Rosses) soll Agni dich zu der Gottheit bringen"[1], das zweite Mal mit der Formel: „Vermittelst der beiden Falben soll Indra dich zu der Gottheit bringen"[1], das dritte Mal mit der Formel: „Vermittelst des Schecken soll Sūrya dich zu der Gottheit bringen[1]".

[1] TS. I. 6. 4. p. Dazu TS. I. 7. 4. 3—4: „Diese (nl. der Rote, die Falben, der Schecke) sind die Rosse der Götter; der Prastara ist der Opferveranstalter: vermittelst der Rosse der Götter führt er den Opferveranstalter zum Himmelsraum.

4. Dann sagt der Āgnīdhra zum Adhvaryu: „Wirf nach",

5. und der Adhvaryu wirft den dem Prastara entnommenen Grashalm[1] nach mit der Formel: „Heil den Körpern[2]."

[1] Vgl. III. 6. 5. [2] Diese Formel nur noch in Bhār., Hir., Vaikh.

6. Nachdem er dreimal mit dem Zeigefinger danach gezeigt hat sagend: „Dort, dort", spricht er über dem Feuer die Formeln aus: „Das Leben schützend, o Agni, bist du; mein Leben schütze. Das Auge schützend, o Agni, bist du; mein Auge schütze[1]."

[1] TS. I. 1. 13. i, k.

7. Mit der Formel: „Fest bist du"[1] berührt er innerhalb der Vedi die Erde.

[1] TS. I. 1. 13. l.

8. Darauf sagt zu ihm der Āgnīdhra: „Besprich dich mit mir[1]."

[1] Diese Anrede entstammt dem ŚBr. (I. 8. 3. 20).

9. Der Adhvaryu sagt: „Ist er eingegangen, o Agnīdh?" „Er ist eingegangen[1]" sagt der Āgnīdhra. „Verkünde *(śrāvaya)*", sagt der Adhvaryu. „Er höre *(śrauṣat)*", der Āgnīdhra.

[1] „Er" ist nach dem Komm. der Prastara. Der Adhvaryu erkundigt sich durch diese Unterredung über den Punkt, ob der Prastara beseitigt ist. Die Theologen jedoch, die den Prastara dem Opferveranstalter gleichsetzen, suchen in den Worten den Sinn: „Ist der Yajamāna zum Himmelsraum eingegangen?" (vgl. TS. II. 6. 5. 6). Die *āśrutapratyāśruta* an dieser Stelle wohl nach ŚBr. l. c.

10. Das mittlere Umlegeholz angefaßt habend befiehlt der Adhvaryu: „Heil den göttlichen Hotṛs, Gelingen den menschlichen. Sage: „Heil und Segen[1]."

[1] *śaṃyos*, die Anfangsworte des jetzt vom Hotṛ herzusagenden Segenspruches (TBr. III. 5. 11, vgl. Hillebrandt, N.V.O., S. 148).

11. Während der „Heil- und Segenswunsch" vom Hotṛ hergesagt wird, wirft der Adhvaryu die Umlegehölzer in den Āhavanīya,

12. das mittlere mit dem Verse: „Das Umlegeholz, das du dir umgelegt hast, o Gott Agni, als du von den Paṇi's verborgen wurdest[1], das bringe ich dir hier, deinem Wunsch gemäß; nicht soll es sich von dir fortdenken"[2], mit der Formel: „Gehet beide zusammen zum Pfad des Opfers"[3] die beiden anderen zu gleicher Zeit.

[1] Ich vermag nicht zu sagen, auf welchen Zug im Agnimythus diese Worte hindeuten.
[2] TS. I. 1. 13. m. [3] L. c. n.

13. Die Spitze des an der nördlichen Seite des Feuers befindlichen Umlegeholzes schiebt er unter die glühenden Kohlen.

14. Nachdem er die Formel: „Den Opferveranstalter breitet aus"[1] über den Umlegehölzern ausgesprochen hat, legt er die Spitze der Upabhṛt in die Juhū[2] und beopfert mit dem Verse: „Die Neigen als Anteil habend seid ihr, die durch die Labung großen, auf dem Prastara sitzenden und auf der Streu sitzenden Götter. Dieses Wort genehmigend und euch auf diese Streu setzend, tut euch alle gütlich"[3] die Umlegehölzer mit den Neigen[4].

[1] Aus K.; das Yajus auch in Hir., Vaikh. [2] Sodaß er beim Ausgießen die Neigen der beiden Löffel zusammen in das Feuer gießt. [3] TS. I. 1. 13. o.
[4] Vgl. TBr. III. 3. 9. 7: „Die beiden Löffel gießt er aus: was dort Grausiges ist, das beschwichtigt er dadurch. Die Upabhṛt gießt er in die Juhū aus: die Juhū ist dem Opferveranstalter, die Upabhṛt dem Nebenbuhler gewidmet; so macht er dem Opferveranstalter den Nebenbuhler zum Untergebenen."

15. An diesem Zeitpunkte verzehren die Opferpriester die Überreste der Opfergaben[1].

[1] Welche nach III. 4. 5 von der Vedi entfernt worden waren.

III. 8.

1. Nachdem er die Schmalz- und Teigreste aus den Löffeln fortgespült hat[1], nimmt der Adhvaryu die Juhū und die Upabhṛt samt dem Sruva, der Hotṛ den Wisch und der Āgnīdhra das hölzerne Schwert[2], die Butterschale und die Wasserschale[3].

[1] Behufs der Handlung von III. 9. 11. [2] Das er während seines *pratyāśrāvaṇa*

in der Hand halten muß, vgl. II. 15. 4. [2] Wohl behufs der Handlung von III. 10. 7. — Übrigens verrät dieses Sūtra den Einfluß von ŚBr. I. 9. 2. 1.

2. Unter Vorgang des Āgnīdhra begeben sie sich behufs der Patnīsaṃyājas[1] nach hinten (d. h. nach Westen, auf den Gārhapatya hin).

[1] D. h. der vier Spenden an Soma, Tvaṣṭṛ, die Gattinnen der Götter und Agni gṛhapati.

3. Vor dem Gārhapatya und südlich davon geht der Adhvaryu[1], nördlich von demselben gehen die beiden anderen.

[1] Er begibt sich also zwischen Vedi und Gārhapatya und darauf südlich vom Gārhapatya herum, wohl nach ŚBr. I. 9. 2. 4 (zweite Hälfte).

4. Mit den Formeln: „Ich setze dich auf den Sitz des Agni, dessen Wohnung fest steht. Zum Behagen, ihr beiden Behagenreichen; bringet mich in Behagen“[1] setzt er die beiden Löffel (Juhū und Upabhṛt) über die Stütze der Deichsel[2] des Karrens[3] und schiebt sie mit der Formel: „An der Dhur beschützet die beiden zur Dhur gehörigen“[4] nach vorne auf die beiden Löcher des Joches[5] zu[6].

[1] TS. I. 1. 13. p, q. [2] In der Mitte des eigentlichen Querholzes, welches als Joch über die Schultern der Ochsen gelegt wird, befindet sich an der Unterseite, dort wo die zwei Deichseln mit dem Querholze zusammenkommen, ein nach unten hängender Pflock, auf welchen der Karren, wenn er nicht angespannt ist, gestützt wird. Das ist die *kastambhī*.

[3] Der Karren steht hinter dem Gārhapatya, vgl. I. 17. 5.

[4] TS. I. 1. 13. r. — Mit *dhuryau* sind wohl die beiden unter das Joch gespannten Zugochsen gemeint. Nach TBr. III. 3. 9. 9 deutet das Wort hier den Hausherrn und die Gattin an.

[5] Statt *yugadhuroḥ* hat Hir. *dhuroḥ* ,vgl. aber I. 17. 6. [6] Die Handlung, im Brāhmaṇa der Taittirīyas nicht näher angedeutet, nach ŚBr. I. 8. 3. 26.

5. Wenn er aus der Schale ausschüttet[1], so setze er die beiden Löffel mit denselben Formeln auf das hölzerne Schwert[2].

[1] Wie ja erlaubt ist, vgl. I. 18. 7. — Die in Sūtra 4 (bezw. 5) erörterte Handlung heißt in den anderen Sūtratexten *srucor vimokaḥ*, da bis jetzt Juhū und Upabhṛt immer zusammen gebraucht wurden, von jetzt ab aber nicht mehr. [2] Nach ŚBr. I. 8. 3. 26.

6. Die Patnīsaṃyājas verrichtet man mit den beiden Opferlöffeln[1] oder mit zwei Sruvas.

[1] Dies ist das gewöhnliche.

7. Nach einigen bringt er sie mit der Juhū oder dem Sruva dar, nachdem er den Wisch unter den Opferlöffel gebracht hat[1].

[1] Die Patnīsaṃyājas werden also dargebracht entweder mit Juhū und Upabhṛt, von welchen die letzte während des Ausgießens der Spende unter der Juhū gehalten wird, oder mit zwei Sruvas, deren einer in diesem Falle zum Unterhalten dient, oder mit der Juhū allein oder mit dem Sruva allein; in diesen beiden Fällen wird der Veda untergehalten.

8. Hinter dem Gārhapatya (d. h. westlich von demselben) sitzend mit erhobenen Knieen verrichtet man die Patnīsaṃyājas entweder murmelnd[1] oder leise[1],

[1] Entweder so, daß Vokale und Konsonanten noch hörbar sind, oder so, daß man sie nur mit den Lippen und der Zunge bildet, aber nicht vernehmbar macht. Die Vājasaneyins verrichten die Opfer leise (ŚBr. I. 9. 2. 8), wozu auch II. 19. 13 zu vergleichen ist.

9. am meisten südlich (rechts) der Adhvaryu, am meisten nördlich (links) der Āgnīdhra, in der Mitte der Hotṛ.

10. Nachdem man die Opfer an Soma und Tvaṣṭṛ mit Schmalz dar-

gebracht hat, verrichtet man das Opfer an die Götterfrauen mit dem Schweife[1] oder mit Schmalz je nachdem es geschöpft worden ist[2].

[1] Augenscheinlich ist diese Vorschrift dem Tieropfer entnommen, vgl. VII. 27. 10.

[2] D. h. je nachdem der Opferveranstalter *caturavattin* oder *pañcāvattin* ist (?).

11. Die Aufforderungen lauten: „Für Soma sage den Einladungsvers", „Für Soma sage den Opfervers". Er bringt diese Spende im nördlichen Teile des Gārhapatyafeuers dar[1].

[1] Die vom Hotṛ bei den Patnīsaṃyājas herzusagenden Verse sind TBr. III. 5. 12 zu finden.

III. 9.

1. In derselben Weise verrichtet er die anderen Patnīsaṃyājas: für Tvaṣṭṛ, die Gattinnen der Götter und Agni gṛhapati.

2. Südlich oder nördlich von der Stelle im Feuer, wo die für Soma bestimmte Schmalzspende ausgegossen ist, opfert er dem Tvaṣṭṛ, in der Mitte dem Agni gṛhapati[1].

[1] Die genaue Stelle der Gabe für die Gattinnen wird hier nicht angegeben. Nach Hir. soll sie ebenfalls zwischen der Stelle des Soma- und des Tvaṣṭṛ-Opfers dargebracht werden.

3. Das Opfer an die Gattinnen der Götter bringt er dar, nachdem von der Seite des Āhavanīya eine Verhüllung angebracht worden ist[1]; diese Verhüllung darf aber auch fortbleiben.

[1] Vor dem Gārhapatya (d. h. östlich davon) wird eine Matte oder etwas derartiges aufgerichtet. Die Bestimmung scheint den Vājasaneyins (ŚBr. I. 9. 2. 12) entnommen zu sein.

4. Wer einen Sohn zu bekommen wünscht, opfre der Rākā, wer Vieh, der Sinīvālī, wer Gedeihen, der Kuhū[1].

[1] Diese Spenden sind fakultativ. An welchem Zeitpunkte sie darzubringen sind, lehrt Sūtra 6. Vgl. Hillebrandt, N.V.O., S. 155.

5. Nach der Überlieferung einiger sind diese Opfer stetig.

6. Nach der Überlieferung einiger fallen sie vor oder nach dem Opfer an die Gattinnen der Götter.

7. Nachdem er in der früher[1] dargetanen Weise die Fingergelenke des Hotṛ besalbt hat, teilt er in die Hand des Hotṛ, der zuvor Wasser berührt hat, vier Schmalztropfen als Iḍā ab, sechs in die Hand des Agnīdh.

[1] Vgl. III. 2. 3.

8. Während die Iḍā vom Hotṛ herangerufen wird, fassen ihn der Adhvaryu, der Āgnīdhra und die Herrin des Hauses an[1].

[1] Vgl. III. 2. 8.

9. Die Iḍā wird, nachdem die Heranrufung vom Hotṛ beendet ist, vom Hotṛ und Āgnīdhra verzehrt[1].

[1] Vgl. III. 2. 10.

10. An diesem Zeitpunkte bringt der Adhvaryu vermittelst des Sruva, während die Herrin des Hauses ihn angefaßt hält, die Sampatnīyaspende[1] dar mit dem Verse: „Zusammen mit dem Gatten soll die Gattin sich an der Guttat beteiligen; die beiden sind, angespannt, die Jochgesellen des Opfers gewesen. Eines Sinnes seiend sollen sie die Feinde hinter sich lassen, svāhā[2]."

[1] Der Vers fängt an: *saṃ patnī patyā* usw. [2] TBr. III. 7. 5. 11.

11. Nach der Überlieferung einiger findet diese Spende vor dem Opfer

an die Gattinnen der Götter statt, oder nach derselben, oder aber nach den Spenden des Teiges und der Körnerbläschen[1].

[1] Also nach III. 10. 2.

12. Nachdem er die Splitter von den Holzscheiten[1] in den Dakṣiṇāgni aufgelegt hat, opfert er in diesem Feuer den Teig[2] und die Fruchtbläschen[3].

[1] Vgl. I. 6. 2 und TBr. III. 3. 6. 6. [2] Vgl. III. 8. 1. [3] Die vom Dreschen übriggeblieben sind, vgl. I. 20. 12, 13. Die Spende des *piṣṭalepa* ist nicht im Brāhmaṇa überliefert.

III. 10.

1. a. Erst verrichtet er das Opfer der Fruchtbläschen, dann das des Teiges, oder umgekehrt.

1. b. Nachdem er die Fruchtbläschen in zu vier Tempi geschöpftes Schmalz gestreut hat, opfert er dieselben im Dakṣiṇāgni mit den zwei Formeln: „O Agni, dessen Lebensdauer unverkürzt ist, dessen Körper dauernd ist, schütze mich heute vor dem Himmel, schütze mich vor der Schlinge, schütze mich vor dem schlechten Opfer, schütze mich vor der schlechten Speise, schütze mich vor der Übeltat." „Giftlos mache unseren Trank, durch guten Sitz den Schoß, svāhā[1]."

[1] TS. I. 1. 13. s, t (*suṣadā yonim* ist undeutlich).

1. c. In derselben Weise opfert er den Teig mit den Versen: „Was an dem Mörser und dem Stößer, was in der Wanne sich anheftete, was an dem Bodenstein, was am Kapāla, niederspritzendes, auseinanderspritzendes — das opfre ich alles zusammen; die Allgötter sollen diese Opfergabe gerne entgegennehmen. Die zahlreichen zur Seite fallenden Tropfen bringe ich alle wohlgeopfert im Feuer dar, svāhā[1]."

[1] TBr. III. 7. 6. 21.

2. Dann bringt er mit jedem der folgenden Sprüche immer noch im Dakṣiṇāgni je eine Schmalzspende dar: „Der Sarasvatī, welche die Bauern ernährt, svāhā der!" „Der Sarasvatī, welche die Häuser ernährt, svāhā der!" „O Indra, du Vereiniger[2], laß den Sinn der Dienstleute hierher gerichtet sein und die Stammesgenossen eines Sinnes mit mir sein, svāhā[3]!"

[1] Wohl entstellt aus MS. [2] *upānasyaka* von unbekannter Bedeutung. [3] Der Mantra so nur noch in Hir.; Bhār.: *indropānasya veśān sumanasaḥ sujātān kuru.*

3. Mit den Formeln: „Ein Wisch (*veda*, „Finder") bist du, Erwerb (*vitti*) bist du, möchte ich erwerben (*videya*). Die Handlung bist du, das heilige Werk bist du, möchte ich das heilige Werk verrichten. Gewinn bist du, Gewinner bist du, möchte ich gewinnen. Der Wisch (*veda*) soll schmalzvolles heimisches tausendfaches Gedeihen, einen flinken (Sohn) erteilen"[1] wirft der Hotṛ der Herrin des Hauses den Wisch dreimal[2] in den Schoß.

[1] TS. I. 6. 4. v—y. Die Handlung mit den begleitenden Sprüchen bezweckt den Opferveranstalter tausend Stück Vieh und die Gattin einen flinken Sohn erhalten zu machen, vgl. TS. I. 7. 4. 6. Nach TBr. III. 3. 9. 11 ist der Wisch der Bart des Prajāpati und die Handlung des Werfens eine Paarung. [2] So nach MS. I. 4. 8: 56. 3; übrigens ist in *upásthā ásyate* das Verbum nicht Passiv, wie Schröder meint, sondern Medium.

4. Die Herrin des Hauses wirft ihn dreimal aus ihrem Schoße zurück[1] mit der Formel: „Den Feind, den Hasser, stoße hinaus[2]."

[1] Diese Handlung wird nicht im Brāhmaṇa erwähnt.
[2] Mit geringer Änderung aus der MS.

5. Mit der Formel: „Den Faden spannend wandle du dem Lichte des Luftkreises nach; behüte die leuchtenden mit Einsicht gemachten Wege“[1] streut der Hotṛ den losgelösten Wisch ohne Unterbrechung vom Gārhapatya bis zum Āhavanīya[2] oder bis zur Vedi[3].

[1] TS. III. 4. 2. e. [2] Nur so das Brāhmaṇa (TBr. III. 9. 9. 11).
[3] So machen es die Vājasaneyins (ŚBr. I. 9. 2. 24).

6. Mit dem Verse: „Diesen Strick des Varuṇa binde ich los, welchen Savitṛ der wohlgesinnte gebunden; und in dem Schoß des Schöpfers, in der Welt der Guttat, mache ich mir mit dem Gatten einen weichen Sitz“[1] löst die Herrin des Hauses die Schlinge des Jochbandes[2] von sich.

[1] TS. I. 1. 10. g. [2] Mit welcher sie seit II. 5. 2 umgürtet war.

7. In ihre hohl aneinander gehaltenen Hände, die das Jochband halten, gießt der Hotṛ die mit Wasser gefüllte Schale[1] aus.

[1] Vgl. III. 8. 1.

8. Während das Wasser ausgegossen wird, flüstert sie den Vers: „Mit langem Leben, mit Nachkommenschaft, mit Lebenskraft wieder, o Agni, vereinige ich, die Gattin, mich mit dem Gatten, vereinigt sich meine Seele mit meinem Körper[1].“

[1] TS. I. 1. 10. h.

9. Nachdem sie das Wasser aus ihren Händen hat wegfließen lassen, wischt sie sich den Mund ab und steht auf mit der Formel: „Möchte ich eine gedeihende, vieh- und kinderreiche Hausherrin sein[1].“

[1] Das Yajus nur in Āp.; die Handlungen in Sūtra 7—9 nach TBr. III. 3. 10. 3—4.

III. 11.

1. Auf demselben Wege, wie er gekommen[1], geht der Adhvaryu zum Āhavanīya zurück und bringt mit der Juhū oder dem Sruva[2] die Allsühnspenden[3] dar.

[1] Vgl. III. 8. 3. Natürlich begeben sich auch der Hotṛ und der Āgnīdhra nach ihren Plätzen zurück. [2] Jedesmal aus der Butterschale Schmalz schöpfend.
[3] Diese Spenden nicht im eignen Brāhmaṇa des Āp., vgl. aber Kāṭh. XXXI. 4: 22. 3 und MS. I. 4. 8 am Ende.

2. Die Verse und Formeln, mit welchen diese Spenden dargebracht werden, sind die folgenden:

(1). „In dem Brahman wurzelt der Geist“ usw. (vgl. II. 21. 1).

(2). „Die allzuweit ausgedehnte Aufforderung und der allzuweit gesagte Vaṣaṭruf beim Opfer, was überschüssig in der heiligen Handlung und was unzulänglich ist: das Opfer, die Knotenpunkte verlängernd, bringt es in der Ordnung; die von Svāhāruf begleitete Spende soll zu den Göttern gehen.“

(3). „Wenn ich, o Götter, irgend eine Beleidigung gegen euch mit dem Worte übermäßig verrichte, bringet, o Maruts, diese hinüber zum Unfrommen, der uns nachstellt[1], und beseitigt sie.“

(4). „Zu Ende geführt ist meine Handlung; sie wird nochmals zu Ende geführt; das süßeste Lied wird zum Spruch gesagt. Dies ist ein alle Arznei enthaltender Ozean. Sättiget euch, o Ṛbhus, alle insgesamt an dieser von Svāhāruf begleiteten Spende.“

(5). „Wir sind aus der Finsternis, erschauend das herrliche Licht: Gott Sūrya unter den Göttern, zum herrlichen Lichte angelangt.“

(6). „Hinauf führen die Lichterscheinungen diesen Gott Jātavedas: die Sonne, damit das All erblickt werde.“

(7). „Das schimmernde Antlitz der Götter ist emporgestiegen, das Auge Mitra's, Aryaman's und Agni's. Es hat erfüllt die Erde, den Himmel und den Luftraum, die Sonne: die Seele des Bewegenden und Bewegungslosen.“

(8). „O Varuṇa, höre diesen meinen Ruf und sei mir heute gnädig; dich suche ich, um Hülfe flehend.“

(9). „Darum gehe ich dich an mit heilgem Worte dich verehrend, darum bittet der Opferveranstalter mit Opfergaben: ohne Zorn, o Varuṇa, merke auf, nimm uns nicht unser Leben, o weitherrschender Gott.“

(10). „Mögest du, Agni, dessen kundig, den Zorn des Gottes Varuṇa von uns abwenden; der du am besten die Götterverehrung kennst, der du das vorzüglichste Fahrzeug (der Opfergabe) bist, befreie uns durch deine hellen Flammen von allen Anfeindungen.“

(11). „Sei uns, o Agni, mit deiner Hilfe zur Hand, sei uns in der Nähe, wenn diese Uṣas hell wird. Stimme uns durch deine Opfergabe den Varuṇa günstig. Erbarme dich unser, sei uns wohlgerufen.“

(12). „Du, o Agni, bist behende; behende seiend bist du im Geiste (als Bote zu den Göttern) angestellt; behende seiend fährst du die Opfergabe, o behender Agni, verleihe uns Arznei.“

(13). „O Prajāpati“ usw, (vgl. I. 10. 8).

(14—21). „Den durch Opfer Verehrten, svāhā.“ „Vaṣaṭ den durch Opfer nicht Verehrten, svāhā.“ „Arzenei, der verkehrten Opferhandlung, svāhā.“ „Der Wiedergutmachung, svāhā.“ „Dem Mißerfolg, svāhā.“ „Den göttlichen Körpern, svāhā.“ „Dem Gelingen, svāhā.“ „Dem völligen Gelingen, svāhā.“

(22). „Behende bist du, o Agni, und frei von Tadel; in Wahrheit bist du behende; durch behenden Geist gestützt, fährst du behende die Opfergabe. O behender Agni, verleihe uns Arzenei.“

(23). „Was wir bei diesem Opfer in Spruch und Handlung versäumt haben, das alles beschwichtige ich durch diese Darbringung; es sollen die Götter sich sättigen und sich an der Butter gütlich tun[2].“

[1] L. *arāvā yo 'smāṃ abhi ducchunāyate.* [2] Alle Verse und Formeln (außer 22, welcher Vers dem K. oder der MS. entnommen ist, und 23, welcher nur aus Āp. bekannt ist) der Reihe nach = TBr. III. 7. 11. 1—4.

III. 12.

1. (24). „Was beachtet und unbeachtet ist, was unbedacht und was bedacht, o Jātavedas, füge das zusammen; du weißt ja, wie es sich gehört.“

(25). „Was wir getan und nicht getan, was zu viel und was nicht zu viel gewesen ist, das alles soll der kundige Agni sviṣṭakṛt wohlgeopfert und wohldargebracht machen."

(26). „Was ich bei dieser heiligen Handlung zu viel getan oder was ich hier zu wenig getan habe, das alles soll der kundige" usw. wie 25.

(27). „Wovor wir uns, o Indra, fürchten, davor verleihe uns Furchtlosigkeit; o Maghavan, vermöge du das für deine Hilfe (sic). Vernichte die Feinde, vernichte die Gegner."

(28). „Der Geber des Heiles, der Herr des Volkes, der Töter des Vṛtra, der Gegnerlose, der Mächtige, der Stier: Indra, gehe uns voran, heilgebend, Furchtlosigkeit bringend."

(29). „Was wir hier zu wenig getan haben, o du Gott mit deinen Falben, mache, durch diese Lieder gestärkt, das anschwellen. Wenn du deinen Lobsängern zu Gefallen die großen Kuhställe zerbrichst, so möchten wir den reichsten Anteil bekommen."

(30). „Was vom Opfer unwissentlich oder wissentlich in falscher Weise verrichtet wird, das, o Agni, bringe von diesem Opfer in Ordnung; du weißt ja, wie es sich gehört."

(31). „Gleich groß wie der Mensch *(puruṣa)* ist das Opfer, das Opfer ist gleich groß wie der Mensch; das, o Agni, bringe" usw. wie 30.

(32). „Was die Sterblichen in Einfalt, schwach von Verstand, mit dem Geiste nicht vom Opfer erkennen, das soll Agni als weiser Hotṛ am besten erkennen, die Götter gehörig ehrend."

(33). „Was wissentlich und unwissentlich und verwirrt die Opferpriester tun, von dieser Schuld soll Agni und die Göttin Śraddhā mich erlösen[1]."

[1] Alle Verse der Reihe nach wie TBr. III. 7. 11. 4—5, außer 24, 25, 26 und 33; diese sind teils nur aus Āp. bekannt, teils an aus anderen Quellen Bekanntes anklingend.

III. 13.

1. a. (34). „Agni Jātavedas, der nahe stehende, hat, vor uns sich niederlassend, die Verehrung vollbracht; Gewinn erwerbend befreie du uns ganz und gar und verleih uns, o Jātavedas, Reichtum und was gut ist."

(35). „Die hundert und die tausend Stricke des Opfers, die du an vielen Stellen ausgespannt hast, o Varuṇa, von diesen sollen uns Indra, Savitṛ und Viṣṇu, die Allgötter und die Maruts, zum Heile, lösen."

(36). „Rudra der Stier, der Wesen Oberherr" usw. wie III. 4. 8.

(37). „Erwache, o Agni, und wache über ihm. Geopfertes und Verschenktes sollen sich mit diesem hier zusammenfinden. Dich, den Vater, wieder zum Jüngling machend, hat er in dir diesen Faden wieder ausgesponnen."

(38). „Löse, o Varuṇa, den oberen Strick und den unteren und den mittleren von uns los, und möchten wir, o Āditya, in deiner Observanz, der Aditi gegenüber schuldlos sein."

[1] 37 ist TS. IV. 7. 13. m, 38: TS. I. 5. 11. k.; 34 und 35 haben Anklänge an Kāty.

1. b, 2. Nachdem er mit diesen Versen und Formeln und mit den großen Worten getrennt und vereinigt[1] die Allsühnspenden dargebracht hat, macht er in der früher dargetanen Weise[2] die Dhruvā „anschwellen". Dann bringt er innerhalb der Vedi aufrecht stehend vermittelst der Dhruvā die Samiṣṭayajusspende dem Winde dar mit den Formeln: „Ihr Götter, die ihr den Weg kennet, gehet, nachdem ihr den Weg gefunden habt, den Weg (zurück). O Herr des Geistes, dieses Opfer von uns, o Gott, stelle unter die Götter, svāhā, in die Stimme, svāhā, in den Wind, svāhā[3]."

[1] Also: (39) *bhūḥ svāhā,* (40) *bhuvaḥ svāhā,* (41) *suvaḥ svāhā,* (42) *bhūr bhuvaḥ suvaḥ svāhā.* [2] Vgl. II. 12. 9. [3] TS. I. 1. 13. u, v. Die letzten Worte bilden den Gegensatz zu: „soll das Opfer vom Winde her angewandt werden" (vgl. I. 1. 4), vgl. TBr. III. 3. 9. 12: „Derjenige ist wahrhaft Adhvaryu, welcher das Opfer abschließt, wo er es in Wirkung setzt: vom Winde her (vgl. I. 1. 4) setzt er es in Wirkung; durch diesen Spruch (TS. I. 1. 13. v) schließt er es ab, wo er es in Wirkung gesetzt hatte."

3. Bei dem mittleren Svāhāruf[1] wirft er die Streu nach.

[1] Der in Sūtra 2 erwähnte Spruch soll nach der allgemeinen Regel mit *svāhā* abgeschlossen werden. Bei dem in der Mitte des Spruches vorkommenden *svāhā* wird die Streu in den Āhavanīya geworfen. Der Grund ist wohl, daß die Samiṣṭaspende den Abschluß des ganzen Opfers bilden muß. Übrigens ist das Nachwerfen der Streu nicht im Brāhmaṇa des Schwarzen Yajurveda, wohl aber in dem des Weißen erwähnt (ŚBr. I. 9. 2. 29).

4. Wenn der Opferveranstalter verreist ist, so legt er mit der Formel: „Dem Prajāpati gehört der Raum, welcher der leuchtende heißt; in diesen stelle ich dich samt dem Opferveranstalter"[1] den Anteil des Opferveranstalters[2] in die Dhruvā und opfert denselben zugleich mit der Samiṣṭayajusspende.

[1] TS. I. 6. 5. b. [2] Vgl. III. 1. 9 und III. 3. 5, 9.

5. Mit dem Verse: „Bestreue, umlege die Vedi; schade nicht, indem du zwecklos liegen bleibest, dem Angehörigen *(jāmim)*. Diese den Sitz des Hotṛ bildenden (Gräser) sollen im höchsten (Raume) dem Opferveranstalter wie goldne schimmernde Niṣkas sein"[1] bestreut er mit den Gräsern vom Sitze des Hotṛ die Vedi und mit der Formel: „Wer hat euch angeschirrt? Dieser soll euch losmachen"[2], stellt er das Praṇītawasser innerhalb der Vedi und löst es (spannt es ab)[3].

[1] TBr. III. 7. 5. 13. [2] Wie Āp. so Bhār. und Vaikh. Hir. hat: *yo vo 'yokṣīt sa vo vimuñcatu.* [3] Im Gegensatz zu I. 16. 10. Das „Lösen, Abspannen" (d. h. außer Wirkung stellen) besteht eben im Hersagen des Spruches. Nach ŚBr. I. 9. 2. 32 wird das Wasser innerhalb der Vedi ausgegossen.

6. Mit den Versen: „O Schürhaken, den dich unter den Menschen die Götter gestützt haben, bring uns hierher diejenigen, welche uns abgeneigt sind. — O Schürhaken, *(upaveṣa)*, bediene *(upaviḍḍhi)* uns. Mache Nachkommen, Gedeihen und Besitz, Zweifüßler und Vierfüßler bei uns bleibend und nicht fortgehend" verbirgt er den Schürhaken mit dem dicken Ende von Ost nach West[1] in den Kehrichthaufen[2].

[1] Vgl. Bem. 4 zu I. 2. 10. [2] Sprüche und Ritual nach TBr. III. 3. 11. 1—2.

III. 14.

1. Wenn er jemandem schaden will, so wirft er diesem den Schürhaken zu, indem er die Formel: „Die Qual (eig. Glut), die in dem Schürhaken ist,

soll zu Soundso gehen, den wir hassen" flüstert; dabei ersetzt er das Wort Soundso durch den Namen der betreffenden Person[1].

[1] Das Ganze nach TBr. III. 3. 11. 2—3.

2. Mit den folgenden drei Versen und den zwei Formeln: „Aus dem Hause vertreibe den Soundso, den Nebenbuhler, der uns angreift; durch die Hinauswerfungsopfergabe hat Indra ihn zermalmt. — Gehe in die drei Fernen, gehe hinaus über die fünf Völker, gehe über die drei leuchtenden Räume hinaus, solange die Sonne am Himmel stehen wird. — In die weiteste Ferne soll Indra, der Töter des Vṛtra, dich führen, woher du nicht zurückkommen wirst für alle Ewigkeit. — Erschlagen ist Soundso. Den Soundso haben wir erschlagen"[1] wirft er darauf den Schürhaken hinaus oder vergräbt ihn.

[1] TBr. III. 3. 11. 3—4.

3. Oder mit dem Verse: „Fliege fort, aus (der Hand) gelassen (wie) ein Pfeil, vom heilgen Worte geschärft. Geh und dringe in die Feinde ein. Nichts sollst du von ihnen übrig lassen[1]."

[1] TBr. III. 7. 6. 23.

4. Mit dem vier Versviertel enthaltenden[1] Verse: „Die Schüsselchen, welche die Kundigen auf der Glut aufschichten, die sollen auch im Bereich des Pūṣan von Indra und Vāyu gelöst werden"[2] löst er die Schüsselchen von einander und entfernt sie, indem er sie zählt[3].

[1] Diese in diesem Zusammenhang überflüssige Zutat entstammt dem Brāhmaṇa (TBr. III. 2. 7. 6). [2] TS. I. 1. 7. k. [3] Weil keines fehlen darf; ist dies der Fall, so muß (vgl. TS. II. 6. 3. 5—6) eine besondere Iṣṭi stattfinden. — Vgl. übrigens Bem. 2 zu II. 11. 3.

5. Hiermit ist die Darstellung des Voll- und Neumondsopfers zu Ende geführt.

6. Hierbei schließe er entweder die Handlungen, deren letzte der Śaṃyuvāka ist, am Āhavanīya, und die, deren letzte die mit der Butteriḍā ist, am Gārhapatya ab[1], — oder er schließe die, deren letzte Handlung die mit der Iḍā ist, am Āhavanīya, und die, deren letzte der Śaṃyuvāka ist, am Gārhapatya ab[2].

[1] Dies ist die oben gegebene Reihenfolge, vgl. III. 7. 10 und III. 9. 7—9.

[2] In diesem Falle finden Sūktavāka und Śaṃyuvāka am Gārhapatya statt.

7. Wenn die Handlungen, deren letzte der Śaṃyuvāka ist, hinten, (d. h. am Gārhapatya) abschließen, so salbe er, dem Wisch einen Halm entnommen habend, die Spitze dieses Halmes in der Juhū, den mittleren Teil in dem Sruva oder in der Upabhṛt, die Wurzel in der Butterschale. Das Verfahren mit diesem Halme ist dasselbe wie beim Prastara. Darauf verrichte er (die Riten) vom Sūktavāka bis zum Śaṃyuvāka[1].

[1] Die genaue Reihenfolge der Handlungen in diesem Falle ist nicht ganz deutlich, vgl. auch Kāty. III. 7. 13—14 und Hillebrandt, N.V.O., S. 159.

Nachträgliches zu den Voll- und Neumondsopfern.

8. Die Voll- und Neumondsopfer kann man verrichten mit dem Wunsche, den Himmel zu erreichen[1].

[1] Die Voll- und Neumondsopfer sind ständig und müssen von einem gläubigen Hindu verrichtet werden. Man kann sie aber auch mit einem bestimmten Wunsche unternehmen.

9. Man kann sie mit einem Wunsche oder mit allen Wünschen unternehmen[1].

[1] In einer Śruti (zitiert in der Vaijayantī zu Hir.) heißt es: „Die anderen großen Opfer werden unternommen mit Hinsicht auf die Erfüllung eines Wunsches. mit Hinsicht auf die Erfüllung aller Wünsche wird das Voll- und Neumondsopfer unternommen", vgl. Bem. 3 zu X. 2. 1.

10. Er soll, wenn alle Wünsche damit verbunden werden, diese Wünsche zugleich äußern, oder einzeln, bei jeder Vollziehung[1].

[1] Vgl. Bem. 3 zu X. 2. 1.

11. Diese beiden Opfer verrichte er lebenslänglich.

12. Oder dreißig Jahre hindurch.

13. Oder er höre damit auf, wenn er alt geworden ist.

14. „Zwei Vollmondsopfer (hintereinander) und zwei Neumondsopfer (hintereinander) verrichte, wer Gedeihen wünscht", nachdem es (nl. das Brāhmaṇa) diese Vorschrift gegeben hat, sagt es: „Nur eines bringe er (jedesmal) dar[1]."

[1] Vgl. TS. II. 5. 5. 2ff., wo erst das Verbot gegeben wird, zwei Voll- und zwei Neumondsopfer (jedes zusammen, d. h. das erste am Tage vorhergehend dem Vollmonds- bzw. Neumondstage, das zweite am eigentlichen Vollmonds- bzw. Neumondstage) darzubringen; diese Betrachtung schließt mit den Worten: „Nur eines verrichte er." Darauf folgt jedoch unmittelbar: „Er achte jedoch nicht darauf und verrichte je zwei", worauf auch für diese Ansicht Gründe angeführt werden; „in dieser Welt wird er dadurch Gedeihen haben." Āpastamba scheint beide Ansichten gut zu heißen. — Man bemerke übrigens, daß Āp. sein eigenes Brāhmaṇa nicht genau zitiert.

Die dem Voll-Neumondsopfer anzureihenden ständigen und beliebigen Opfer.

III. 15.

1. Nachdem er das Vollmondsopfer zu Ende geführt hat, reiht er eine Iṣṭi unmittelbar daran, welche aus einem auf elf Schüsselchen gebackenen, für Indra vaimṛdha[1] bestimmten Opferkuchen besteht[2].

[1] D. h. für den feindlosen Indra, d. h. für Indra, der seine Feinde, besonders den Vṛtra besiegt hat, vgl. TS. II. 5. 3. 1. [2] Diese Vorschrift beruht auf TS. l. c. und II. 5. 4. 1, wo dieselbe deshalb empfohlen wird, weil dadurch bei beiden Opfern. sowohl beim Voll- wie beim Neumondsopfer, Indra seinen Anteil bekommt: beide werden dadurch *sendra*. Das Neumondsopfer ist an und für sich schon *sendra* durch die für Indra bestimmte saure Milch.

2. Nach der Überlieferung einiger[1] geht diese Iṣṭi in einer Handlung mit dem vorhergehenden Vollmondsopfer vor sich[2].

[1] Wahrscheinlich sind die Baudhāyanīyas gemeint (vgl. z. B. Baudh. I. 5: 8. 4, I. 16: 25. 9).

[2] D. h. es werden alle vorbereitenden Handlungen wie das Ausschütten der Opfersubstanz, das Ansetzen des Kuchens usw. den korrespondierenden Handlungen des Vollmondsopfers unmittelbar angefügt.

3. Im Unternehmen dieses nachträglichen Opfers herrscht Freiheit; vom Unternehmen an ist er jedoch gebunden[1].

[1] Wenn er einmal angefangen hat, diese nachträgliche Iṣṭi darzubringen, so soll er dieselbe auch künftig darbringen.

4. Es hat siebzehn Entzündungsverse, und der Opferlohn ist je nach der Opferwilligkeit[1] zu geben.

[1] *yathāśraddha-*. Hir.: *yathāśakti dakṣiṇāṃ dadāti.*

5. Der Einladungs- und der Opfervers für die Sviṣṭakṛtspende bei dieser Iṣṭi enthalten das Wort *śardha:* „O Agni, erstarke *(śardha)* in großer Herrlichkeit; deine Glanzerscheinungen sollen die höchsten sein; mache den Haushalt gut geordnet, verdunkle die Herrlichkeiten der feindselig Auftretenden." — „Wenn du vom Winde geschüttelt kräftig nach Belieben gierig die Speisen verzehrend dich ausbreitest, so stellen sich, wie Wagenlenker, gesondert die ewig jungen Scharen *(śardhāṃsi,* d. h. „deine Flammen") von dir, o Agni, ein, wenn du ans Verbrennen gehst[1]."

[1] Die Verse aus der ṚS., der letzte mit leichter Korruptel in Āp., welche ich in der Übersetzung unbeachtet gelassen habe. Übrigens werden für diese Iṣṭi nur die Saṃyājyā's gegeben, wahrscheinlich weil die Yājyānuvākyā's zu der Hauptspende als bekannt vorausgesetzt werden, vgl. TS. II. 2. 7. 4—5 und Verf., die altindischen Wunschopfer, Nr. 137.

6. Für einen Opferveranstalter, der einen Nebenbuhler hat, welchem er zuvorzukommen wünscht, oder für einen, der seine Feinde schädigt, für diesen reiht der Adhvaryu am Vollmondstage dem für Agni und Soma bestimmten elfschüsseligen Opferkuchen einen für Aditi bestimmten in Schmalz zu bereitenden Caru an, am Neumondstage einen für Sarasvatī und einen für Pūṣan bestimmten Caru, sowohl am Neu- wie am Vollmondstage einen für Indra bestimmten elfschüsseligen Opferkuchen[1].

[1] Diese *anunirvāpyā iṣṭayaḥ* werden in keinem mir bekannten Brāhmaṇa gelehrt.

7. Einen für Indra Trātṛ („Befreier") bestimmten Caru reihe er dem für Indra vaimṛdha bestimmten Opferkuchen an für einen Opferveranstalter, welcher sich vor dem Tode oder vor Bedrückung fürchtet[1]. Opferlohn ist ein nicht verschnittener (Zugochs).

[1] Vgl. MS. II. 2. 10: 23. 9 und Verf., die altind. Wunschopfer, Nr. 134.

8. Einen für Indra indriyāvat (den mutigen) bestimmten elfschüsseligen Opferkuchen reihe dem für Indra vaimṛdha bestimmten an, wer Nachkommen, Vieh oder die Macht über seine Stammesgenossen wünscht[1].

[1] Vgl. TS. II. 4. 2. 2 und Verf., die altind. Wunschopfer, Nr. 141.

9, 10. Er reihe entweder diesen Opferkuchen unmittelbar (der Hauptspende) an oder die beiden anderen[1].

[1] So daß entweder der Kuchen für Indra indriyāvat die Stelle des für Indra vaimṛdha bestimmten Kuchens einnimmt, oder die beiden Kuchen (der für I. vaimṛdha und I. indriyāvat) zusammen sich unmittelbar den Hauptspenden anschließen.

III. 16.

11, 1. Über wen er etwa im Zweifel ist[1], der reihe (den Hauptspenden) einen für Indra vaimṛdha bestimmten Opferkuchen an.

[1] ? *yam abhīva saṃśayīta.* Rudradatta erklärt: „Über wen man aus Ursache einer Krankheit in Zweifel ist, ob er leben wird oder nicht.“ Vielleicht ist aber der Text verdorben und hat man an eine Form von *abhiśaṃsati* „verleumden“ zu denken.

2. Wer ungenau artikuliert oder nicht scharf hört[1], der reihe (den Hauptspenden) einen für Indra aṁhomuc (d. h. „aus der Bedrängnis erlösend“) bestimmten Opferkuchen an.

[1] Beides infolge einer kränklichen Disposition, nach Rudradatta. — Vgl. übrigens TS. II. 2. 7. 3 (Verf., die altind. Wunschopfer, Nr. 132).

3. Wer Nebenbuhler hat, welchen er zuvorzukommen wünscht, der reihe (den Hauptspenden) einen für Indra vṛtratur („den Vṛtra besiegend“) bestimmten Opferkuchen an[1].

[1] Vgl. Verf., die altind. Wunschopfer, Nr. 144.

4. Wer aber an keinerlei Krankheit leidet[1], der reihe (den Hauptspenden) einen für Indra, ohne weitere Bezeichnung, bestimmten Opferkuchen an.

[1] ? *ātapati.* Ist dieser Ausdruck mit *upatapati* gleichwertig? Rudradatta scheint zu verstehen: „Wer von Krankheit betroffen sich in keiner Weise erwärmen kann.“

5. Wer Nebenbuhler hat, welchen er zuvorzukommen wünscht, reihe, nachdem er das Vollmondsopfer zu Ende geführt hat, diesem eine Iṣṭi an, die einen elfschüsseligen für Agni und Viṣṇu bestimmten Opferkuchen, einen für Sarasvatī bestimmten Caru und einen für Sarasvat bestimmten Caru umfaßt[1].

[1] Nach TS. II. 5. 4. 1—2: „Nachdem er durch das Vollmondsopfer seinen Nebenbuhler vernichtet hat, behält er durch den Kuchen für Agni und Viṣṇu die Götter und das Opfer seines Nebenbuhlers für sich, und durch die beiden Opfergaben an Sarasvatī und Sarasvat seine Tiere beiderlei Geschlechtes: sein ganzes Besitztum eignet er sich an.“

Modifikationen des Voll- und Neumondsopfers.

6. Nur das Vollmondsopfer, nicht das Neumondsopfer, bringe dar, wer Nebenbuhler hat, welchen er zuvorzukommen wünscht[1].

[1] Vgl. TS. II. 5. 4. 3: „Nachdem er seinen Nebenbuhler durch das Vollmondsopfer getötet hat, macht er ihn nicht wieder durch das Neumondsopfer „anschwellen“ (d. h. er belebt ihn nicht wieder)“, vgl. Bem. zu Sūtra 8.

7. In diesem Falle verrichtet er am Neumondstage bloß das Klößeväteropfer[1].

[1] Nach Śāṅkh. III. 10 werden die Opfergaben der Neumondsfeier am Vollmondstage unmittelbar nach denen der Vollmondsfeier dargebracht. Hier trägt diese Iṣṭi den Namen *sārvaseniyajña.*

8. „Bei jedem Übergehen wirft er ein Geschoß auf den Nebenbuhler“ so heißt es in der heiligen Überlieferung[1].

[1] Das Neumondsopfer hat den Zweck, eine „Wiederanschwellung“ *(āpyāyana)* darzu-

stellen. Unterläßt man es, so muß der Feind dahinsiechen, vgl. u. a. TS. II. 5. 2. 4—5. — Übrigens ist die von Āpastamba zitierte Śruti in keinem mir bekannten Texte belegt.

9. Wenigstens dreimal übergeht er die Neumondsfeier.

10. Die Hauptspenden sollen dem Agni und Soma dargebracht werden sowohl am Neu- wie am Vollmondstage[1] für einen, der einen Nebenbuhler hat, oder für einen, der seinen Feind schädigen will.

[1] Im Gegensatz zum gewöhnlichen Ritual, wobei nur bei der Vollmondsfeier der zweite Opferkuchen diesen Gottheiten dargebracht wird.

11. Durch die Worte des Brāhmaṇa[1]: „Das Sākaṃprasthāyīyaopfer verrichte, wer Vieh zu bekommen wünscht" wird eine Modifikation der Neumondsfeier angegeben.

[1] TS. II. 5. 4. 3. Der Sākaṃprasthāyīya (der Name deutet angeblich auf das Hinüberschreiten des Adhvaryu samt, *sākam*, den anderen am Opfer Beteiligten, vgl. III. 17. 1) ist behandelt: Baudh. XVII. 48, Hir. II. 16 und vgl. Kauṣ. br. IV. 9, Śāṅkh. III. 10. 7.

12. Zwei Abendmelkungen und zwei Morgenmelkungen[1] gibt es dabei.

[1] Die erste für die saure, als Sāṃnāyya, die zweite für die süße zu kochende, als Sāṃnāyya darzubringende Milch.

13. Abends geht man vor mit (d. h. opfert man) den beiden Abendmelkungen, morgens, am eigentlichen Neumondstage, mit den beiden Morgenmelkungen,

14. oder mit allen vieren morgens.

15. Wenn die zum Opfer benötigten Gefäße zusammen hingestellt werden[1], stellt der Adhvaryu außerdem vier Schalen von Feigenholz fertig.

[1] Vgl. I. 15. 6.

16. Diese werden behandelt wie die Juhū[1].

[1] Vgl. z. B. II. 4. 5 usw.

17. Nachdem er mit den beiden Butterteilen vorgegangen ist[1], und mit dem für Agni bestimmten Opferkuchen[2], überreicht er dem Agnīdh die beiden Opferlöffel[3], schreitet mit den Milchkübeln hinüber[4] und sagt als Aufforderungen: „Sage den Einladungsvers für Indra her." „Sage das Āśrāvaṇa[5]." „Sage den Opfervers für Indra her."

[1] Vgl. II. 18. 1—8. [2] Vgl. II. 18. 9. [3] Die zur Darbringung der Abschnitte des Kuchens verwendet werden. [4] D. h. nach der Stelle, wo (an der südwestlichen Ecke des Āhavanīya) er das Sāṃnāyya opfern will. Ihn begleiten wohl die anderen, nach dem nächstfolgenden Sūtra, beim Opfer Beteiligten, indem sie die Kübel hinübertragen.

[5] Vgl. II. 15. 3 ff.

III. 17.

1. Soviele Milchkübel da sind, ebensoviele Brahmanen stellen sich, opfermäßig behängt[1], südlich[1] vom Adhvaryu in seiner Nähe und gießen, nachdem sie die feigenhölzernen Schalen aus den Kübeln gefüllt haben, deren Inhalt im Āhavanīya aus, nachdem zuvor der Adhvaryu seine Spende aus einer dieser Schalen dargebracht hat.

[1] Ich ziehe es vor *dakṣiṇata upavītinaḥ* als zwei Worte zu nehmen; *upavītin* ist dann mit *yajñopavītin* gleichwertig und bezieht sich auf das Kleid, das man über der linken Schulter trägt, den rechten Arm freilassend. — Die hier gebotene Beschreibung des Sākaṃprasthāyīya ist dem Āp. und Hir. ausschließlich eigen. Baudh. lehrt nichts über die Mehrzahl der Kumbhīs.

2. Die Spende an Agni sviṣṭakṛt und das Genießen der Milch finden nicht statt[1].

[1] Die Milch wird also ohne Rest geopfert, vgl. TS. II. 5. 4. 3.

3. a. Von da ab ist der Ritus derselbe wie beim normalen Neumondsopfer.

3. b. Hiermit ist die Darstellung des Sākaṃprasthāyīya erledigt.

4. Das Dākṣāyaṇaopfer[1] verrichte, wer den Himmel zu erreichen wünscht[2].

[1] Das Opfer soll nach Kauṣ. br. IV. 4, ŚBr. II. 4. 4. 6 deshalb so heißen, weil ein gewisser Dakṣa Parvata's Sohn es zuerst verrichtet habe. Es war wohl ursprünglich die Modifikation des Voll- und Neumondsopfers so wie es in der Familie der Dākṣāyaṇas üblich war.

[2] Vgl. TS. II. 5. 5. 4.

5. Er bringe je zusammen zwei Voll- und zwei Neumondsopfer dar.

6. Am ersten Vollmondstage[1] werden ein für Agni bestimmter achtschüsseliger Opferkuchen und ein für Agni und Soma bestimmter elfschüsseliger dargebracht; am folgenden Tage ein für Agni bestimmter achtschüsseliger Opferkuchen und für Indra bestimmte saure Milch. Am ersten[1] Neumondstage werden ein für Agni bestimmter achtschüsseliger und ein für Indra und Agni bestimmter elfschüsseliger Opferkuchen dargebracht; am folgenden Tage ein für Agni bestimmter achtschüsseliger Opferkuchen und als zweite Opfergabe für Mitra und Varuṇa bestimmter Quark[2].

[1] D. h. am Tage, welcher dem Voll- bezw. Neumondstage vorhergeht.

[2] *āmikṣā* oder *payasyā*, d. h. die festen Bestandteile, die sich von den wässerigen trennen, wenn saure Milch in heiße süße Milch eingegossen ist (vgl. VIII. 2. 5, 6). — Durch diese Spenden fallen auf die Vollmondsfeier teilweise die Opfergaben der Neumondsfeier und vice versa. Die Vorschriften des Baudh. (XVII. 51) sind viel einfacher: auf den ersten Vollmondstag fällt ein achtschüsseliger für Agni vratapati bestimmter Opferkuchen, auf den 2. Tag ein achtsch. āgneya puroḍāśa und aindraṃ payas. Auf den ersten Neumondstag gleichfalls aṣṭāk. puroḍāśa für Agni vratapati, auf den 2. āgneya aṣṭāk. puroḍāśa und maitrāvaruṇī āmikṣā. Im Verfolg fällt aber der aṣṭāk. puroḍāśa für Agni vratapati fort. — Die Beschreibung, welche Baudh. (XVII. 52) von dem Iḍādadha gibt, kommt der Darstellung des Āp. und Hir. näher.

7. „Wer Unterscheidung wünscht" usw. ist im Brāhmaṇa[1] gesagt und das dort Gesagte soll auch hier gelten.

[1] TS. II. 5. 5. 6: „Wer Unterscheidung wünscht (d. h. wer nicht derselbe wie er war zu bleiben wünscht), der bringe dieses Opfer dar: scharfschneidig (d. h. eine Entscheidung herbeiführend) fürwahr ist dieses Opfer; er wird entweder unmittelbar besser dran sein oder er findet den Tod. Die Observanzen bei diesem Opfer sind, daß er keine Unwahrheit redet, kein Fleisch ißt, keiner Frau beiwohnt, sein Kleid nicht mit Lauge waschen läßt; denn dies alles tun auch die Götter nicht (zu denen er, nach l. c. 5, leibhaftig durch dieses Opfer emporsteigt)." Nach Rudradatta und der Vaijayantī zu Hir. besteht *palpūlana*, welches BR. durch „Lauge" wiedergeben, darin, daß das Kleid nicht vermittelst Steine und dergl. ausgewaschen wird, sondern nur durch die Hände gerieben wird.

8. Oder aber er wohne seiner Gattin in der zur Empfängnis geeigneten Periode bei[1].

[1] Diese Vorschrift macht Alternative zu dem in der vorhergehenden Bemerkung aus dem Brāhmaṇa mitgeteilten Verbot.

9. Diese Weise, die Voll- und Neumondsopfer darzubringen, ist eine Modifikation derselben, von Anfang an geltend: er verrichte diese Opfer entweder in dieser Weise (nl. wie der Dākṣāyaṇa), oder er verrichte die Voll- und Neumondsopfer (nach dem bekannten Ritus).

10. Nachdem er den Dākṣāyaṇa fünfzehn Jahre hindurch abgehalten hat, höre er damit auf, oder er darf fortgehen, es darzubringen[1].

[1] Vgl. III. 14. 11—13.

11. Hiermit ist die Darstellung des Dākṣāyaṇaopfers erledigt.

12. Dieselben Vorschriften, die für den Dākṣāyaṇa gegeben sind, gelten auch für das Opfer des Iḍādadha[1], das Sārvaseni-[2], das Vasiṣṭha-[3] und das Śaunakaopfer[4].

[1] Ausführlich behandelt in Baudh. XVII. 52, vgl. Kauṣ. br. IV. 5, Āśv. II. 14, 11.
[2] Vgl. Kauṣ. br. IV. 6, Śāṅkh. III. 10; es ist nach Baudh. XVII. 54: 334. 1 dasselbe wie *vasiṣṭhayajña* und wie *catuścakra*. [3] Vgl. Kauṣ. br. IV. 8, Śāṅkh. III. 11. 1—3.
[4] Vgl. Kauṣ. br. IV. 7.

Der Brahman bei dem Voll- und Neumondsopfer (bei Iṣṭis.)

III. 18.

1. Ein mit dem Veda gründlich vertrauter Brahmane[1] ist beim Voll- und Neumondsopfer der Brahman.

[1] Und zwar wenn möglich ein von Vasiṣṭha abstammender, vgl. TS. III. 5. 2. 1, Baudh. II. 3: 36. 10. Nach Āp. XIV. 8. 1 gilt dies nur für den Brahman beim Somaopfer.

2. Diesen erwählt[1] sich der Opferveranstalter, indem er ihn anredet mit der Formel: „O Herr der Erde, Herr der Welt, Herr der großen Schöpfung, wir erwählen dich zu unserem Brahman[2]."

[1] Vgl. IV. 4. 2. — Die Brahmanwahl findet nach Vaikh. nach dem *pātrasaṃsādana* (I. 15. 14) statt, nach Kāty. II. 1. 18 unmittelbar nach dem Morgenagnihotra.
[2] TBr. III. 7. 6. 1.

3, 4. Der Erwählte flüstert: „Ich bin der Herr der Erde, ich bin der Herr der Welt, ich bin der Herr der großen Schöpfung. Von Gott Savitṛ geheißen werde ich das Priesteramt erfüllen. O Gott Savitṛ, hier erwählt man dich als Bṛhaspati als göttlichen Brahman. Das künde ich dem Geiste, der Geist (kündet es) der Gāyatrī, die Gāyatrī der Triṣṭubh, die Triṣṭubh der Jagatī, die Jagatī der Anuṣṭubh, die Anuṣṭubh der Paṅkti, die Paṅkti dem Prajāpati, Prajāpati den Allgöttern, die Allgötter dem Bṛhaspati, Bṛhaspati dem Brahman (neutr.). Das Brahman (ist) bhūḥ, bhuvaḥ, suvaḥ. Bṛhaspati ist der Brahman der Götter, ich (bin) der der Menschen. O Bṛhaspati, schütze das Opfer[1]." Nach diesen Worten schreitet er hinter dem Āhavanīya nach Süden hinüber, wirft mit der Formel: „Hinausgeworfen ist der Parāgvasu[2] samt dem bösen Geschick"[3] mit der linken Hand einen Grashalm von dem für den Brahman bestimmten Sitz in südlicher Richtung hinaus und setzt sich dann auf diesen Sitz nieder mit der Formel: „Hier setze ich mich auf den Sitz des Arvāgvasu[4], von Gott Savitṛ geheißen setze ich mich auf den Sitz des Bṛhaspati. Das künde ich dem Feuer, das dem Winde, das der Sonne, das der Erde[5]."

[1] TBr. III. 7. 6. 1—3. Die den Zusammenhang störenden Worte *brahma bhūr bhuvaḥ suvaḥ* fehlen in Hir. [2] *parāgvasu* (in anderen Texten *parāvasu*) ist: „der Reichtum

Vertreibende“, *arvāgvasu* (*arvāvasu*): „der Reichtum Hertreibende.“ [2] Diese Formeln gehören ursprünglich wohl dem Ritual des Hotṛ an.

5. Er sitzt auf diesem südlich vom Āhavanīya angebrachten aus Grashalmen bereiteten Sitz, nachdem er sich zum Āhavanīya umgewendet hat [1].

[1] Von der Nordseite kommend kehrt er sich um den rechten Arm als Achse herum und setzt sich mit dem Angesicht nach Norden in der Richtung des Āhavanīya hin.

6. Während jeder (ein Ganzes ausmachenden) Handlung hält er die Stimme an [1].

[1] D. h. darf er nichts Weltliches reden.

7. Oder nur während derjenigen Handlungen, welche von Sprüchen begleitet werden; bei denjenigen, wo kein Spruch gesagt wird, handelt er nach Gutdünken [1].

[1] Zu Sūtra 6 und 7. Hir. fügt noch hinzu: „Oder aber er hält die Stimme an während der Rezitation der Sāmidhenīverse, während der Vor- und während der Nachopfer.“ Nach ŚBr. (I. 7. 4. 19) und vgl. Kāty. II. 2. 2 soll er die Stimme anhalten vom Augenblick an, daß er sich niedergesetzt hat, bis zu den Worten des Adhvaryu: „Brahman, wir wollen vortreten“ (Āp. III. 4. 5). Noch genauer präzisiert Baudh. (III. 24: 96. 3—8) das Verhalten des Brahman: „Er hält die Stimme an, während das Praṇītawasser vorwärts gebracht wird, bis zum Haviṣkṛtrufe (also von I. 16. 7 bis I. 19. 8, vgl. Kauṣ. br. V. 13, Śāṅkh. III. 7. 1 ff.); beim Sāṃnāyya, während gemolken wird, bis zur Rezitation des Spruches: „Melke reichlich“ usw. (also von I. 12. 14 bis I. 13. 10); beim Aufstreuen, bis zum Ansetzen der Schüsselchen (also von I. 21. 5 bis I. 22. 2); beim Ausschütten des Mehles, bis zur Bedeckung mit Asche (also von I. 24. 1 bis I. 25. 12); beim Holen des Stambayajus, bis zur Fertigsetzung des Sprengwassers (also von II. 1. 4 bis II. 3. 13).“ Vielleicht geben die verschiedenen von Baudh. angegebenen Zeitgrenzen die als ein Ganzes beisammengehörigen *karmāṇi* an (?). Wichtig ist Bhār. IV. 2: „Einige sagen: „Wenn ein Vers gesprochen, eine Formel geflüstert, eine Melodie gesungen wird, soll er die Stimme anhalten.“ Andere sagen: „Die Opferpriester übergeben einander fortwährend das Opfer; so lange ein Vers gesprochen wird, so lange ist das Opfer bei den Hotṛ's; solange eine Formel geflüstert wird, bei den Adhvaryu's, so lange eine Melodie gesungen wird, bei den Udgātṛ's: wo aber immer ein Teil des Opfers niedergelegt (? *vihitam*) ist, so lange ist das Opfer beim Brahman; deshalb soll in dieser Zwischenzeit der Brahman die Stimme anhalten.“ — Das Wesen des *vāgyamana* erfordert eine Spezial-Untersuchung.

8. Wenn er aus Achtlosigkeit (Weltliches) redet, so flüstre er einen an Viṣṇu gerichteten Vers [1] und die großen Worte und halte dann (wieder) die Stimme an.

[1] Nl. TS. I. 2. 13. e (vgl. oben II. 6. 1).

III. 19.

9, 1. Wenn vom Adhvaryu gesagt wird [1]: „O Brahman, ich werde das Wasser nach vorne führen“, so fordert er (der Brahman) den Adhvaryu dazu auf mit den Worten: „Bringe nach vorne: das Opfer; mache du die Gottheit wachsen; auf des Himmelsgewölbes Rücken sei der Opferveranstalter; wo der Raum der sieben heiligen Seher ist, dorthin bringe dieses Opfer und diesen Opferveranstalter. Om, führe nach vorne.“

[1] Vgl. I. 16. 5.

2. So lautet bei allen Anrufungen vonseiten des Adhvaryu die Aufforderung des Brahman, wobei jedesmal nur die Andeutung der Handlung, zu welcher der Adhvaryu die Aufforderung fragt, geändert wird [1].

[1] Also wird nur das erste und das letzte Wort (*praṇaya*) je nach der Handlung variiert.

3. „Besprenge das Opfer" usw. lautet die Aufforderung bei der Besprengung der Opfersubstanz[1] und des Brennholzes[2] und der Streu[2]. — „O Bṛhaspati, umfasse die Vedi, angenehm, o Götter, sollen euch die Sitze sein. Die Streu soll sich trefflich innerhalb derselben (d. h. der Vedi) ausbreiten; uns verletze nicht die göttliche Erde", so lautet die Aufforderung bei der zweiten Umfassung[3]. — „O Prajāpati, sage die Opferverse für das Opfer her", lautet die Aufforderung an den Hotṛ, wenn dieser im Begriffe steht, die Entfachungsverse herzusagen[4]. — Beim Pravara[5] lautet sie: „O Herr der Erde, laß das Wort verkünden, laß es das Opfer unter den Göttern, mich unter den Menschen verkünden."

[1] Vgl. I. 19. 1. [2] Vgl. II. 8. 1. [3] Vgl. II. 3. 7. [4] Vgl. II. 11. 10 am Ende. [5] Vgl. II. 15. 3.

4. Überall fügt er die Worte: „Laß du die Gottheit wachsen" usw. an[1].

[1] Wie III. 19. 1.

5. Mit der Formel: „Mit Mitra's Auge blicke ich auf dich"[1] blickt er auf das Prāśitra, wenn es abgestochen wird[2].

[1] TS. I. 1. 4. i. [2] Vgl. III. 1. 2, 3.

6. a. Mit der Formel: „Geh herum auf dem Pfade des Rechten"[1] blickt er darauf, während es herumgetragen wird[2].

[1] Die Formel nur noch in Hir., Bhār., Vaikh., Mān. [2] Vgl. III. 2. 9.

6. b. Mit der Formel: „Mit Sūrya's Auge blicke ich dir entgegen"[1] blickt er darauf, während es herbeigetragen wird.

[1] TS. II. 6. 8. 5.

7. Nachdem er es mit der Savitṛformel[1] entgegengenommen, setzt er es mit dem Stiel des Gefäßes nach Osten gerichtet mit der Formel: „Auf den Nabel der Erde setze ich dich, auf die Fußspur der Iḍā"[2] innerhalb der Vedi hin, nachdem er einige Gräser auseinander geschoben hat, sodaß es auf der bloßen Erde zu stehen kommt. Dann blickt er darauf hin mit der Formel: „Mit unversehrtem Auge blicke ich auf dich hin, zur guten Nachkommenschaft"[3], hebt es mit der Savitṛformel vermittelst des Daumens und des Ringfingers auf, und, nachdem er die Formel: „Mit Agni's Munde esse ich dich, mit des Brahmanen Bauche, mit des Bṛhaspati heiligem Wissen[4], in Indra's Bauch versetze ich dich"[5] geflüstert hat, verschluckt er es, ohne es zu zerkauen[6].

[1] D. h. mit der Formel: „Auf Gott Savitṛ's Geheiß nehme ich dich entgegen mit den Armen der Aśvins, mit den Händen des Pūṣan" (TS. II. 6. 8. 6). [2] Auch in Bhār. und Hir. [3] TS. I. 1. 10. k*. [4] TS. II. 6. 8. 6, 7. [5] Aus Kauṣ. br. oder VSK. [6] *asaṃmlctya* auch bei Bhār., Hir., Vaikh.

III. 20.

1. Nachdem er mit den Formeln: „Die Gottheiten, die im Wasser sind, sollen dies löschen. Gehe in Indra's Bauch ein, mit Svāhāruf dargebracht"[1] vermittelst Wasser es hinuntergeschluckt hat und sich den Mund ausgespült hat[2], berührt er mit den Formeln: „Mit meiner Nahrung vermische dich nicht. Setze dich oberhalb meines Nabels"[3], den Nabel,

[1] Aus VSK. [2] Vgl. Āp. dhś. I. 16. 2—8 (S.B.E. II, S. 57).
[3] Aus VSK. (Hir. liest richtig ghāsinā, Bhār. hat wie Āp. mit ī).

2. und seine Körperteile je nach dem Stichworte mit der Formel: „Die Stimme (sei) in meinem Munde, der Hauch in meiner Nase, die Sehkraft in meinen Augen, das Gehör in meinen Ohren, die Stärke in meinen Armen, die Kraft in meinen Schenkeln“[1],

[1] TS. V. 5. 9. g.

3. und mit dem Rest derselben Formel: „Unversehrt (seien) alle meine Glieder, der Körper sei mit dem Körper zusammen. Huldigung sei dir. Schade mir nicht“ die übrigen Körperteile.

4, 5. Nachdem er das Prāśitragefäß ausgespült und mit Wasser gefüllt hat, gießt er dessen Inhalt mit der Formel: „Die Himmelsgegenden erfrische“[1], in der Richtung von sich ab, aus, und nachdem er es zum zweiten Male mit Wasser gefüllt hat, mit der Formel: „Mich erfrische“[1] auf sich zu.

[1] Die Formeln nur noch in Hir., Bhār., Vaikh.

6. Wenn der Adhvaryu ihm das für ihn bestimmte Viertel des Opferkuchens bringt[1], so nimmt er dieses entgegen und ißt dasselbe nicht, wenn das Opfer nicht ganz beendigt ist[2].

[1] Vgl. III. 3. 9. [2] Also unmittelbar nach der letzten Handlung, die III. 14. 4 erwähnt ist (vgl. auch III. 20. 10). — Der Spruch, mit welchem der Brahman sein Viertel genießt, ist schon III. 3. 11 angegeben.

7. Mit der Formel: „O Brahman, du bist das Brahman; dem Brahman dich; du, der du das Nichtgeopferte ißt, schade mir nicht; sei, ungeopfert, mir günstig“[1] berührt er den innerhalb der Vedi gestellten Anvāhārya[2].

[1] Die Formel nur noch in Hir., Mān. [2] Vgl. III. 3. 14.

8. Wenn gesagt wird: „O Brahman, wir wollen vortreten“[1], so erläßt er die Aufforderung mit den Formeln: „Gott Savitṛ, dies sagt er dir an, rege dazu an und huldige es. Bṛhaspati ist der Brahman[2]. Schütze du das Opfer, schütze du den Opferherrn, schütze du mich[3]. *Oṃ*. Tritt vor.“

[1] Vgl. III. 4. 5. [2] TS. III. 2. 7. a. [3] TS. II. 6. 9. 3.

9. Mit dem Verse: „Die Erde ging zur Erde hin, die Mutter ging zur Mutter hin; möchten wir gedeihen durch Söhne und Vieh. Wer uns haßt, der soll zerfahren“[1] bespricht er einen tönernen Gegenstand, der während des Opfers zerbricht.

[1] Ṣaḍv. br. I. 6. 20.

10. Nachdem er den Anteil des Brahman verzehrt hat, bringt er stehend dem Āhavanīya seine Verehrung dar mit dem Verse: „Es hat das Opfer vollbracht der Jātavedas“ usw.[1] und mit dem Halbverse: „Du führest uns zu größerem Wohstand, laß uns zusammen mit kräftger Gunsterweisung“[2] und verläßt dann den Opferplatz auf dem Wege, wie er gekommen war.

[1] Der Vers ist schon III. 13. 1 vollständig gegeben. [2] Dieser Halbvers ist verdorben überliefert; er kommt RS. I. 31. 18 (b. c) am nächsten. Danach habe ich übersetzt. Statt *pra ṇo yakṣy abhi* haben Bhār. und Hir. *pra ṇo yacchābhi*.

11. Die hier dargestellte Beteiligung des Brahman gilt auch für die Iṣṭi's und das Tieropfer.

Viertes Buch.

Die Beteiligung des Opferveranstalters.

IV. 1.

1. Wir werden die Beteiligung des Opferveranstalters erklären.

2. Dem Opferveranstalter fallen zu: die Enthaltung der Beiwohnung bei seiner Gattin, das Spenden des Opferlohnes an die Opferpriester, das Beschaffen der zum Opfer benötigten Gegenstände und die Formulierung der besonderen Wünsche, mit welchen er ein Opfer unternimmt[1].

[1] Wenn er ein Opfer verrichtet, leitet er es ein durch den sogenannten Saṃkalpa; ein Beispiel in C. H., l'Agniṣṭoma § 2, Hillebrandt, N.V.O., S. XXI und im allgemeinen Bandh. II. 1:34. 11.

3. Seine Beteiligung am Opfer besteht darin, daß er diejenigen Sprüche flüstert, welche eine auf ihn selbst bezügliche Bitte enthalten und sich nicht direkt auf eine religiöse Handlung beziehen; daß er das Upasthāna[1] und das Anumantraṇa[2] hält.

[1] D. h. daß er den jedesmal angegebenen Spruch über einen Gegenstand ausspricht, sich vor demselben stellend. [2] D. h. daß er den jedesmal angegebenen Spruch nach Vollziehung einer Handlung flüstert.

4. Und am Knotentage[1] läßt er sich Haupthaar und Bart scheren[2].

[1] D. h. bei Gelegenheit der Voll- und Neumondsfeier. [2] Vgl. TS. VI. 1. 1. 2: „Haupthaar und Bart sind tote Haut; nachdem er die tote für das Opfer untaugliche Haut entfernt hat, unternimmt er, opferrein geworden, das Opfer."

5. Im Vājasaneyaka heißt es: „Er läßt sich auch die Haare auf dem Körper ein wenig scheren[1]."

[1] In unserem Vājasaneyaka wird nichts Entsprechendes angetroffen.

6. Wenn er im Begriff steht, ein Opfer für sich veranstalten zu lassen, berührt er Wasser mit den Formeln: „Ein Blitz *(vidyut)* bist du, trenne ab *(vidya)* mein böses Geschick[1]. Von dem Rechten gehe ich zum Wahren[2]."

[1] TBr. III. 10. 9. 2; auch die Vorschrift beruht auf dieser Brāhmaṇastelle.

[2] Die Formel (nicht bei Hir., Bhār.) erinnert an das Yajus: „Hier gehe ich von der Unwahrheit zur Wahrheit" (VS. I. 5), das nach den Vājasaneyins der Opferveranstalter am Anfang des Opfers spricht.

7. Dieses Wasserberühren findet bei allen Opfern[1] statt.

[1] Nl. bei allen Śrautaopfern.

8. Wenn das Brennholz im Āhavanīya nachgelegt wird[1], flüstert er, je nach dem Stichworte[2], die folgenden Verse:

„Agni ergreife ich, den auf gutem Streitwagen sitzenden, den erquickenden, welcher die aufgehende Sonne ersteigt[3], zum Tage, den Āditya, das höchste Licht aller Lichter. Behufs des Opfers von morgen soll er für die Gottheiten sich hier aufhalten.“

„Die Vasus, die Rudras, die Ādityas, die Götter samt dem Indra, die ergreife ich zuerst[4] an ihrem eigenen Standorte mit weisem Spruch.“

„Die Götter, die sich zu dieser Labung des fünfzehnten Tages begeben haben, die ergreife ich zuerst. Agni, der Führer der Opfergabe, soll sie hier herbeiführen; hier ist bei mir die Opfergabe des Vollmondstages für sie bereit“, (bezw.) „hier ist bei mir die Opfergabe des Neumondstages für sie bereit[5].“

[1] Vgl. I. 1. 2—7. [2] Diese Angabe gilt nur für den Schluß des 3. Verses, je nachdem die Rede von der Voll- oder der Neumondsfeier ist. [3] Vgl. TBr. II. 1. 2. 9—10: „Abends geht die Sonne in das Feuer ein; deshalb wird das Feuer nachts aus der Ferne erblickt, denn beider Licht ist in ihm. Wenn die Sonne aufgeht, so ersteigt das Feuer die Sonne; deshalb wird vom Feuer über Tag nur der Rauch erblickt.“ [4] „Zuerst“, d. h. vor anderen Opferveranstaltern. Die Verse beziehen sich wohl ursprünglich auf einen *samṛtayajña*, d. h. ein von zwei einander feindlich gesinnten Parteien gleichzeitig unternommenes Opfer; vgl. TS. I. 6. 7. 1: „Die Voll- und Neumondsfeiern sind „zusammentreffende“ Feiern, ebensogut wie zusammentreffende Somafeiern dies sind. Man denkt dabei: „Zu wessen Opfer werden die Götter sich jetzt begeben, zu wessen nicht?“ Wer unter einer Mehrzahl von Opferveranstaltern zuerst das Opfer ergreift, der verehrt sie am folgenden Morgen. Das Āhavanīyafeuer nun ist der Standort der Götter, zwischen den beiden Feuern (Āhav. und Gārh.) ist der Tiere (d. h. des Viehs) Standort, der Gārhapatya ist der Menschen, der Dakṣiṇāgni der Väter Standort. Das Feuer ergreift er, an ihrem eigenen Standort ergreift er dadurch die Götter, sie verehrt er am folgenden Tage.“ [5] Diese Verse (TBr. III. 7. 4. 3—4) werden nach Hir. fakultativ auch vom Adhvaryu beim Anvādhāna (statt TS. IV. 7. 4, vgl. oben I. 1. 4) verwendet.

9. Zwischen den beiden Feuern stehend flüstert er den Vers: „Zwischen die beiden Feuer sind die Tiere (nl. das Vieh) zur Götterversammlung gekommen, diese ergreife ich zuerst an ihrem eignen Standort mit weisem Spruch[1].“

[1] TBr. III. 7. 4. 4 und vgl. die unter Bem. 4 zu IV. 1. 8 zitierte Stelle aus TS.

10. Über dem Gārhapatya spricht er die zwei Verse: „Hier sollen die Nachkommen von verschiedener Gestalt verbleiben, sich in den Hausherrn Agni einhüllend; diese ergreife ich zuerst an ihrem eignen Standort mit weisem Spruch.“ „Hier sollen die Tiere von verschiedener Gestalt verbleiben, sich in den Hausherrn Agni einhüllend; diese ergreife ich zuerst an ihrem eignen Standort mit weisem Spruch[1].“

[1] TBr. l. c. 4—5 und vgl. Bem. 4 zu Sūtra 8 *(gārhapatyo manuṣyāṇām)*.

IV. 2.

1. a. Über dem Dakṣiṇāgni, wenn darin das Brennholz nachgelegt wird, flüstert er den Vers: „Dieses Feuer der Väter hat den Vätern die Opfergaben zugeführt; dieses ergreife ich zuerst, es soll unsre Speise giftlos machen[1].“

[1] TBr. l. c. 5.

1. b. Über dem Feuer in der Spielhalle *(sabhya)*[1], wenn darin das Brennholz nachgelegt wird, flüstert er den Vers: „Die Schützer der Spielhalle sollen dich entflammen, sodaß du nicht erlischst und den Sieg herbeiführst. O

Feuer meiner Spielhalle, leuchte hell auf, damit ich siegen möge hundert Herbste lang[2]."

[1] Weiteres über dieses und das im Sūtra 1. c genannte Feuer unter V. 4. 7, 8.

[2] TBr. l. c. 5—6.

1. c. Über dem Āvasathyafeuer, wenn Brennholz darin nachgelegt wird, flüstert er den Vers: „Die für den Wohnraum *(āvasatha)* bestimmte Speise bring' ich hundert Herbste lang hinzu. Der Drache der Tiefe soll im Wohnraume das Glück und den Vedaspruch festhalten[1]."

[1] TBr. l. c. 6.

2. Wenn in allen Feuern das Brennholz nachgelegt ist, so flüstert er die Formeln: „Hier sage ich das Opfer den Vasus an, deren Vornehmster Agni ist. Hier sage ich das Opfer den Rudras an, deren Vornehmster Indra ist. Hier sage ich das Opfer den Ādityas an, deren Vornehmster Varuṇa ist[1]."

[1] TBr. l. c. 6—7. — Das Nachlegen von Brennholz vonseiten des Adhvaryu ist im 1. Buche nicht für das Sabhya- und das Āvasathyafeuer erwähnt, es soll aber dennoch stillschweigend ausgeführt werden, so Rudradatta. Es ist sehr fraglich, ob dies die Ansicht des Sūtraverfassers ist.

3. Mit dem Verse: „Saftreich sind die Kräuter, saftreich ist die Milch der Pflanzen; mit der Essenz des Saftes der Wasser, damit, o Indra, lasse mich zusammen"[1] essen der Herr und die Herrin des Hauses (d. h. der Opferveranstalter und seine Gattin), ehe die Streu herbeigebracht wird[2], bei der Vollmondsfeier, ehe die Kälber weggetrieben werden[3], bei der Neumondsfeier[4].

[1] TS. I. 5. 10 g (= TBr. l. c. 7). Der Spruch wird nach dem ersten Bissen gesagt.

[2] Also vor I. 3. 1. [3] Also von I. 2. 2. [4] Die Vorschrift stammt aus MS. oder K., teilweise mit letzterem buchstäblich übereinstimmend, vgl. MS. I. 4. 5: 52. 13, K. XXXI. 15: 17. 10; vgl. auch TS. I. 6. 7. 2: „Mit (dem Herbeiholen) der Streu unternimmt er am Vollmondstage die Observanz, mit (der Wegtreibung) der Kälber am Neumondstage."

4. Wenn sie (der Herr und die Herrin des Hauses) mit Hinblick auf die Vollmondsfeier die Nacht in der Nähe der Feuer zuzubringen im Begriff stehen, so sättigen sie sich nicht allzusehr[1].

[1] Diese Vorschrift (vgl. IV. 3. 7) bezieht sich wohl auf den ganzen Tag vor der Feier.

5. Sie sollen Speise genießen, welche nicht aus Bohnen und Fleisch besteht, und diese Speise vermischen mit Schmalz oder, wenn Schmalz nicht vorhanden ist, mit saurer oder süßer Milch[1].

[1] Vgl. Baudh. Karmāntasūtra I. 21: „Er soll sich die bei Gelegenheit der Observanzübernahme zu genießende Speise kochen lassen. Davon sollen beide sich sättigen; die Speise soll mit Schmalz oder saurer Milch vermischt sein, nicht gesalzen sein und kein Fleisch enthalten. Diesen ganzen Tag vermeide er Hülsenfrüchte, ausgenommen Sesam. Von dieser Fastenspeise esse er, nachdem er zuvor einem Brahmanen einen Anteil hat zukommen lassen. An diesem Tage soll er keinem Śūdra die Überreste geben, nur seiner Gattin soll er an diesem Tage die Überreste geben." Zum Bohnenverbot vgl. MS. I. 4. 10: 58. 19 (die Bohnen sind ja zum Opfer untauglich, vgl. L. v. Schroeder in W.Z.K.M. XV, S. 188).

6. Zugleich mit dem Herbeiholen der Streu übernimmt er am Vollmondstage, nachdem die Kälber weggetrieben sind, am Neumondstage die Observanz[1].

[1] Vgl. Bem. 2—4 zu Sūtra 3.

7. Die Bestimmung: „Während das Praṇītawasser nach vorne gebracht wird[1] oder nachdem die Opfergaben auf die Vedi hingesetzt sind[2], übernimmt er die Observanz“ gilt gemeinsam für die beiden Feiertage.

[1] Vgl. I. 16. 8. [2] Also nach II. 11. 9. Woher diese Bestimmung, welche eine Alternative zur vorhergehenden zu sein scheint, stammt, ist mir unbekannt.

8. Die Reihenfolge dieser Handlungen ist nach einigen: Essen der Fastenspeise, Hinzulegen von Brennholz zu den Feuern, Übernahme der Observanz; nach anderen: Übernahme der Observanz, Essen der Fastenspeise, Hinzulegen von Brennholz; nach anderen: Hinzulegen von Brennholz, Übernahme der Observanz, Essen der Fastenspeise[1].

[1] Während Āpastamba empfiehlt: Hinzulegen, Essen, Übernahme der Observanz.

9. Mit dem Verse: „Saftreich sind die Kräuter“ usw.[1] schlürft oder berührt er Wasser.

[1] Vgl. IV. 2. 6 Bem. 1.

10. Hinter dem Āhavanīya schreitet er südwärts am Feuer vorbei[1].

[1] Wenn er sich zu dem für ihn bestimmten Sitz begibt.

11. Dies ist der Weg, welchen von jetzt ab der Opferveranstalter nimmt[1].

[1] Also wenn er z. B. nach Ablauf der Feier zurückkehrt, geht er hinter dem Āhavanīya herum.

IV. 3.

1. Nachem er sich südlich vom Āhavanīya hingestellt hat, denkt er, wenn er die Observanz zu übernehmen im Begriff steht, im Geiste an den Ozean[1].

[1] Woher stammt diese Vorschrift, die auch in Bhār., Hir. und Vaikh. gefunden wird?

2. Dann flüstert er, wenn er Brahmane ist, die Formel: „O Agni, Herr der Observanz, ich werde die Observanz begehen; möchte ich dies vermögen, möchte mir dies gelingen“[1], wenn er Kṣatriya oder Vaiśya ist: „O Vāyu, Herr der Observanz, o Āditya, Herr der Observanz, o Herr der Observanzen, ich werde die Observanz begehen“ usw. wie oben[2].

[1] TS. I. 5. 10. h. [2] TBr. III. 7. 4. 7—8. Der Kṣatriya redet wohl die Formel mit Vāyu, der Vaiśya die Formel mit Āditya. Die Unterscheidung nach den Ständen auch bei Bhār. und Hir.

3. Oder, wenn er Brahmane ist, so flüstert er alle die in Sūtra 2 zitierten Formeln.

4. Dann bringt er stehend der Sonne seine Verehrung dar mit der Formel: „Allherrscher bist du, Beschützer der Observanz bist du, Herr der Observanz bist du; dies sage ich dir an, möchte ich dies vermögen, möchte ich dadurch vermögen, möchte ich dadurch Gelingen haben[1].“

[1] Die zusammengeflickte Formel (vgl. TBr. I. 5. 5. 2) beinahe gleichlautend auch in Bhār. und Hir.

5. Wenn er die Observanz nach Sonnenuntergang unternimmt, so bringe er mit dieser Formel dem Āhavanīya seine Verehrung stehend dar[1].

[1] Weil die Sonne dann in das Feuer eingegangen ist, vgl. Bem. 3 zu IV. 1. 8.

6. Den Vers: „In der Nähe von mir, der ich die beiden Feuer umstreue, sollen die Götter die Nacht zubringen; ich bringe die Nacht zu in der

Nähe der Haustiere, des Viehs, für mich, den Herren der Kühe"[1] flüstert er, wenn abends die Feuer umstreut werden[2].

[1] TBr. III. 7. 4. 18 (die letzten Worte bedeuten wohl: „damit ich Herr von Kühen sein möge"). [2] Vgl. I. 11. 4.

7. Bei der abendlichen Speisung genießt er aus der Wildnis Herrührendes, das aber weder Fleisch noch Bohnen enthält[1].

[1] Vgl. IV. 2. 4—5.

8. Oder aber, wenn er es wünscht, so ißt er aus der Wildnis Herrührendes bis auf Rehfleisch, bis auf Honig, bis auf Hülsenfrüchte[1].

[1] Dieselbe Vorschrift tatsächlich auch Bhār. und Hir. Die Vaijayantī erklärt die Worte: „bis auf": „er soll Rehfleisch und Honig vermeiden." Die Absicht scheint eher zu sein, daß er wohl noch Rehfleisch, Honig und Hülsenfrüchte essen darf. — Nach der Vaijayantī ist *prāśātikam* der Samen der Achyranthes aspera und dergl. *(apāmārgabījasadṛśam)*, nach einer anderen in diesem Kommentar und auch von Rudradatta gegebenen Erklärung ist einfach Hülsenfrucht gemeint.

9. Oder er genieße Wasser, oder gar nichts.

10. Von der Substanz, welche er am nächsten Tage als Opfergabe darzubringen vorhat, esse er am vorhergehenden Abend nicht[1].

[1] Diese Vorschrift aus MS. oder K.

11. Wenn er die Nacht bei den Feuern zuzubringen (d. h. zu fasten) beabsichtigt, mit Hinblick auf das aus der Wildnis Herrührende[1], so genieße er Wasser oder gar nichts.

[1] D. h. nach Rudradatta: „Wenn er am nächsten Tage wilde Früchte darbringen will." — Zu Sūtras 7—11 vgl. TS. I. 6. 7. 3—4: „Der Opferveranstalter muß, so sagt man, sich beeifern, sowohl die zahmen wie die wilden Tiere in seine Macht zu bekommen; dadurch daß er mit Hinblick auf die zahmen Tiere fastet (d. h. „sich davon enthält": *yad grāmyān upavasati* ist gleichwertig mit *yad grāmyasya nāśnāti*, so MS. und K.), bekommt er die zahmen Tiere in seinen Besitz; dadurch daß er ißt, was in der Wildnis vorkommt, behält er die wilden Tiere. Wenn er die Nacht zubrächte, ohne zu essen, würde er die Väter zu Gottheiten haben (d. h. den Vätern gewidmet sein, den Vätern verfallen; d. h. bald sterben müssen, da die Väter nicht essen?). Er ißt, was aus der Wildnis herrührt; das in der Wildnis Vorkommende (d. h. die wilden Tiere) ist Mut; so bringt er Mut in sich. — Wenn er die Nacht zubrächte, ohne zu essen, so würde er dem Hunger verfallen; wenn er äße, so würde Rudra seinem Vieh nachstellen; er genießt Wasser; das ist gegessen und nicht-gegessen; er wird nicht vom Hunger geplagt sein, und Rudra stellt seinem Vieh nicht nach."

12. Wenn er während der heiligen Handlung nach Atem schnappt, so sage er die Worte: „In mir seien Wille und Einsicht[1]."

[1] „Als Vṛtra Agni und Soma verschluckt hatte, und diese beiden nicht aus seinem Maule herauskommen konnten, erzeugte Indra das kalte und das hitzige Fieber und goß diese über den Vṛtra aus. Als er infolgedessen nach Atem schnappte, kamen die beiden heraus. Es waren der Aus- und der Einhauch, die da aus ihm wichen; der Wille *(dakṣa)* ist der Aushauch, die Einsicht *(kratu)* ist der Einhauch; daher soll, wer nach Atem schnappt, sagen: „In mir seien Wille und Einsicht." Der Aushauch und der Einhauch verlassen ihn nicht, er lebt sein ganzes Leben" (TS. II. 5. 2. 4).

13. Die Neumondsnacht verbringt er wachend.

14. Oder aber er darf schlafen, soll jedoch nicht auf einem Bette oder einer Matratze oder dergl. liegen[1].

[1] Er soll also mit seiner Gattin auf der bloßen Erde schlafen.

15. Oder aber er darf auf einer Lagerstätte schlafen, halte aber das Gebot der Keuschheit.

16. Nach der Überlieferung einiger gilt das Wachen für beide Fälle, sowohl für die Voll- wie für die Neumondsnacht.

17. Er liegt in der Hütte des Āhavanīya oder des Gārhapatya.

IV. 4.

1. Nachdem er die Verse: „Ihr Götter, schreitet zu den Göttern hinüber, ihr, die ihr die ersten seid, zu den zweiten, ihr, die ihr die zweiten seid, zu den dritten. Helfet mir hier, ihr dreiunddreißig Götter! Möchte ich jetzt imstande dazu sein, was ich unternehme. Das Selbst soll es für das Selbst machen. — Hier will ich ein Heilmittel anwenden, hier sollt ihr beide, o heilende Aśvins, mir helfen“ [1] geflüstert hat [2], erwählt er am folgenden Tage den Brahman [3].

[1] TBr. III. 7. 5. 1. [2] Hir. läßt den Opferveranstalter mit diesem Spruche die Gottheiten verehren *(devatā upatiṣṭhate)* unmittelbar nach der oben IV. 2. 10 erwähnten Handlung. Bhār. läßt ihn zu demselben Zwecke hersagen nach IV. 3. 4. [3] Vgl. III. 18. 2.

2. Nachdem er zum Brahman gesagt hat: „O Herr der Erde, Herr der Welt, Herr der großen Schöpfung, wir erwählen dich zu unserem Brahman“ [1], schreitet er hinter dem Āhavanīya nach Süden an diesem Feuer vorbei und setzt sich nieder [2].

[1] Vgl. III. 18. 2. [2] Auch der Brahman schreitet mit ihm südwärts, und beide begeben sich zu den südlich vom Āhavanīya für sie aus Gräsern zurechtgemachten Sitzen.

3. Vorne (d. h. mehr nach Osten) setzt sich der Brahman, hinten (d. h. westlich von ihm) der Opferveranstalter.

4. a. Über dem Praṇītawasser, wenn dasselbe vorwärts gebracht wird [1], flüstert er die Formeln und die Verse: „Bhū (Welt) und Ka (Prajāpati), Vāc (Stimme) und Ṛc (Vers), Go (Kuh) und Vaṭ, Kha (Höhlung für die Achse) und Dhūr (Schulterjoch), Nūr (?) und Pūr (Burg): die einsilbigen Virāj's, deren zehnte Pūr ist, welche in die ganze Weltschöpfung durchgedrungen sind, ihr Göttlichen, die ihr mit Energie verbunden seid, führet, der Sache kundig, unversehrt unser Opfer [2]. — Vom Brahman (d. h. durch das heilige Wort) gereinigt seid ihr. — Wer schirrt euch an; der soll euch anschirren zur Erfüllung aller Wünsche, zur Götterverehrung. — Das Wasser, das vorne, das von oben, und das von allen Seiten hervorströmt, vermittelst dieses durch Strahlen geläuterten Wassers, fasse ich die Zuversicht *(śraddhā)*, das Opfer, an.“

[1] Vgl. I. 16. 8. [2] Nur dieser Vers wird von Hir. (mit den Lesarten: *dhūś ca nūś ca pūś ca . . . pūrdaśamā)* als *anumantraṇa* beim *praṇītapraṇayana* vorgeschrieben. Von *brahmapūtā* an bis zu *sa vo yunaktu* läßt er hersagen, wenn das Praṇītawasser hingestellt worden ist, und dies stimmt besser auch zum Ritual des Āpastamba. — Was den Wortlaut angeht, die ersten zehn Worte sind, für uns wenigstens, nur sinnesleere, hokuspokusartige einsilbige Worte. — Die Virāj ist ein Metrum von zehn Silben *(virājaḥ* auch: „die Mächtigen“). Der letzte Vers *yāḥ purastāt* (TBr. III. 7. 4. 1) wird nach Baudh. II. 1: 34. 3 vor jedem Opfer vom Yajamāna gesprochen. Bhār. ganz wie Āp. Zum Ganzen vgl. TS. I. 6. 8. 1: „Wer ohne Zuversicht *(śraddhā)* ein Opfer verrichtet, zu dessen Opfer haben die Götter keine

Zuversicht. Er führt Wasser nach vorne: Wasser ist Zuversicht; mit Zuversicht unternimmt er dadurch das Opfer und Götter und Menschen haben Zuversicht zu seinem Opfer."

4. b. Wenn vom Adhvaryu gesagt wird: „Opferveranstalter, ich werde die Opfersubstanz ausschütten"[1], so gibt er mit lauter Stimme die Erlaubnis dazu mit den Worten: „*Oṃ*, schütte aus."

[1] Vgl. I. 17. 2.

5. Über der Opfersubstanz, wenn sie ausgeschüttet wird, sagt er den Vers: „Agni, den Opferpriester, den rufe ich hier; die am Opfer sich beteiligenden Götter, die wir hier rufen, die Götter sollen freundlich gesinnt hierher kommen und von dieser meiner Opfergabe gern genießen[1]."

[1] TS. I. 5. 10. i; und vgl. TS. I. 6. 8. 3—4: „Wer das Opfer verrichtet, nachdem er es den Göttern angesagt hat, dessen Opfergabe nehmen die Götter gerne entgegen; er spreche über der Opfersubstanz, wenn dieselbe ausgeschüttet wird, den Vers aus: „Agni, den Opferpriester" usw., dadurch opfert er, nachdem er den Göttern das Opfer angesagt hat, und die Götter nehmen es gerne entgegen."

6. Oder, statt diesen Vers nach der Handlung zu sprechen, er berührt das Gefäß, in welches die Opfersubstanz ausgeschüttet wird, oder er spricht den Vers über demselben aus.

7. Nachdem er diesen Vers gesagt hat, hält er die Stimme an[1].

[1] Die Vorschrift buchstäblich aus TS. I. 6. 8. 4 (und vgl. oben I. 16. 7): „Das geschieht zur Stütze des Opfers." Auch deshalb macht er es so, weil Prajāpati das Opfer im Geiste verrichtete; so verrichtet er das Opfer im Geiste, damit die Unholde sich nicht in dasselbe einschleichen."

8. Dann „schirrt" er das Opfer „an"[1].

[1] D. h. er setzt es in Tätigkeit; wie er das macht, wird im folgenden dargestellt.

9. Mit der Formel: „Wer *(ka)* schirrt dich an; der soll dich anschirren"[1] blickt er auf den ganzen Opferplatz hin.

[1] TS. I. 5. 10. k, vgl. TS. I. 6. 8. 4: „Wer das Opfer anschirrt, wenn die Zeit zum Anschirren gekommen ist, schirrt es sich an inmitten der (anderen Opferveranstalter), die es sich anschirren. „Wer schirrt dich an, der soll dich anschirren" sagt er. „Wer" *(ka)* ist Prajāpati, durch Prajāpati schirrt er es an, er schirrt es sich an inmitten der" usw. wie oben.

IV. 5.

1. Über der Vedi, wenn dieselbe berührt wird[1], spricht er den Vers: „Die viersträhnige, schön gezierte, fett-gesichtige Jungfrau in der Mitte der Schöpfung, du, der du dich putzest zu großem Glücke, du sollst mir, dem Opferveranstalter, alle meine Wünsche erfüllen[2]."

[1] Vgl. II. 1. 3. [2] TBr. III. 7. 6. 4. Die Vedi mit den vier Ecken (zwei Schultern, zwei Hüften) wird hier, wie so oft, einer Jungfrau gleichgestellt.

2. Über dem Stambayajus, wenn dasselbe geholt wird[1], spricht er den Vers: „Wer mich durch Herz oder Gedanken, wer mich durch Wort, Gebet oder Tat, o Götter, anfeindet, wer durch Wissen und durch habgierige Gesinnung, dessen Kopf spalte ich vermittelst des Indra Donnerkeiles[2]."

[1] Vgl. II. 1. 4. 9. [2] TBr. III. 7. 6. 4.

3. Über dem Kehrichtplatz, wenn derselbe vom Āgnīdhra niedergedrückt wird[1], spricht er den Vers: „Hier mache ich eine Wohnstätte für den, welcher,

o Götter, in Keuschheit wandelt. Der Weise, der Fromme von Geist, wandelt als Bote inmitten der Regionen der Menschen[2]."

[1] Vgl. II. 1. 8. [2] TBr. III. 7. 6. 3—4. Der eigentliche Sinn der Worte ist dunkel. Hir. läßt mit diesem Spruch den Opferveranstalter die Stelle berühren, wo die Vedi kommen soll.

4. Über der Vedi, wenn dieselbe umfaßt wird[1], spricht er die Formel: „Mit des Opfers Vormaß, Ummaß, Gegenmaß, Aufmaß umfasse ich dich[2]."

[1] Vgl. II. 2. 3 und II. 3. 7. [2] Aus MS. mit leichter Variante. Ebenso Bhār.; geht dem Hir. ab.

5. a. Über der Oberfläche der Vedi, wenn dieselbe mit dem hölzernen Schwerte aufgewühlt wird[1], sagt er die Verse: „Den Schaden, den wir, die mit dem hölzernen Schwerte arbeitenden Adhvaryu's, mit dem hölzernen Schwerte (die Erde) aufwühlend, der Erde, den Kräutern, dem Wasser zugefügt haben, davor soll mich der weite Luftraum behüten[2]." „Welchen argen Schaden wir, (die Erde) aufwühlend, derselben zugefügt haben, da wir mit frommer Gesinnung die Vedi verfertigten, möchten wir dadurch nicht den Zorn der Götter uns zuziehen, sondern sie sei uns gnädig[3] mit allen ihren Geschöpfen[2]."

[1] Vgl. II. 2. 4. [2] Die beiden Verse nur noch in Bhār. und Hir.
[3] *śivo* d. h. *śivā u.*

5. b. Über der Vedi, wenn dieselbe dargestellt wird[1], sagt er den Vers: „Zur Erde geworden, hat sie ihre Herrlichkeit gemehrt, daraus läßt die Göttin die Flüssigkeiten zunehmen; die zum Opfer tauglichen Männer lesen das Opfer aus[2] und das Wohlsein und die Kräuter und die mächtigen Gewässer[3]."

[1] Vgl. II. 2. 6ff. [2] ? *yajñíyā yajñám vicayánti.* Man beachte den Akzent.
[3] TBr. III. 7. 6. 4.

5. c. Über dem Sprengwasser, wenn dasselbe hingestellt wird[1], spricht er den Vers: „Die göttlichen Wasser rufe ich an, deren Macht zu preisen ist, die über Tag und über Nacht strömenden, die abtönenden[2]."

[1] Vgl. II. 3. 13. [2] Der Vers (so auch in Bhār. und Hir.) ist verdorben aus AS. VI. 23. 1.

5. d. Über der Streu, wenn dieselbe hingelegt wird[1], spricht er den Vers: „Du, die wollenweiche, sich ausbreitende, liebliche, den Göttern zum Sitze genehme Streu, versetze mich, den Opferveranstalter, doch in den Himmelsraum, auf den Rücken des Firmamentes, in den fernsten Luftraum[2]."

[1] Vgl. II. 3. 17. [2] TBr. III. 7. 6. 5.

6. Über dem Schmalz[1] und dem Sprengwasser[2], wenn diese Gegenstände geläutert werden, spricht er den Vers: „Mit Wasser das Schmalz, mit Schmalz das Wasser reiniget genau vermittelst der Reiniger des Savitṛ. Ihr göttlichen mächtigen Gewässer, helfet diesem Opferveranstalter, ihr, die ihr mit dem Mächtigen vereint seid[3]."

[1] Vgl. II. 6. 7. [2] Vgl. II. 7. 2. [3] Der Vers auch in Bhār. und Hir.

7. Beide, sowohl der Opferveranstalter wie der Adhvaryu, flüstern die Sprüche, welche zum Schöpfen der Butter verwendet werden[1].

[1] Vgl. II. 7. 8—10.

IV. 6.

1. Über der Streu, wenn dieselbe innerhalb der Vedi niedergelegt ist[1], spricht der Opferveranstalter die zwei Verse: „Wir haben die Streu in der Erde festgelegt, indem wir die zerhackten Kräuter wieder aufwachsen ließen, deren Wurzel du mit dem hölzernen Schwerte aufgewühlt hattest; die sollen uns günstig und wohlgerufen sein." „Freundlich sollen dem Opferveranstalter hier die Kräuter und die mächtigen Gewässer sein. Sie, deren Himmel der Regen ist, soll Parjanya wieder wachsen lassen, so daß sie goldfarbig, hundertblättrig, unversehrt sein mögen[2]."

[1] Vgl. II. 18. 1. [2] Die beiden Verse nur noch in Bhār. und Hir.

2. Über der Vedi, wenn dieselbe bestreut wird[1], spricht er die Verse: „Die viersträhnige, schön gezierte, fettgesichtige Jungfrau kleidet sich in die Satzungen, du, der du zu großem Glücke bestreut wirst, du sollst mir, dem Opferveranstalter, alle meine Wünsche erfüllen[2]." „Sei mir günstig, und sei mir hilfreich, sei mir lieb, und sei mir guter Sitz, sei mir saftvoll, und sei mir frisch; laß mir Saft und Kraft gedeihen, laß mir den Priesterstand und die Energie gedeihen, laß mir den Kriegerstand und die Kraft gedeihen, laß mir den Bauernstand und die Zucht gedeihen, laß mir das Leben und die Nahrung gedeihen, laß mir die Nachkommen und das Vieh gedeihen[3]."

[1] Vgl. II. 9. 2. [2] TBr. III. 7. 6. 5—6. [3] Ib. 6.

3. Über den Umlegehölzern, wenn dieselben herumgelegt werden[1], flüstert er der Reihe nach die Formeln: „Fest bist du, möchte ich fest unter meinen Verwandten sein, ein weiser Wächter, Güter erwerbend." „Gewaltig bist du, möchte ich gewaltig unter meinen Verwandten sein, ein gewaltiger Wächter, Güter erwerbend." „Überlegen bist du, möchte ich meinen Verwandten überlegen sein, ein überlegener Wächter, Güter erwerbend"[2], und, wenn alle Hölzer umgelegt sind, den Vers: „Bei diesem meinem Opfer lege ich, damit es nicht aus der Ordnung gerate, die Umlegehölzer an. Der Stützer, der Träger, der mehr (als andere) festhält, Agni, soll meine Feinde hinausstoßen[3]."

[1] Vgl. II. 9. 5. [2] TS. I. 6. 2. a—c, vgl. auch TS. I. 6. 10. 1: „Er macht dadurch seine Verwandten fest (d. h. so daß sie um ihn bleiben, ihn stützen), er macht sie seinem Worte nicht widersprechend, er stößt denjenigen seiner Verwandten hinaus, der sich gegen ihn auflehnt.' [3] TBr. III. 7. 6. 7.

4. a. Über dem Āhavanīya, wenn derselbe umlegt wird[1], spricht er die Verse aus: „Ich schirre dich, o Jātavedas, mit dem göttlichen Worte an, damit du diese Opfergabe (den Göttern) überbringest; möchten wir, dich entzündend, gute Nachkommenschaft, tüchtige Söhne besitzend, eines langen Lebens genießen, dir Spenden darbringend[2]." „Wenn von diesem meinem Opfer etwas zu Schaden kommen oder wenn ein Teil der Butter, o Viṣṇu, verschüttet werden wird, so töte ich dadurch den nicht leicht zu tötenden Nebenbuhler, ich bringe ihn in der Nirṛti Schoß[3],"

[1] D. h. wenn nach II. 9. 7 der Spruch vom Adhvaryu über demselben gesprochen wird.

[2] TS. I. 6. 2. d, e (die beiden Verse sind gemeint, wie aus Bhār. und Hir. hervorgeht).

4. b. und den Vers: „Welche deine schärfsten, heißesten und hellsten versengenden Manifestationen sind, o Agni, damit hülle dich ringsum im Panzer, nicht sollen dir die opferzerstörenden Piśācas schaden[1].“

[1] Der Vers auch in Bhār. und Hir., der letzte mit der Variante *yātudhānāḥ* statt *yajñahanaḥ*.

5. Über den „Trennungsgräsern“ *(vidhṛti)*, wenn dieselben niedergelegt werden[1], spricht er die Verse: „Vermittelst der Trennungsgräser („der Sonderungen“) vernichte ich die Nebenbuhler: die Gegner, die schon da sind, und die zukünftigen; durch die beiden Stützen des Bauernstandes zerstreue ich sie; ich dagegen will an die Spitze der Meinigen kommen, o Götter[2].“ „Die beiden Stützen des Bauernstandes, welche die Anfeindung und jedes Mißgeschick und die schwer zu beseitigende Dürftigkeit vertreiben, die beiden Göttinnen, die in der Welt der Guttat sitzen, Stützen *(dhṛti)* seid ihr, Sonderungen (oder Trennungsgräser, *vidhṛti*) seid ihr, eigne Stützen *(svadhṛti)* seid ihr, stützet (d. h. festiget) die Hauche in mir, festiget die Nachkommen bei mir, festiget das Vieh bei mir[3].“

[1] Vgl. II. 9. 13 und die dort gegebene Formel. [2] TBr. III. 7. 6. 7—8.

IV. 7.

1. Über dem Prastara, wenn derselbe hingelegt wird[1], spricht er den Vers: „Dieser Prastara ist beider Stütze: die Stütze sowohl der Voropfer wie der Nachopfer; dieser stützt die vielgestaltigen Scheite, auf ihn lege ich die Opferlöffel hin[2].“

[1] Vgl. II. 9. 13. [2] TBr. III. 7. 6. 8.

2. Über der Juhū, wenn dieselbe hingelegt wird[1], spricht er die beiden Verse: „Ersteige, o Juhū, die zu den Göttern führenden Pfade, wo die zuerst geborenen alten Weisen gegangen sind; mit goldenem Fittich, behende, feist von Körper, sollst du mich hinbringen dort, wo die Räume der Frommen sind[2].“ „Die Juhū bist du, die butterfette, die mit der Gāyatrī[3] gehende, von den Weisen beliebte; folge ohne Schwanken dem Opfer nach, führe in guter Führung das Opfer zu den Göttern hin vermittelst des Agni göttlichem Schutz[4].“ — Über der Upabhṛt, wenn dieselbe hingelegt wird[5], spricht er die beiden Verse: „Durch die Upabhṛt stoße ich die Nebenbuhler, die Gegner hinunter, die schon da sind, und die zukünftigen; ich will mir das Opfer wie eine reichlich Milch spendende Kuh ausmelken; möchte ich überlegen, möchten meine Gegner unterlegen sein[6].“ „Die gut tragende, butterfette Upabhṛt bist du, durch das Triṣṭubhmetrum das All erwerbend; folge ohne Schwanken dem Opfer nach, führe in guter Führung das Opfer zu den Göttern hin durch des Indra[8] göttlichen Schutz[7].“ — Über der Dhruvā, wenn dieselbe hingelegt wird[8], spricht er die beiden Verse: „Der schwer zu tötende Feind, der mich, o Agni, durch Wort, Gedanken oder Herz anfeindet und verfolgt[9], dessen Absicht ist hier unterhalb der Dhruvā; möchte ich überlegen, möchten meine Gegner unterlegen sein[10].“ „Die Dhruvā bist

du, die Trägerin des Besitzes, gefüllt durch das Jagatīmetrum[3], das All erwerbend; folge ohne Schwanken dem Opfer nach, führe in guter Führung das Opfer zu den Göttern hin durch der Allgötter[3] göttlichen Schutz[11]." — Über dem Sruva, wenn derselbe hingelegt wird[12], spricht er die beiden Verse: „Sei mir hold und richtig sitzend auf der Erde; ...[13] durch Nachkommenschaft und Vieh im Himmelsraume; sitze im Himmel, auf der Erde, in dem Luftraum; möchte ich überlegen, möchten meine Gegner unterlegen sein[14]." „Dieser Sruva bringt die Spenden dar[15], der hundertströmige, durch das Anuṣṭubhmetrum[3]; er besalbt alle die Formen (?) des Opfers durch des Bṛhaspati göttlichen Schutz[16]." — Über der Butterschale, wenn dieselbe hingesetzt wird[17], sagt er den Vers: „Diese mit Schmalz gefüllte Schale ist eine hundertströmige Quelle, deren Flüssigkeit ununterbrochen ist, durch der Maruts göttlichen Schutz[18]."

[1] Vgl. II. 9. 15. [2] TBr. III. 7. 6. 8—9. [3] Juhū, Upabhṛt und Dhruvā entsprechen der Reihe nach dem Himmel, dem Luftraum und der Erde; der Gāyatrī, der Triṣṭubh, der Jagatī; dem Agni, dem Indra. den Viśve devāḥ (Bem. zu II. 10. 2 und vgl. TS. VII. 1. 1. 4—5). Daß der Sruva mit Anuṣṭubh und Bṛhaspati, die Sthālī mit den Maruts in Verbindung gedacht wird, scheint eine Weiterführung dieser Spezifikation zu sein.

[4] Der Vers nur noch in Bhār. und Hir. [5] Vgl. II. 9. 15. [6] TBr. III. 7. 6. 9.

[7] Nur noch in Bhār. und Hir. [8] Vgl. II. 9. 15. [9] L. *abhidāsād?*

[10] TBr. l. c. [11] Nur noch in Bhār. und Hir. [12] Vgl. II. 10. 3.

[13] *prāthayi?* [14] TBr. l. c. 10—11. [15] *abhijiharti* soll nach Bloomfield aus *abhijigharti* entstanden sein; *abhijiharti* zweimal auch im Baudh. pi. sū., praśna 3.

[16] Der Vers auch nur noch in Bhār. und Hir. [17] Diese Handlung wird im 2. Praśna nicht erwähnt; daraus schließt Rudradatta, daß die Ājyasthālī dort ohne Spruch vom Adhvaryu hinzusetzen ist. [18] TBr. l. c. 11.

IV. 8.

1. Über den Opferkuchen, wenn dieselben besalbt werden[1], spricht er die Formeln: „Sättigung bist du, das Gāyatrīmetrum; sättige mich mit Glanz und priesterlichem Ansehen. Sättigung bist du, das Triṣṭubhmetrum; sättige mich mit Macht und Kraft. Sättigung bist du, das Jagatīmetrum; sättige mich mit Nachkommen und Vieh[2]."

[1] Vgl. II. 10. 4. [2] Die Formeln auch in Mān. (mit Abweichung) und Bhār.

2. Den für Agni bestimmten Opferkuchen oder alle die Opfergaben, wenn derselbe (bezw. dieselben) hingestellt wird (bezw. werden)[1], berührt er mit dem Verse: „Das allerseits gestützte Opfer bist du, allerseits soll mich das Gewesene und das Zukünftige stützen. Hundert Bitten sollen mir zuteil werden, tausend Freuden an Genuß und Vieh sollen mir zuteil werden. Prajāpati bist du, allerseits gestützt, allerseits soll mich das Gewesene" usw. wie oben[2].

[1] Vgl. II. 11. 5, 7. [2] TBr. III. 7. 6. 11—12.

3. a. Die süße gekochte Morgenmilch, wenn dieselbe hingestellt ist[1], berührt er mit dem Verse[2]: „Dieser Mut, diese Ambrosia, diese Kraft, dadurch haben die Kühe für Indra gesorgt. Dadurch, o Götter, helfet mir hier, möchte ich Saft und Kraft, Ruhm, Macht und Stärke gewinnen; die gekochte (Milch) soll bei mir verbleiben[3]."

[1] Vgl. II. 11. 8. [2] TBr. III. 7. 6. 12. [3] *śṛtaṃ mayi śrayatām*, ein Wortspiel, vgl. TS. II. 5. 3. 3: weil Indra gesagt hatte: sie, die rohe Milch, verbleibt nicht bei mir (in mir), *na mayi śrayate*, machte Prajāpati die Milch gar *(śṛtam)*.

3. b. Die saure, am vorhergehenden Abend gemolkene Milch, wenn dieselbe hingestellt ist[1], berührt er mit dem Verse: „Hier ist dieses leuchtende Süße, dieses Kraftspendende, das zur Erde hinging, in sie eindringend, wodurch Prajāpati Kraft in Indra hineingoß, wodurch er den Großen Indra (Mahendra) von oben stärkte[2]. Die saure Milch soll mich stärken[3]."

[1] Vgl. II. 11. 8. [2] Bezieht sich auf TS. II. 5. 3. 2—3: „Als Indra den Vṛtra erschlagen hatte, wichen Mut und Kraft von ihm und gingen in die Erde ein; daraus entstanden Kräuter und Pflanzen. Er nahm seine Zuflucht zu Prajāpati und sprach: „Als ich den Vṛtra erschlagen hatte, sind Mut und Kraft von mir gewichen und in die Erde eingegangen; daraus sind Kräuter und Pflanzen entstanden." Da sagte Prajāpati zu den Kühen: „Sammelt dieses (nl. den Mut und die Kraft) für ihn *(saṃnayata)*; dies sammelten die Kühe aus den Kräutern in sich selbst und gaben es als Milch heraus. Daher der Name Saṃnāyya."

[3] TBr. III. 7. 6. 12—13. Die Schlußworte beziehen sich wieder auf TS. l. c. 4: *na tu mā dhinoti.*

4. Die gesamten Opfergaben, wenn dieselben hingestellt sind[1], berührt er mit dem Verse: „Dieses Opfergaben enthaltende Opfer hat sich jetzt fertig hingesetzt, zusammen mit der Strophe, der Melodie, der Formel und den Gottheiten; möchten wir durch ihn die sonnenbeschienenen Räume gewinnen, des Indra Freundschaft, die Unsterblichkeit möchte ich erreichen[2]."

[1] Also nach II. 11. 8. [2] TBr. III. 7. 6. 13.

5. Den für Indra-Agni bestimmten Opferkuchen berührt er mit dem Verse: „Wer hier bei diesem Opfer mir, dem Opferveranstalter, Mißgeschick zuwünscht, den sollen Indra und Agni aus der Welt fortstoßen; möchte ich aus männlichen Kindern bestehende Nachkommenschaft erlangen[1]."

[1] TBr. III. 7. 6. 14.

6. Mit dem Kapitel, welches anfängt: „Der Glanz sei mir, o Agni, bei den rivalisierenden Anrufungen"[1] berühre er die gesamten Opfergaben, nachdem sie hingestellt worden sind, oder bloß mit den ersten acht Versen desselben Kapitels.

[1] TS. IV. 7. 14. a—k oder a—h, vgl. unten, VI. 16. 7.

7. a. Mit der Vierhotṛformel[1] berühre er die hingestellten Opfergaben am Vollmondstage, wenn er Nachkommen wünscht, mit der Fünfhotṛformel[2] am Neumondstage, wenn er den Himmel zu erreichen wünscht.

[1] TĀ. III. 2. [2] TĀ. III. 3.

7. b. Nach der Überlieferung einiger[1] ist das Berühren mit diesen Formeln ständig.

[1] So z. B. die Hairaṇyakeśas.

IV. 9.

1. Die Zehnhotṛformel[1] sage er vor den Entzündungsversen her[2].

[1] TĀ. III. 1, vgl. TBr. II. 2. 1. 6. [2] Also vor II. 12. 1.

2. Während der Rezitation des ersten Entzündungsverses[1] flüstert er die Formel: „Die Angirasen sollen mir durch die Früh-Litanei dieses Opfers fördern."

[1] Vgl. II. 12. 2. [2] Das Yajus aus dem Kāṭhaka; Āpastamba's Lesart ist jedoch kontaminiert mit einem anderen Yajus von K. oder MS.

3. a. Während die Entzündungsverse vom Hotṛ hergesagt werden[1], flüstert er, nachdem er die Zehnhotṛformel[2] gesprochen hat, über dem Feuer, wenn die Holzscheite vom Adhvaryu darin gelegt werden[3], die Formeln: „Aufwärts zischend, o Agni, sei für den Opferveranstalter, niederwärts zischend für den feindlichen Angreifer. Du von den Göttern entflammter, du von Manu entflammter Agni, o du mit lieblicher Zunge, ich küsse dich, o Spendenbringer, auf dem unsterblichen Haupte, zur Erhaltung von Reichtum, guter Nachkommenschaft und tüchtigen Männern[4]."

[1] Also während der II. 12. 2 erwähnten Handlung. [2] TĀ. III. 1, zu vergleichen ist TBr. II. 2. 1. 6. [3] Vgl. II. 12. 4. [4] TS. I. 6. 2. g, h.

3. b. Wenn das Feuer ganz entflammt ist[1], so spricht er darüber den Vers: „Der entflammte, durch Opferguß hierher gerufene, durch svāhā herbeigeholte Agni soll uns übersetzen. Heil und Huldigung werde jetzt den Göttern zuteil[2]."

[1] Also bei der II. 12. 6 erwähnten Sāmidhenī. [2] Dieser Spruch entstammt teils dem K., teils ist er in TBr. vorhanden.

4. Wenn der Butterguß mit dem Sruva dargebracht wird[1], spricht er darüber die Formel: „Des Prajāpati Geist bist du, dringe in mich ein mit dem zum Geiste Gewordenen[2]."

[1] Vgl. II. 12. 7. [2] TS. I. 6. 2. i.

5. Über dem mit der Juhū dargebrachten Butterguß[1] spricht er, nachdem er mit der Hand den Adhvaryu, der ihn ausgießt, von hinten angefaßt hat, die Formel: „Des Indra Stimme bist du, die die Gegner vernichtende; dringe in mich ein mit Stimme und Mut[2]."

[1] Vgl. II. 14. 1. [2] TS. I. 6. 2. k.

6. Die Formeln: „Ihr Götter-Väter, Ihr Väter-Götter! Ich, der ich bin, wer ich bin, verrichte die Götterverehrung. Wem ich gehöre, den übergehe ich nicht. Was ich besitze, habe ich dargebracht, habe ich gegeben, habe ich (als Opferlohn) gespendet, habe ich (in den Observanzen) abgearbeitet, habe ich (in den Spenden) ausgegossen. Agni sieht darauf hin, Vāyu hört darauf hin, Āditya verkündigt es. Der Vater ist der Himmel, die Mutter die Erde, der Verwandte Prajāpati. Als derselbe der ich bin, verrichte ich die Götterverehrung[1]" flüstert er, während der Pravara des Hotṛ[2] und des Adhvaryu[3] gehalten wird.

[1] TBr. III. 7. 5. 4—5. [2] Vgl. II. 16. 5. [3] Vgl. II. 16. 9. Das Ritual wohl nach MS. oder K.

7. Nachdem er die Vierhotṛformel[1] hergesagt hat, spricht er über den fünf als Voropfer ausgegossenen Spenden[2] je eine der Formeln: „Von den Jahreszeiten stimme ich den Frühling günstig; dieser, günstig gestimmt, soll mir günstig gestimmt sein. — Von den Jahreszeiten stimme ich den Sommer günstig; dieser, günstig gestimmt, soll mir günstig gestimmt sein. — Von den Jahreszeiten stimme ich die Regenzeit günstig; diese, günstig gestimmt, soll mir günstig gestimmt sein. — Von den Jahreszeiten stimme

ich den Herbst günstig; dieser günstig gestimmt, soll mir günstig gestimmt sein. — Von den Jahreszeiten stimme ich Winter und Nachwinter günstig; diese, günstig gestimmt, sollen mir günstig gestimmt sein[3]."

[1] TĀ. III. 2. [2] Vgl. II. 17. 1. [3] TS. I. 6. 2. l—p. Über das Verhältnis der Voropfer zu den Jahreszeiten vgl. TS. II. 6. 1. 1. und I. 6. 11. 5: „Die Voropfer sind die Jahreszeiten; es sind eben die Jahreszeiten, die er günstig stimmt; wenn diese günstig gestimmt sind, treten sie jede in der richtigen Reihenfolge auf; dem treten die Jahreszeiten in der richtigen Reihenfolge auf, wer solches weiß."

8. Außerdem spricht er über jedem Nachopfer nacheinander eine der folgenden Formeln aus: „Einer (masc.) gehört mir, eine (fem.) demjenigen, der uns haßt und den wir hassen. Zwei (masc.) gehören mir, zwei (fem.) demjenigen, der uns haßt und den wir hassen. Drei (masc.) gehören mir, drei (fem.) demjenigen, der uns haßt und den wir hassen. Vier (masc.) gehören mir, vier (fem.) demjenigen, der uns haßt und den wir hassen. Fünf gehören mir, nichts gehört dem, der uns haßt und den wir hassen[1]."

[1] Die Formeln (auch bei Bhār., nicht bei Hir. und Vaikh.) sind samt ihrer Verwendung dem ŚBr. entlehnt (I. 5. 4. 12—16).

9. Über den beiden Butterteilen, nachdem sie dargebracht sind[1], spricht er: „Durch die Gottesverehrung des Agni und Soma möchte ich Sehkraft erlangen[2]."

[1] Vgl. II. 18. 4—5. [2] TS. I. 6. 2. q.

10. Oder das Besprechen der beiden Butterteile geschieht getrennt[1]."

[1] Vgl. Sūtra 11.

11. Für die getrennte Besprechung gelten die Formeln: „Durch Agni ist das Opfer mit Sehkraft versehen; durch die Gottesverehrung des Agni möchte ich Sehkraft erlangen. Durch Soma ist das Opfer mit Sehkraft versehen; durch die Gottesverehrung des Soma möchte ich Sehkraft erlangen[1]."

[1] Die Formeln auch in Bhār., Hir., Vaikh.

12. Die Fünfhotṛformel[1] spreche er vor dem Abstechen aus den Opfersubstanzen[2].

[1] TĀ. III. 3. [2] Also vor der Handlung von II. 18. 9.

13. a. Nach der Darbringung des Schnittes aus dem für Agni bestimmten Opferkuchen[1] spricht er die Formel: „Durch die Gottesverehrung des Agni möchte ich in den Besitz von Speise kommen[2]."

[1] Vgl. II. 19. 6. [2] TS. I. 6. 2. r.

13. b. Nach der Darbringung des „leisen Opfers"[1] spricht er die Formel: „Schädigung bist du, möchte ich den Soundso schädigen[2]."

[1] Vgl. II. 19. 12. [2] TS. I. 6. 2. s.

13. c. Nach der Darbringung des Schnittes aus dem für Agni und Soma bestimmten Opferkuchen[1] spricht er die Formel: „Durch die Gottesverehrung des Agni und Soma möchte ich ein Feindetöter sein[2]."

[1] Vgl. II. 20. 2. [2] TS. I. 6. 2. t.

13. d. Nach der Darbringung des Schnittes aus dem für Indra und Agni bestimmten Opferkuchen[1] spricht er die Formel: „Durch die Gottesverehrung des Indra und Agni möchte ich mutig sein und Speise erlangen[2]."

[1] Vgl. II. 20. 2. [2] TS. I. 6. 2. n.

13. e. Nach der Darbringung des Schnittes aus dem für Indra bestimmten Sāṃnāyya[1] spricht er die Formel: „Durch die Gottesverehrung des Indra möchte ich mutig werden[2]."

[1] Vgl. II. 20. 2. [2] TS. I. 6. 2. v.

13. f. Nach der Darbringung des Schnittes aus dem für Mahendra bestimmten Sāṃnāyya[1] spricht er die Formel: „Durch die Gottesverehrung des Mahendra möchte ich zu Überlegenheit, zu Macht kommen[2]."

[1] Vgl. II. 20. 2. [2] TS. I. 6. 2. w.

13. g. Nach der Darbringung der für Agni sviṣṭakṛt bestimmten Schnitte aus den Opferkuchen[1] spricht er: „Durch die Gottesverehrung des Agni sviṣṭakṛt möchte ich langes Leben, durch das Opfer festen Bestand gewinnen[2]."

[1] Vgl. II. 21. 6. [2] TS. I. 6. 2. x.

14. Nach der Überlieferung einiger[1] werden vor der Opfergabe an Agni sviṣṭakṛt noch an andere Gottheiten gerichtete Formeln verwendet.

[1] Wahrscheinlich die Kaṭhas, in deren Saṃhitā wenigstens die Mehrzahl der jetzt folgenden Formeln mit einiger Abweichung gefunden wird; vgl. auch Baudh. prāyaścittapraśna I, adhyāya 11.

IV. 10.

1. Über den durch eine Modifikation des als Vorbild dienenden Opfers auftretenden Gottheiten und den diesen Gottheiten dargereichten Opfergaben spricht er, je nach dem Stichworte, die folgenden Formeln aus: „Durch die Gottesverehrung des Indra Vaimṛdha möchte ich ohne Nebenbuhler und kräftig sein. Durch die Gottesverehrung des Indra Trātṛ möchte ich befreit werden. Durch die Gottesverehrung der Erde und des Himmels möchte ich in beiden Welten gedeihen („zu Wohlfahrt und festem Bestand kommen", nach einigen). Durch die Gottesverehrung des Pūṣan möchte ich an Nachkommen und Vieh zunehmen. Durch die Gottesverehrung der Sarasvatī möchte ich an Stimme und Speise gedeihen. Durch die Gottesverehrung der Allgötter möchte ich mit den Hauchen vereint bleiben. Durch die Gottesverehrung des Aryaman möchte ich zum Himmelsraum gelangen. Durch die Gottesverehrung der Aditi möchte ich mich in Kindern und Vieh fortpflanzen. Durch die Gottesverehrung des Mutigen Indra möchte ich mutig und Speise essend werden."

2. Über dem Prāśitra, wenn dasselbe abgeschnitten wird[1], spricht er die Formeln: „Agni soll mich vor dem mißlich Geopferten, Savitṛ vor den Böswilligen schützen. Wer mich in der Nähe und in der Ferne anfeindet, den möchte ich hierdurch besiegen[2]."

[1] Vgl. III. 1. 2, 3. [2] TS. I. 6. 3. a, b.

3. Über der Iḍā, wenn dieselbe abgeschnitten wird[1], spricht er die Formeln[2]: „Du schönregenfarbige, komme hierher, zu dieser schönen Wohnung und begib dich, den Geboten folgend, zu mir. Wischet euch das Haupt ab[3]."

[1] Vgl. III. 1. 6. [2] TS. I. 6. 3. c, d. Nach TS. I. 7. 1. 1 wird die Formel I. 6. 3. c über der Iḍā ausgesprochen, wenn sie herbeigeholt (nicht wenn sie abgestochen) wird und so verordnen auch Baudh., Bhār. und Hir. Daß es Āpastamba's Absicht ist, auch die Formel I. 6. 3. d

hier aussprechen zu lassen, ist zwar nirgends ausdrücklich gesagt. Baudh. läßt über der herbeigebracht werdenden Iḍā die Formeln c—m (incl.) sprechen, Bhār. c—g (incl.).

[2] Die Absicht der Formel: „Wischet euch das Haupt ab" entgeht mir. (Auch MS. IV. 2. 5 und SV. II. 1006 findet sich der Spruch.)

4. Während der leisen Anrufung der Iḍā[1] flüstert er die „die sieben göttlichen Götterkühe"[2] genannten Formeln: „O Reichliche, komme! O Gute, komme! O Tüchtige, komme! O Begehrte, komme! O Kühne, komme. O Iḍā, komme! O Liebliche, komme!" Während der lauten Anrufung der Iḍā[1] flüstert er die „die sieben Menschenkühe"[2] genannten Formeln: „Cit bist du, Manā bist du, Dhīr bist du, Ranti, Ramati, Sūnu und Sūnarī" und die Verse: „Ihr Göttlichen, kehret mit den Göttern zurück zu mir. Ihr Lieblichen, besprenget mich mit lieblichem Schmalz; nicht soll mir dies zu Schaden gereichen, was der Ṛṣi, der Brahman, gegeben hat, wie mit der Kelle schöpfend aus dem Ozean. Die Stimme befindet sich vór dem Klugen, mit zehn Hörnern zeigend."

[1] Vgl. III. 2. 8. Die Herbeirufung der Iḍā vonseiten des Hotṛ geschieht erst leise, dann laut (vgl. Hillebrandt, N.V.O., S. 125, 126). [2] Diese Bezeichnungen, sowie die folgenden Formeln und Verse sind alle der MS. entnommen. (Sie scheinen die den Taittirīya's zukommenden [TS. I. 6. 3. e, f] zu ersetzen.) Der Text in beiden Überlieferungen ist leicht verdorben (in der MS. noch mehr als in Āp.), der Sinn, besonders der letzten Verse, ist unklar.

5. Während die Iḍā herbeigerufen wird, denke er mit: „O Vāyu, die Iḍā ist deine Mutter" im Geiste an Vāyu, indem er den Hotṛ anblickt[1].

[1] Die Vorschrift wurzelt in TS. I. 7. 1. 2—3: „Eine vom Kalbe ans Milchen gebrachte Kuh gibt Milch; die ans Milchen gebrachte Iḍā milcht dem Opferveranstalter; diese (nl. die Formeln TS. I. 6. 3. hff.) sind die Zitzen der Iḍā, die Formel: „Herbeigerufen ist die Iḍā" usw. ist der Wind: das Kalb; wenn der Hotṛ die Iḍā herbeiruft, denke der Opferveranstalter, indem er den Hotṛ anblickt, im Geiste an Vāyu; er läßt dadurch das Kalb zur Mutterkuh hin."

6. Während des Aussprechens der Segenswünsche bei der Herbeirufung der Iḍā[1] flüstert er die Formeln: „Dieser mit diesem Opfer verbundene Wunsch möge mir erfüllt werden. Möchte ich mit nicht fehlgehendem Geiste dies vermögen. Das Opfer soll zum Himmel steigen, das Opfer soll zum Himmel gehen. Den Pfad der Götter entlang soll das Opfer zu den Göttern gehen. Indra soll Mut in uns legen, Wohlfahrt und Opfer sollen uns begleiten; in uns sollen die Segenswünsche (verwirklicht) sein. Sie (seien) uns eine liebliche, siegreiche Spenderin. Befriedigung bist du; sei zufrieden mit uns; befriedigt bist du von uns; möchten wir deine Zufriedenheit erlangen. Der Geist nehme die Butter: als das Licht, gerne an; er soll dieses unterbrochene Opfer zusammenfügen; Bṛhaspati soll dieses (Opfer) von uns ausführen, und alle Götter sollen sich hier freuen"[2] und den Vers: „Der Segenswunsch soll mir Saft und gute Nachkommen, Kraft und glanzvollen Besitz erteilen; ich gewinnend durch Gewalt die Felder, o Indra, die anderen, die Nebenbuhler, mir unterlegen machend[3]."

[1] Auf welchen Teil des *iḍopāhvāna* sich diese Angabe bezieht, habe ich nicht feststellen können. [2] TS. I. 6. 3. h—o. [3] TS. III. 2. 8. m.

7. a. Über der Iḍā, wenn dieselbe herbeigerufen ist[1], spricht er die Formel: „Durch die Gottesverehrung der Iḍā möchte ich reich an Vieh werden[2]."

[1] Also nach III. 2. 8. [2] Nur Āp. und Bhār. haben die Formel genau ebenso.

7. b. Über der Iḍā, wenn dieselbe zur Verzehrung herbeigebracht wird[1], spricht er den Vers: „Die Milchkuh Iḍā mit ihrem Kalb ist zu uns gekommen, Labung milchend, von Milch strotzend. Sie, die Iḍā, ist zu uns gekommen mit Speise, Opfergabe und mit Kühen[2]."

[1] Vgl. III. 2. 10. [2] Der Vers, mit Varr., auch bei Hir.

8. Mitgeteilt ist die Weise, wie die Iḍā vom Opferveranstalter zu verzehren ist[1], und der Reinigungsvers, mit welchem er sich zu reinigen hat[2].

[1] Nl. III. 2. 11. [2] Nl. III. 3. 2.

9. Wenn der Opferkuchen auf die Streu hingelegt ist[1], berührt er ihn mit den Formeln: „O Rötlicher, schwill an. Von mir, der ich gebe, soll (der Besitz) nicht abnehmen; mir, der ich (die gottesdienstliche Handlung) verrichte, soll sie nicht ausgehen. Du bist die Anordnung der Himmelsgegenden. Die Himmelsgegenden sollen sich mir ordnen, ordnen sollen sich mir die Himmelsgegenden, sowohl die göttlichen wie die menschlichen. Tage und Nächte sollen sich mir ordnen; die Halbmonate sollen sich mir ordnen, die Monate sollen sich mir ordnen, die Jahreszeiten sollen sich mir ordnen, das Jahr soll sich mir ordnen. Die Anordnung bist du, es soll sich mir ordnen[2]."

[1] Vgl. III. 3. 2. [2] TBr. III. 7. 5. 7—8.

IV. 11.

1. Darauf schiebt er ihn, den Himmelsgegenden nach, auseinander[1] mit den Versen: „Den Hütern der Weltregionen, den vier unsterblichen Aufsehern der Schöpfung, wollen wir hiermit als Opfergabe dich weihen. — Schütze das heilige Wort. — Der Teilnehmer soll seinen Anteil bekommen, nicht soll ihn der nicht Beteiligte bekommen; wir schließen den nicht Beteiligten davon aus. Laß schwellen die Wässer, belebe die Kräuter, beschütze den Zweifüßler, hilf dem Vierfüßler. Vom Himmel bringe den Regen herab. — Dies ist die Opfergabe für die geehrten, somatrinkenden Brahmanen. Vom Anteil ausgeschlossen ist der Nicht-Brahmane, für den Nicht-Brahmanen gibt es hier nichts[2]."

[1] Vgl. III. 3. 3. [2] TBr. III. 7. 5. 8—10. Die Worte *brahma pāhi* (so ist wohl statt *brahmapā hi* zu trennen) finden sich weder im TBr. noch bei Hir.

2. Als besonderen Spruch beim Wegschieben des für den Āgnīdhra bestimmten Teiles[1] spricht er: „Herbeigerufen ist der Vater Himmel, hin zu sich soll mich Vater Himmel rufen. Agni (bin ich), aus Kraft des Āgnīdhradienstes: zum langen Leben, zur Gesundheit, zum Leben, zum Guten; herbeigerufen ist die Mutter Erde, hin zu sich soll mich Mutter Erde rufen. Agni (bin ich), aus Kraft des Āgnīdhradienstes: zum langen Leben, zur Gesundheit, zum Leben, zum Guten[2]."

[1] Vgl. III. 3. 3, 5ff. Es handelt sich um das Ṣaḍavatta, daher der zweiteilige Spruch. Hiraṇyakeśin und die Vājasaneyins (ŚBr. I. 8. 1. 41) lassen einen ähnlichen Spruch vom Āgnīdhra sprechen, wenn er sein Ṣaḍavatta verzehrt; dies stimmt besser zum Wortlaut des Spruches.
[2] TBr. III. 7. 6. 15—16.

3. Das innerhalb der Vedi hingestellte Anvāhāryamus[1] berührt er mit

den Formeln: „O Rötlicher, schwill an. Von mir, der ich gebe, soll (der Besitz) nicht abnehmen, mir, der ich (die heilige Handlung) verrichte, soll sie nicht ausgehen. Prajāpati's Anteil bist du, voller Labung und Saft, schütze meinen Aus- und Einhauch, schütze meinen In- und Durchhauch, schütze meinen Auf- und Durchhauch. Unversehrt bist du, zur Unversehrtheit (berühre ich) dich, nicht sollst du mir abnehmen, weder in jener noch in dieser Welt"[2] und mit dem Verse: „Diese mit Nektar gefüllte Schale, eine tausendströmige, nie versiegende Quelle, stützt die Erde, den Luftraum und den Himmel. Durch dieses Mus will ich über den Tod hinweg kommen[3]."

[3] Vgl. III. 3. 14. [2] TS. I. 6. 3. p—t. [3] Der Vers nur noch bei Hir.

4. Behandelt ist der Befehl und das Wegschenken des Anvāhāryamuses[1].

[1] Vgl. III. 4. 2—4.

5. a. Über dem für die Nachopfer dienenden Scheit, wenn dasselbe ins Feuer gelegt wird[1], spricht er die Formel: „Hier ist ein Holzscheit für dich, o Agni" usw.[2].

[1] Vgl. III. 4. 5. [2] Dieselbe Formel, die schon oben, III. 4. 6, gegeben war.

5. b. Wenn dasselbe hineingelegt ist, so spricht er über dem Feuer die Verse: „Wen ich, o Agni, dir abtrenne *ahám vā kṣipitáś cáran*, dessen Nachkommen und Grundlage, o Götter, hauet unten ab. — O Agni, wer uns anfeindet, sei er ein Eigner oder ein Fremder, von dem soll, wie vom wegschwindenden Scheite, nichts übrig bleiben. — Wer mich haßt, o Jātavedas, wen ich hasse und wer mich haßt, die alle verbrenne gänzlich: die, welche ich hasse und die mich hassen[1]."

[1] TBr. III. 7. 6. 16—17. Der nicht übersetzte Satzteil muß verdorben sein.

6. Über den Strängen des Brennholzbandes, wenn dieselben im Feuer dargebracht sind[1], spricht er den Vers: „Die Vedi, die Streu, die gekochte Opfersubstanz, das Brennholz, die Umlegehölzer, die Opferlöffel, die Butter, das Opfer, die Verse, die Formel, die Opferverse und die Vaṣaṭrufe: die Zuneigungen sollen sich mir zuneigen, nachdem das Brennholzband geopfert ist[2]."

[1] Vgl. III. 4. 8. [2] TBr. III. 7. 6. 18.

7. Die Siebenhotṛformel[1] sage er unmittelbar vor oder nach den Nachopfern her.

[1] TĀ. III. 5.

IV. 12.

1. Über den Nachopfern, wenn dieselben dargebracht sind[1], spricht er der Reihe nach eine der folgenden Formeln: „Durch die Gottesverehrung der Streu möchte ich Nachkommen erlangen. — Durch die Gottesverehrung des Narāśaṃsa möchte ich Vieh erlangen. — Durch die Gottesverehrung des Agni sviṣṭakṛt möchte ich langes Leben, durch das Opfer festen Bestand erlangen[2]."

[1] Vgl. III. 5. 1. [2] TS. I. 6. 4. a—c.

2. Beide, der Adhvaryu und der Opferveranstalter, flüstern die zwei das Wort „Sieg" enthaltenden Verse[1].

[1] Vgl. III. 5. 3. Hier sind TS. I. 6. 4. m, n gemeint, welche mit I. 1. 13. a, b gleichlautend sind.

3. a. Über den Umlegehölzern, wenn dieselben gesalbt werden[1], spricht der Opferveranstalter der Reihe nach eine der folgenden Formeln: „Die Vasugötter habe ich durch das Opfer gnädig gestimmt. — Die Rudragötter habe ich durch das Opfer gnädig gestimmt. — Die Ādityagötter habe ich durch das Opfer gnädig gestimmt.“

[1] Vgl. III. 5. 7. [2] Die Formeln auch in Hir. (nur mit *apipreyam* statt *apiprem*).

3. b. Über dem Prastara, wenn derselbe gesalbt wird[1], spricht er den Vers: „Die Streu soll sich salben mit der Opfersubstanz, mit dem Schmalz, mit den Ādityas, den Vasus, und den Maruts. Sie soll sich salben mit Indra und mit den Allgöttern, zum Himmelsgewölbe gehe sie, die (mit) Svāhā(ruf) (dargebrachte)[2].“

[1] Vgl. III. 5. 9ff. [2] TBr. III. 7. 5. 10.

4. Über den vom Hotṛ in seinen „Guten Worten“ genannten Gottheiten[1] spricht er, je nach dem Stichwort, die folgenden Formeln aus: „Nach des Agni Sieg möchte ich siegen. — Nach des Soma Sieg möchte ich siegen. — Nach des Agni Sieg möchte ich siegen. — Nach des Agni und Soma Sieg möchte ich siegen. — Nach des Indra und Agni Sieg möchte ich siegen. — Nach des Indra Sieg möchte ich siegen. — Nach des Mahendra Sieg möchte ich siegen. — Nach des Agni sviṣṭakṛt Sieg möchte ich siegen[2].“

[1] Vgl. III. 6. 5 und Hillebrandt, N.V.O., S. 144. [2] TS. I. 6. 4. d—l.

5. Und wenn der Hotṛ in den „Guten Worten“ seinen Namen nennt[1], so sage er den Vers: „Zu mir sind die Wünsche gekommen, wie Kühe begierig sich melken zu lassen; mit Indra vereint erlangen wir Besitz, möchten wir uns Nachkommen und Lebenskraft melken[2].“

[1] Nl. wenn er sagt: „Möchte er bei diesem Opfer, welches zu den Göttern geht, gedeihen. Dies erfleht der Opferveranstalter Sonndso.“ [2] TS. I. 6. 4. o.

6. Während die Segenswünsche vom Hotṛ in den „Guten Worten“ zitiert werden[1], spricht er (der Opferveranstalter) die Formel: „Dieser mein Wunsch möchte in Erfüllung gehen und die Götter erreichen, im höchsten Grade genehm, im höchsten Grade zu loben. Durch den nicht fehlgehenden Gedanken möchte er die Götter erreichen. Das Opfer soll die Götter erreichen[2]. Das und das soll mir zufallen“, wobei er statt: „Das und das“ das von ihm Gewünschte nennt.

[1] Z. B. „Lebensalter erfleht er, Reichtum erfleht er“ usw.
[2] Der Spruch ist, mit leichter Variante, aus MS. herübergenommen.

7. Über dem Prastara, wenn derselbe vom Āgnīdhra fortgeworfen wird[1], spricht er nach jedem vom Āgnīdhra gesagten Spruch, der Reihe nach, eine der folgenden Formeln aus: „Vermittelst des roten (Rosses) soll Agni dich zu der Gottheit bringen. Vermittelst des Falben soll Indra dich zu der Gottheit bringen. Vermittels des Schecken soll Sūrya dich zu der Gottheit bringen[2].“

[1] Vgl. III. 7. 3. [2] TS. I. 6. 4. p.

8. Während der Prastaragrashalm ins Feuer geworfen wird[1], spricht er den Vers: „Vom Himmel her ist der Pflock niedergestreckt und von der

Erde aus erhoben; vermittelst dieses Tausendabsätzigen quälen wir den Feind. Viele Qualen soll mein Feind erdulden, o Kraut, ich dagegen soll keine erdulden[2]."

[1] Vgl. III. 7. 5. [2] TBr. III. 7. 6. 19.

9. Während die Umlegehölzer losgelöst werden[1], spricht er den Vers: „Deine Stränge binde ich los, deine Zügel, deine Jochbänder, deine Gurte. Verleih' uns Reichtum und, was gut ist, kündige den Göttern an, daß wir ihnen den gebührenden Teil entrichtet haben[2]."

[1] Vgl. III. 7. 11, 12, wo erwähnt ist, daß die Hölzer ins Feuer geworfen werden. Der hier gebrauchte Ausdruck stützt sich auf TS. I. 7. 4. 4: „Dies ist das Losbinden des Agni, dadurch spannt er ihn (der mit einem Roß verglichen wird) ab." Der Gegensatz ist IV. 6. 4.
[2] TS. I. 6. 4. q.

10. a. Während der „Heil- und Segenswunsch" vom Hotṛ gesagt wird[1], spricht er die Formel: „Durch des Viṣṇu Śaṃyu Gottesverehrung möchte ich vermittelst des Opfers festen Bestand erlangen"[2] und auch die Formeln: „O Opfer, Huldigung (sei) dir, o Opfer, Huldigung und Huldigung (sei) dir dargebracht! Schließe mir mit Günstigem ab, schließe mir mit Freundlichem ab, schließe mir mit Wohlstand ab, schließe mir mit priesterlichem Ansehen ab, schließe ab mit Gelingen. Herbei dir, o Opfer, die Huldigung, herbei die Huldigung, herbei die Huldigung[3]!"

[1] Vgl. III. 7. 11. [2] TS. I. 6. 4. r. [3] TBr. III. 7. 6. 19—20.

10. b. Über den Neigen, wenn dieselben geopfert sind[1], spricht er: „Das Güter bringende, das die Erfüllung des Bittgebets bringende, das mit Bittgebet verbundene Opfer ist von den Bhṛgus, von den Yatis, von den Vasus, von den Atharvans verrichtet worden. Mögest du hier zu mir kommen, mit dem Guten dieses dargebrachten beliebten (Opfers)[2]."

[1] Vgl. III. 7. 15. [2] Der Spruch ist kontaminiert aus allen bekannten Saṃhitās (besonders TS., MS., VS.) und schwerlich richtig zu übersetzen.

IV. 13.

1. Über den Patnīsaṃyājas[1] spricht er, nach der Darbringung der einzelnen Spenden, je nach dem Stichworte, eine der folgenden Formeln aus: „Durch die Gottesverehrung des Soma möchte ich, reich an Samen, mich fortpflanzen[2]. Durch die Gottesverehrung des Tvaṣṭṛ möchte ich die Gestalt des Viehs[3] besitzen. Die Gattinnen der Götter und der Hausherr Agni[4] sind die Paarung des Opfers; durch die Gottesverehrung dieser beiden möchte ich vermittelst deren Paarung gedeihen[5]."

[1] Vgl. III. 8. 10—9. 3. [2] *reto dhiṣīya* weil Soma *retodhās* (Samen einlegend, befruchtend) ist. [3] Weil Tvaṣṭṛ der schaffende Gott ist, welcher die Gestalt des Viehs macht.
[4] Die beiden letzten Patnīsaṃyājas werden also zusammen angeredet.
[5] TS. I. 6. 4. s—u.

2. Über den Spenden an die mit einem bestimmten Wunsche zu verehrenden Gottheiten[1] spricht er je eine der folgenden Formeln aus: „Durch die Gottesverehrung der Rākā möchte ich reich an Nachkommen werden. Durch die Gottesverehrung der Sinīvālī möchte ich reich an Vieh werden.

Durch die Gottesverehrung der Kuhū möchte ich reich an Gedeihen und Vieh werden[2]."

[1] Vgl. III. 9. 4. [2] Die Formeln nur noch in Bhār., Hir., Mān.

3. Die Herrin des Hauses spricht über denselben Spenden dieselben Formeln aus, wobei sie die masculina in feminina ändert.

4. Über der Butteriḍā[1] spricht der Opferveranstalter den Vers: „Die Iḍā soll uns mit Schmalz umkleiden, sie, in deren Fußspuren die Frommen sich läutern. Die allen Männern zukommende, mächtige, allen Göttern geweihte, ist, stets wachsend, zum Opfer herangetreten[2]."

[1] Vgl. III. 9. 7—9. [2] Der Spruch in dieser Fassung nur noch in Hir., Bhār. (?) und Mān.

5. Nachdem er den Wisch innerhalb der Vedi niedergelegt hat[1], spricht er über demselben die Formeln aus: „Ein Wisch (*veda*, „Finder") bist du, Erwerb *(vitti)* bist du" usw.[2].

[1] Wahrscheinlich geht diese Handlung der oben III. 10. 3 erwähnten voran.

[2] TS. I. 6. 4. v—y (vgl. III. 10. 3).

6. Vor den Worten: „Möchte ich erwerben" nennt er in diesen Formeln den Gegenstand seines Nebenbuhlers, welchen er begehrt. „Dieses eignet er sich ganz an", so wird in der heiligen Überlieferung gelehrt[1].

[1] Nl. TS. I. 7. 4. 6.

7. Nachdem die Fruchtbläschen dargeopfert sind[1], wischt er sich den Mund ab mit der Formel: „Sarasvatī, welche den Bauernstand ernährt, von der gib mir, von der möchten wir einen Anteil bekommen[2]."

[1] Also nach der Handlung von III. 10. 1 (vgl. 2). [2] Zusammengeflickte Formel aus MS. und K.

8. Nachdem das Saṃiṣṭayajus dargebracht ist[1], spricht er darüber die Formeln: „Gut ist das Opfer; reich an Gütern ist das Opfer; das Gute dieses guten, an Gütern reichen Opfers soll zu mir kommen; das und das soll zu mir kommen"[2], wobei er statt: „das und das" seinen Wunsch nennt.

[1] Vgl. III. 13. 4. [2] Der Spruch, mit leichter Änderung, aus der MS.

9. Mit der Formel: „Mit Segenswunsche verbinde sich der Opferherr"[1] ißt er den Anteil des Opferveranstalters.

[1] TS. I. 3. 8. g*. Diese Vorschrift ist wohl der MS. (I. 4. 6) entnommen.

IV. 14.

1. a. Mit dem Verse: „Den Dadhikrāvan habe ich besungen, das gewinnende kräftige Roß; er mache unsren Mund wohlriechend, er verlängere unser Leben"[1] ißt er die Abendmilch[2].

[1] TS. I. 5. 11. 1. Der Vers ist der bloßen Assonanz wegen gewählt *(dadhikrāvan)*, die Abendmilch ist ja die saure zum Sāṃnāyya gebrauchte Milch, das *dadhi*.

[2] Vgl. III. 1. 12 mit Bem.

1. b. Mit dem Verse: „Diese Opfersubstanz soll mir erzeugend sein: zehn männliche Kinder bringend, meine ganzen Scharen enthaltend, zum Heile; das Selbst erwerbend, die Nachkommen erwerbend, Vieh erwerbend, Sicherheit erwerbend, Raum erwerbend. Agni soll mir zahlreiche Nach-

kommenschaft besorgen. Speise, Milch, Samen bringet in uns. Er halte fest in uns Wohlfahrt, Saft und Kraft, svāhā“[1] die Morgenmilch.

[1] TBr. II. 6. 3. 5.

2. Ein Nichtbrahmane esse nicht das Sāṃnāyya.

3. Innerhalb der Vedi gießt der Adhvaryu über dem Praṇītāwasser[1] einen ununterbrochenen Wasserstrahl aus[2]. Während dieser ausgegossen wird, flüstert der Opferveranstalter die Formeln: „Das Gute bist du, möchte mir Gutes zuteil werden. Das All bist du, möchte mir alles zuteil werden. Das Volle bist du, möchte mir das Volle zuteil werden. Das Unversiegbare bist du, nicht sollst du mir versiegen[3].“

[1] Welches, nach III. 13. 5, innerhalb der Vedi gestellt worden ist.

[2] Die Darstellung der verschiedenen Sūtras ist verschieden. Baudh. erwähnt im Adhvaryuabschnitte bloß: „Er gießt das Praṇītawasser aus“, ebenso die Vājasaneyins (mit der oben III. 13. 5, erwähnten Formel). Āp., Hir., Vaikh. und Mān. haben im Adhvaryuabschnitt bloß das Praṇītawasser vom Adhvaryu auf die Vedi setzen lassen und verordnen jetzt, daß über dem Praṇītawasser ein Strahl ausgegossen wird. Baudhāyana und die Vājasaneyins erwähnen ein anderes mit Wasser gefülltes Gefäß, welches jetzt ausgegossen wird. [3] TS. I. 6. 5. c.

4. a. Er gießt darauf das Wasser[1] nach den verschiedenen Himmelsrichtungen, mit den folgenden Formeln nach deren Stichwort, aus: „In der östlichen Gegend sollen sich die Götter, die Opferpriester reinigen. In der südlichen Gegend sollen sich die Monate, die Väter reinigen. In der westlichen Gegend sollen sich die Häuser, die Tiere reinigen. In der nördlichen Gegend sollen sich die Wässer, die Kräuter, die Bäume reinigen. In der oberen Gegend soll sich das Opfer, das Jahr, der Opferherr reinigen[2].“

[1] D. h. wohl das Praṇītawasser. [2] TS. I. 6. 5. d.

4. b. Den Rest des Wassers gießt er innerhalb der Vedi aus mit dem Verse: „Zum Ozean sende ich euch hin, gehet zu eurem eignen Geburtsorte. Möchte ich unversehrt in meiner Nachkommenschaft sein, nicht soll mein Lebenssaft vergossen werden[1].“

[1] Der Spruch ist bis jetzt nur in den Sūtras nachzuweisen.

4. c. Dann wischt er sich den Mund ab mit den zwei Versen: „Das Süße von dir, o Sarasvatī, das im Wasser, in den Kühen, in den Rossen ist, damit, o kräftige Sarasvatī, besalbe meinen Mund. — Gib mir von der Vaiśambalyā Sarasvatī, von dir möchte ich genießen, von dir möchten wir den größten Anteil bekommen[1].“

[1] TBr. II. 5. 8. 6—7.

5. Beide, sowohl der Opferveranstalter wie der Adhvaryu, flüstern den Spruch zur Losschirrung der Kuchenschüsselchen[1].

[1] Vgl. III. 14. 4.

6. Der Opferveranstalter macht, den südlichen Rand der Vedi entlang, den rechten Fuß immer voransetzend, die vier Viṣṇuschritte in östlicher Richtung, den linken Fuß nicht vor den rechten setzend und jeden folgenden Schritt immer größer nehmend. Dazu flüstert er hintereinander die folgenden Formeln: „Du bist der Schritt des Viṣṇu, der die Feinde vernichtet; mit dem Gāyatrīversmaß schreite ich über der Erde hin; ausgeschlossen ist

der, den wir hassen. — Du bist der Schritt des Viṣṇu, der die Verleumdung vernichtende; mit dem Triṣṭubhversmaß schreite ich über dem Luftraum hin; ausgeschlossen ist der, den wir hassen. — Du bist der Schritt des Viṣṇu, der Vernichter des Mißgünstigen; mit dem Jagatīversmaß schreite ich über dem Himmel hin; ausgeschlossen ist der, den wir hassen. — Du bist der Schritt des Viṣṇu, der Vernichter der uns Anfeindenden; mit dem Anuṣṭubhversmaß schreite ich über den Himmelsgegenden hin; ausgeschlossen ist der, den wir hassen[1]."

[1] TS. I. 6. 5. e—h, vgl. I. 7. 5. 4: „Der Opferveranstalter wird Viṣṇu und ersiegt unwiderruflich durch die Versmaße diese Räume."

7. Er schreitet dabei nicht über den Āhavanīya hinweg.

8. Die vierte Formel flüstert er, nachdem er sich hingestellt hat[1].

[1] Mit der 4. Formel wird also kein Schritt gemacht, da es ja nur drei Viṣṇuschritte gibt, vgl. Baudh. III. 21: 93. 5: „Nach dem dritten Schritte läßt er die vierte Formel folgen; zu einem vierten Schritte schreitet er nicht vorwärts." Die 4. Formel findet sich nur bei den Taittirīyas und den Kaṭhas. Nach dem Kāṭhaka (XIX. 11) „waren die drei Räume (Erde, Luftraum, Himmel) einst im Besitze der Asuras. Da sprachen die Götter zu Viṣṇu (d. h. wohl zu den Asuras mit Bezug auf Viṣṇu): „Gebet uns soviel, wie dieser Knabe durchschreitet." Dieser nun durchschritt einmal (d. h. mit einem Schritte) die Erde, ... einmal den Luftraum, ... einmal den Himmel, ... einmal die Himmelsgegenden, ... So erwarben die Götter die Räume der Asuras."

9. Nach der Überlieferung einiger werden die „Viṣṇuschritte", die „Viṣṇuüberschreitungen" und die „Befreiungen" verschränkt, nach der Überlieferung anderer selbständig hierbei verwendet[1].

[1] Also die in Sūtra 10 angegebenen Sprüche werden so verwendet, daß entweder nach der Hersagung jeder Viṣṇukramaformel eine Viṣṇvatikrama- und eine Atīmokṣaformel kommt, oder daß, nach allen den Viṣṇukramas, alle die Viṣṇvatikramas und darauf alle die Atīmokṣas geflüstert werden. In keinem mir bekannten Ritual wird dies ausdrücklich so verordnet, es mag aber bei den Mānavas und den Kaṭhas so gegolten haben, da in deren Saṃhitā diese Sprüche im Yajamānateil aufgeführt werden.

10. a. Die „Viṣṇuüberschreitung" genannten Formeln sind: „Durch den Gott Agni gewinne ich die Schlachten; durch das Gāyatrīmetrum, den Trivṛtstoma, das Rathantarasāman, den Vaṣaṭruf als Geschoß stoße ich die früher geborenen Nebenbuhler nach unten, ich dränge sie weg, ich stoße sie fort in dieser Wohnung, in diesem Erdenraum; wer uns haßt und wen wir hassen, mit Viṣṇu's Schritte überschreite ich sie. — Durch den Gott Indra gewinne ich die Schlachten; durch das Triṣṭubhmetrum, den Pañcadaśastoma, das Bṛhatsāman, den Vaṣaṭruf als Geschoß stoße ich die mit mir geborenen Nebenbuhler nach unten" usw., wie oben. — Durch die Allgötter gewinne ich die Schlachten; durch das Jagatīmetrum, den Saptadaśastoma, das Vāmadevyasāman, den Vaṣaṭruf als Geschoß stoße ich die nach mir geborenen Nebenbuhler nach unten" usw. wie oben[1].

[1] TS. III. 5 3. a—c. — Baudh. (XIV. 20: 187. 15 ff.) verwendet diese Formeln in einer Iṣṭi, die die Überwindung der Gegner bezweckt: einer *abhicaraṇīya-iṣṭi*.

10. b. Die „Befreiung" genannten Formeln sind: „Diejenigen Götter, die, das Opfer vernichtend, das Opfer raubend, auf der Erde sich aufhalten, vor diesen soll Agni mich behüten; möchten wir zu den Frommen kommen.

Wir sind, o vorzügliche Mitra und Varuṇa, zu dem Teil der Nächte gekommen, welcher euch beiden gehört, ergreifend das Gewölbe im Raume der Guttat, auf dem dritten Rücken, im Lichte des Himmels. — Diejenigen Götter, die, das Opfer vernichtend, das Opfer raubend, in dem Luftraum sich aufhalten, vor diesen soll Vāyu mich behüten; möchten wir zu den Frommen kommen. Welche zu den Göttern führende Nächte von dir, o Savitṛ, zwischen Himmel und Erde hindurch gehen, (durch diese?) sollt ihr mit allen Angehörigen, mit den Nachkommen zuerst den Himmel ersteigend, über die Dunstkreise hinsetzen. — Diejenigen Götter, die, das Opfer vernichtend, das Opfer raubend, am Himmel sich aufhalten, vor diesen soll Sūrya mich behüten; möchten wir zu den Frommen kommen. Durch welche höchste Opfergabe, o Agni Jātavedas, du dem Indra die Säfte gesammelt hast, dadurch laß du, Agni, diesen hier wachsen und bringe ihn ans Haupt seiner Stammesgenossen[1]."

[1] TS. III. 5. 4. a—f.

11. Mit den Formeln: „Wir sind zum Himmel gegangen, zum Himmel sind wir gegangen. Von deinem Anblick soll ich mich nicht trennen, von (?) deiner Glut soll ich mich nicht entfernen. Du bist kräftig, das beste der Lichter. Leben gebend bist du, schenke mir Leben. Glanz gebend bist du, schenke mir Glanz"[1] bringt er stehend der Sonne seine Verehrung dar.

[1] TS. I. 6. 6. a—e.

IV. 15.

1. und mit den Versen: „Aufgehend hast du, dessen Herrlichkeit Mitra ist, heute meine Nebenbuhler vernichtet; schlage sie durch den lichten Tag, und untergehend unterwerfe sie. — Aufgehend teile uns heute, wie ein Vater seinen Söhnen, (Güter) aus. Du verfügst ja über die lange Lebensdauer, davon gib uns, o Sonne. — Aufgehend, steigend zum oberen Himmel, vertilge du, dessen Herrlichkeit Mitra ist, heute meine Herzenskrankheit und meine Gelbsucht, o Sonne. — In die Papageien und in die Predigerkrähen legen wir meine Gelbsucht, auch in die Hāridravas legen wir meine Gelbsucht nieder. — Die Sonne ist jetzt mit all ihrer Macht aufgegangen, den Feind mir in die Hände liefernd; möchte ich dem Feinde nicht in die Hände fallen. — Wer uns, wenn wir nicht fluchen, flucht, und wer uns, wenn wir fluchen, flucht, zu dem sollen Morgen und Abend jeden Fluch hinwenden[1]."

[1] TBr. III. 7. 6. 22—23.

2. Er kehrt sich darauf nach rechts herum, nachdem er die Formel geflüstert hat: „Mit der Wendung des Indra[1] kehre ich mich herum[2]."

[1] Indra ist hier offenbar die Sonne. [2] TS. I. 6. 6. f.

3. Wenn er seinen Feind schädigen will, so drücke er beim Herumdrehen mit der Formel: „Hier wickle ich den Hauch des Soundso, des Sohnes des Soundso, ein" die Ferse des rechten Fußes in die Erde ein[1].

[1] Die Vorschrift und die Formel entstammen der MS. Die Maitrāyaṇīformel hat allem Anscheine nach hier die der eignen Schule (TS. I. 6. 6. d) ersetzt.

4. Nachdem er den Halbvers: „Die guten Anzeichen sollen siegen, die

bösen unterliegen"[1] gesprochen hat, kehrt er sich mit den Formeln: „Möchte ich mit Nachkommen und Wohlfahrt, möchte die Wohlfahrt mit mir verbunden sein"[2] (nach links herum,) wieder zu (dem Āhavanīya) zurück[3].

[1] Der Halbvers, auch bei Hir., ist wohl Variante zu AS. VII. 115. 4.

[2] TS. I. 6. 6. g, h. [3] Die Umkehrung nach rechts herum (von Sūtra 2) wird also durch eine zweite Umkehrung in entgegengesetzter Richtung gefolgt, vgl. Kāty. I. 8. 24: „Einer Umdrehung nach links oder nach rechts soll eine Umdrehung in entgegengesetzter Richtung folgen" und **Mān.** śrs. I. 4. 3. 13, 14, wo zu trennen ist: *yaṃ dviṣyāt tasya nāma gṛhṇīyāt; tūṣṇīṃ anabhicaran; savyam anvāvṛtya tejo 'sīti* usw. — Der Yajamāna steht jetzt also wieder zum Āhavanīya hin gekehrt.

5. a. Mit der Formel: „Entfacht, o Agni, glänze mir; möchte ich, der ich dich entfache, glänzen"[1] legt er ein Holzscheit in den Āhavanīya.

[1] TS. I. 6. 6. i.

5. b. Mit der Formel: „An Gütern reich ist das Opfer, möchte ich in hohem Grade reich an Gütern werden"[1] bringt er dem Āhavanīya stehend seine Verehrung dar,

[1] TS. I. 6. 6. k.

IV. 16.

1. und mit dem Verse: „Der Nebenbuhler, der Feind, der Sterbliche, der uns anfeindet, o Götter, von dem soll, wie von dem dahinschwindenden Scheite, nichts übrig bleiben[1]."

[1] TBr. III. 7. 6. 23.

2, 3. Mit den beiden an Agni, den Reiniger, gerichteten[1] Versen bringt er stehend dem Gārhapatya seine Verehrung dar: „O Agni, das Leben reinigest du, Saft und Kraft sende uns zu, dränge weit weg das Unheil. — O Agni, bringe du, gereinigt, du Kunstreicher, Glanz und Tapferkeit auf uns, Gedeihen und Wohlfahrt mir verleihend"[2] und mit der Formel: „O Hausherr Agni, durch dich, den Hausherrn, möchte ich ein tüchtiger Hausherr werden; durch mich, den Hausherrn, möchtest du ein tüchtiger Hausherr werden, hundert Jahre hindurch; diese mit Licht verbundene Bitte[3] äußere ich behufs des Fadens"[4], wenn er noch keinen Sohn hat — „diese mit Licht verbundene Bitte äußere ich behufs des Soundso"[5], wenn er schon einen Sohn hat, wobei er statt „Soundso" dessen Namen nennt[6].

[1] Die im Sūtra überflüssige Andeutung *agnipāvamānībhyām* entstammt dem Brāhmaṇa (TS. I. 7. 6. 4). [2] TS. I. 6. 6. l, m. [3] Die Bitte ist „mit Licht verbunden", weil sie sich dem Auflegen des Scheites anschließt. [4] D. h. behufs der Fortsetzung meines Geschlechtes. [5] TS. I. 6. 6. n. [6] Die unregelmäßige Satzkonstruktion (die Genitive *ajātasya* und *jātasya*) ist dadurch veranlaßt, daß der Autor den Wortlaut des Brāhmaṇa (TS, I. 7. 6. 5) übernimmt.

4. In der unmittelbar danach zu flüsternden Formel: „Dem Lichte, dem Faden dich, o Soundso, setze mich (d. h. mein Geschlecht) fort; unabgerissen (ist) der göttliche Faden, nicht abreißen soll der menschliche; nicht soll ich von der göttlichen Schar abgeschnitten werden, nicht von der menschlichen"[1] nennt er statt „Soundso" seinen geliebten Sohn.

[1] Die Formel ist der MS. entnommen.

5. Mit dem Verse: „O gabendarbringender Agni, koche die wohlschmeckende Nahrung für unser Geschlecht, zum Heil des Geschlechtes, o du, der du dem Körper gut bist“ [1] bringt er stehend dem Dakṣiṇāgni seine Verehrung dar.

[1] Der Vers ist bis jetzt nur aus Āp. bekannt.

6. Mit der Formel. „Dem Lichte, dem Faden dich“ usw., wie Sūtra 4, setzt er sich innerhalb der Vedi. Die Namensnennung wie früher [1].

[1] Vgl. Sūtra 4.

7. Die Formel: „Licht bist du, zum Faden“ [1] flüstert er, nachdem er sich wieder an seinen Ort, südlich vom Āhavanīya, gesetzt hat.

[1] Nur bei Āp.

8. Nachdem er den Wisch sich in den Schoß gelegt hat, flüstert er, innerhalb der Vedi sitzend, die „Befreiungsformeln“ [1].

[1] Vgl. IV. 14. 10. b.

9. Nach der Überlieferung einiger finden an diesem Zeitpunkte statt: das Streuen des Wisches [1] und das Genießen des Anteils vonseiten des Opferveranstalters [2].

[1] Vgl. III. 10. 5. [2] Vgl. III. 3. 9.

10. Mit der Formel: „Wer schirrt dich an; der soll dich abspannen“ [1] „spannt“ er das Opfer „ab“ [2].

[1] TS. I. 6. 6. o. [2] Das Abspannen des Opfers ist weiter nichts als die feierliche Aussage, daß das Opfer zu Ende geführt ist.

11. Mit der Formel: „Agni, Herr der Observanz, ich habe die Observanz begangen, dies habe ich vermocht, dies ist mir gelungen“ [1] gibt er die Observanz auf.

[1] TS. I. 6. 6. p, vgl. oben IV. 3. 1 ff.

12. Den Vers: „Das Opfer ist entstanden, es ist da; es ist geboren, und es ist gewachsen. Es ist der Götter Oberherr. Es soll uns zum Oberherrn machen, möchten wir über Reichtum verfügen“ [1] flüstert er als Wiedererlangung des Opfers [2].

[1] TS. I. 6. 6. q. [2] Der Zweck dieses Spruches erhellt aus TS. I. 7. 6. 7: „Das Opfer geht weg und kehrt nicht wieder; wer aber, kennend des Opfers Wiedererlangung, es vollbringt, zu dem kehrt es zurück.“

13. Den das Wort „Kühe“ enthaltenden Vers: „Das Opfer, o Agni, ist reich an Kühen, reich an Schafen, reich an Rossen, es hat männliche Freunde und ist nie zu vernachlässigen. Versehen mit Nahrung und Nachkommen, ist dasselbe, o Asura, eine weitreichende Habe mit breiter Grundlage, aus Häusern bestehend“ [1] flüstert er, während er in östlicher Richtung den Opferplatz verläßt.

[1] TS. I. 6. 6. r.

14. Oder aber an diesem Zeitpunkte verzehre er den Anteil des Opferveranstalters [1].

[1] Vgl. Bem. zu III. 4. 11.

15. Wenn er ein Voll- oder Neumondsopfer, ein Somaopfer oder ein Tieropfer dargebracht hat, so flüstert er am Schlusse die Formel: „O Opfer, sei mir zum Heile, und sei mir bereit; langes Leben sei mir, und Kraft sei mir;

o Opfer, schließe günstig für mich ab, o Opfer, schließe wohlverrichtet für mich ab, o Opfer schließe unversehrt für mich ab[1]."

[1] Die Formel genau so nur bei Āp.; *upa* ist hier undeutlich, vgl. IV. 12. 10.

16. Nach Vollendung einer Iṣṭi berührt er Wasser mit den Formeln: „Regen *(vṛṣṭi)* bist du, vernichte *(vṛśca)* mein böses Geschick[1]. Vom Rechten bin ich zum Wahren gekommen[2]." Diese Berührung von Wasser mit diesem Spruch gilt für alle Opfer.

[1] TBr. III. 10. 9. 2. [2] Diese Formel nur in Āp. und Hir., vgl. übrigens oben IV. 1. 6.

17. Er erläßt den Befehl, die Brahmanen[1] zu sättigen.

[1] D. h. nicht die Opferpriester an erster Stelle, sondern mehrere Brahmanen (acht oder zehn; zehn bei einem Tieropfer, tausend bei einem Somaopfer, nach Vaikh.).

18. Wenn der Opferveranstalter während eines Voll- oder Neumondsopfers verreist ist, so flüstert er, mit dem Angesicht nach jener Gegend gekehrt, wo sich sein Opferplatz befindet, zur angemessenen Zeit die ihm zufallenden Sprüche.

19. Die Viṣṇuschritte macht er in diesem Falle in östlicher Richtung[1].

[1] Also nicht in der Richtung des Opferplatzes. — Vgl. IV. 14. 6.

20. Nachdem er einige Schritte in östlicher Richtung gemacht hat, flüstert er, wieder nach dem Opferplatze orientiert, den das Wort „Kühe" enthaltenden Vers[1].

[1] Vgl. IV. 16. 13.

Fünftes Buch.

Die Gründung der sakralen Feuer.

Übersicht.

Herbeischaffen der benötigten Gegenstände, V. 1. 2—3. 1.
Die zur Feuergründung geeigneten Zeitpunkte, V. 3. 2—23.
Aufritzen und Besprengen des Opferplatzes, V. 4. 1.
Die Stätten und der Zwischenraum der Feuer, V. 4. 2—8.
Verhalten des Opferveranstalters und seiner Gattin, V. 4. 9—11.
Anlegen des Feuers, in welchem das für die Opferpriester bestimmte Reismus *(brahmaudana)* gekocht werden soll, V. 4. 12—16.
Bereiten und Darbieten dieses Muses, V. 5. 1—7. 3.
Anlegen der drei Stücke Brennholz in das Brahmaudanafeuer, V. 5. 10 bis 6. 3, V. 7. 4—5.
Die Observanzen des Feuergründers, V. 7. 6.
Bestimmungen über das Brahmaudanafeuer, V. 7. 7—15.
Verhalten des Feuergründers am Tage vor der Gründung und während der Nacht, V. 7. 16—8. 4.

V. 1.

1. Wir werden die Gründung der sakralen Feuer erklären.

2. Mit dem Verse: „Der mit der Śamī verwachsene Aśvattha[1], welcher mit dir (o Feuerbohrer) zusammen aufgewachsen ist, den hole ich dir mit heiligem Worte, zusammen mit den zum Opfer geeigneten Abzeichen"[2] bringt er den aus einem mit einer Śamī verwachsenen Aśvatthabaum[1] verfertigten Feuerbohrer in die Wohnung derjenigen Person, die sich die Feuer zu gründen vorhat.

[1] D. h. ein Aśvatthabaum (ficus religiosa), um welchen eine Śamī (mimosa suma) herumgewachsen ist: *śamīgarbha*, wörtlich: „der der Embryo einer Śamī ist", also von einer Śamī umfaßt ist. Mit dieser Deutung stimmt ŚBr. XI. 5. 1. 13 überein, wo gesagt wird, daß das

vom Purūravas von den Gandharven erhaltene Feuer in den Aśvattha, die Schüssel aber, in welcher er das Feuer getragen hatte, in die Śamī übergegangen war; vgl. auch Bhavasvāmin zu Baudh., der *śamīgarbhī* erklärt: „Von einer Śamī umhüllt." Dieser Deutung scheint sich jedoch AS. VI. 11. 1 („der Aśvattha hat die Śamī erstiegen") zu widersetzen, und so erklärt auch die Vaijayantī zu Hir. das Wort („von einem auf einer Śamī entstandenen Aśvatthabaume"), und vgl. den Ausdruck des Mān. śrs. *śamyārohasya aśvatthasya.* Merkwürdig ist die Vorschrift des Bhāradvāja: „Er hole den Feuerbohrer von einem von einer Śamī umgebenen, mit seiner Wurzel die Erde berührenden, nach einigen von einem mit seiner Wurzel die Erde nicht berührenden Aśvatthabaume." Wie mir mein Kollege, Prof. Pulle, versichert, liegt kein Widerspruch vor, da beides möglich ist. — Der Feuerbohrer besteht aus zwei Holzstücken, die nach Baudh. (II. 6: 43. 1) jedes vier Angula (1 Angula = 2 cm) dick, zwölf breit und sechzehn lang sind, nach Vaikh. sind sie zwölf Angula lang, acht breit, vier hoch. Eine ausführliche Beschreibung des in dem Münchener Museum befindlichen Feuerbohrers gibt Schwab, das altindische Tieropfer, S. 78. [2] TBr. I. 2. 1. 8—9.

3. Oder aber von einem nicht von einer Śamī umfaßten Aśvattha, nach dem Vājasaneyaka[1].

[1] Im ŚBr. wird diese Aussage nicht angetroffen, vgl. aber Kāty. IV. 7. 23. In Hir. heißt es: „Oder aber er hole ihn von einem einfachen Aśvattha; es heißt ja in der heiligen Überlieferung (diese śruti bin ich nicht im Stande nachzuweisen): „Die Śamī ist die Erde, der Aśvattha ist deren Embryo *(iyaṃ vai śamī tasyā eṣa garbho yad aśvatthaḥ)*". Baudh.: „Oder aber von einem nicht von einer Śamī umfaßten Aśvattha."

4. Nachdem er (der Adhvaryu) den Vers: „Die aus dem die Opfergaben tragenden Aśvattha gebórene, zum Opfer geeignete Manifestation des Agni bringe ich zusammen, die Manifestation, deren Geburtsstätte eine günstige ist, den Embryo der Śamī, um das Feuer zu erzeugen"[1] und die Formel: „Lege langes Leben in mich, langes Leben in den Opferveranstalter"[2] über dem Feuerbohrer gesprochen hat, holt er die sieben von der Erde herrührenden Requisiten[3] herbei; ebenso die von den Bäumen herrührenden[4], oder je fünf[5].

[1] TBr. I. 2. 1. 8. [2] Diese Formel nur noch in Mān. [3] Vgl. V. 1. 7—8. 2, wo indessen acht Stück aufgezählt werden. [4] Vgl. V. 2. 4, sieben Stück.
[5] Das stimmt mit dem Ritual der Kaṭhas überein (K. VIII. 2: 84. 21, 85. 10), vgl. übrigens V. 2. 3.

5. Oder eine größere Anzahl von von der Erde herrührenden Requisiten[1].

[1] Vgl. Bem. 3 zu Sūtra 4.

6. „Er halte keine Sammlung von den Requisiten", heißt es im Vājasaneyaka[1].

[1] D. h. er soll die Requisiten nicht vorher feierlich herbeibringen. Unser ŚBr. verordnet wohl die feierliche Sammlung, erwähnt aber auch das Verbot anderer, diese zu halten (II. 1. 1. 14); ganz wie Āp. lassen auch Baudh. und Bhār. die Requisiten mit den geeigneten Sprüchen vorher zusammentragen. Hir. und Mān. lassen dieselbe am eigentlichen (also am nächstfolgenden) Feiertage sogleich hinlegen, ohne vorhergehende Sammlung.

7. a. Den Sand bringt er herbei mit dem Verse: „Die Manifestation des Vaiśvānara: der Schutt, soll auf der Erde günstig zu uns einkehren[1]."

[1] Dieser und die folgenden Verse alle TBr. I. 2. 1. 1—3.

7. b. Die salzige Erde mit dem Verse: „Was die beiden Räume (d. h. Erde und Himmel), als sie sich einigten, einander gewährten: dies vom Himmel her, jenes von der Erde her, (davon) soll das Schwarze die salzige

Erde, die salzige Erde das Schwarze fördern; zu beider opferwürdigen Gestalt bist du hierher gekommen[1]."

[1] Mit diesem Verse vgl. V. 15. 5. Es wird auf die Heirat des Himmels und der Erde angespielt, vgl. TBr. I. 1. 3. 2—3: „Einst waren Erde und Himmel vereint. Sie sprachen, auseinandergehend: „Das zum Opfer Geeignete soll uns gemeinsam sein." Das zum Opfer Geeignete jenes Raumes (d. h. des Himmels) legte er (nl. der Himmel) auf die Erde hin; das ward die salzige Erde. Das zum Opfer Geeignete der Erde legte sie (die Erde) in den Himmel: das ward das Schwarze im Monde"; vgl. dazu Jaim. br. I. 145 in: Das Jaiminīyabrāhmaṇa in Auswahl, No. 38. Vgl. besonders Ait. br. IV. 27. 5 und Kāṭh. VIII. 2: „Als die beiden Räume auseinander schieden, wurde das dem Himmel gehörige, zum Opfer Geeignete auf die Erde entlassen, nl. die salzige Erde.".

7. c. Den Maulwurfshaufen mit dem Verse: „Als du, dir Gänge machend, in die Erde dich begabest, dich versteckend, in einen Maulwurf dich verwandelnd: möchten wir, dieses mit dir in Berührung Gewesene sammelnd, hundert Jahre leben im Besitze tüchtiger Männer[1]."

[1] Vgl. TBr. I. 1. 3. 3: „Agni versteckte sich vor den Göttern; in Maulwurfsgestalt drang er in die Erde ein, sich Gänge machend wanderte er der Erde entlang. Daraus entstand der Maulwurfshaufen."

7. d. Den Ameisenhügel mit dem Verse: „Die Labung, den von den Ameisen in den Verstecken gefundenen Saft der Erde: dein Gehör[1], o Erde, sammelnd, möchten wir hundert Herbste leben, möchten wir Nichttauben sein."

[1] Vgl. TS. V. I. 2. 5: „Prajāpati ist die Erde, deren Ohr ist der Ameisenhügel" (*valmīkavapā*, wohl eine Art Termitenhügel, mit einer Öffnung oben?).

7. e. Den Schlamm eines vertrockneten Pfuhles mit dem Verse: „Zur Vertreibung des Hungers von den von Prajāpati ins Dasein gerufenen Geschöpfen möchten wir guten Erfolg haben. Den zerbröckelten Schlamm bringe ich den Geschöpfen als Labung und Speise ins Haus[1]."

[1] Vgl. TBr. I. 1. 3. 5: „Prajāpati hatte die Geschöpfe ins Dasein gerufen; diesen ging die Nahrung aus; da zerbröckelte er ihnen den Schlamm des vertrockneten Pfuhles, und so ging ihnen die Nahrung nicht aus."

7. f. Die von einem Eber aufgewühlte Erde mit dem Verse: „Wessen Gestalt tragend er diese in der Mitte der Wasserfläche verborgene (Erde) ausfindig machte, die von diesem aufgewühlte (Erde) herbeibringend möchten wir, ohne etwas zu verfehlen, auf ihr (d. h. auf der Erde) den Göttern dienen[1]."

[1] Vgl. TBr. I. 1. 3. 5—6: „Zu Anfang gab es nichts als die Gewässer, die Meeresfläche. Damit bemühte sich Prajāpati (um die Geschöpfe hervorzubringen) vergebens. Er dachte: „Wie könnte dies zustande kommen?" Da erblickte er ein Lotosblatt, das (auf dem Wasser) stillstand, und er dachte: „Dies ist es, worauf dieses All beruht." Er nahm die Gestalt eines Ebers an und tauchte in der Nähe (des Lotosblattes) unter; da stieß er unten auf die Erde; als er davon (ein wenig) aufgewühlt hatte, tauchte er wieder empor, diese (aufgewühlte Erde) breitete er auf dem Lotosblatte aus (*aprathayat*), deshalb heißt die Erde die Breite (*pṛthivī*). Da dachte er: „Dies ist fürwahr ins Dasein gekommen (*abhūt*)"; deshalb heißt die Erde *bhūmi*. Über dieser strich der Wind Himmelsgegend vor Himmelsgegend hin. Da befestigte er sie vermittelst Kieselsteinchen und dachte: „Gelingen (*śam*) ist uns zuteil geworden." Daher der Name der Kiesel: *śarkara*." Dieser Mythus ist offenbar der Vorläufer des Varāhāavatāra des Viṣṇu, vgl. TS. VII. 1. 5. 1 und Macdonell, Vedic Mythology, S. 41.

V. 2.

1. a. Kieselsteinchen mit dem Verse: „Durch welche er die Grundlage der Welt, die breite (Erde), die Trägerin aller Wesen gefertigt hatte, diese Kiesel sollen alle uns günstig sein[1]."

[1] Vgl. Bem. zu V. 1. 7. f.

1. b. Stückchen Gold mit dem Verse: „Der leuchtende Samen des Agni, das Gold, das aus den Wassern entstandene Unsterbliche in den Geschöpfen, das sammelnd möchte ich das Mißgeschick überwinden, indem ich es, nördlich hinlegend, überreiche[1]."

[1] Vgl. TBr. I. 1. 3. 8: „Man sagt, daß das Feuer mit seinem Samen gegründet werden soll. Die Gewässer waren die Gattinnen des Varuṇa. Diesen stellte Agni nach: er wollte sich mit ihnen paaren. Da entfiel ihm der Samen; daraus entstand das Gold. Sogar der Mensch hat Ekel vor seinem eignen Samen, so sagt man. Er (der Adhvaryu) wirft es nördlich hin in die Nähe (des zu gründenden Feuers) und überreicht es (vgl. unten V. 10. 4. b). Das Unheil überreicht er dadurch (einem anderen)".

2. Dies sind die von der Erde herrührenden Requisiten[1].

[1] Zu deren Verwendung vgl. V. 9. 4 ff.

3. Wenn es deren nur fünf gibt[1], so soll die fünfte Gruppe aus Stäbchen von rotem Kupfer[2] bestehen.

[1] Vgl. V. 1. 4 am Ende. [2] So erklärt Rudradatta *audumbarāṇi lohaśakalāni.* Die Vaijayantī zu Hir. erklärt *lauhāny audumbarāṇi* als Stäbchen von Kupfer oder von rotem Kupfer. Vaikh. liest: *lohāny* (sic) *audumbarāṇi vā.*

4. a. Das Holz von der Ficus religiosa (aśvattha) bringt er herbei mit dem Verse[1]: „Als du (o Agni), vor den Göttern dich verbergend, in der Gestalt eines Rosses ein Jahr lang in dem Aśvattha dich aufhieltest[2]: möchten wir, dieses mit dir in Berührung Gewesene sammelnd, hundert Herbste leben im Besitze tüchtiger Männer."

[1] Alle diese Verse (bis V. 2. 4. f) TBr. I. 2. 1. 5—7. [2] Vgl. TBr. I. 1. 3. 9: „Agni verbarg sich vor den Göttern in der Gestalt eines Rosses *(aśva).* In der Ficus religiosa *(aśva-ttha)* hielt er sich ein Jahr lang auf *(atiṣṭhat).* Daher hat der Aśvatthabaum seinen Namen."

4. b. Das Holz von der Ficus glomerata (udumbara) mit dem Verse: „Aus dem Saft der Erde bist du emporgekommen, o Baum; wachse auf mit hundert Blättern. Möchten wir durch dich schwelgend in Saft und Nahrung ein Übermaß von Wohlfahrt und Nahrung genießen."

4. c. Das Holz von der Butea frondosa (parṇa) mit den zwei Versen: „Die Feder *(parṇa)* von dir, welche, als du von der Gāyatrī geholt wurdest, aus dem dritten (Raume: dem) Himmel fiel, diese Feder *(parṇa)* ist ja aus dem Soma, der Parṇa war, entsprungen. Davon (d. h. von diesem Parṇabaume) bringe ich (das Holz), um den Somatrunk zu erhalten[1]. — Weil du die Götter überhörtest, als sie sich über das Allerhöchste (das Brahman) aussprachen, bist du (o Parṇa) bekannt als *suśravas* („gut hörend")[2]; von da (d. h. von dir) soll in mich das priesterliche Ansehen eindringen; möchte ich, (dich) herbeibringend, dies leibhaftig erhalten."

[1] Deutet auf den allbekannten Mythus des Somaraubes; TBr. I. 1. 3. 10: „In dem dritten

(Raume) von hier ab (gerechnet): im Himmel befand sich (einst) der Soma. Ihn holte die Gāyatrī herbei; von ihm brach eine Feder *(parṇa)* ab. Die wurde die Butea *(parṇa)*. Daher der Name *parṇa*." Das Ursprüngliche ist wohl, daß von dem als Gāyatrī gedachten Vogel (Adler) die Feder abbricht. [2] In einigen Sprüchen der Gṛhyasūtras wird der Parṇa oder Palāśa als *suśravas* angeredet.

4. d. Das Holz von der Prosopis spicigera (śamī) mit dem Verse: „Die Śamī, vermittelst welcher Prajāpati deine Flamme, o Agni, als er dich ins Dasein gerufen hatte, löschte, diese Śamī bringe ich herbei zur Löschung *(śānti)*, damit ich nicht verbrannt werden möge[1]."

[1] Vgl. TBr. I. 1. 3. 11: „Prajāpati hatte Agni geschaffen; er fürchtete, daß er ihn verbrennen werde, und löschte ihn durch die Śamī."

4. e. Das Holz der Flacourtia sapida (vikaṅkata) mit dem Verse: „Die Glut von dir, o Jātavedas, als du geschaffen seiend fortgingest, welche den Vikaṅkata quälte, bescheine du, ebenso groß wie diese Glut einen weiten Raum für uns."

4. f. Das Holz eines vom Blitze getroffenen Baumes mit dem Verse: „Das Herz von dir, dem betäubten, o Jātavedas, welches die Maruts, nachdem sie dich mit Wasser betäubt hatten, zerbrachen, das hole ich aus dem Blitz herbei, sei hier, o Agni, mit deiner Seele, mit deinem Herzen[1]."

[1] Vgl. TBr. I. 1. 3. 12: „Man sagt, daß das Feuer mit seinem Herzen gegründet werden soll. Die Maruts nun betäubten den Agni mit Wasser und zerbrachen das Herz des betäubten; daraus wurde der Blitz."

4. g. Das Lotosblatt mit dem Verse: „Was er (nl. Prajāpati) in der Mitte der Wasserfläche erspähte: die breite Erde als Grundlage der Welt, das war ja aus dem Standorte des Lotos entstanden: das Blatt, die Ausbreitung der Erde, bringe ich[1]."

[1] TBr. I. 2. 1. 4. Zum Brāhmaṇa vgl. die Bem. zu V. 1. 7. f.

4. h. Dies sind die von den Bäumen herrührenden Requisiten.

V. 3.

1. Nachdem er alle die oben genannten Requisiten zusammengetragen hat, legt er dieselben nieder[1] mit dem Verse: „Du, o Jātavedas, den ich in allen deinen Körpern, die mit den Geschöpfen in Berührung sind, gesammelt habe, sitze du, gesammelt, (hier), den Geschöpfen günstig, und führe kundig uns über weiten Raum[2]."

[1] Nach Baudh. (II. 6: 42. 2) entweder nördlich von der Wohnung oder auf die Stelle, wo später die Vedi gemacht wird. [2] TBr. I. 2. 1. 9.

2. Jetzt die Mondhäuser (Nakṣatras), unter welchen die Feuergründung statthaben soll.

3. Unter den Kṛttikās[1] gründe sich ein Brahmane[2] die Feuer: er kommt dadurch an die Spitze[3] und erlangt priesterliches Ansehen.

[1] D. h. an dem Tage, an welchem der Mond mit den Kṛttikās, den Pleiaden, in Konjunktion steht. [2] Die Kṛttikās haben Agni zum Regenten, und der Brahmane ist agniartig *(āgneya)*. [3] Weil dieses Gestirn die erste Stelle unter den Nakṣatras einnimmt.

4. Er läuft jedoch Gefahr, daß Agni seine Wohnung verbrennt.

5. Wenn er seine Feuer unter Rohiṇī (Aldebaran) gründet, so erfährt er alle Erhebungen (Zunahmen, roha) an sich[1].

[1] Diese Empfehlung stützt sich bloß auf eine (scheinbare) Übereinstimmung des Wortlauts von *rohiṇī* und *roha*.

6. Unter Mṛgaśirṣa gründe seine Feuer, wer priesterliches Ansehen oder Opfer[1] zu bekommen wünscht.

[1] D. h. wer als Opferpriester berufen zu werden wünscht. Dieses Nakṣatra wird nicht im Brāhmaṇa (TBr. I. 1. 2) erwähnt. Wahrscheinlich hat Āp. (und nach ihm Bhār., Hir., Mān.) es dem ŚBr. entnommen.

7. Unter den Punarvasū gründe seine Feuer, wer zuvor in günstigen Verhältnissen gewesen seiend, schlechter dran ist[1].

[1] Diese Vorschrift beruht ebenfalls auf etymologischem Zusammenhange, da *punarvasū* die Wörter *punar* („wieder") und *vasu* („Gut, Güter") enthält.

8. Unter den ersten Phalgunī's gründe seine Feuer, wer wünscht, daß seine Nachkommen (oder Untergebenen?) ihm Gaben spenden mögen[1].

[1] Vgl. TBr. I. 1. 2. 4: „Das Nakṣatra der ersten Phalgunī's gehört dem Aryaman, und wer Gaben spendet, den nennt man einen aryaman („Freund")."

9. Unter den zweiten Phalgunī's gründe seine Feuer, wer wünscht, daß er begütert und speise-essend sein möge[1].

[1] Auch diese Empfehlung beruht auf einem Wortspiel, da „begütert" *(bhagin)* an Bhaga, den Regenten dieses Nakṣatra, erinnert.

10. In der Überlieferung einiger ist dies umgekehrt[1].

[1] D. h. der Wunsch, welcher nach Sūtra 8 den ersten Ph. zukommt, wird mit den zweiten verbunden und vice versa. So die Mānavas und Kaṭhas.

11. Aber es gibt auch eine andere Anschauung: wenn er seine Feuer unter den ersten Phalgunī's gründet, wird er schlechter dran sein, besser, wenn er sie unter den zweiten Phalgunī's gründet[1].

[1] Diese auch in Bhār. und Hir. vertretene Ansicht habe ich in keiner anderen Quelle gefunden.

12. Unter Hasta gründe seine Feuer, wer wünscht, daß ihm Gaben gespendet werden mögen[1].

[1] Diese Vorschrift offenbar aus dem ŚBr. (II. 1. 2. 12) entlehnt.

13. Unter Citrā gründe seine Feuer ein Kṣatriya oder wer einen Nebenbuhler hat, dem er zuvorzukommen wünscht[1].

[1] Weshalb das *citrā* genannte Nakṣatra dazu geeignet ist, einen Nebenbuhler zu schädigen, geht aus folgender Erzählung (TBr. I. 1. 2. 4—6, vgl. MS. I. 6. 9: 101. 1—9, K. VIII. 1: 83, 5—10, ŚBr. II. 1. 2. 13 ff.) hervor: „Es gab einstmals gewisse Asuras, Kālakañja (besser: Kālakāñja) mit Namen. Diese schichteten sich den Agni (den Feueraltar), um den Himmelsraum zu erreichen. Jeder von diesen legte einen Ziegel auf. Da legte auch Indra, sich für einen Brahmanen ausgebend, seinen Ziegel auf mit den Worten: „Dieser Ziegel ist der meinige, die „lichte" *(citrā)* mit Namen." Da stiegen sie bis zu dem Himmelsraum empor. Da riß Indra seinen Ziegel weg. Da stürzten sie hinab. Die, welche hinabstürzten, verwandelten sich in Spinnen. Zwei von ihnen flogen empor; diese wurden die zwei himmlischen Hunde. Wer einen Nebenbuhler hat, gründe seine Feuer unter Citrā: er stürzt seinen Nebenbuhler hinab und bekommt selber Kraft, Stärke, Mut und Tapferkeit." Das Kāṭhaka erwähnt drei Kālakāñjas, von denen zwei die *divyau śvānau* wurden, der dritte aber „die Spinne wurde, welche (noch immer den Opferbau fortsetzend) aus ihrem Eingeweide das (Opfer)gewebe zusammenzufügen sucht." Daß der Mythus alt ist, beweist AS. VII. 80. 2, wo die Rede ist von den „drei Kālakāñjas, die sich als Götter im Himmel befinden" (vgl. Bloomfield, S.B.E. XLII, S. 500). Man hat mit diesem Mythus den Homerischen von Otos und Ephialtes verglichen (vgl. Eggeling im S.B.E. XII, S. 286, Bem. 2). — Daß auch für einen Kṣatriya dieses Nakṣatra

empfohlen wird, beruht auf ŚBr. (II. 1. 2. 17), das eigne Brāhmaṇa des Āp. empfiehlt es nur für den Bhrātṛvyavat.

14. Unter den Viśākhās gründe seine Feuer, wer Nachkommen, unter den Anurādhas, wer Gedeihen, unter Śravaṇa, wer Wohlfahrt, unter den letzten Proṣṭhapadas, wer festen Bestand wünscht[1].

[1] Keines dieser Nakṣatras ist in dem Brāhmaṇa verordnet oder erlaubt. Bhār., Hir. und Mān. stimmen mit Āp. überein. Zu vergleichen sind die Nakṣatras, die für das Bad nach vollendetem Vedastudium empfohlen werden, vgl. z. B. Baudh. XVII. 39: 317. 6—318. 7.

15. Nach der Überlieferung einiger sind alle als ständig zu betrachten[1].

[1] D. h. man kann unter jedem der oben genannten Nakṣatras die Handlung vollziehen, ohne damit einen besonderen Wunsch zu verbinden, vgl. TBr. I. 1. 2. 8: „Oder aber wann sich ihm das Opfer zuwendet, soll er seine Feuer gründen" (Hir. statt: „das Opfer", „die Opferwilligkeit", *śraddhā)*.

16. Nach der Aussage: „Am Phalgunīvollmond gründe er (seine Feuer)" heißt es im Brāhmaṇa: „Wenn er sein Feuer am Phalgunīvollmond gründete, so würde er dasselbe in den Rachen des Jahres legen; (darum soll es) zwei Tage oder einen Tag vorher (gegründet werden)[1]."

[1] Es ist in hohem Grade auffallend, daß diese Aussage nicht dem eignen Brāhmaṇa des Āpastamba, sondern dem ihm ferner liegenden, der Śākhā der Mānavas angehörigen Brāhmaṇa, entnommen ist (MS. I. 6. 8: 100. 3 und 11). Außerdem ist das Fehlen eines *iti* und des Verbums *ādādhyāt* auffallend. Das eigne Brāhmaṇa des Āp. (TBr. I. 1. 2. 8) rät das Anlegen der Feuer unter den ersten Phalgunīs ab, weil diese die letzte Nacht des neuen Jahres sind; daß hier indessen auch der mit den Phalgunīs zusammenfallende Vollmondstag gemeint ist, geht aus Bhār. hervor: „Am Vollmondstage, welcher mit den ersten Phalgunīs zusammenfällt, gründe er seine Feuer nicht." Baudh. (II. 12: 54. 3) empfiehlt den nach dem Vollmondstage eintretenden, mit Rohiṇī zusammenfallenden Neumondstag im Monat Vaiśākha.

17. Am Neumonds- oder Vollmondstage soll es gegründet werden[1].

[1] Diese Vorschrift (welche dem K. oder der MS. entnommen ist) scheint zu besagen, daß man die Gründung nicht von irgend einem Nakṣatra abhängig zu machen braucht.

18. Der Frühling ist die geeignete Jahreszeit für einen Brahmanen, der Sommer für einen Kṣatriya, der Winter oder der Herbst[1] für einen Vaiśya, die Regenzeit für einen „Wagenmacher"[2].

[1] Nur den Herbst erlaubt das Brāhmaṇa (TBr. I. 1. 2. 7).

[2] Dazu vgl. die Bem. zu Sūtra 19.

19. Diese zuletzt genannte Zeitbestimmung gilt für diejenigen unter den drei (ersten) Ständen, welche diesem Geschäft (nl. dem des Wagenmachens) obliegen[1].

[1] Der Śūdra ist vom Veda ausgeschlossen; dennoch wird er beim Anrufen der Haviṣkṛt (oben I. 19. 9), beim Pitṛmedha (ŚBr. XIII. 8. 3. 11) und vielleicht sonst noch erwähnt als Teilnehmer an den vedischen Riten. Von einem Takṣan (Zimmermann = *rathakāra)* darf man die Speise essen (MS. II. 4. 1, Kāṭh. XII. 10). Der von Āśvalāyana (Śrs. II. 1. 13) *upakruṣṭa* genannte Zimmermann wird auch von ihm zu der Gründung der Feuer zugelassen. Sehr bezeichnend ist Bhāradvāja: „Die eine Ansicht ist die, daß die Gründung der Feuer dem vierten Stande offen steht, die andere die, daß dies nicht der Fall ist" *(vidyate caturthasya varṇasyāgnyādheyam ity ekam, na vidyata ity aparam)*. — Im späteren System gilt der Rathakāra als der Sohn eines Vaiśyavaters und einer Śūdramutter (vgl. z. B. Baudh. dhś. I. 17. 6). Āpastamba jedoch, der der Beteiligung der Rathakāras am Veda feindlich gegenübersteht (vgl. Bühler in S.B.E. XIV, S. XXXVIII), erklärt hier den Rathakāra für einen Dvija. In dieser Auffassung, die wohl eine gezwungene ist, steht er, wie es scheint, allein. Neben

den Rathakāras treten auch, als am Veda beteiligt, die Niṣādas auf, welche von Aupamanyava (Nirukta III. 8) als fünfter Stand *(varṇa)* bezeichnet werden. Vgl. im alllgemeinen Weber, Ind. Stud. X, S. 12—16.

20. Für alle Stände zulässig ist der Śiśira[1].

[1] D. h. die als fünfte Jahreszeit geltende erste Hälfte des Frühlings. Die hier gegebene Vorschrift entstammt dem Kāṭhaka (VIII. 1: 83. 21).

21. Wer ein Somaopfer darzubringen vorhat (und dazu die Feuer gründen will), kümmere sich weder um Jahreszeit noch um Nakṣatra[1].

[1] Beinahe wörtlich auch so Āśv. II. 1. 15, Hir. und Bhār., vgl. Kāṭh. VIII. 1: 83. 18: „Er gründet (auch) das Feuer, indem er denkt: „Ich will ein Somaopfer darbringen"; wer das Vorhaben hat, ein Somaopfer darzubringen, gründe seine Feuer in einer beliebigen Jahreszeit."

22. Ein Ansässiger gründe seine Feuer, nachdem er aus seinem Wohnort ausgezogen ist, ein Umherwanderner, ohne auszuziehen[1].

[1] D. h. in seiner Wohnung, wie es deutlicher bei Hir. heißt. — Nach Vaikh. dhś. I. 5 gibt es vier Arten von verheirateten Dvijas (Brahmanen): 1. der *vārttāvṛtti*, welcher von Ackerbau, Viehzucht und Handel lebt; 2. der *śālīna* (Ansässiger), welcher die häuslichen Opfer *(pākayajñas)* verrichtet, und, nachdem er seine sakralen Feuer gegründet hat, an jedem Parvan das Voll- und Neumondsopfer darbringt, jeden vierten Monat die Tertialopfer, jedes halbe Jahr das Tieropfer, und einmal jährlich das Somaopfer darbringt; 3. der *yāyāvara* (Umherwandernder), welcher die Haviryajñas und das Somaopfer selber verrichtet und als Opferpriester dabei für andere auftritt, den Veda selber studiert und ihn andere lehrt, Gaben gibt und empfängt; er unterhält seine Feuer und bewirtet eventuelle Gäste; 4. der *ghorācārika*, welcher zwar selber die Iṣṭis verrichtet, aber nicht als Opferpriester für andere fungiert, selber den Veda studiert, aber ihn nicht andere lehrt, Gaben gibt, aber nicht empfängt. Er lebt von der Nachlese, bringt abends und morgens das Agnihotra dar, hält die Asidhārāobservanz in den Monaten Mārgaśīrṣa und Jyaiṣṭha und pflegt das Feuer mit Waldfrüchten.

23. Oder er (d. h. der Umherwandernde) ziehe einen Tag aus (und gründe dann seine Feuer)[1].

[1] Die genaue Bedeutung dieser Vorschrift ist mir nicht klar.

V. 4.

1. Nachdem der Adhvaryu mit dem Verse: „Die zum Opfer untaugliche von der Erde aufgegrabene (Substanz) soll des Opferveranstalters böses Geschick vertreiben. Günstig sollen uns die vier Himmelsgegenden sein, zum Heile soll uns die Mutter Erde sein beim Erlangen von Nachkommen"[1] den nach Osten geneigten Opferplatz aufgeritzt hat und denselben mit dem Verse: „Die göttlichen Gewässer sollen uns heilsam sein zur Hilfe, zum Trinken; heil und gut sollen sie zuströmen"[1] mit Wasser besprengt hat, richtet er auf diesem Opferplatze eine (längliche[2]) Hütte auf, deren Tragbalken nach Norden gerichtet sind.

[1] TBr. I. 2. 1. 1. [2] So Vaikh.

2. Vor dem mittleren Tragbalken dieser Hütte befindet sich die Stätte des Gārhapatyafeuers[1].

[1] Nach dieser Bestimmung (die der MS. I. 6. 13: 107. 20 entstammt) also in dem hinteren Teile der östlichen Hälfte dieser Hütte. Die runde Feuerstätte des Gārhapatya soll nach Vaikh. 18 Angulis Durchmesser haben. Rings um dieselbe wird ein erhöhter doppelter Rand von Lehm angebracht.

3. Östlich davon befindet sich in einer Entfernung von acht Schritten

für einen Brahmanen, von elf für einen Kṣatriya, von zwölf für einen Vaiśya, die Stätte des Āhavanīyafeeurs[1].

[1] Das Brāhmaṇa erwähnt nur die Entfernung von zwölf Schritten als für alle Stände gültig. Die hier von Āp. (und von Bhār., Hir., Kāty.) dreifache, nach den Ständen gegebene Entfernung entstammt wahrscheinlich dem Kāṭhaka. — Übrigens stehen die Zahlen (sowie die Jahreszeiten, V. 3. 18) in Einklang mit der bekannten Überlieferung, nach welcher der Brāhmaṇa in engerer Verbindung mit Frühling und Gāyatrī (3 × 8 Silben) steht, der Kṣatriya mit Sommer und Triṣṭubh (4 × 11 Silben), der Vaiśya mit Regenzeit und Jagatī (4 × 12 Silben), vgl. z. B. Pañc. br. VII. 1. 6, 8, 10. — Die viereckige Stätte des Āhavanīya soll nach Vaikh. 32 Angulis Durchmesser haben.

4. Für alle Stände ohne Unterschied heißt es in der heiligen Überlieferung: „In einer Entfernung von vierundzwanzig Schritten[1], in einer nicht begrenzten (d. h. größeren) Entfernung[2], oder wie weit man die Entfernung mit dem Auge abschätzt[3], davon nicht zu weit ist es (nl. das Āhavanīyafeuer) anzubringen.“

[1] Nach MS. (weil die Gāyatrī, das dem Agni gehörige Versmaß, 24 Silben hat).

[2] Nach MS. oder Kāṭh. [3] So nach dem eignen Brāhmaṇa TBr. I. 1. 4. 1 (aber mit einer Ausdrucksweise, die dem Kāṭh. VIII. 3: 85. 20 näher kommt): „Mit der Stimme redet man Unwahres, mit dem Geiste denkt man Unwahres, das Auge jedoch ist das Wahre; man sagt ja: „Hast du gesehen?“ „Ich habe gesehen“ und das ist Wahres“ usw.

5. Südöstlich vom Gārhapatya, ein Drittel entfernt, näher beim Gārhapatya, ist die Stätte des Dakṣiṇāgni[1].

[1] Das Nähere bei Burk (Z.D.M.G. LVI, S. 337). Die Stätte des Dakṣiṇāgni, 25 Angulis im Durchmesser, ist halbmond- oder wannenförmig.

6. Ein anderes ist das Häuschen des Āhavanīya, ein anderes das des Gārhapatya[1].

[1] Auch nach Kāty. IV. 7. 8—9 sind zwei Häuschen darzustellen, aber zwischen den beiden unmittelbar aneinander stoßenden befindet sich keine Scheidewand, sodaß dieselben nur durch die verschiedene Richtung ihrer Traghalken unterschieden sind. Das Gārhapatyahäuschen hat die Türöffnung im S., das Āhavanīyahäuschen im O. Baudh. hat nur eine Hütte, aber die zwei Zugänge wie bei Kāty.

7, 8. Vor dem Āhavanīya befindet sich in der Spielhalle *(sabhā)* das Sabhyafeuer, vor diesem im Gastraume *(avasatha)* das Āvasathyafeuer[1].

[1] Auch für diese beiden Feuer werden also absonderliche Häuschen dargestellt, an der Ostseite des Āhavanīya anstoßend. Nach Vaikh. ist die Sabhyastätte viereckig, von 12 Angulis Durchmesser, die Āvasathyastätte dreieckig und hat 25 Angulis, mit den Ecken nach W., S. und N.

9. Der Opferveranstalter schert sich die Haupthaare und den Bart, schneidet sich die Nägel und badet. Desgleichen die Herrin des Hauses, mit Ausnahme der Haupthaare.

10, 11. Leinene Unter- und Obergewänder tragend sollen der Herr und die Herrin des Hauses ihre Feuer gründen. Diese Gewänder geben sie, an dem Zeitpunkte, wenn der Opferlohn gegeben wird, dem Adhvaryu[1].

[1] Diese Vorschriften sind, mit geringer Hinzufügung, der MS. (I. 6. 4: 93. 7) entlehnt. („Ungeboren ist der Mensch, solange er seine Feuer nicht gründet; dann erst wird er geboren, wenn er seine Feuer gründet; leinene Kleider tragend sollen sie die beiden Feuer gründen; diese sind dem Adhvaryu zu geben. Das leinene Kleid stellt ja die Eihaut vor; sie streifen dadurch die Eihaut von sich ab.“)

12. Am Nachmittage oder an dem Zeitpunkte, wenn die Sonne gerade über den Baumwipfeln steht, holt der Adhvaryu Feuer aus dem häuslichen Herd (des Opferveranstalters) und legt hinter der Stätte des Gārhapatya[1] das Feuer an, welches dazu dienen soll, den für die Priester bestimmten Reisbrei zu kochen.

[1] Nach Baudh. und den Vājasaneyins (Kāty.) wird das Feuer auf den Gārhapatyaherd gelegt.

13. Oder er holt das ganze häusliche Feuer[1].

[1] Vgl. V. 7. 8.

14. Oder er reibe mit dem Feuerbohrer neues Feuer und legt dieses hin.

15. Wenn er das ganze häusliche Feuer holt, so werfe er einen von Gerste und einen von Reis gebackenen Kuchen, sie vermittelst zweier Feigenblätter zusammenfassend, auf die Stätte, wo der Reisbrei gekocht werden soll, nieder: den Gerstenkuchen hinten (d. h. mehr westlich), den Reiskuchen vorne (d. h. mehr östlich), und darüber lege er das häusliche Feuer an.

16. Eine andere Ansicht ist die, daß, wenn er auch das ganze häusliche Feuer herbeiholt, er die beiden Kuchen nicht niederwirft[1].

[1] Die in Sūtra 15 und 16 gegebenen Vorschriften beruhen offenbar auf MS. I. 6. 4: 93. 16 ff. Der Zweck dieser beiden Kuchen ist der, das häusliche Feuer nicht seines Anteils zu berauben, weil der Opferveranstalter dann dem Hunger verfallen würde.

V. 5.

1. Auf das hinter dem zum Kochen des für die Priester bestimmten Reisbreis dienenden Feuer ausgebreitete rote Stierfell, dessen Nackenteil nach Osten und dessen haarige Seite nach oben gekehrt ist, oder in einen aus Rohr geflochtenen Korb[1] schüttet er in (dem zweiten Teile) der (vierteiligen) Nacht vier Maß Reis[2] für den Brahmaudana aus[3].

[1] Das Wort *pājaka* auch bei Bhār. und Hir. [2] Diese Bestimmung aus der MS.
[3] Das Kochen des Reismuses beruht auf dem Brāhmaṇa (TBr. I. 1. 9, vgl. Kāṭh. VII. 15 und MS. I. 6. 11), wo erzählt wird, daß Aditi, als sie die Reste eines Muses genossen hatte, schwanger wurde und die Ādityas gebar. Der Opferveranstalter bringt dadurch den Samen in seine Gattin.

2. Mit der Formel: „Auf Gott Savitṛ's Geheiß schütte ich dich mit den Armen der Aśvins, mit den Händen des Pūṣan dem Brahman, dem Aushauch, genehm aus“[1] schüttet er das erste Maß Reis aus, mit derselben Formel, aber schließend mit: „Dem Brahman, dem Einhauch genehm“[1] das zweite Maß, mit: „Dem Brahman, dem Zwischenhauch genehm“[1] das dritte Maß, mit: „Dem Brahman genehm“ das vierte Maß.

[1] Die Formeln aus dem Kāṭhaka.

3. Oder alle Maße ohne Spruch.

4. Er kocht das Mus in vier Maß Wasser.

5. Er wäscht die Körner weder ab noch gießt das Wasser fort[1].

[1] Die Körner werden also ungewaschen gekocht.

6. „In Milch wird es bereitet“ nach einigen[1].

[1] Dieselbe Alternative auch Baudh. (Dvaidha), Bhār. und Hir.

7. „Er kocht es von „lebendigen“ Körnern“[1], so heißt es in der heiligen Überlieferung[2].

[1] Die Körner werden also nicht zerschlagen (was ein Töten ist), sondern werden nicht ganz zu Mus gemacht. [2] Nl. in der MS. (I. 6. 12: 104. 10) und Kāṭh.

8. Nachdem er das für die Priester bestimmte Reismus vom Feuer genommen und mit dem hölzernen Löffel (*darvī*) daraus geschöpft hat, opfert er den geschöpften Teil in dem Brahmaudanafeuer mit dem Verse: „Dem weisen opferkundigen Seher, dem starken Stiere (haben wir) das verehrungsvolle Lied (rezitiert). Was furchtbar ist, davor soll uns Furchtlosigkeit sein. Die erzürnten Götter beschwichtige ich durch die Darbringung“[1], oder er spricht den Vers, ohne eine Darbringung zu machen, über dem Feuer aus.

[1] TBr. I. 2. 1. 9. — Der Ritus (das Opfer) nach K.

9. Nachdem er das für die Priester bestimmte Reismus in vier Portionen verteilt und diese reichlich mit flüssiger Butter begossen hat, schiebt er es über der Erde, ohne die Schüssel aus der Hand fahren zu lassen, den vier Opferpriestern zu, welche den Ursprung ihres Geschlechts auf einen der sieben Ṛṣi's zurückführen können[1].

[1] Nach dieser Vorstellung würde der Adhvaryu, der ja zu den vier Opferpriestern gehört, eine der vier Schalen nach sich selbst hinzuschieben haben. Daher meint Rudradatta, daß diese Handlung dem Opferveranstalter obliegt. Besser begreiflich ist Baudh., der den *odana* von einem anderen Brahmanen kochen läßt. In seinem Ritual wird der *odana* nicht in vier Schalen getan, sondern in einer Schale den Ṛtvik's zugeschoben.

10. Sind die ersten Klöße von den Opferpriestern weggenommen, und haben sie ihre Hände noch nicht wieder an die Schale angesetzt[1], so scharrt der Adhvaryu den Rest des Brahmaudana zusammen, gießt darüber den Rest der früher zum Aufgießen gebrauchten Butter und rührt[2] darin drei feuchte, mit den Blättern versehene, eine Spanne messende[3], mit den Fruchtbüscheln (oder Knospen) versehene[4] Scheite herum, welche einer als Merkmal dienenden[5] Ficus religiosa (aśvattha) entnommen sind.

[1] Vgl. V. 7. 2. [2] *vivartayati* ist der Ausdruck der MS. (I. 6. 12: 105. 10). — Die Scheite werden in dem Rest des Odana herumgerührt, weil auch Aditi (vgl. Bem. 3 zu V. 5. 1) durch den Rest des Odana von den Ādityas schwanger wurde: „Dadurch, daß er die mit Butter bestrichenen Scheite auflegt, bringt er die Knochen in den Samen“ (TBr. I. 1. 9. 4). Diese Handlung ist also ein Fruchtbarkeitszauber. [3] Weil die Spanne das Maß des Prajāpati ist (TBr. l. c.). [4] *stibhigavatyaḥ* auch Bhār. und Mān., *stibhikavatīḥ* Hir; dazu die Vaijayantī: *stibhikāni phalāni, mukulā iti kecit.* [5] *citriya* (nicht „bunt“ wie PW.) = *lakṣaṇya*, so Hir. und Vaikh., d. h. nach Bhavasvāmin zu Baudh. *grāmādeḥ cihnabhūtasya*, nach der Vaijayantī zu Hir: *yena grāmatīrthasīmādi lakṣyate*, vgl. Pār. gṛhs. III. 15. 21 *lakṣaṇyo vṛkṣaḥ*: „Ein als Zeichen des Dorfes dienender Baum.“

V. 6.

1. Er tut dies mit dem Verse: „Von dem als Merkmal dienenden Aśvattha gesammelt, groß und zur Bildung des Körpers zurechtgemacht seid ihr[1], von Prajāpati dem Antlitz des Opfers angemessen[2], drei an der Zahl, mit den zu dreien bestehenden (Feuern) euch paarend, zur Fortpflanzung.“

[1] Vgl. 2 zu V. 5. 10. [2] D. h. eine Spanne (*prādeśa*) lang. Die Spanne ist das heilige Maß, vgl. Kauś. sūtra 50. 5 mit der 4. Bemerkung in: Altindisches Zauberritual S. 174,

Altindische Zauberei, Index s. v. „Spanne“ und Kāṭh. VII. 15: 78. 18: „So (d. h. eine Spanne) groß ist die Seele, dem Prajāpati angemessen.“

2. Dann legt er[1] die Scheite in das Brahmaudanafeuer mit Versen, welche das Wort „Schmalz“ enthalten, in welchen Agni angeredet wird, und zwar, wenn der Opferveranstalter ein Brahmane ist, mit Versen im Gāyatrī-, wenn er ein Kṣatriya ist, im Triṣṭubh-, wenn er ein Vaiśya ist, im Jagatīmetrum[2].

[1] Vgl. V. 7. 5. [2] Vgl. TBr. I. 2. 9. 5—6.

3. Wenn er ein Brahmane ist, also mit diesen Versen: „Dienet dem Agni mit Brennholz, wecket den Gast mit Schmalzspenden, opfert Spenden in ihm.“ — „Zu dir, erwünschter Agni, sollen die mit Opfergaben verbundenen, von Butter triefenden Scheite kommen; nimm sie gerne von mir an.“ — „Dich, o Angiras, lassen wir durch Scheite, durch Schmalz wachsen; scheine leuchtend, o Jüngster.“ — Wenn er ein Kṣatriya ist, mit den Versen: „Entflammt werdend nach den ersten Satzungen wird der alle Schätze gebende (Gott) mit Salben gesalbt, der Gluthaarige, in Schmalz gehüllte, helle, richtig opfernde Agni: zur Verehrung der Götter.“ — „Schmalz ist das Angesicht des Agni, Schmalz ist seine Geburtsstätte, durch Schmalz ist er entflammt, Schmalz ist seine Nahrung; die Schmalz spritzenden Ströme führen dich. Verehre, Schmalz trinkend, richtig die Götter.“ — „Du, o Agni, die Opfergabe gerne annehmend, du, dessen Angesicht Schmalz, dessen Geburtsstätte Schmalz ist, verleihe uns Lebensdauer. Trinke Schmalz, den süßen Honig der Kuh; wie ein Vater den Sohn beschütze diesen hier.“ — Wenn er ein Vaiśya ist, mit den Versen: „Dich, der du entfacht wirst, o Jüngster, o Agni, machten sich die Götter zu ihrem Boten als Führer der Opfergaben; den weit sich erstreckenden, dessen Geburtsstätte das Schmalz ist, den beopferten machten sie sich zu einem hehren, zur Andacht stimmenden Anblick.“ — „Tüchtig entzündeten dich, o Agni, den mit Schmalzguß beopferten, von jeher die Gläubigen. Durch Kräuter wachsend, und besprengt, verbreitest du dich über die irdischen Flächen.“ — „Den Agni, dessen Antlitz Schmalz ist, der das heilige Recht stützt, erstrebt der Entzünder wie einen Freund; entflammend, rasch, in der Versammlung leuchtend, soll er unser lichtes Gebet emportragen[1].“

[1] Alle Verse TBr. I. 2. 1. 9—13 (der erste auch TS. IV. 2. 3. d, der sechste auch TS. I. 3. 14. m).

V. 7.

1. Gelegentlich der Scheite gibt der Opferveranstalter dem Adhvaryu drei entwöhnte junge Kühe.

2. Die Brahmanen genießen das Reismus[1].

[1] Von dem sie vorher (V. 5. 10) nur einen Bissen genossen hatten.

3. Wenn sie dasselbe gegessen haben, so gibt der Opferveranstalter ihnen ein auserlesenes Stück aus seinem Besitze, allen das gleiche[1].

[1] Vgl. V. 11. 3, 4.

4. Während eines Tages oder während zwölf Tage, oder während dreier

oder zweier Tage oder **einen** Tag vor dem Tage, an welchem er das Feuer zu gründen vorhat, lege er[1] diese Scheite auf[2].

[1] Vgl. V. 7. 5. [2] Vgl. TBr. I. 1. 9. 7: „Dieses (Brahmaudanafeuer) behüte (d. h. unterhalte) er ein Jahr lang. Denn die eingesetzte Frucht (Embryo) wächst ein Jahr lang. Wenn sich ihm nach einem Jahre das Opfer nicht einstellt, so lege er wieder die Scheite auf" und ib. 10: „Wenn er es nach einem Jahre nicht gründet, so lege er zwölf Tage vorher (die Scheite) auf, denn die zwölf Tage sind des Jahres Abbild. Ein Jahr hindurch hat er dadurch die Scheite aufgelegt. Wenn er sie am zwölften Tage (vorher) nicht auflegt, so lege er sie drei Tage vorher auf." — Übrigens verrät Āpastamba den Einfluß der Kaṭhas (Kāṭh. VII. 15: 79. 1ff.: *purā saṃvatsarād agnau samidha ādadhāti, dvādaśasu rātrīṣu purādheyās . . ., atha tisṛṣv atha dvayor atha pūrvedyuḥ)* und der Mānavas (MS. I. 6. 12: 105. 11ff.).

5. Die Scheite müssen jedoch von demjenigen aufgelegt werden, der sich die Feuer gründet[1].

[1] Dem Wortlaut nach mit Kāṭh. VII. 15: 79. 7 übereinstimmend; v. Schröder's Text ist danach zu berichtigen; der Sache nach mit TBr. I. 1. 9. 10 übereinstimmend: „Nicht gegründet ist **dessen** Feuer, so sagt man, der, ohne vorher die Scheite (im Brahmaudanafeuer) aufgelegt zu haben, sich die Feuer gründet" (l. *yaḥ samidho 'nādhāyā°).*

6. Jetzt übernimmt der Opferveranstalter die Observanz: er ißt kein Fleisch, wohnt keiner Frau bei, aus seinem Hause holt man kein Feuer, und bringt es nicht von anderswo hinein[1].

[1] Die ersten zwei Vorschriften aus TBr. I. 1. 9. 7—8 (wenn er Fleisch genösse oder einer Frau beiwohnte, so würde er kraftlos werden, und das Feuer würde sich ihm nicht zuwenden), die letzten zwei sind aus MS. (I. 6. 12: 105. 12).

7. Ein Jahr hindurch pflege er das Brahmaudanafeuer[1].

[1] Vgl. auch Sūtra 4.

8. Wenn das ganze[1] häusliche Feuer auf die Stätte des Brahmaudanafeuers gelegt ist, so werden diejenigen religiösen Handlungen, zu denen ein Feuer gehört, an **diesem** (nl. dem Brahmaudanafeuer) verrichtet.

[1] Vgl. V. 4. 13.

9. Er gehe nicht fort[1].

[1] Derjenige, der sich die Feuer gründet, entferne sich nicht von dem Opferplatze. Das Mān. śrs. erwähnt diese Vorschrift besser unter den Observanzen des Yajamāna.

10. Es[1] erlösche nicht.

[1] Nl. das Brahmaudanafeuer. Wahrscheinlich ist (vgl. Sūtra 11), gegen Rudradatta, als Subjekt des vorhergehenden Satzes, ebenfalls *brāhmaudaniko 'gniḥ* zu nehmen, vgl. Bhār. *naiṣo 'gnir anugacchen na prayāyād, yady anu vā gacchet pra (vā) yāyād* usw. und Hir: *prayāty anugate ca.* Was bedeutet bei dieser Auffassung aber *na prayāyāt?*

11. Wenn es (er?) fortgeht oder erlischt, koche er (von neuem) das Brahmaudanamus und lege nach demselben Ritus die Scheite auf.

12. Wenn nach Verlauf des Jahres die Feuergründung sich ihm nicht zuwendet, so gründe er sich, wenn es sich ihm zuwendet[1], seine Feuer, nachdem er vorher das Brahmaudana gekocht und die Scheite aufgelegt hat.

[1] Deutlicher Hir: „Wenn er es vermag."

13. In diesem Falle besteht Freiheit in Bezug auf die Satzungen und das Unterhalten[1].

[1] Deutet auf die in Sūtra 4 angegebenen Termine? Bhār. hat: *yady anu vā gacchet pra (vā) yāyād, evam eva brahmaudanaṃ paktvaivaṃ samidha ādhāya bharaṇaśeṣaṃ samāpyāgnim ādadhīta.*

14. Zwölf Tage oder einen Tag halte er die Observanzen (wenn sich die Möglichkeit, seine Feuergründung zu verrichten, für ihn einstellt).

15. Am Tage (d. h. am Abend) vor demjenigen Tage, an welchem er sich die Feuer zu gründen vorhat, kocht er wieder einen Brahmaudana[1].

[1] Diese Vorschrift ist mir unklar; ohne „wieder" findet sie sich genau so im Brāhmaṇa (TBr. I. 1. 9. 8) und bei Hir. und Vaikh. Sie fehlt in Bhār. und Mān. Aber Baudh. (Karm. I. 14) hat: *dvibrahmaudanam u haike bruvata: uccheṣaṇīyo hītaraḥ, śāntvakaraṇa uttaraḥ.* Daraus scheint hervorzugehen, daß am vorletzten Tage das Brahmaudana zweimal gekocht wird.

16. Wer seine (d. h. des Opferveranstalters) Feuer zu gründen vorhat[1], der hält an diesem Tage die Observanz: er ißt kein Fleisch und wohnt keiner Frau bei.

[1] An erster Stelle also der Adhvaryu (so explicite Hir.), nach anderen (*eke* bei Bhār.) sind alle die Opferpriester gemeint. Die Vorschrift ist dem Kāṭh. (VIII. 12: 95. 18) entnommen.

17. Nördlich von der Stätte des Gārhapatya bindet er (der Adhvaryu) einen schwarz-weiß gesprenkelten Bock[1] an mit dem Verse: „Bringe, o Agni, samt den Kühen Nachkommen und Räume zusammen; verleihe ihm die Reiche, die im Geheiß des Savitṛ waren[2]."

[1] Dieser Bock wird zuerst im Kāṭh. (VIII. 12: 95. 16) erwähnt: „Ein gesprenkelter Bock ist während dieser Nacht angebunden. Der Bock ist ein des Agni Glut besitzendes (Wesen) (weil er feurig in sexuellem Sinn ist); . . . gesprenkelt soll er sein; so einer ist sämtlichen Göttern zugeeignet (durch die verschiedenen Farben)". Dann wird dieser Brauch, der im ŚBr. erwähnt, aber abgeraten wird, in allen Sūtras gefunden. Baudh. (II. 15: 58. 9) läßt überdies den Adhvaryu den Opferveranstalter, der die Feuergründung vorhat, von diesem Bocke mit dem zitierten Verse anblicken. Ich erinnere daran, daß auch im Totenritual ein Bock an den Scheiterhaufen angebunden wird (vgl. Verf., die altind. Toten- und Bestattungsgebräuche § 31).

[2] TBr. I. 2. 1: 13 (der eigentliche Sinn des Mantra ist nicht deutlich; nach Sāyaṇa wird der Bock als Agni angeredet).

V. 8.

1. Jetzt unternimmt der Opferveranstalter die Observanz und hält die Stimme an, nachdem er geflüstert hat: „Von dem Unwahren gehe ich zum Wahren; von dem Menschlichen gehe ich zum Göttlichen; die göttliche Stimme halte ich an[1]."

[1] TBr. I. 2. 1. 15.

2. Man hält ihn während dieser Nacht wach durch Lauten- und Rohrpfeifenmusik[1].

[1] Vgl. Kāṭh: *śva ādhāsyamāna rātrīṃ jāgrati; . . . śilpair gāyanti.*

3. Oder aber er wacht nicht und hält die Stimme nicht an.

4. Während dieser Nacht hält er dieses (d. h. das Brahmaudanafeuer) in Flammen durch stete Hinzulegung von Holzspänen mit dem Verse: „Mit Spänen das Feuer entflammend will ich die beiden Räume erwerben[1]; nachdem ich in den beiden Räumen Wohlergehen gefunden habe, überwinde ich den Tod[2]."

[1] *sanemaham* d. h. *sanā īm aham?* (wenn nicht verdorben). [2] TBr. I. 2. 1. 15.

5. Gegen Tagesanbruch erwärmt er an diesem Feuer den Feuerbohrer[1] mit den zwei Versen: „O Jātavedas, gieße hier den Samen der Welt aus, der aus Erhitzung entstehen wird, indem du aus Śamī-verwachsenem Aśvattha[2]

das die Opfergaben führende Feuer erzeugst, das Wunderbare.“ „Dies ist, o Agni, deine natürliche Geburtsstätte, aus welcher entstanden du leuchtetest; diese kennend steige empor, und mehre uns den Reichtum[3].“ (Darauf läßt er das Brahmaudanafeuer erlöschen[4].)

[1] Vgl. TBr. I. 1. 9. 9: „Die Vedakundigen sagen: „Wo soll das Feuer hingelangen, welches ihm Nachkommen und Vieh erzeugt?“ Er halte das Feuer diese Nacht mit Spänen in Flammen und erwärme gegen Tagesanbruch an ihm den Feuerbohrer. Es ist dies gerade, als ob sich eine kälbernde Kuh vom Stiere bespringen läßt.“ (Der Text lautet: *yátharṣabháya vāśitā nyāvichāyáti;* das letzte Wort leiten BR. von *ni-ā-vi-chā* ab, ich würde, vgl. auch Delbrück, A.I.S., § 236, es vorziehen, es von *ni-ā-vich* herzuleiten). Das Brahmaudanafeuer befruchtet demnach die beiden Araṇi's. [2] Vgl. Bem. 1. zu V. 1. 2.

[3] TBr. I. 2. 1. 15—16. [4] Diese von Bhār. und Hir. ausdrücklich gegebene Vorschrift folgt aus dem Zusammenhang, vgl. V. 10. 7. Die Vājasaneyins lassen entweder das Feuer erlöschen oder verwenden es später zum Dakṣiṇāgni (ŚBr. II. 1. 4. 6 am Ende, vgl. meine Bem. in WZKM. XXVI, S. 111).

6. Nachdem der Opferveranstalter über dem Feuerbohrer den Vers geflüstert hat: „Die Unholde vertreibt Agni, der hellflammende, unsterbliche, der lichte, reinigende, verehrungswürdige“[1], blickt er auf denselben hin, wenn er vom Adhvaryu herbeigebracht wird, mit dem Verse: „Ihr beiden Bewahrer der Schätze, die ihr zwei mächtige Herrinnen seid[2], kommt her zu dem Sitze der heiligen Ordnung. Ihr beiden, schwanger (mit dem Feuer), erzeuget den Führer der Opfer, den zum Stamm gehörigen Jātavedas[3].“

[1] TBr. II. 4. 1. 6. [2] Man beachte, daß der Feuerbohrer aus zwei Holzstücken besteht: *araṇī,* fem. [3] TBr. I. 2. 1. 13.

7. Der Adhvaryu überreicht ihn dem Opferveranstalter mit der Formel: „Das zu melkende und das Milch tragende Werg dir; die übergebe ich dir als deinen Anteil[1].“

[1] Die Formel aus der MS. (findet sich auch in Hir. und Vaikh., nicht in Bhār.).

8. Nachdem der Opferveranstalter ihn entgegengenommen hat mit dem Verse: „Ersteiget meine starken zehn (Finger), o Agni, wie es recht ist, samt Lebensdauer und Gesundheit. Möchten wir lange lebend sein das nächste und das nächste Jahr, damit ich das Neu- und das Vollmondsopfer darbringe“[1], spricht er über demselben, wenn er ihn erhalten hat, die Verse aus: „Die Menses habend seid ihr beide; das Feuer als Samen habend werdet schwanger; euch beide nehme ich. Das ist Wahrheit, daß ihr ein männliches Kind (nl. Agni) in euch traget, daß ihr ein männliches Kind erzeugen werdet.“ „Aus mir werdet ihr morgen in der Frühe fortgepflanzt werden, und ihr beide werdet, ins Dasein getreten, mich fortpflanzen, durch Nachkommen, Tiere und priesterliches Ansehen in dem Himmelsraume[1].“

[1] TBr. I. 2. 1. 14—15.

V. 9.

1. a. Beide, Adhvaryu und Opferveranstalter, flüstern dann die zwei Verse: „In mich nehme ich beim Beginn das Feuer auf zur Erhaltung von Wohlstand, von tüchtiger Nachkommenschaft, von starker Tapferkeit. In mich bringe ich Nachkommen, in mich Glanz; möchten wir, im Besitze tüch-

tiger Männer, unversehrt von Körper sein." „Das Feuer, das in unsrem Herzen, o Väter, unsterblich in die Sterblichen eindrang, das umfassen wir (und bringen es) in unser Innerstes. Daß dieses, uns erreicht habend, nicht hingehe[1]!"

[1] TS. V. 7. 9. a, b; die Sprüche gehören zum Ritual der „Feuerschichtung" und bezwecken, die Kühe beim Opferveranstalter verbleiben zu lassen.

1. b. Nachdem der Adhvaryu mit dem Verse: „Gehet hin, gehet auseinander und begebet euch weg von hier, ihr Früheren und Heutigen, die ihr hier seid. Yama hat diesen Aufenthalt auf der Erde gegeben, die Väter haben ihm diesen Raum gemacht"[1] vermittelst des hölzernen Schwertes die Oberfläche der Gārhapatyastätte aufgewühlt hat, besprengt er dieselbe mit dem Verse: „Die göttlichen Gewässer sollen uns heilsam sein" usw.[2]

[1] TS. IV. 2. 4. a. (Der Spruch kommt eigentlich dem Totenritual zu.)
[2] Vgl. V. 4. 1.

2. In derselben Weise behandelt er die Stätte des Dakṣiṇāgni, des Āhavanīya, des Sabhya und des Āvasathya.

3. In dieser Reihenfolge werden von hier an die Handlungen vollführt.

4. Nachdem er die Hälfte des Sandes[1] wieder in zwei Teile zerteilt hat, streut er den einen Teil auf die Stätte des Gārhapatya hin, den anderen auf die des Dakṣiṇāgni, die zweite Hälfte zerteilt er in drei Teile und streut sie auf die Stätten der vorderen[2] Feuer.

[1] Vgl. V. 1. 7. a. [2] Also des Āhavanīya, Sabhya und Āvasathya.

5. In derselben Weise streut er alle die von der Erde herrührenden Requisiten[1] auf die verschiedenen Feuerstätten hin.

[1] Nl. die V. 1. 7 und V. 2. 1 aufgezählten.

6. Den Sand streut er hin mit der Formel: „Des Agni Asche bist du, des Agni Schutt[1]." Die salzige Erde[2] mit der Formel: „Eintracht[3] bist du, Wunschbefriedigung; möchte deine Wunschbefriedigung in mir sein[4]."

[1] TS. IV. 2. 4. b. [2] Vgl. V. 1. 7. b. [3] Vgl. TBr. I. 1. 3. 2: „In Eintracht gründet er seine Feuer, denn die salzige Erde ist die Eintracht der Kühe." [4] TS. IV. 2. 4. c.

7. Während er diese hinstreut, denkt er bei sich: „Jenes Schwarze, das im Monde ist, das soll hier sein[1]."

[1] Vgl. Bem. zu V. 1. 7. b.

8. a. Den Maulwurfshaufen mit dem Verse: „Komm herauf, o Agni, aus der Mutter Erde, dringe aus dem weiten Raume in die Leute; zum Schnellen im Wettlauf machten dich die Frommen, zum Führer der Opfergaben, zum Beschützer der Welt[1]."

[1] Aus Kāṭh., aber mit der absichtlichen Änderung von *āśuṃ tvājau dadhire* in das sinnesleere *ākhuṃ trā ye dadhire;* Hir. hat: *āśuṃ trā ye dadhire.*

8. b. Den Ameisenhaufen streut er auf die Stätte des Gārhapatya hin mit dem Verse: „Das Unvergängliche von der Erde, das zusammen mit dir ins Dasein trat, das gab Agni dem Agni; auf dieses soll dieses (Feuer) gegründet werden[1]."

[1] Aus Kāṭh.

9. Mit demselben Verse, aber mit der Formel: „von dem Luftraum"[1]

statt „von der Erde“ auf die Stätte des Dakṣiṇāgni; mit der Formel: „von dem Himmel“[1] auf die vorderen[2] Stätten.

[1] Ebenfalls aus Kāṭh. [2] Vgl. Bem. 2 zu V. 9. 4.

10. a. Den Schlamm des vertrockneten Pfuhles[1] mit dem Verse: „Die an Süßigkeit reiche Welle hat sich aus dem Ozean erhoben, zur Alleinherrschaft fordernd. Möchten jene Gönner und wir Saft und Labung, das Süßes Enthaltende, zusammentragen[2].“

[1] Vgl. V. 1. 7. e. [2] Aus Kāṭh.

10. b. Die vom Eber aufgewühlte Erde mit dem Viertelverse: „So groß warst du zu Anfang[1].“

[1] Vgl. das nächstfolgende Sūtra.

11. Die Kieselsteinchen mit dem Verse: „als du, die Göttliche, damals abgesondert dich verbreitend, von den Göttern hingestreut, dich ausbreitetest durch (deine) Größe, befestigtest du dich durch die Kiesel über der Dreiwelt, gewannest du die Räume und die vier Himmelsgegenden“[1], und dabei denkt er bei sich an seinen Feind.

[1] Mit dem im vorhergebenden Sūtra zitierten Versstück als ein Vers im Kāṭh. gegeben. Zum Inhalt vgl. Bem. zu V. 1. 7. f.

V. 10.

1. Mit den Formeln: „Richtig streue ich den Schutt auf die Erde; im Richtigen gründe ich mein Feuer, im Wahren gründe ich mein Feuer“[1] glättet er die Requisiten auf den Feuerstätten.

[1] Die Formeln (nicht in der Concordanz gegeben!) auch bei Hir. und Vaikh.

2. Mit dem Verse: „Einträchtig sollen eure Gestalten, eure Herzen sein: einträchtig soll eure Seele, einträchtig sollen meine Gestalten sein“[1] und mit dem Verse: „Ich füge zusammen eure Herzen, zusammengefügt soll euer Geist sein, zusammengefügt soll euer Hauch sein“[2] fügt er die von den Bäumen herrührenden Requisiten[3] zusammen[4] und streut dieselben auf die Feuerstätten aus wie den Sand[5] mit dem Verse: „Von hier, aus seiner eignen Geburtsstätte, ward Agni Jātavedas erst geboren; er soll, der Sache kundig, durch Gāyatrī, Triṣṭubh und Jagatī den Göttern die Opfergabe zuführen[6].“

[1] TS. IV. 2. 4. d = TBr. I. 2. 1. 17. [2] TBr. l. c. [3] Vgl. V. 2. 4.
[4] D. h. er mischt sie. [5] Vgl. V. 9. 4. [6] TS. II. 2. 4. 8.

3. Auf die Stätte des Gārhapatya wirft er in der Nähe der daselbst hingestreuten Requisiten, und zwar nördlich davon[1], ein Goldspänchen mit dem Verse: „Deine günstigen Manifestationen, o Jātavedas, die es im Luftraum, im Himmel, auf der Erde gibt, damit vereinige dich und führe, o Agni, mit deiner ganzen Gruppe freundlich gesinnt, der du das Gold als deine Geburtsstätte hast, die Opfergabe[2]“.

[1] Vgl. das zu V. 2. 1. b zitierte Brāhmaṇa. [2] Aus Kāṭh. (auch bei Hir. mit leichter Variante).

4. a. Den Vers: „Den feurigen, auf glänzendem Streitwagen fahrenden, goldne Haut[1] habenden Vaiśvānara, den in den Wassern wohnenden, den

Licht verschaffenden, den eindringenden, den raschen, mit Macht umgebenden, eifrigen machten die Götter hier glücklich"[2] spricht er über dem in der Nähe der Requisiten hingeworfenen Golde aus.

[1] Hir. hat. *harivratam* (statt *haritvacam*), wie K. und Ṛs.

[2] Mit leichter Variante aus Kāṭh.

4. b. Das silberne Stäbchen überreicht er seinem Feinde.

5. Wenn er seinen Feind nicht findet, so werfe er es in der Richtung, wo sich sein Feind befindet, aus dem Opferplatze hinaus.

6. In dieser Weise geht er an allen Feuerstätten vor, nachdem er das Gold dabei gelegt hat[1].

[1] Zu Sūtra 4. b—6. Das hier beschriebene Verfahren mit dem edlen Metall beruht auf dem Brāhmaṇa, vgl. die Bem. zu V. 2. 1. b und Kāṭh. VIII. 5: 89. 9 (anläßlich der Dakṣiṇās): „Agni hatte seinen Sinn auf die Gattinnen des Varuṇa (d. h. die Wässer) gesetzt; seine Glut (d. h. Samen) entfiel ihm; daraus entstand das Gold. Dadurch daß der Adhyaryu das Gold in der Nähe hinwirft, macht er Agni durch seinen eignen Glanz wachsen. Nachdem er es in der Nähe hingelegt hat, nehme er es nicht zurück *(nopāsya punar ādadīta)*; (wenn er dies tut) so bekommt er das von ihm (von Agni) Verschlungene heraus und wird von Hunger gequält sein. — Agni hatte seinen Sinn auf die Gattinnen des Varuṇa gesetzt und begattete sich mit ihnen. Die Gewässer sind des Varuṇa Gattinnen. Aus dem Samen, der dem Agni entfiel, entstand das Gold *(haritam)*, was den Gewässern entfiel, daraus entstand das Silber *(rajatam:* weißliches Gold)" usw. Daß Silber nicht als Dakṣiṇā zu geben ist, lehrt TS. I. 5. 1. 1—2: Es sind die Tränen des Agni, welcher heulte, als die Habe der Götter von ihm zurückgenommen wurde. — Nach Baudh. II. 16: 61. 4 wird das Silber einem gemeinen Mann (d. h. Śūdra?) oder einem Unbekannten überreicht.

7. Nachdem er die Asche von dem Brahmaudanafeuer weggeschoben hat, bohrt er auf diesem (d. h. auf der Stätte dieses entfernten Feuers[1]) aus dem mit Śamī verwachsenen Holz[2] das Feuer.

[1] Vgl. V. 8. 5. [2] D. h. aus dem aus diesem Holze verfertigten Feuerbohrer; der Ausdruck aus TBr. I. 1. 9. 1.

8. An dem Zeitpunkte, wenn die Strahlen der Sonne sich erheben[1], legt er die beiden Hölzer des Feuerbohrers mit der Zehnhotṛformel[2] zusammen[3].

[1] Der Ausdruck aus MS. (I. 6. 10: 102. 1). [2] TĀ. III. 1.

[3] Die Vorschrift beruht auf TBr. II. 2. 1. 6.

9. Mit der Formel: „O Agni, entstehe mit Agni, mit Reichtum, mit Wohlstand, mit Nachkommen, mit Vieh, mit priesterlichem Ansehen"[1] bohrt er das Feuer, während ein Roß in der Nähe steht[2].

[1] Die Formel aus dem Kāṭh. [2] Diese Besonderheit nur aus den Sūtras des Schwarzen Yajurveda bekannt (außer Baudh.). Nach Mān. śrs. soll es mit dem Kopfe nach W. stehen.

10. Das Roß ist weiß, und ohne triefendes Auge, oder rot mit weißen Knieen oder aber beliebig beschaffen, aber unverschnitten[1].

[1] Das Mān. śrs. hat bloß: Ein Roß von edler Rasse.

11. Während das Feuer gebohrt wird, singt er (d. h. der Brahman[1]) das Sāman des Śakti, des Saṃkṛtisohnes[2]; wenn der Rauch sich zeigt, das Sāman des Gāthin, des Kuśikasohnes[3], und das Sāman, welches auf dem Verse: „In den beiden Reibhölzern ist Jātavedas niedergelegt, wie ein Embryo wohl gebettet in dem Schwangeren. Tag für Tag ist Agni von den

Menschen zu verehren, die wachsam und mit Opfergaben versehen sind" gesungen wird[4].

[1] Vgl. V. 16. 6. [2] Dieses Sāman habe ich aus den Sāmanbüchern nicht nachweisen können. [3] Nl. Grāmageyagāna II. 1. 13 gesungen auf ṚS. VIII. 103. 1 = SV. I. 47 („Gezeigt hat sich der am besten Raum Schaffende" usw.). [4] Nl. Grām. gāna II. 2. 17 (*prāsāhaṃ sāma*) gesungen auf ṚS. III 29. 2 = SV. I. 79. — Zu Āp. ist zu vergleichen Lāṭy. IV. 10. 1—6 (= Drāhy. XII. 2. 1—5): „Wenn man im Begriff steht das Feuer zu bohren, faßt er (nl. der Brahman) die Reibhölzer an und singt (das Sāman auf dem Verse): „In den beiden Reibhölzern"; während es gebohrt wird, eines von den beiden (Sāmans auf dem Verse): „Das Feuer die Männer" (SV. I. 72); wenn der Rauch aufgestiegen ist, (das Sāman auf dem Verse): „Schimmernd erhebt sich dein Rauch" (SV. I. 83); wenn es entflammt ist, (das Sāman auf dem Verse): „Gezeigt hat sich der Raumfindende" (SV. I. 47), . . . oder er singe die Sāmans, die ihm der Adhvaryu nennt." — Es ist auffallend, daß augenscheinlich, da nicht als Subjekt des *gāyati* der Brahman genannt wird, nach Āp. das Absingen der Sāmans dem Adhvaryu obliegt, vgl. aber Bem. 1.

12. Den Vers: „Steige herab, wieder zu uns, o Jātavedas, und führe du kundig den Göttern unsere Opfergabe zu. Verleihe uns Lebensdauer, Nachkommen und Wohlstand. Scheine unausgelöscht in unsrer Wohnung"[1] spricht der Adhvaryu über dem Feuer, wenn es hervorgebracht wird.

[1] TBr. II. 5. 8. 9. An der obigen Stelle wird dieser Vers mit den Anfangswörtern angegeben, unten, VI. 28. 12, wird er ganz gegeben. Das ist auffallend!

V. 11.

1. Jetzt läßt er den Opferveranstalter die Vierhotṛformel[1] hersagen.

[1] TĀ. III. 3.

2. Über dem entstandenen Feuer spricht der Adhvaryu die Formel: „Geboren ist Agni, eher als die früheren (Agni's), der läuternde, helle, reinigende, zu verehrende[1]."

[1] Die Formel ist, mit Korruptel, dem Kāṭh. entnommen. Hir. steht dem K. näher.

3. Wenn das Feuer entstanden ist, gibt der Opferveranstalter (ihm) eine aus seinem Besitztum zu erwählende Gabe.

4. Die zu erwählende Gabe ist eine Kuh, (alles) andere ist zu übergehen. Die Gabe ist eine Milchkuh, (alles) andere ist zu übergehen; die Gabe ist ein Zugochse, (alles) andere ist zu übergehen; die Gabe ist eine zum ersten Male schwangere Kuh, (alles) andere ist zu übergehen[1].

[1] Diese Stelle, welche wohl (n. b. *vai*) aus einem Brāhmaṇa herrührt, ist teilweise unsicher. Was bedeutet *ativaro 'nyaḥ?* Nach Rudradatta's Erklärung müßte es bedeuten: „Etwas anderes ist nicht als *vara* anzusehen." Für die Deutung von *ativara* (BR.: „Ein überschüssiges Geschenk") ist vielleicht an den Ausdruck *atirṇīte*, *ativaraṇa* (im Karmānta des Baudh.) zu erinnern: „In der Wahl übergehen"). — Zu vergl. ist übrigens Drāhy. XII. 4. 11, 12.

5. Über dem entstandenen Feuer atmet der Opferveranstalter aus, nachdem er erst die Formel darüber geflüstert hat: „Mit des Prajāpati Aushauch atme ich auf dir aus, mit des Pūṣan Wohlfahrt, mir zu langem Leben, zum hundertjährigen Alter, zu einem Leben von hundert Herbsten, zu Gesundheit, zu Leben, zum Heile[1]."

[1] TBr. I. 2. 1. 19—20.

6. a. Nachdem der Adhvaryu mit dem Verse: „Die Sterblichen haben den

Unsterblichen erzeugt, den nicht verlöschenden, helfenden, starkkieferigen; die zehn unvermählten Schwestern (d. h. die Finger) sollen vereint den Männlichen, der geboren ist, umfassen"[1] das entstandene in eine irdene Schüssel getane Feuer mit den beiden hohl aneinander gehaltenen Händen umfaßt hat, setzt er es durch Hinzufügung von leicht aufflammenden Substanzen in Flammen mit den Formeln: „Allherrscher bist du, Herrscher bist du. Die beiden Quellen der Sarasvatī sollen dich entflammen, dich, den Speise Essenden, zur Herrschaft über der Speise[2]."

[1] TBr. I. 2. 1. 19. [2] Diese Formeln so nur in Āp.

6. b. Dann hebt er das Feuer empor, trägt es zur Gārhapatyastätte nach vorne (d. h. ostwärts) und stellt es, während er sitzt[1], hier auf die Requisiten hin, während das Rathantara-[2] und das Yajñāyajñīyasāman[3] gesungen werden, nachdem er zuvor geflüstert hat: die je nach den Ṛṣi's verschiedenen Gründungsformeln[4], das erste „große Wort" oder die ersten zwei großen Wörter[5], die ersten zwei Sarparājñīverse[6] und die erste Gharmaśirasformel[7].

[1] Im Gegensatz zu V. 15. 5 (und V. 13. 8 zu Anf.). [2] Āraṇya-gāna II. 1. 21. Das Absingen des Rathantara nach Kāṭh. (Agnyādh. br.). [3] Grāmageyagāna I. 2. 25.

[4] Vgl. V. 11. 7. [5] Also mit bhūḥ oder mit bhūr bhuvaḥ, vgl. V. 12. 1. a; nach TBr. I. 1. 5. 2 sind nur die beiden ersten Vyāhṛti's zu nehmen; durch diese drei Silben findet er festen Bestand in den drei Räumen. [6] Vgl. V. 12. 1. b. [7] Vgl. V. 12. 1. c.

7. Die je nach den Ṛṣi's verschiedenen Formeln sind: „Nach der Ordnung der göttlichen Bhṛgu's, o Ordnungsherr, gründe ich dich" für einen zum Geschlecht des Bhṛgu Gehörigen; „Nach der Ordnung der götttlichen Angirasen, o Ordnungsherr, gründe ich dich" für einen Brahmanen, der dem Geschlecht der Angiras angehört; „Nach der Ordnung der göttlichen Ādityas, o Ordnungsherrr, gründe ich dich" für die anderen Brahmanen; „Nach der Ordnung des Königs Varuṇa, o Ordnungsherr, gründe ich dich" für einen Fürsten; „Nach Indra's Ordnung, o Ordnungsherr, gründe ich dich mit Mut" für einen Kṣatriya; „nach der Ordnung des Manu, des Dorfobersten, o Ordnungsherr, gründe ich dich" für einen Vaiśya; „Nach der Ordnung der göttlichen Ṛbhu, o Ordnungsherr, gründe ich dich"[1] für einen Zimmermann[2].

[1] TBr. I. 1. 4. 8. Āpastamba entnimmt diese Stelle beinahe wörtlich dem Brāhmaṇa, daher das störende, von mir in der Übersetzung fortgelassene Wort: *ādadhyāt* (Optativ!)

[2] Zum Zimmermann vgl. V. 3. 19.

V. 12.

1. a. Die großen Wörter sind: „*bhūḥ* (Erde), *bhuvaḥ*, *suvaḥ* (Himmel)."

1. b. Die vier Verse der Sarparājñī sind:

α. „Die Erde durch ihre Fülle, der Himmel durch seine Breite, der Luftraum durch seine Größe: auf deinem Schoße, o Aditi (d. h. o Erde), gründe ich das Speise essende Feuer, damit ich ein Esser der Speise sein möge."

β. „Hierher gekommen ist der scheckige Stier; wieder erworben hat er die Mutter und den Vater, zum Himmel hingehend."

γ. „Er bemeistert die dreißig Stätten; das Lied hat sich zum Geflügelten erhoben; führe hin mit seinem Lichte (!).“

δ. „Aus seinem Aushauch einatmend bewegt sie sich mitten durch die lichten Räume; der Stier hat den Himmel erhellt [1].“

[1] TS. I. 5. 3. a—d. Der Sinn dieser Verse ist immer noch dunkel (vgl. Oldenberg's Ṛgvedanoten) und der Text der TS. teilweise entstellt. Es sind nur die Taittirīyas, welche diese vier Verse als die Sarparājñīverse anführen, sonst gelten nur die letzten drei dafür. Nach TS. I. 5. 4. 1 wurden diese Sprüche von Kasarṇīra, dem Sohn der Kadrū, „gesehen“ und infolgedessen verjüngten sich die Schlangen, sich die Haut abstreifend.

1. c. Die drei Gharmaśirasformeln sind:

α. „Das Haupt *(śiras)* ist die Glut *(gharma)*; so soll dieses Feuer mit dem Vieh uns lieb sein. Verleihe ein Obdach den Kindern und Kindeskindern.“

β. „Der Aushauch ist der Wind. So soll dieses Feuer mit dem Vieh uns lieb sein. Koche unsern Kindern und Kindeskindern die gutschmeckende Speise.“

γ. „Das Auge ist der Strahl, und das ist jene Sonne; so soll dieses Feuer mit dem Vieh uns lieb sein. Der leuchtende Glanz, o Leuchtender, der dein ist, der leuchtende Körper, das leuchtende, unverlöschende Licht, dadurch strahle für mich, dadurch gründe ich dich, o Agni, durch das Feuer, durch das heilige Wissen [1].“

[1] TBr. I. 1. 7. 1—2.

2. Er stellt das Feuer auf die Requisiten hin, nachdem er zuvor auch die folgenden Verse und Formeln geflüstert hat [1]: „Mit deinen günstigen Erscheinungsformen, die im Luftraum und auf der Erde sind, o Jātavedas, damit dich vereinigend, führe mit deiner Truppe, freundlich gesinnt, goldne Geburtsstätte habend, o Agni, die Opfergabe [2].“ „Als Aushauch gründe ich dich in der Unsterblichkeit, dich den Speise Essenden, zur Erlangung von Speise, den Behüter zur Behütung [3].“ „Mit des Himmels Kraft, mit der Größe der Erde, mit dem Gedeihen des Luftraums, der Lebenskraft des Viehs gründe ich dich, den alles Vieh Verschaffenden [4].“ „O Agni, Hausherr, Schlange der Tiefe [5], du Verehrungswürdiger, erwirb vom Himmel, von der Erde, vom Luftraum her, Raum dem Opferveranstalter. Ich setze dich auf das Haupt der Erde, in den zum Opfer geeigneten Raum. Der Fremde und der Nichtfremde, o Agni, der uns anfeindet, diesen bedecke ich hier durch dich [6].“

[1] Eigentlich schließt der V. 11. 6 angefangene Satz, in welchem ja kein Verbum finitum vorliegt, erst hier, mit *saṃbhāreṣu nidadhāti,* ab; V. 11. 7—12. 1 sind als Zwischensätze zu betrachten. Die V. 12. 2 zitierten Sprüche folgen also nach der Gharmaśirasformel, darauf wird, während das Sāman gesungen wird, das Feuer auf den Gārhapatyaherd gesetzt.

[2] Mit leichter Variante dem K. entnommen. [3] TBr. I. 2. 1. 20.

[4] L. c. 18—19. [5] Vgl. Macdonell, Vedic Mythology § 26. [6] Aus Kāṭh.

3. Über dem Gārhapatya, wenn er gegründet wird, spricht der Opferveranstalter den Vers: „Verbrennend die Unholde und jeden Morgen besser machend gib du uns, o Agni, welchem das richtige Haushaltersfeuer gehört, wegscheuchend die Nebenbuhler, Wohlfahrt, Labung und Saft“ [1], und der Adhvaryu läßt auch ihn die (bezüglichen) Gharmaśirasformeln [2] flüstern.

[1] TBr. I. 2. 1. 20—21. [2] Der Plural (in V. 11. 6 war nur von einer Gharmaśirasformel die Rede) bezieht sich auf die Gründung der anderen Feuer.

V. 13.

1. Wenn die Sonne zur Hälfte aufgegangen ist, gründet er den Āhavanīya[1].

[1] Vgl. TBr. I. 1. 4. 2: „Agniartig ist die Nacht, agniartig ist das Vieh. Indraartig ist der Tag. In der Nacht gründet er den Gārhapatya (vgl. oben V. 10. 8); dadurch erhält er Vieh. Bei Tage gründet er den Āhavanīya; dadurch erhält er Mut *(indriya)*. Wenn die Sonne zur Hälfte aufgegangen ist, gründet er den Āhavanīya. In diesem Zeitraum erschuf Prajāpati die Geschöpfe. Dadurch schafft sich der Opferveranstalter Nachkommen, auch erhält er dadurch das Vergangene und die Zukunft."

2. Wenn die Sonne ganz aufgegangen ist, für einen, der sich priesterliches Ansehen wünscht.

3. Am Gārhapatya entflammt er ein zum Vorwärtsbringen des Āhavanīya bestimmtes Scheit von Aśvatthaholz und beschafft sich Sandkörner zur Unterlage[1].

[1] Der hier erwähnte für das Anlegen des Āhavanīya dienende Feuerbrand wird in eine mit Sand gefüllte Schüssel gelegt, um das Versengen der Hände zu verhindern.

4. Dieses Scheit hebt er auf mit den vier Versen: „Zur Stärke, zur Macht hebe ich dich auf, zum gewaltigen Triebe, zum langen Leben, zum Glanze. Der Nebenbuhler Besieger, des Vṛtra Besieger bist du[1]." „Mit dem himmlischen Ansehen, das du unter den Göttern hast, mit deiner Seele, die in die Tiere eingetreten, mit deinem Gedeihen, das sich unter den Menschen verbreitet hat, damit, o Agni, komm her zu uns, dich freuend[1]." „Vom Himmel, von der Erde, vom Luftraum her, vom Winde her, von den Tieren, von den Kräutern, wo immer du ins Dasein getreten bist, von dort, o Agni, komm her zu uns, dich freuend[1]." „Hinauftragen sollen dich, o Agni, die sämtlichen Götter durch ihre Gedanken. Sei du uns günstig, der du ein schönes Antlitz und reichen Glanz hast[2]."

[1] TBr. I. 2. 1. 21—22. [2] TS. IV. 2. 3. b.

5, 6. Er hebt das Feuer (d. h. das Aśvatthascheit, das zum Anlegen des Āhavanīya dienen soll) ein wenig empor[1] und hält es in dieser Lage auf dem als Unterlage dienenden Sand.

[1] So nach TBr. I. 1. 5. 4 (wie die von Prajāpati erschaffenen Wesen, von ihm weggegangen, zu ihm zurückkehrten, als er ihnen das Licht emporhob, so wird die Nachkommenschaft zum Opferveranstalter kommen).

7. Jetzt läßt er den Opferveranstalter die „Agni's Körper" genannten Formeln dem Rosse[1] ins rechte Ohr flüstern: „Die läuternde Gestalt des Agni, o Renner, die dem Vieh lieb ist, die führe herbei." „Die reinigende Gestalt des Agni, o Renner, die den Wassern lieb ist, die führe herbei." „Die helle Gestalt des Agni, o Renner, die der Sonne lieb ist, die führe herbei[2]."

[1] Welches, nach V. 10. 9, noch immer in der Nähe steht. [2] Die Formeln sind aus dem Kāṭh. und der MS. vermischt. Das Insohrflüstern auch in Bhār., Hir., Vaikh. Nach dem Mān. śrs. wird das Roß mit den Sprüchen bloß angeredet. Übrigens erinnern die drei Gestalten *(pavamāna, pāvaka, śuci*, vgl. V. 11. 2) an die *tanūhavīṃṣi*, vgl. V. 21. 1 ff.

8. a. Während der Adhvaryu das Feuer (d. h. den zum Anlegen des Āhavanīya herausgenommenen Feuerbrand) noch immer hält[1], holt der Āgnīdhra gewöhnliches Feuer[2] oder bohrt ein neues Feuer[2] und gründet mit erhobenen Knieen[3] sitzend den Dakṣiṇāgni.

[1] Vgl. Sūtra 6. Ich nehme *dhārayati* (Schluß von Sūtra 7) als Locat. absol.

[2] Nach Baudh. und Kāty. ist entweder das Brahmaudanafeuer, das man in einer irdenen Schüssel bewahrt hat, zum Anlegen des Dakṣiṇāgni verwendbar, oder es wird dem Gārhapatya entnommen, vgl. Bem. 3 am Ende zu V. 8. 5. [3] Im Gegensatz zu V. 11. 6. b.

8. b. Während das Yajñāyajñīya[1] gesungen wird, legt er (der Āgnīdhra) es auf die Stätte des Dakṣiṇāgni auf die Requisiten hin mit der je nach den Ṛṣi's verschiedenen Gründungsformel[2], mit dem zweiten „großen Worte“[3], mit den ersten drei Sarparājñīversen[4], und der zweiten Gharmaśirasformel[5] und mit den folgenden Versen und Formeln: „Mit deinen günstigen Erscheinungsformen, die im Luftraum ... (wie V. 12. 2) ... o Agni, die Opfergabe.“ „Als Zwischenhauch gründe ich dich in der Unsterblichkeit ... (wie ib.) ... den alles Vieh Verschaffenden.“ „O Nahrung genießender Agni, wundervoller, günstiger, erwirb vom Himmel, von der Erde ... (wie ib.) ... diesen bedecke ich hier durch dich.“

[1] Vgl. Bem. 3 zu V. 11. 6. b; nach dem Kāṭh. agnyādh. br. wird das Vāmadevya gesungen.

[2] Vgl. V. 11. 7. [3] Also mit *bhuvaḥ*. [4] Vgl. V. 12. 1. b. α—γ.

[5] Vgl. V. 12. 1. c. β.

V. 14.

1. Für einen, der Reichtum an Vieh wünscht, gründe er den Dakṣiṇāgni, indem er das Feuer dazu aus der Wohnung eines in großem Wohlstande sich befindenden Brahmanen, Kṣatriya, Vaiśya oder eines Śūdra, der ziemlich asura[1] ist, herholt[2].

[1] Was *asura* hier bedeutet, ist ganz unsicher. Weder Rudradatta's noch der Vaijayantī (auch bei Hir. kommt der obige Satz vor) Deutungen sind zulässig.

[2] Diese Vorschrift ist aus der des Kāṭh. (VIII. 12: 96. 7) erweitert, *bahupuṣṭaḥ* ist der MS. (I. 6. 10: 103. 5) entnommen.

2. Er (nl. der Opferveranstalter) esse jedoch nachher nichts aus dessen Wohnung[1].

[1] Die Vorschrift ebenfalls aus dem Kāṭh., l. c.

3. a. Für einen, der Nahrung wünscht, hole er das für den Dakṣiṇāgni bestimmte Feuer aus einer Bratpfanne[1].

[1] Was man sich unter einer Bratpfanne in diesem Zusammenhang zu denken hat, ist nicht ganz deutlich. Die Vorschrift entstammt wieder dem K. oder der MS. Statt *ambarīṣa* hat MS. *bhraṣṭra*, K. *bhṛjjana*, Hir. *bharjana*.

3. b. Für einen, der priesterliches Ansehen wünscht, hole er es von einer brennenden Baumspitze[1].

[1] D. h. wohl von einem Baume, der durch den Blitz oder durch anderes Feuer teilweise verbrannt worden ist. Diese auch bei Hir. angetroffene Bestimmung ist dem Kāṭh. (XIX. 10: 11. 6) entnommen (Agnicayana).

4. Er[1] singt das Vāmadevyasāman[2], wenn der Āhavanīya emporgehoben wird[3].

[1] Vgl. V. 16. 6 und Bem. 4 am Ende zu V. 10. 11. [2] Grām. gāna V. 1. 25.

³ Nl. vom Adhvaryu, der ihn nach V. 13. 8 (Anf.) noch immer trägt. — Der Satz ist dem Brāhmaṇa (TBr. I. 1. 8. 2) entnommen. Zum Ganzen vgl. noch Jaim. śrs. (ed. Gaastra) 22 (S. 28. 5), Drāhy. XII. 1. 30, Lāṭy. IV. 9. 21.

5. Das Roß voranführend begibt man sich zur Stätte des Āhavanīya in östlicher Richtung, während der Adhvaryu die folgenden Verse flüstert. „Gehe du, wissend, vorwärts zur östlichen Gegend; sei, o Agni, des Feuers „Vorfeuer"; scheine, alle Himmelsgegenden durch dein Licht erhellend, nach allen Richtungen. Erteile Labung unsern Zwei- und Vierfüßlern[1]." „Schreite aus. Groß bist du, für die Menschen, wenn du auf der Vedi sitzest. Wache in den drei Räumen mit Nachkommenschaft und Reichtum[2]." „Diese Schätze sollen sich hier zu mir gesellen, mit diesen Nachkommen möchte ich hier zusammen wohnen; hier auch soll die allgestaltige Iḍā verweilen; leuchte, o Jātavedas, in der Mitte des Guten[3]."

¹ TS. IV. 6. 5. a = TBr. I. 2. 1. 22. ² TBr. I. 2. 1. 23, wo jedoch die Worte *prajayā ca dhanena ca* (welche Hir. ebenfalls hat) nicht anwesend sind. ³ TBr. l. c. 21.

6. Südlich vom Opferplatze dreht der Brahman einen Kriegswagen oder ein Wagenrad herum. Das Rad dreht sich in seinem vollen Umfang dreimal herum[1].

¹ Über *yāvaccakram* (als ein Wort?) bin ich nicht ganz sicher. Der Wortlaut, besonders des Bhāradvāja, empfiehlt es, das Wort so aufzufassen: ... *ratham vartayati yāvaccakraṃ triḥ parivartate yaḥ sapatnavān bhrātṛvyavān syāt tasya punaś cakraṃ triḥ parivartayet samayā varaṃ dadāti* usw. Eine andere Möglichkeit ist, *yāvat* als Konjunktion zu nehmen, Sūtra 7 als Zwischensatz, und Sūtra 8 als Apodosis. — Nach Baudh. und Vaikh. wird das Rad vom Gārhapatya bis zum Āhavanīya herumgedreht, und zwar nach Baudh. auf dem Wege des Praṇītawassers (also nördlich von den beiden Feuerstätten). — Übrigens stützt sich die Vorschrift auf TBr. I. 1. 6. 8: „Er dreht ein Wagenrad vorwärts: dadurch steigt er vermittelst des menschlichen Wagens zum Götterwagen herab."

7. Sechsmal für einen Feind[1].

¹ Vgl. die oben aus Bhār. zitierte Stelle und MS. I. 6. 6: 96. 13: „Nachdem die Götter durch Agni als Gottheit und Viṣṇu als das Opfer die Asuras erdrückt hatten, schleuderten sie darauf den Donnerkeil auf sie. Wer einen Nebenbuhler hat, für den (d. h. bei dessen Opfer) soll man das Wagenrad nochmals dreimal herumdrehen ...; wer dieses wissend sein Feuer gründet, der erdrückt den Nebenbuhler und schleudert dann den Donnerkeil auf ihn." Über den mutmaßlichen ursprünglichen Sinn dieses herumgedrehten Rades vgl. meinen Aufsatz in Z.D.M.G. 53, S. 699, wo ich die Vermutung geäußert habe, daß hier der Rest eines Regenzaubers vorliegt; dreimal wird das Rad herumgedreht, damit die Wolken losgewunden werden; will man dem Gegner den Regen vorenthalten, so wird das Rad nochmals, aber jetzt in entgegengesetzter Richtung, dreimal herumgedreht.

8. Während der Adhvaryu das Feuer vom Gārhapatya zur Stätte des Āhavanīya hinträgt, hält er es ein Drittel des Weges auf der Höhe seiner Kniee, ein zweites Drittel auf der Höhe seines Nabels, das letzte Drittel auf der Höhe seines Mundes. Über die Höhe der Ohren hebt er es nicht hinaus[1].

¹ Diese Vorschrift nach TBr. I. 1. 5. 7: „Wenn er es höher als den Kopf trüge, so würde er seine Hauche von einander trennen; ... auf dieser Höhe (hierbei deutet der Vortragende des Textes die gemeinte Stelle an) trägt er es erst; dann auf dieser, dann auf dieser. Drei sind ja die Räume; das in diesen Räumen befestigte Feuer gründet er dadurch." Vielleicht deutet auch der Satz (TBr. I. 1. 8. 6): „Dreimal schwingt er es aufwärts" auf diese Handlung.

9. Wenn er, nachdem er es aufgehoben hat, es niederwärts bringen sollte[1], so bringe er es, ehe er es anlegt (gründet), auf die Höhe des Mundes.

[1] Wenn er z. B., nachdem er es das erste Mal bis auf die Kniee gehoben hatte, das Feuer, statt es höher zu bringen, niedriger brächte.

10, 11. Er gehe nicht zwischen dem Feuer und der Sonne, sondern trägt es hin, nachdem er es auf seine rechte Seite herumgebracht hat[1].

[1] Er trägt also das Feuer mit den beiden Händen rechts von sich. Sūtra 11 aus der MS. (I. 6. 6: 95. 17).

12. Auf halbem Wege gibt der Opferveranstalter dem Adhvaryu einen aus seinem Besitz auszuwählenden Gegenstand[1].

[1] Diese Vorschrift ebenfalls aus der MS. (l. c.).

13. Nachdem der Adhvaryu auf halbem Wege ein Stückchen Gold auf die Erde hingelegt hat, schreitet er darüber hinweg mit der Formel: „Du bist das schimmernde Firmament, das Fundament, das Mittel zum Hinübergelangen[1]."

[1] Mit leichter Änderung ist der Spruch dem Kāṭh. entlehnt (Hir. hat ganz wie K.).

14. Das nach Osten gerichtete Roß läßt er mit dem Verse: „Er hat den Fuß auf sämtliche Heere, auf sämtliche Unholde gesetzt; das hat Agni, das hat auch Soma gesagt, Bṛhaspati und Savitṛ haben mir das gesagt; Pūṣan hat mich in die Welt der Guttat versetzt"[1] mit dem rechten Vorderfuß auf die Stätte des Āhavanīya nördlich von den Requisiten hintreten, „sodaß von dem (später auf der Feuerstätte) angelegten Feuer die Kohlen die Fußspur bedecken mögen[2]."

[1] TS. IV. 2. 8. a. [2] Vgl. TBr. I. 1. 5. 8—9: „Das Roß ist (ein Stück) Vieh, und Agni ist Rudra. Wenn er das Feuer auf der Fußspur des Rosses anlegte, so würde er das Vieh dem Rudra übergeben und würde der Opferveranstalter seines Viehes beraubt werden. Wenn er das Roß die Feuerstätte nicht betreten ließe, so würde er das Vieh nicht für sich behalten. Er lasse es seitwärts betreten, sodaß von dem angelegten Feuer die Kohlen die Fußspur bedecken mögen. Dann erhält er das Vieh und übergibt es nicht dem Rudra."

15. Nachdem er das Roß von links nach rechts (d. h. mit der Sonne um) umgewendet hat, läßt er es mit dem Verse: „Als du zugleich mit deiner Geburt wiehertest, aus dem Ozean oder dem Lehm heraufkommend, des Adlers beide Schwingen, der Gazelle beide Vorderfüße: preisenswert, o Renner, ist diese deine Geburt"[1] dieselbe Stätte wieder betreten[2].

[1] TS. IV. 2. 8. b (Inhalt des Verses nicht recht deutlich). [2] Vgl. TBr. I. 1. 5. 5—6: „Dadurch, daß er das Roß voranführt, stößt er die Nebenbuhler, die er schon hat, zurück. Er wendet es wieder zurück: dadurch stößt er die künftigen Nebenbuhler zurück."

16. Er hält dabei das Roß so, daß es von Osten nach Westen gerichtet ist.

17. Das Roß ist ein zum ersten Male im Gespann laufendes[1].

[1] *pūrvavāh* ist nach Baudh. (Karmāntasūtra I. 14) „ein junges Roß". Es ist fraglich, ob dies die ursprüngliche Bedeutung war und ob nicht vielmehr „das nach vorne führende Roß" gemeint ist. Zu beachten ist, daß nach Vaitānasūtra 5. 18 das Feuer auf einem Wagen zur Stätte des Āhavanīya gefahren wird. — Der Name *pūrvavāh* wird im Brāhmaṇa (TBr. I. 1. 5. 6) so erklärt: „Es gelüstete den Āhavanīya nach dem Gārhapatya und den Gārhapatya nach dem Āhavanīya. Da konnte Prajāpati die beiden Feuer nicht verteilen. Da nahm er die Gestalt eines nach vorne führenden (*pūrvavāh*) Rosses an und führte es nach Osten, nach vorne" (vgl. auch MS. I. 6. 4 init., Kāṭh. VIII. 5 init.).

18. Wenn dieses nicht da ist, so wird ein junger Zugochs zu diesen Handlungen verwendet nach dem Paiṅgāyanibrāhmaṇa[1].

[1] Dieses Brāhmaṇa ist verloren gegangen. Im ŚBr. II. 1. 4. 17 wird der Zugochs als Substitut des Rosses erlaubt.

V. 15.

1. Nach dem Bahvṛcabrāhmaṇa gründe er seine Feuer über der Fußspur eines Kamaṇḍalu[1], nach dem Vājasaneyaka über der Fußspur eines Bockes[2].

[1] Ein nicht näher bekanntes vierfüßiges Tier (auch in Bhār. und Vaikh.).

[2] Diese Aussage nicht in unserem ŚBr. (wohl bei Bhār., aber dieser kann die Bestimmung dem Āp. entlehnt haben oder umgekehrt).

2. Jetzt flüstert der Opferveranstalter „die günstigen Erscheinungsformen des Agni“: „Deine beiden günstigen Erscheinungsformen, o Agni, die Herrscherin und die Selbstherrscherin, die sollen in mich dringen, die sollen mich beleben. Deine beiden günstigen Erscheinungsformen, o Agni, die Allherrscherin und die Übermächtige, die sollen in mich dringen, die sollen mich beleben. Deine beiden günstigen Erscheinungsformen, die Tüchtige und die Umfassende, die sollen in mich dringen, die sollen mich beleben. Deine beiden günstigen Erscheinungsformen, o Agni, die Hervorragende und die Gewalt, die sollen in mich dringen, die sollen mich beleben. Mit allen deinen günstigen Erscheinungsformen, o Agni, gründe ich dich[1].“

[1] TBr. I. 1. 7. 2—3.

3. Mit der Formel: „Mit deinen schrecklichen Erscheinungsformen, o Agni, damit geh hin zu Soundso“[1] schickt der Opferveranstalter diese seinem Feinde zu, durch diese vernichtet er ihn[2].

[1] TBr. I. 1. 7. 3. [2] Der letzte Satz aus TBr. I. 1. 8. 6,

4. Es gibt (auch) die in den Kapiteln des Āraṇyaka überlieferten[1].

[1] Und diese soll der Yajamāna gleichfalls hersagen. Diese *araṇye 'nuvākyāḥ* (adj.) sc. *tanuvaḥ* sind TĀ. IV. 22—23 verzeichnet: „Mit deinen schrecklichen Erscheinungsformen, o Agni, dem Durst und dem Hunger . . . geh zu Soundso, welcher uns haßt und den wir hassen.“ Es ist zu bemerken, daß Hir. die Formeln selbst gibt, aber ganz von unserem Āraṇyaka abweichend; auch fehlt bei Hir. die Vorschrift, daß TBr. I. 1. 7. 3 (oben Sūtra 3) herzusagen sei. Eine andere Auffassung von Sūtra 3 und 4 wäre ebenso möglich wie die oben von mir gegebene, nl. 4: „Es sind dies die in den Kapiteln des Āraṇyaka verzeichneten.“ Bei dieser Auffassung müßte man aber annehmen, daß auch die Brāhmaṇastelle (TBr. I. 1. 7. 3) darauf hindeutete.

5. Nachdem der Adhvaryu den Vers: „Über was die beiden Welten (Erde und Himmel) einverstanden waren, als sie sich einigten: dieses vom Himmel her, jenes von der Erde her: auf dem Rücken dieser beiden (Gegenstände)[1] soll Jātavedas (d. h. Agni, das Feuer) ruhen, unseren Nachkommen zum Heil, unserem eignen Leibe willkommen“[2] über der Stätte des Āhavanīya geflüstert hat, gründet er den Āhavanīya[3], und zwar vor demselben stehend[4], mit dem Angesicht nach Westen gekehrt.

[1] Also erstens auf der salzigen Erde, einem der Sambhāras, welche auf die Stätte des Feuers hingestreut worden sind, aber zweitens? vgl. Bem. zu V. 1. 7. b.

[2] TBr. I. 2. 1. 23—24. [3] D. h. er legt den nach V. 13. 3, 6 dem Gārhapatya ent-

nommenen Feuerbrand auf die Feuerstätte nieder. [4] Im Gegensatz zu V. 11. 6. b (sitzend) und V. 13. 8 (sitzend mit erhobenen Knieen).

6. Während das Bṛhat sāman [1], das Śyaita- [2], das Vāravantīya- [3] und das Yajñāyajñīyasāman [4] gesungen wird, legt er den Feuerbrand auf die Requisiten nieder mit der je nach den Ṛṣi's verschiedenen Gründungsformel [5], mit allen drei „Großen Worten" [6], mit allen Versen der Sarparājñī [7], mit der dritten Gharmaśirasformel und mit den folgenden Versen: „Mit deinen günstigen Erscheinungsformen, die im Luftraum und auf der Erde sind . . . (wie V. 12. 2) . . . Geburtsstätte habend, o Agni, die Opfergabe." „Als Einhauch lege ich dich in die Unsterblichkeit, dich den Speise Essenden . . . (usw., wie l. c.) . . . Behütung." „Mit des Himmels Kraft . . . (usw., wie l. c.) . . . alles Vieh Verschaffenden." „O Agni, Allherrscher, einfüßiger Bock, Āhavanīya, erwirb vom Himmel, von der Erde . . . (usw., wie l. c.) . . . diesen bedecke ich hier durch dich."

[1] Ār. gāna I. 1. 27; so das Kāṭh. agnyādh. br. [2] Grāma-gāna VI. 1. 32. [3] Ib. I. 1. 30. [4] Ār. gāna I. 2. 25. [5] Vgl. V. 11. 7. [6] Vgl. V. 12. 1. b. [7] V. 12. 1. c. — Was die Sāmans angeht, das Rathantara wird bei der Gründung des Gārhapatya, das Vāmadevya beim Aufheben des Feuerbrandes und das Bṛhat bei der Gründung des Āhavanīya gesungen, weil die Erde rathantaraartig, der Luftraum vāmadevyaartig und der Himmel bṛhatartig ist. So steigt das Feuer von der Erde zum Himmel hinauf (vgl. TBr. I. 1. 8. 1—2). Zu den beiden Sāmans Śyaita und Vāravantīya vgl. ib. 2—3: „Prajāpati erschuf das Feuer; dieses die Gestalt eines Roßschweifhaares annehmend (l. *aśvyo vāro bhūtvā?)* entfernte sich. Ihn hemmte *(avārayata)* er durch das Vāravantīyasāman. Daher der Name Vāravantīya. Durch das Śyaitasāman brachte er ihn in seine Macht *(śyetī akuruta).*"

V. 16.

1. Über dem Āhavanīya, wenn derselbe gegründet wird, flüstert der Opferveranstalter die Formel und den Vers: „Ich hab' erreicht, ich bin angelangt, die ganze Lebensdauer hab' ich erlangt [1]." „Ich bin aus dir (hervorgekommen), du bist hier aus mir (hervorgekommen). Du bist meine Geburtsstätte, ich bin die deinige. Mir gehörend führe, o Agni, die Opfergaben, wie ein Sohn dem Vater Raum schaffend, o Jātavedas [2]."

[1] TBr. I. 2. 1. 24. [2] L. c. 20.

2. Die „Großen Worte", die Verse der Sarparājñī und die Gharmaśirasformeln sagt der Opferveranstalter dem Adhvaryu nach, bei der Gründung jedes Feuers diejenigen, die der Adhvaryu dabei verwendet.

3. Das gegründete Feuer, in welchem noch keine Opferspenden ausgegossen sind, rührt er nicht an [1]. Durch Schmalz und Kräuter soll es (erst) beschwichtigt werden [2].

[1] Das frisch gegründete Feuer ist noch gefährlich. [2] Die ganze Vorschrift ist wohl dem Kāṭh. entnommen (VIII. 11: 95. 7): „Wenn er selber das Feuer anfaßte *(ārabheta,* d. h. die heilige Handlung im Feuer vorzunehmen begänne?), so würde er vor seiner Zeit sterben: mit Schmalz und Kräutern faßt er es an, dann stirbt er nicht vor seiner Zeit."

4. Mit je einer der folgenden Formeln opfert er [1] in den drei Feuern [2] Schmalz und Kräuter: „Deine läuternde [3] Gestalt, o Agni, die dem Vieh lieb ist, die auf der Erde, im Feuer, im Rathantara, im Gāyatrīversmaß ist, die

opfere ich hierdurch weg[1], svāhā." „Deine reinigende[3] Gestalt, o Agni, die dem Wasser lieb ist, die im Luftraum, im Winde, im Vāmadevya, im Triṣṭubhversmaß ist, die opfere ich hierdurch weg[4], svāhā." „Deine helle[3] Gestalt, o Agni, die der Sonne lieb ist, die im Himmel, die in der Sonne, die im Bṛhat, im Jagatīversmaß ist, die opfere ich hierdurch weg[4], svāhā[5]."

[1] Wohl noch der Opferveranstalter. [2] Entweder in den drei Feuern nach Baudh., oder in einem (dem Āhavanīya) nach Hir. [3] Wieder *pavamāna, pāvaka, śuci,* vgl. Bem. 2 zu V. 13. 7. [4] „Die behalte ich mir bei" heißt es mehr angemessen im Kāṭh., bei Bhār. und Hir. [5] Baudh. läßt bloß mit den „Großen Worten" die Feuer beschwichtigen. Daß in jedem Feuer geopfert wird, geht auch aus den (mit einigen Varianten auch im Kāṭh. vorkommenden) Sprüchen hervor.

5. Nach einigen legt er mit diesen Formeln Holzscheite auf (statt Schmalz und Kräuter zu opfern).

6. Der Brahman singt bei der Gründung der Feuer die Sāmans[1].

[1] Dies ist ein vielumstrittener Punkt. In Baudh. befiehlt jedesmal der Adhvaryu dem Udgātṛ das betreffende Sāman zu singen. Die Texte des Sāmaveda (Lāṭy. IV. 10. 1 ff., Drāhy. XII. 1. 29 ff.) empfehlen es an erster Stelle dem Brahman, aber erwähnen, daß nach einigen der Udgātṛ die Sāmans singen soll, da dieser mit dem Sāmaveda zu schaffen habe. Nach den Jaiminīyas ist es der Udgātṛ, der die Sāmans singt (Jaim. śrs. 22, S. 28. 9), aber auch hier (S. 28. 12) wird die Ansicht einiger erwähnt, daß der Brahman sie singt; vgl. auch Kāty. IV. 9. 7—9: „Das Singen fällt dem Adhvaryu zu; oder der Brahman (singe die Sāmans), weil er mit dem Veda (d. h. den drei Veden) vertraut ist und weil der Adhvaryu (schon) in Anspruch genommen ist."

7. Die Sāmans sind verboten in der Überlieferung einiger[1].

[1] So die Kaṭhas in dem Agnyādheyabrāhmaṇa.

8. Das Singen findet bloß mit den „Großen Worten" statt nach dem Vājasaneyaka[1].

[1] Diese Vorschrift weder im ŚBr. noch bei Kāty. Wohl wird dagegen im Ritual dieser Schule verlangt, daß die eigentliche Gründung der Feuer mit den bloßen Vyāhṛtī's stattfinden soll (ŚBr. II. 1. 4. 14, 25).

V. 17.

1. Darauf gründet er mit der je nach den Ṛṣi's verschiedenen Gründungsformel[1] das Sabhya-[2] und das Āvasathyafeuer[2]. Er holt dazu gewöhnliches (d. h. weltliches) Feuer herbei oder bohrt neues Feuer oder entnimmt das dazu zu verwendende Feuer dem Āhavanīya[3].

[1] Vgl. V. 11. 7. [2] Vgl. V. 4. 7, 8. [3] Nach Kāty. IV. 9. 20 ist das Sabhyafeuer durch Bohrung zu erhalten, vom Āvasathya ist bei ihm nicht die Rede. Das ŚBr. erwähnt nicht die Gründung dieser Feuer, wohl aber deren Upasthāna (II. 3. 2. 5). Hir. erwähnt das Verbot einiger, diese beiden Feuer zu gründen. Śālīki (Baudh. XX. 17: 37. 10) verbietet deren Gründung. Im Brāhmaṇa (TBr. I. 1. 10) wird zwar die Fünfzahl der Feuer erwähnt, aber über die Gründung der letzten zwei keine Auskunft gegeben. Nach dem Mān. śrs. ist das Sabhya dem Āhavanīya zu entnehmen (I. 5. 5. 5), über die Herkunft des Āvasathya wird hier nichts gesagt. In der MS. (I. 6. 11) wird nur das Sabhya, nicht das Āvasathya erwähnt. Im Kāṭh. (VII. 7) heißen die beiden Feuer: *madhyādhidevana* („den Spielboden in der Mitte habend") und *āmantraṇa* („das Einladungsfeuer"). Zum letzten Ausdruck, der auch in AS. vorkommt, vgl. WZKM. XXIII, S. 58 ff. Über die eigentliche Gründung dieser Feuer wird auch hier nichts gelehrt.

2, 3. Mit den drei Versen: „O Agni, das Leben reinigest du" usw.[1],

„O Agni, bringe du, Kunstreicher, gereinigt werdend“ usw., „Agni, der Seher, der Läuternde, der den fünf Stämmen Angehörige, der Purohita, der einen großen Hausstand besitzt, zu dem flehen wir“[2] legt er in jedes der drei Hauptfeuer drei Scheite von Feigenholz (aśvattha), oder drei in den Āhavanīya[3].

[1] TS. I. 6. 6. 1, m, vgl. oben IV. 16. 2. [2] Wohl aus der MS. (vgl. Mān. śrs. I. 5. 3. 17).

[3] Das Auflegen dieser und der im Folgenden erwähnten Scheite beruht auf der MS. (I. 6. 5: 95. 1): „Als Agni erschaffen war, konnte er sich die Eihaut nicht abstreifen. Durch die (drei) an Agni den Reiniger gerichteten Verse streifte Prajāpati ihm die Eihaut ab. Dadurch daß er mit diesen Versen Aśvatthascheite auflegt, streift er ihm (dem Feuer) die Eihaut ab und reinigt ihn. Wie eine Mutter das Junge, wie eine Kuh das Kalb leckt, so leckt er ihn.“

4. Mit den drei Versen: „Aus dem Ozean hat sich die Süßes enthaltende Welle erhoben; durch den Somastengel hat sie völlig die Ambrosia erreicht. Was des Schmalzes geheimer Name ist: die Zunge der Götter, der Nabel der Ambrosia.“ „Wir wollen den Namen des Schmalzes preisen, bei diesem Opfer ihn durch Anbetung stützen. Der Brahman soll den hergesagten (Veda) vernehmen, der vierhörnige Büffel hat dies ausgespieen.“ „Vier Hörner, drei Füße hat er, zwei Köpfe, sieben Klauen hat er. Dreifach gefesselt brüllet laut der Stier; der herrliche Gott ist in die Sterblichen eingedrungen“[1] legt er drei mit Schmalz bestrichene Scheite vom Holze der Prosopis spicigera (śamī) in jedes Feuer, oder drei in den Āhavanīya[2].

[1] In diesem Zusammenhange wohl der MS. (mit Ṛgvedalesarten) entnommen.

[2] Vgl. MS. I. 6. 5: 95. 6: „Als Agni (von Prajāpati) erschaffen war, knisterte er, da kein Brennholz aufgelegt wurde, fortwährend. Da fürchtete sich Prajāpati, daß er ihm ein Leid zufügen möchte und entflammte ihn durch die Śamī und beschwichtigte (*aśamayat*) ihn. Daher der Name der Śamī. Dadurch daß er Śamīscheite auflegt, versetzt er ihn in Flammen und beschwichtigt ihn, sodaß er dem Opferveranstalter zum Heile (*śam*) und dem Vieh zum Heile wird.“

5. In derselben Weise legt er die Scheite von verschiedenen Holzsorten auf: das von Ficus glomerata (udumbara) mit dem Verse: „Entzündet, o Agni, leuchte vor uns mit unverlöschlicher Leuchte, o junger (Gott); zu dir kommt immer wieder die Nahrung[1].“ Das von Flacourtia sapida (vikaṅkata) mit dem Verse: „Wir wollen dir Ehre geben, o Agni, in dem höchsten Entstehungsorte, wir wollen dir durch Lobgesänge Ehre geben an dem niedrigeren Standorte. Die Geburtsstätte, aus welcher du dich erhoben hast, die verehre ich; auf dich, nachdem du entflammt bist, sind die Opfergaben ausgegossen[1].“ Das von Prosopis spicigera (śamī) mit dem Verse: „Ich erwünsche mir des wünschenswerten Savitṛ's offenbare, allen Leuten zukommende Gunst: seine mächtige, von Milch strotzende, tausendströmige Kuh, welche Kaṇva melkte[1].“

[1] TS. IV. 6. 5. k—m. Das Ritual ist dem Agnicayana entlehnt, vgl. XVII. 15. 6.

6. Darauf bringt er ohne Sprüche das Morgenagnihotra dar[1].

[1] Vgl. TBr. I. 1. 6. 9: „Die Vedakundigen sagen: „Soll das Agnihotra dargebracht werden oder nicht?“ Wenn er es mit einer Formel darbrächte, so würde er die Spenden nicht in der richtigen Folge opfern (weil hier das Agnihotra mit der Formel: *sūryo jyotiḥ* statt mit der mehr angemessenen Abendformel: *agnir jyotiḥ* stattfinden müßte?). Wenn er es nicht dar-

brächte, so würde das Feuer hinschwinden. Es soll dargebracht werden, aber ohne Sprüche, so opfert er die Spenden in richtiger Folge, und das Feuer schwindet nicht hin."

7. Oder aber er füllt den Opferlöffel (nl. die Juhū) mit zwölfmal vermittelst des Sruva hineingeschöpfter Butter und opfert den Inhalt, an Prajāpati denkend (aber ohne Spruch). Diese Spende ersetzt das Morgenagnihotra.

8. Mit der Formel: „Mit deinen schrecklichen Erscheinungsformen, o Agni, damit geh zu Soundso" schickt der Opferveranstalter (diese Erscheinungsformen) seinem Feinde zu, durch diese erstickt er ihn. Es gibt (auch) die in den Kapiteln des Āraṇyaka überlieferten[1].

[1] Vgl. V. 15. 3. 4.

V. 18.

1. a. Nachdem der Adhvaryu den Opferlöffel (nl. die Juhū) mit zwölfmal vermittelst des Sruva hineingeschöpfter Butter gefüllt hat, bringt er die Volllöffelspende[1] dar mit dem das Wort „sieben" enthaltenden Verse: „Sieben Scheite hast du, o Agni, sieben Zungen, sieben Ṛṣi's, sieben liebe Stätten; siebenfach verehren dich die sieben Hotrā's, fülle die sieben Geburtsstätten mit Schmalz[2]."

[1] Diese Spende, die meistens das Agnyādheya abschließt, vertritt im Ritual anderer Schulen eben das Morgenagnihotra (so Kāṭh. VIII. 11: 94, 22, die Rāthītaras bei Baudh. XX. 18: 38. 12, und wahrscheinlich auch die Vājasaneyins, ŚBr. II. 2. 1. 4, 5 und Hir.). Diese Spende bezieht sich nach einigen auf das stille Agnihotra. [2] TS. I. 5. 3. h.

1. b. Nachdem diese Spende dargebracht ist, gibt der Opferveranstalter dem Adhvaryu ein Stück aus seinem Besitztum, das dieser sich wünscht, und flüstert die Formeln der günstigen Erscheinungsformen[1].

[1] Nl. V. 15. 2.

1. c. Der Adhvaryu bringt dann eine zweite Spende dar mit dem Verse: „Welche Feuer von dem Himmel, welche von der Erde her zusammenkommen, Saft und Labung sich melkend, diese Feuer sollen diesem (Opferveranstalter) Reichtum verleihen, und dann sollt ihr (o Feuer), verehrt und befriedigt und an dem Opfer Anteil bekommen habend, ein jedes nach seinem Ort sich hinbegeben, svāhā[1]."

[1] Das ganze Ritual und der Vers (mit Varianten) aus der MS. (I. 6. 7: 97. 5).

2. Jetzt bringt der Opferveranstalter stehend den Feuern seine Verehrung dar mit den Virājschritte[1] genannten Versen: dem Dakṣiṇāgni mit: „O Atharva[2], schütze meine Nahrung: die Speise, welche meinem Atem angemessen ist. Von dir beschützt möchten wir, an Labung und Saft uns freuend, in Wohlstand und Labung schwelgen"[3]; dem Gārhapatya mit: „O Menschlicher (?), schütze meine Nachkommenschaft: die Wurzel, des Baumes Fortsetzung; dir vertraue ich sie an, die aus meinem Herzen gebildet ist"[3]; dem Āhavanīya mit: „O Lobenswerter, schütze mein Vieh: meinen vielgestaltigen reichen Besitz. Das Gedeihen meines Hauses, meine Lust, vertraue ich dir an"[3]; dem Sabhya mit: „O Geräumiger (?), schütze meinen Saal: meinen die Wohlfahrt mehrenden Mut. Den Schatten der gesamten Leute vertraue ich dir an"[3]; dem Āvasathya mit: „O Schlange

der Tiefe, schütze meinen Spruch und mein Glück samt meinem Ruhm. Der Schlange der Tiefe vertraue ich meinen Spruch, mein Glück und meinen Ruhm an"[3]; schließlich allen Feuern zusammen mit: „Fünffach hat die Virāj die Feuer durchschritten, die von Prajāpati erschaffene; aufwärts gestiegen ist die Rote (oder: „Rohiṇī", das Gestirn): die Geburtsstätte des Feuers, die feste Grundlage[4]."

[1] Die Verse heißen *virāṭkrama* oder *virājakrama* (so Baudh.) auf Grund der folgenden Brāhmaṇastelle (TBr. I. 1. 10. 1—3, und 6): „Prajāpati erschuf die Geschöpfe. Er hielt sich für ausgeleert und trieb Askese. Da erblickte er in sich selbst eine Kraft. Diese wuchs. Sie wurde sofort aus ihm entlassen und wurde die Virāj (eine Art mythische Kuh). Diese ergriffen die Götter und die Asuras. Da sprach Prajāpati: „Mir gehört diese, euch gehören deren Melkungen." Sie schritt darauf östlich weg. Da ergriff sie Prajāpati mit (dem Verse): „Atharva, schütze meine Nahrung." Sie schritt zum zweiten Male östlich weg. Da ergriff Prajāpati sie mit (dem Verse): „O Narya, beschütze meine Nachkommenschaft." Sie schritt zum dritten Male östlich weg. Da ergriff Prajāpati sie mit (dem Verse): „O Lobenswerte, beschütze mein Vieh." Sie schritt zum vierten Male östlich weg. Da ergriff Prajāpati sie mit (dem Verse): „O Sapratha, schütze meinen Saal." Sie schritt zum fünften Male östlich weg. Da ergriff Prajāpati sie mit (dem Verse): „O Schlange der Tiefe, beschütze meinen Spruch." Die Feuer (l. *agnīn)* nun waren es, die sie damit durchschritten hatte und diese Feuer waren es, die Prajāpati ergriffen hatte (vgl. AS. VIII. 10. 1—7) . . . Darauf stieg *(arohat)* sie aufwärts und wurde die Rote (oder das Gestirn Rohiṇī), daher hat die Rohiṇī ihren Namen. Unter Rohiṇī gründe er seine Feuer" usw. (vgl. V. 3. 5). [2] Besser die Vāj. Atharya.

[3] Was diese fünf Sprüche betrifft, ist es befremdend, daß Āp. nur in den Anfangswörtern mit TBr. I. 2. 1. 25—26 übereinstimmt. Baudh. stimmt mit TBr. (nl. so wie die Mantras in der oben zitierten Stelle mitgeteilt sind) überein, Bhār. und Vaikh. haben nur die Pratīkas. Hir. hat die Sprüche ganz so wie Āp., nur den mit *sapratha sabhām me gopāya* anfangenden so wie TBr. Vielleicht bestanden die Sprüche anfangs nur aus den Anfangswörtern (wie sie in der TBr.-Stelle unter Bem. 1 mitgeteilt sind), welche auch Vāj. S. III. 35. b—d (für die ersten drei) überliefert sind. Auch Śāliki (Baudh. XX. 17 : 38. 8) scheint diese kürzere Fassung zu empfehlen. [4] TBr. I. 2. 1. 27.

V. 19.

1. Der Adhvaryu beginnt jetzt nach dem zugrunde liegenden Paradigma des Vollmondsopfers das Ritual des auf acht Schüsselchen zu backenden für Agni bestimmten Opferkuchens[1].

[1] Diese Opfergabe soll den Tanūhavisspenden (V. 21) unmittelbar vorangehen, vgl. TBr. I. 1. 6. 3: „Die Vedakundigen sagen: „Diese Tanūhavisspenden sind die Körper (Erscheinungsformen, *tanuvaḥ)* der Feuergründung, der für Agni bestimmte achtschüsselige Opferkuchen ist die Feuergründung (selber)." Wenn er wohl diesen, aber nicht jene (nl. die Tanūhavisspenden) darbrächte, so würde es sein, als ob wohl der Rumpf da wäre, aber nicht die Glieder. Wenn er wohl diese (Tanūhavisspenden) aber nicht jenen (Agnikuchen) darbrächte, so würde es sein, als ob wohl die Glieder da wären, aber nicht der Rumpf. Für die beiden Opfergaben soll die Opfersubstanz zu gleicher Zeit ausgeschüttet werden, um dem Opfer den Rumpf einzusetzen."

2. Nachdem zu dieser Darbringung an Agni die zur Opfergabe bestimmten Körner ausgeschüttet sind und ehe sie besprengt sind[1], ritzt er mit dem hölzernen Schwerte in der Mitte des Saales (Sabhā) den Spielboden auf, besprengt denselben, streut die Akṣa's[2] darüber aus, legt auf die Akṣa's ein Stückchen Gold, schiebt die Akṣa's zusammen und dann wieder auseinander,

glättet sie und opfert darüber für einen Kṣatriya[3] mitten auf dem Spielboden Schmalz mit dem Verse: „Gott Varuṇa, der die Gesetze hütet, der Weise, hat sich zur Erhaltung der Allherrschaft in die Wasser niedergelassen[4]."

[1] Er verrichtet vom Vollmondsopfer also bis zu I. 18. 5. Nach Ablauf der jetzt eingeschalteten Weihung des Sabhya und Āvasathya wird die Iṣṭi zu Ende geführt, vgl. V. 20. 5. — Der Satz ist dem Kāṭh. (VIII. 7 zu Anf.) entnommen. [2] D. h. die kleinen, beinahe runden Nüsse der Terminalia bellerica (Vibhītaka oder Vibhīdaka).

[3] D. h.: wenn der Opferveranstalter ein Kṣatriya ist, sonst unterbleibt diese Spende. Diese Zutat aus MS. I. 6. 11. [4] TS. I. 8. 16. a.

3. In der Gasthalle (Āvasatha) legt er in der Mitte der versammelten Zuschauer ein Stückchen Gold auf den Boden, welchen er zuvor aufgeritzt hat, nieder, und opfert Schmalz darüber mit dem das Wort „Spruch" enthaltenden Verse[1]: „Heute verkündet der Herr des heiligen Wortes den aus Preis bestehenden Spruch, in welchem Indra, Varuṇa, Mitra und Aryaman sich ihre Wohnung zurecht gemacht haben."

[1] Das ganze Ritual mit dem Verse wohl aus dem Kāṭh. (VIII. 7). Man erinnere sich übrigens, daß das Āvasathyafeuer den Spruch *(mantra)* beschirmt (V. 18. 2).

4. Nachdem er den Vers: „Und es soll uns hören die Schlange der Tiefe, der einfüßige Bock, die Erde, der Ozean; alle Götter, die das göttliche Recht Fördernden, sollen, angerufen, uns helfen (und) die von den Weisen rezitierten Sprüche"[1] gesagt hat, spricht er, während er dem Opferveranstalter hundert Akṣa's überreicht[2]: „Verspielet die Kuh um Reis, zerleget sie, ohne ihre Glieder zu verletzen[3]."

[1] Aus RS. mit leichter Zutat. [2] Aus MS. I. 6. 11: 104. 4.

[3] Vgl. MS. l. c. (104. 6): „An diesem Tage verspielt man in seinem Spielsaale eine Kuh; deren Glieder verletze man nicht." Die Absicht ist scheinbar, daß durch das Würfelspiel bestimmte Teile der Kuh den Mitspielenden zufallen, die dann durch die den Teilen der Kuh entsprechenden Reisportionen ersetzt werden.

5. Sie (d. h. die Angeredeten, als Spieler Auftretenden, unter denen sich der Opferveranstalter befindet) machen es, wie ihnen befohlen ist.

V. 20.

1. Der Opferveranstalter gewinnt das Kṛta[1].

[1] Wahrscheinlich (vgl. ZDMG. LXII, S. 127) hat man sich den Vorgang so zu denken, daß jeder der Mitspielenden eine gewisse Quantität Vibhīdakanüsse sich aus der hingestreuten Anzahl ausliest, wobei es darauf ankommt, daß der zuletzt von den vier Spielern an die Reihe Kommende eine ungerade Anzahl behält. Dadurch ist dieser besiegt. In derselben Weise wird das Spiel wiederholt; zuletzt spielen zwei Personen. Es kommt nun darauf an, daß man so schnell zu zählen weiß, daß derjenige, der gewinnen will, eine gerade Anzahl nimmt und für den anderen eine ungerade Anzahl übrig läßt.

2. Was man mit dieser (Kuh, d. h. in dem Spiel um diese Kuh) gewinnt, diese Speise bereitet man zu und bringt sie den in dem Spielsaale Sitzenden[1].

[1] Jeder bekommt also einen größeren und geringeren Anteil an der Kuh; statt dieses Anteiles wird aber jedem eine dem Gewinn entsprechende Portion Reis gegeben; diese Reisportionen bringen alle den im Spielsaale Versammelten. Der Satz ist teilweise aus dem Kāṭh. (VIII. 7: 90. 11), teilweise aus der MS. (I. 6. 11: 104. 6. 7) entlehnt. Nach dem Mānavasūtra (I. 5. 5. 7 ff.) ist der Vorgang dieser: „Nachdem der Adhvaryu auf dem Spielboden ein neues

Kleid mit den Fransen nach Norden hingebreitet hat, schüttet er 104 Akṣas darauf aus. Arier (d. h. Brahmanen, Kṣatriyas oder Vaiśyas, wahrscheinlich vier an der Zahl) setzen sich als Spieler (l. *kitavāḥ)* darum hin. In dem Spielsaale (l. *madhyādhidevane* und vgl. WZKM. XXIII, S. 59) opfert er, nachdem er, auf dem Kleide die Akṣas zusammengeschoben hat und nachdem er ein Goldstückchen darauf hingelegt hat, eine Spende mit dem Verse: „Es hat sich der das Gesetz Hütende niedergelassen." Dann schiebt er die Akṣas auseinander und opfert, für einen Kṣatriya, mit dem Verse: „Und die Schlange der Tiefe", eine Spende in dem Sabhyafeuer. Der Opferveranstalter stellt eine Kuh zur Verfügung. Ihm überreicht der Adhvaryu 100 Akṣas. Diese „scheide er aus". Nachdem der Opferveranstalter die Spieler im Spiele besiegt hat, befiehlt er: „Verspielet die Kuh und schlachtet sie" (das muß ungefähr die Bedeutung der undeutlichen Worte *gāṃ jeteti kuruteti* sein). Man soll deren Glieder nicht verletzen, sondern Glied für Glied dieselbe entlassen. Nachdem er dieselbe (d. h. den als Ersatz der Kuh, welche nicht geschlachtet wird, dienenden Reis) hat zubereiten lassen, bringe er sie (nl. diese Reisportionen) den im Spielsaale Sitzenden. Was der Opferveranstalter mit dieser Kuh gewonnen hat (also seine Reisportion), gebe er, wenn der Zeitpunkt, um den Opferlohn zu spenden, gekommen ist, den Opferpriestern, und sie sollen ihm schon dafür danken (?)".

3. Man verspeist diesen Reis in der Gasthalle[1].

[1] Beruht auf TBr. I. 1. 10. 6: „Dadurch daß man Speise in die Gasthalle bringt, ist dieses Feuer ihm genehm und freundlich gesinnt."

4. Den Feuern bringt der Opferveranstalter stehend seine Verehrung dar, indem er hinter dem Gārhapatya auf die Feuer hinblickt mit dem „Einklang"- und dem „Eintracht"-Verse: „Erde und Himmel sollen in Einklang sein, es sollen in Einklang sein Wasser und Kräuter, es sollen die Feuer gesondert in Einklang sein, sich ineinander fügend zu meinem Vorrang." „Die einträchtigen Feuer, die zwischen Erde und Himmel in Einklang sind, mit den beiden kühlen Jahreszeiten, wie die Götter mit Indra, sollen sich niederlassen[1]."

[1] TS. IV. 4. 11. g = TBr. I. 2. 1. 18 mit leichter Abweichung.

5. Jetzt beginnt die Handlung vom Besprengen an[1].

[1] D. h. jetzt wird die V. 19. 2 unterbrochene Iṣṭi (des dem Agni geweihten Opferkuchens) fortgesetzt mit den I. 19. 1 anfangenden Handlungen bis III. 4. 1.

6. Am Zeitpunkt, wenn der Opferlohn anläßlich des Agnikuchens gespendet wird, gibt der Opferveranstalter die Dakṣiṇās anläßlich der Feuergründung.

7. Einen Ziegenbock[1], ein volles Gefäß[2], ein aus Fäden von allen Farben verfertigtes[3] Polster[4] gibt er dem Agnīdhra.

[1] So nach K. und MS. [2] D. h. ein bestimmtes Maß Reis. — Diese Bestimmung habe ich in keinem älteren Texte angetroffen. [3] Nach MS.
[4] Nur dieses nach TBr. I. 1. 6. 10.

8. Ein zuggewohntes[1] Roß[2] dem Brahman oder dem Adhvaryu.

[1] Nach K. [2] So TBr. l. c. Nach einigen ist das Roß gemeint, welches bei der Feuergründung die Āhavanīyastätte betreten hat, Baudh. II. 17: 62. 20 (vgl. XX. 17: 37. 5), Vait. 6. 6.

9. Dem Adhvaryu gibt er in der Nähe des Āhavanīya einen Zugochsen[1].

[1] Vgl. TBr. l. c.

10. Hinter dem Gārhapatya dem Hotṛ eine Milchkuh[1].

[1] Vgl. TBr. l. c.

11. Er gibt ein Kleid[1], ein Paar Rinder (d. h. Stier und Kuh)[1] und einen

neuen Streitwagen[2]. Diese zuletzt genannten Dakṣiṇās sind allen Opferpriestern gemeinsam zugehörig.

[1] Vgl. TBr. I. 1. 6. 11. [2] Nach Kāṭh. (VIII. 8: 91. 10).

12. Nachdem es (nl. das Brāhmaṇa[1]) gesagt hat: „Bis zu zwölf (Kühen) gibt er“[2], sagt es[1]: „Nach Belieben kann noch weitergegeben werden, zur Erlangung des unbegrenzten (guten Erfolges)“, so heißt es in der heiligen Überlieferung.

[1] Nl. TBr. I. 1. 6. 11. [2] „Aus zwölf Monaten besteht das Jahr; im Jahre behält er festen Bestand“ (ib.).

13. Nach der Angabe der näher angedeuteten Dakṣiṇās heißt es (im Brāhmaṇa[1]): „Sechs Stück (Kühe) sind zu geben, zwölf sind zu geben, vierundzwanzig sind zu geben.“

[1] Dieses Brāhmaṇa ist Kāṭh. VIII. 8: 91. 12, vgl. ŚBr. II. 2. 2. 3—5.

14. Diese sind substituierbar[1].

[1] Diese Anzahl kann also die Stelle der oben, Sūtra 7—11, genannten vertreten. Bhāradvāja erwähnt die verschiedenen Ansichten, daß diese Dakṣiṇās entweder zu den angegebenen hinzugerechnet werden, oder außer dieser Kategorie fallen.

15. Er gibt Kühe von demjenigen Alter[1], deren Gedeihen er unter den seinigen am meisten wünscht[2].

[1] Die Inder teilen die Kühe ihrem Alter nach in verschiedene Sorten ein, deren jede sechs Monate älter als die vorhergehende Gruppe ist: sechsmonatliche, jährliche *(ekahāyana)*, von 1½ Jahr *(tryavi)*, von 2 Jahr *(dityavāh, dityauhī)*, von 2½ Jahr *(pañcāvi)*, von 3 Jahr *(trivatsa)*, von 3½ Jahr *(turyavāh)* und vierjährige *(paṣṭhavāh, paṣṭhauhī)*.

[2] Diese und die nächstfolgende Vorschrift aus der MS. (I. 6. 4: 92. 16).

16. Er gebe (vorzugsweise?) eine zweijährige Kuh und einen zweijährigen Stier.

17. Er gibt eine wachsende Dakṣiṇā[1].

[1] Diese dem Kāṭh. (VIII 8: 91. 7) entnommene Vorschrift leitet dort die Erörterung über die Dakṣiṇās ein. Der Sinn der Worte ist mir nicht ganz klar.

18. „Wenn ein Nichtwohlhabender sich die Feuer gründet, so gebe er, wenn er will, e i n e Kuh; diese ersetzt die Kühe“, so wird in der heiligen Überlieferung[1] gelehrt.

[1] Und zwar, nach Jaim. śrs. XXII. (S. 29, Z. 5, 6 der von Dr. Gaastra besorgten Ausgabe), in dem Paiṅgakabrāhmaṇa, vgl. Baudh. II. 7: 45. 1: „Im Brāhmaṇa des Paiṅgalāyanas wird gelehrt: „Er gebe auch nur e i n e Kuh.“

19. Die Iṣṭi (d. h. die Darbringung des Agnikuchens) schließt nach dem allgemein gültigen Paradigma des Vollmondsopfers ab[1].

[1] Also nach III. 4. 1 bis zum Ende.

V. 21.

1. An demselben Tage streue er die Opfergaben für Agni pavamāna, Agni pāvaka und Agni śuci aus[1].

[1] D. h. werden die Opfergaben (die sogenannten *tanūhavīṃṣi)* an Agni in seinen drei Erscheinungsarten dargebracht; vgl. TBr. I. 1. 5. 10 und I. 1. 6. 1—3: „Die Götter und Asuras lagen im Kampfe. Die Götter, in den Kampf ziehend, gaben dem Agni ihren Besitz in Verwahrung, da sie dachten: „Wenn wir siegen, so wird dies unser Eigentum verbleiben.“ Aber Agni war nicht imstande, dieses aufzuheben, und gab es dreifach geteilt in Verwahrung: ein Drittel dem Vieh, ein Drittel den Gewässern, ein Drittel der Sonne. Als die Götter den Sieg

errungen hatten, wünschten die Götter ihren Besitz zurückzuerhalten. Da brachten sie dem Agni pavamāna einen achtschüsseligen Opferkuchen dar. Agni pavamāna ist ja das Vieh; dadurch bekamen sie, was beim Vieh war, zurück. Darauf an Agni pāvaka; Agni pāvaka ist ja das Wasser; was beim Wasser war, das bekamen sie dadurch zurück. Darauf an Agni śuci; Agni śuci ist ja die Sonne; was bei der Sonne war, das bekamen sie dadurch zurück." Aus den Sprüchen von V. 16. 4 geht hervor, daß die drei Gestalten des Agni die irdische Erscheinungsform, die des Luftraums, und die himmlische Erscheinungsform des Agni bezeichnen.

2. Oder nach Verlauf von zwölf, zwei, drei oder vier Tagen oder nach einem Halbmonate, oder nach einem Monate, oder nach einer Jahreszeit (d. h. nach zwei Monaten) oder nach einem Jahre[1].

[1] Vgl. TBr. I. 1. 6. 7: „Diese Opfergaben sind das Vieh, und Agni ist Rudra; sollte er diese Opfergaben an demselben Tage darbringen, so würde er sein Vieh dem Rudra übergeben und würde der Opferveranstalter viehlos werden. Sollte er es unterlassen, sie nachher darzubringen, so würde er kein Vieh in seinen Besitz bekommen. Nach Verlauf von zwölf Tagen bringe er sie dar; die zwölf Tage sind ja des Jahres Abbild. So erhält er Vieh, nachdem er zuvor durch das Jahr (d. h. durch die lange Zeit) Rudra für ihn beschwichtigt hat." Auch das Kāṭh. führt denselben Grund an, um die Darbringung nach zwölf Tagen zu empfehlen, aber es folgt hier unmittelbar (VIII. 8: 92. 13): „Locker und ungleich von Ursprung ist die Handlung, wenn man (erst) nach einem Jahre diese Opfergaben darbringt; sie sind sogleich darzubringen, zur Vermeidung der Lockerheit und der Ungleichheit."

3. Wer nicht vorhat, ein Somaopfer zu verrichten, bringe sie nicht vor Ablauf eines Jahres dar[1].

[1] Die Vorschrift ist der MS. (I. 6. 10: 103. 11) entnommen.

4. Nach einigen bringe er sie in diesem Falle dennoch dar.

5. Wenn er sie darbringt, opfere er, ehe er die Tanūhavisopfergaben darbringt, drei Schmalzspenden an Agni pavamāna, Agni pāvaka, Agni śuci, oder an die Gottheiten des Soma[1].

[1] D. h. an die Gottheiten des Savanīyapuroḍāśa? (vgl. CH. § 143). Etwas Ähnliches hat die MS. (l. c. Z. 15), aber die Schmalzspenden werden hier den Gottheiten dargebracht, „für welche er das Feuer gründet."

6. Die Opfer an die drei Erscheinungsformen des Agni bilden ein Opferparadigma oder verschiedene Opferparadigmata[1], oder sie bilden mit dem Agniopferkuchen ein Paradigma[2].

[1] D. h. erst wird die Iṣṭi an A. pavamāna, dann die an A. pāvaka, darauf die an A. śuci zu Ende geführt, oder es wird eine Iṣṭi diesen drei Gottheiten dargebracht.

[2] Vgl. das Brāhmaṇa in der 1. Bem. (am Ende) zu V. 19. 1.

7. Wem er anwünscht, daß er schlechter dran sein möge, für den bringe er diese Opfergaben gesondert dar. Wem er anwünscht, daß er weder besser noch schlechter dran sein möge, für den bringe er sie alle zusammen dar. Wem er anwünscht, daß er in der Folge besser dran und glücklicher sein möge, für den bringe er erst die Opfergabe für Agni pavamāna dar, und dann in einem Opferparadigma die beiden an Agni pāvaka und Agni śuci[1].

[1] Diese Bestimmungen sind der MS. (I. 6. 7: 98. 16ff.) entlehnt. Durch das erste Verfahren „nimmt er ihn fort", durch das zweite „schränkt er ihn ein", durch das dritte „hebt er ihn auf". Das eigne Brāhmaṇa des Āpastamba (TBr. I. 1. 6. 8), das Kāṭh. (VIII. 8: 92. 10) und das ŚBr. (II. 2. 1. 16) empfehlen es gleichfalls, die beiden letzten Iṣṭis in einem Paradigma zu verrichten.

8. Gold zum Gewichte von hundert Mānas[1] ist der Opferlohn,

[1] *māna* = Guñjābeeren (Abrus precatorius = 1 5/16 grains Troy).

9. und zwar anläßlich der beiden ersten Opfergaben je zwei Quantitäten zu 30, anläßlich der letzten eine zu 40 Mānas[1].

[1] Die in Sūtra 8 und 9 enthaltenen Bestimmungen aus der MS. (I. 6. 4: 93. 3); sie finden sich mit etwas anderem Wortlaut auch in Kāṭh. (VIII. 5: 89. 6).

10. Er gibt das Gold, nachdem er es abgewogen hat, mit demjenigen zum Abwägen geeigneten Gegenstande, womit man Gold zu wägen pflegt.

11. Die Iṣṭi wird darauf nach dem allgemein gültigen Paradigma zu Ende geführt.

V. 22.

1. Unmittelbar darauf bringt er einen elfschüsseligen für Indra und Agni bestimmten Opferkuchen und ein für Aditi bestimmtes in Schmalz bereitetes Reismus *(caru)* dar[1].

[1] Diesen Gottheiten, weil, nach TBr. I. 1. 6. 4ff., dessen Mut und Kraft verbraucht sind, der sich die Feuer gründet. Nun sind Indra und Agni die beiden Gottheiten, deren Kraft nie erschöpft wird; von diesen erhält er den Mut und die Kraft. Aditi, andererseits, ist die Erde, und so bekommt er schließlich eine feste Grundlage auf der Erde. In Schmalz ist der Caru zu bereiten, weil das Schmalz der Samen der Milchkuh und die Reiskörner der Samen des Stieres ist; dadurch wird eine Paarung zustande gebracht (sodaß aus seinen Rindern ein Paar hervorkommen wird).

2. Siebzehn an der Zahl sind die Sāmidhenīverse[1].

[1] Weil diese die beim Tieropfer übliche Zahl ist?

3. Am Zeitpunkte der Viertelung[1] bringt er dem Brahman den unzerteilten Caru.

[1] Des Opferkuchens, vgl. III. 3. 2. Diese Bestimmung rührt aus der MS. (I. 6. 8: 99. 17) her.

4. Dieser wird von vier Brahmanen, die ihr Geschlecht auf einen Ṛṣiahnen zurückführen, verspeist[1].

[1] Nach TBr. I. 1. 6. 6: „Er opfert dadurch in dem Lichte der (vier) Himmelsgegenden" oder weil, nach MS. (l. c.), vier (d. h. die ersten vier Zahlwörter) ein grammatisches Femininum zu bilden vermögen, so daß wieder eine Paarung die Folge ist.

5. a. Wenn sie denselben verzehrt haben, gibt er ihnen zusammen ein aus seiner Habe auszuwählendes Stück[1].

[1] Die Vorschrift wieder aus MS. (l. c.).

5. b. Nach der Überlieferung einiger werden eine Milchkuh und ein Zugstier gegeben[1].

[1] Die Quelle dieser Bestimmung ist mir unbekannt.

5. c. Die Iṣṭi wird nach dem allgemein gültigen Paradigma zu Ende geführt.

6. Unmittelbar darauf bringt er einen elfschüsseligen für Agni und Viṣṇu bestimmten Opferkuchen dar, einen zwölfschüsseligen für Agni und Soma bestimmten Opferkuchen und ein Reismus für Viṣṇu śipiviṣṭa in Butter in einer Schale mit drei Aufsätzen[1].

[1] Diese nicht in TBr. gefundene, wohl aber von Hir. gegebene Vorschrift entstammt der MS. (I. 6. 8: 99. 5—12), vgl. Kāṭh. (VIII. 10). — *tryuddhi* gewöhnlich von der Ukhā; eine *uddhi* (Erhöhung, Aufsatz) wird ein von Lehm um die Schale angebrachter Ring sein, vgl. Bem. 4 zu VIII 5. 40.

7. Die Iṣṭi wird nach dem gewöhnlichen Paradigma zu Ende geführt.

8. Nach den Vājasaneyins werden alle die nach den Tanūhavisopfern kommenden Darbringungen durch ein für Aditi bestimmtes Reismus ersetzt, bei welchem siebzehn Sāmidhenīverse rezitiert werden und eine Milchkuh als Opferlohn gegeben wird[1].

[1] Dies stimmt zu ŚBr. II. 2. 1. 18—20, nur wird hier über die Anzahl der Sāmidhenīs nichts Genaueres bestimmt.

9. Die Iṣṭi wird nach dem gewöhnlichen Paradigma zu Ende geführt[1].

[1] Aus dieser Bestimmung geht hervor, daß Āpastamba auch dieses Verfahren (der Vāj.) eventuell billigt.

10. Wenn er vorhat, das Agnihotra anzufangen, so sagt er erst in Gedanken die Zehnhotṛformel[1] hintereinander her und vollzieht, nachdem er mit dem Graha[2] (genannten zweiten Teil dieser Formel) im Āhavanīya eine (Darvi)spende dargebracht hat, das Abendagnihotra[3].

[1] TĀ. III. 1. a, die Vorschrift nach TBr. II. 2. 2. 1. [2] Ib. b.

[3] Nach dem Ritual von VI. 10. 8. Über das Morgenagnihotra an diesem Tage vgl. V. 17. 6ff. — Das Abendagnihotra macht mit dem Morgenagnihotra ein Ganzes aus, dessen erster Teil das Abendagnihotra, dessen zweiter Teil das Morgenagnihotra ist (vgl. Baudh. pi. sū. I. 1 : 1. 4).

11. Er setze es (d. h. die als Agnihotra zu opfernde Milch) mit den „großen Worten"[1] in der Nähe (und zwar hinter dem Gārhapatya) hin.

[1] *bhūḥ, bhuvaḥ, suvaḥ.* Mit diesen, statt des im gewöhnlichen Ritual zu verwendenden Spruches (VI. 8. 11).

12. Wenn ein Jahr verstrichen ist, setze er es (nochmals) mit denselben „großen Worten" in der Nähe hin[1].

[1] Vgl. TS. I. 6. 10. 3 (er umfaßt durch die großen Worte, durch das Brahman beiderseitig, zu Anfang und am Schlusse des Jahres, das Jahr).

13. a. Zwölf Tage lang nach der Gründung der Feuer bringe der Opferveranstalter selber[1], indem er für die Nacht seine Wohnung nicht verläßt, das Agnihotra dar in den stets mit Brennholz genährten Feuern[2].

[1] Statt, wie gewöhnlich, der Adhvaryu. [2] Sonst wird für gewöhnlich nur der Gārhapatya stets unterhalten (VI. 2. 13), und daraus für das Abendagnihotra der Āhavanīya „ausgeführt".

13. b. Er trägt während dieser Periode ein noch nicht gewaschenes Kleid.

V. 23.

1. Die erste Kuh, welche er zum Agnihotra melkt, gibt er am Ende dieser Periode als Dakṣiṇā.

2. Das Verfahren einiger[1] ist: Nachdem er die Feuer gegründet und sich die Hände gewaschen hat, bringt er erst ein Jahr lang das Agnihotra dar und beginnt dann erst die Voll- und Neumondsopfer. Nachdem er erst ein Jahr lang diese verrichtet hat, bringt er ein Soma- oder Tieropfer dar. Dann erst verrichtet er die anderen Handlungen.

[1] Welche diese „einige" sind, habe ich nicht feststellen können.

3. Das Śāṭyāyanibrāhmaṇa lautet: „Dreizehn Tage bringe der Opferveranstalter selber, ein noch nicht gewaschenes Kleid tragend, das Agnihotra dar, ohne für die Nacht seine Wohnung zu verlassen. In diesen (stets unter-

haltenen) Feuern verrichte er ein Soma- oder Tieropfer und gibt dann die (stetige Unterhaltung der) Feuer auf. Es ist dies, als ob er die Zugtiere, nachdem er sie während einer Reise gut gefüttert hat, antreiben würde[1]."

[1] Die Stelle findet sich mit unwesentlichen Abweichungen im Jaiminīyabrāhmaṇa, wo *prārjayet*, statt des grammatisch undeutbaren *prājyāt* des Āpastamba. — Es ist bekannt, daß das Jaiminīya- und das Śāṭyāyanibrāhmaṇa sich vielfach decken.

4. Nachdem er mit den zwei Versen: „Hinten voll und vorne voll hat der Vollmond in der Mitte gesiegt. Die während dieser (Nacht) im höchsten Firmament sich aufhaltenden Götter sollen hier sich gütlich tun." „Welchen Anteil die in Kraft zusammenwohnenden Götter dir bestimmt haben, o Neumond(snacht), fülle du (damit) unser Opfer, o Schätzespenderin, und verleihe uns, o Gesegnete, reichen Besitz an Männern[1]" die zwei Sārasvataspenden[2] geopfert hat, verrichtet er die zum Voll- und Neumondsopfer die Einleitung bildende Eingangsiṣṭi.

[1] TS. III. 5. 1. a, b. [2] D. h. die dem Sarasvat, d. h. nach TS. l. c. 4, dem Vollmonde, und der Sarasvatī, dem Neumonde, geltenden Spenden. Āpastamba's Vorschrift beruht auf den zitierten Anuvāka der TS.

5. Diese Iṣṭi umfaßt einen elfschüsseligen für Agni und Viṣṇu bestimmten Opferkuchen, ein für Sarasvatī bestimmtes Reismus, und einen für Sarasvat bestimmten zwölfschüsseligen Opferkuchen[1].

[1] Der Opferkuchen für Agni und Viṣṇu kommt hinzu: dadurch stellt er das Gelingen an die Spitze, weil Agni der Beginn jedes Opfers ist, und weil Viṣṇu das Opfer ist.

6. Einen achtschüsseligen für den „wohlhabenden" Agni bestimmten Opferkuchen, für einen, der wünscht, wohlhabend und speiseessend zu sein[1].

[1] Diese Vorschrift ganz so aus der MS. (I. 4. 15: 64. 14).

7. Nach der Überlieferung einiger ist dieser Opferkuchen nicht fakultativ, sondern stetig.

8. Nach der Überlieferung anderer bildet er ein absonderliches Opferparadigma[1].

[1] D. h. er wird, wenn er als stetig betrachtet wird, nicht zugleich mit den unter Sūtra 5 erwähnten Spenden dargebracht, sondern geschieden.

9. Der Einladungs- und der Opfervers für die Iṣṭi an Agni bhagin sind: „Aus dir, o gesegneter Agni, gehen, wie die Zweige vom Baume, alle Segen aus; die Erhörung, der Reichtum, die Beute in der siegreichen Schlacht, der Regen vom Himmel, der preisenswerte Strom der Wasser." „Du bist unser Segen, denn (du schaffest) den Reichtum herbei zur Nahrung; herrlichen Glanz habend verfügest du (darüber) wie ein Herumwandler. O Agni, wie ein Freund des erhabenen Gesetzes, verteilest du uns, o Gott, den reichlichen Wohlstand[1]."

[1] ṚS. VI. 13. 1—2.

V. 24.

1. Vor der Spende an Agni sviṣṭakṛt[1] bringt er mit den Siegesformeln zwölf Spenden dar: „Gedachtes und Denken, Beabsichtigtes und Absicht, Erkanntes und Erkenntnis, Gedanken und die Mächtigen, Neumond und Vollmond, Bṛhat und Rathantara[2]."

[1] Also unmittelbar nach den Hauptspenden. [2] TS. III. 4. 4. a. Die Vorschrift aus der MS. (I. 4. 14 : 63. 15).

2. Nach der Überlieferung einiger mit (der Formel): „Dem Gedachten und dem Denken svāhā“ usw.

3. Eine dreizehnte mit dem Verse: „Prajāpati gab dem Indra, dem Stiere, die Siegesformeln, er, der Gewaltige in den Kämpfen. Vor ihm beugten sich alle Menschen, er ward gewaltig, durch Opfer zu ehren[1].“

[1] TS. l. c. b. — Wohl ebenfalls nach der MS.

4. Eine vierzehnte mit der Formel: „Agni Kraftspender, spende mir Kraft und Macht, wenn ich auf (meine Gegner) zuschreite, wenn ich einen Fluch ausspreche, aber selber nicht geflucht werde, damit ich in diesem Volksstamme den Vorrang gewinne“, für einen, der wünscht: „Möchte ich in diesem Volksstamme ausgezeichnet werden.“ So wird er zwar ausgezeichnet werden, aber er bekommt weißen Aussatz im Angesichte[1].

[1] Alles nach MS. I. 4. 14 : 64. 9—12. — *citram* ist „eine leuchtende, ausgezeichnete Erscheinung“, aber auch „weißschimmernd“, daher die eventuelle böse Folge.

5. Ein Paar Rinder (d. h. eine Kuh und ein Stier) sind die Dakṣiṇā[1].

[1] Nach TS. III. 5. 1. 4.

6. Die Iṣṭi wird nach dem bekannten Opferparadigma zu Ende geführt.

7. Wenn er vorhat, das Voll- und Neumondsopfer anzufangen, sagt er erst in Gedanken die Vierhotṛformel[1] hintereinander her und fängt, nachdem er mit dem Graha genannten zweiten Teil dieser Formel[2] im Āhavanīya eine Darvīspende dargebracht hat, das Voll- und Neumondsopfer an[3].

[1] TĀ. III. 2. 1. [2] Ib. 2. [3] Vgl. V. 22. 10.

8. Er setze die zu opfernden Gaben mit den „großen Worten“[1] in der Nähe (und zwar westlich vom Gārhapatya) hin. Wenn ein Jahr verstrichen ist, setze er sie nochmals mit denselben „großen Worten“ in der Nähe hin[2].

[1] Vgl. II. 11. 5. [2] Nach TS. I. 6. 10. 3.

V. 25.

9, 1. Dieses gilt nur für denjenigen, der seine Feuer am Neumondstage gründet. Wer sie aber am Vollmondstage gründet, verrichtet, nachdem er am vorhergehenden Knotentage die Feuergründung samt der Iṣṭi (nl. den Tanūhavis) und der Eingangsiṣṭi absolviert hat, am folgenden Morgen das Vollmondsopfer[1].

[1] Nach V. 3. 17 kann die Gründung der Feuer sowohl am Neu- wie am Vollmondstage stattfinden. Im ersten Falle soll alles geschehen, wie es hier dargetan ist: ādhāna, am Tage der Gründung tanūhavis, und anvārambhaṇīyā am erstfolgenden Vollmondstage. Im anderen Falle sollen diese Feierlichkeiten am Tage, welcher dem Vollmondstage vorangeht, geschehen (*pūrvasya parvaṇa aupavasathīye 'hani*, Hir.).

2. Unmittelbar nach der Gründung der Feuer sind die folgenden Observanzen von demjenigen, der sich die Feuer gegründet hat, einzuhalten[1].

[1] Während seines ganzen Lebens, nach Rudradatta; nur während der Periode von zwölf Tagen, nach deren Verstreichen die Tanūhavis dargebracht werden, nach Baudh. und Vaikh.

3. Er rede keine Unwahrheit.

4. In seinem Hause wohne kein Brahmane, ohne gegessen zu haben[1].

[1] Nur diese beiden Bestimmungen in TBr. I. 1. 4. 2.

5. Einem Gaste, der zur Zeit des Sonnenunterganges eintrifft, verweigere er nicht die Nachtherberge[1].

[1] Diese Bestimmung wird dem Inhalte, nicht dem Wortlaut nach, im Kāṭh. agnyādh. br. gefunden.

6. Von einer in einer Erdspalte unter einem Feuer gekochten[1] Speise esse er nicht.

[1] So erklärt die Vaijayantī das nicht ganz klare *ṛbīsapakva;* das oben erwähnte Kāṭh. br. hat: *ṛbīsena pakvaṃ nāśnīyāt.*

7. Er lege kein feuchtes Holz in das Feuer[1].

[1] Übereinstimmend mit demselben Brāhmaṇa.

8. Auf einem Schiffe genieße er kein Wasser[1].

[1] Dieselbe Quelle hat: *nāvy udakaṃ nācāmet; yo vai nāvy agnim̐ sa āhitāgnim ārohati, tasya śāntyai.* Ein wenig abweichend Hir.: *yā antarnāvyā āpas tāsāṃ nāśnīyāt.*

9. Er nehme nicht seinen Aufenthalt auf einem von Natur löcherigen Boden[1].

[1] Weil in diesen ein Drittel der Schuld des Indra, des Töters des Viśvarūpa, eingegangen war (TS. II. 5. 1. 3). — Die Kommentare umschreiben *iriṇa* durch *ūṣara* („salzhaltiger Boden"). Übrigens ist das Verbot derselben Quelle entlehnt.

10. Er sei flink in seinem Auftreten[1].

[1] ? *puṇyaḥ syāt.* In keiner Quelle findet sich Entsprechendes.

11. Er nähere sich seiner Gattin, ohne Weltliches zu reden, nachdem er den Hiṅlaut gemacht hat[1].

[1] Das Hörbarmachen des Hiṅlautes vor dem Zusammensein der Vermählten ist aus den Gṛhyasūtras (vgl. z. B. Bhār. gṛhs. I. 20 am Anf.) bekannt. — Die Vorschrift des Āp. beruht wahrscheinlich auf der MS. (I. 8. 7: 126. 7).

12. Oder er darf Weltliches reden.

13. Er esse nicht abends, bevor das Agnihotra dargebracht worden ist.

14. Gleichfalls morgens[1].

[1] Die Bestimmungen der Sūtras 13 und 14 sind dem schon erwähnten Kāṭh. br. entnommen.

15. Die Observanz für die anderen Personen, die in seinem Hause wohnen, ist: „Weder abends noch morgens darf gespeist werden, wenn das Agnihotra nicht verrichtet ist im Hause eines solchen, der seine Feuer gegründet hat."

16. Bei Nacht gebe er als Almosen nichts anderes als Speise.

17. Nach einigen gebe er auch etwas anderes.

18. Wenn er aber Speise gibt, so mache er keine Verteilung[1].

[1] Der Satz ist mir einstweilen unverständlich. Āp. hat: *annaṃ tu dadannadayīta,* was Rudradatta so erklärt: *dadan(n)* stehe für *dadat* und *adayīta* sei das Kaus. zu *ad.*: „Wenn er aber bei Nacht Speise gibt, so lasse er dieselbe an Ort und Stelle verspeisen." Hir. (ms. Haug): *annaṃ dadan naktaṃ na dayita* (was in Einklang mit meiner Übersetzung steht). Der Text der Vaijayantī (Hir.) liest: *annaṃ dadan naktam adayīta,* die Vaijayantī selbst aber erklärt und erwähnt auch die vom „Bhāṣyakṛt" gemachte Trennung (und Lesart): *na dayita.* Die Erklärung der Vaijayantī stimmt mit der des Rudradatta überein. Bhār. hat: *annaṃ dadannadayīta.*

19. In diesem Jahre esse er, wenn er kein Tieropfer dargebracht hat, kein Fleisch.

20. Wenn er, dazu aufgefordert[1], es ißt, so esse er es, nachdem er den Vers geflüstert hat: „Im Geiste schicke ich den Feuern den Bissen zu, auf

meinem Worte sollen sie diesen zusammen verzehren. Ich verfahre achthabend und sorgsam; verzehret zusammen ihn mit günstiger Gesinnung[2]."

[1] Z. B. bei einem Tieropfer. [2] Der Vers nur noch in Hir.

Die eventuelle erneute Gründung der Feuer.

V. 26.

1. Wir werden die erneute Gründung der Feuer erklären.

2. Das rituelle Verfahren dabei ist wie das der (ersten) Gründung.

3. Wer in dem Jahre, nachdem er die Feuer gegründet, kein Glück hat, der gründe sie von neuem, (oder) wer Nachkommen, Vieh, Gedeihen wünscht, wer Bedrückung erfahren hat, wessen Sohn gestorben ist, wenn die Seinigen (von Mächtigeren) unterdrückt werden, oder wenn er eines Körpergliedes verlustig geht[1].

[1] Vgl. TS. I. 5. 1. 4: „Das gegründete Feuer, sich einen Anteil wünschend, greift des Opferveranstalters Nachkommen oder Vieh an; da entferne er es und gründe es von neuem"; MS. I. 7. 2: 110. 7: „Die erneute Gründung ist Agni's Anteil; da er diesen zu bekommen wünscht, beraubt er ihn (nl. den Opferveranstalter seines Wohlstandes). Wenn er, nachdem er die Feuer gegründet hat, meint: „Es geht mir schlecht", so entferne er es und gründe es (das Feuer) von neuem" (Der Text hat: *vi syā ṛdhyatā iti*; da *syā* gleichwertig mit *syá* ist, ist der Wert des Satzes: *vy aham ṛdhya iti*, vgl. Kāṭh. VIII. 15: 98. 16: *vyṛdhyate syā iti*. l. *sya)*. Baudh. Karm. I. 18: „Wie weit erstreckt sich die erneute Gründung? Die Erwägungen, die er, nachdem er die Feuer gegründet hat, hält: „Mir ist es schlechter ergangen, ich bin erdrückt worden, mein Sohn ist gestorben" beziehen sich nur auf dieses (nach der Gründung folgende) Jahr."

4. Wenn er vorhat, das Feuer zu entfernen und ein neues zu gründen, so bringe er die folgenden Opfergaben dar: einen achtschüsseligen für Agni bestimmten Opferkuchen, einen zwölfschüsseligen für Vaiśvānara, einen zehnschüsseligen für Varuṇa, einen achtschüsseligen für Agni apsumat bestimmten Opferkuchen und ein für Mitra bestimmtes Reismus[1].

[1] Diese zusammengesetzte Iṣṭi ist eine starke Erweiterung von TS. II. 2. 5. 5—6, vgl. Verf., Die altind. Wunschopfer N. 22 (Altindische Zauberei, S. 16).

V. 27.

5, 1. Bei dieser Iṣṭi bringt er vor dem Opfer an Agni sviṣṭakṛt sieben Schmalzspenden dar mit den folgenden Versen:

a. „Dringe, o Agni, da du zu Ende gehst, in die Erde ein samt der dir teuren läuternden *(pavamāna)* Erscheinungsform, mit dem Rathantarasāman und dem Gāyatrīmetrum."

b. „Dringe, o Agni, in den Luftraum ein samt der dir im Geiste noch geliebteren teuren reinigenden *(pāvaka)* Erscheinungsform, mit dem Vāmadevyasāman und dem Triṣṭubhmetrum; von dort schaffe uns die Labung und laß das Hausopfer gedeihen."

c. „Dringe, o Agni, in den Himmel ein samt deiner der Sonne

teuren hellen *(śuci)* Erscheinungsform, die in dem Lichte sich zusammengesetzt hat, mit dem Bṛhatsāman und dem Jagatīmetrum; von dort segne uns mit Regen[1]."

d. „Melke uns hier, o Agni, mit den Milchkühen, die sich in Einklang mit den Vibhaktis[2] zusammengesetzt haben, unsere Wünsche: Nachkommen, Wohlfahrt und Besitz."

e. „Deine Zusammensetzungen, o Agni, die Indra in den Eber hineintrug[3], sitze du auf diesen leuchtenden, auf der Asche des Vaiśvānara."

f. „Geh, o Agni, samt deinen von den Bäumen zusammengetragenen Requisiten zu den Bäumen hin, zu deiner Geburtsstätte, wie es gehörig ist."

g. „Agni ist an seine gehörige Stätte angelangt, er hat sich auf seiner eigenen Stätte niedergelassen. Samt dem Geiste habe ich den Göttern gegenüber mich von der Schuld des Totschlages[4] befreit[5]."

[1] Man beachte wieder den Parallelismus der drei Erscheinungsformen *(tanu)* des Agni, vgl. V. 21. 1. [2] Vgl. V. 28. 6. [3] Worauf bezieht es sich? [4] Vgl. TS. I. 6. 2. 1: „Ein Töter der Götter ist, wer das Feuer entfernt." [5] Diese Verse mit unwesentlichen Varianten noch bei Bhār., Hir. und Vaikh.

2. Die Iṣṭi wird dann nach dem allgemein gültigen Paradigma zu Ende geführt.

3. Nachdem er das Vollmondsopfer verrichtet hat, gibt er die flammenden Feuer auf[1].

[1] Nach der Iṣṭi läßt er die Feuer nicht sofort verlöschen, sondern legt erst Brennholz auf und läßt sie dann verlöschen, worauf sie entfernt werden.

4. Höchstens ein Jahr sind die Feuer aufzugeben[1].

[1] Vgl. Hir.: „Die Feuer sind so lange aufzugeben, bis die nächstfolgenden Voll- und Neumondsopfer dargebracht werden, oder ein Jahr oder zwölf Tage." Nach Baudh. (III. 1: 69. 11) findet die erneute Gründung der Feuer unmittelbar nach der Utsargeṣṭi statt.

5. Die Gestirne, unter denen die erneute Feuergründung stattfinden soll, sind Rohiṇī, die Punarvasū oder die Anurādhās[1].

[1] Das Brāhmaṇa (TS. I. 5. 1. 4) erlaubt nur die Punarvasū, Kāṭh. (VIII. 15) und MS. (I. 7. 2) erlauben auch die Anurādhās. Die Punarvasū werden im Brāhmaṇa begründet durch die offenbar ad hoc ersonnene Erzählung, daß die Götter im Kampfe mit den Asuras ihren Besitz *(vasu)* bei Agni in Verwahrung gaben. Agni aber wollte nach dem Siege der Götter über die Asuras ihre Güter nicht herausgehen, und da nahmen sie ihm dieselben mit Gewalt. Die Anurādhās werden empfohlen, weil er dadurch wieder *(anu)* gedeiht *(ṛdhnoti)*. Baudh. (III. 1: 69. 6) und Kauṣ. br. (I. 3) empfehlen den Neumondstag, der dem Vollmond in Āṣāḍha vorangeht (folgt, Kauṣ. br.); dieser Neumondstag falle einmal im Jahre mit Punarvasū zusammen, an diesem soll er die Feuer gründen. Dieser fällt nach Kauṣ. br. in die Regenzeit.

6. Er gründe sie (zum zweiten Male) in der Regenzeit oder im Herbste.

7. Fakultativ sind die Requisiten und die Formeln[1].

[1] D. h. die Requisiten (vgl. V. 1. 7—2. 4) können wiederum zur erneuten Gründung herbeigeschafft werden, müssen es aber nicht. Die Formeln (V. 1. 7—2. 1) können dabei hergesagt werden, müssen es aber nicht. Nahezu einstimmig heißt es in den drei Rezensionen des Schwarzen Yajurveda (TS. I. 5. 2. 4, MS. I. 7. 2: 110. 10, Kāṭh. VII. 15: 98. 18): „Er (der Opferveranstalter oder der Adhvaryu) hat (schon bei der ersten Gründung) die Formeln gesprochen und die Requisiten gesammelt", so sagen einige; „(deshalb) sind die Requisiten nicht (nochmals) zusammenzutragen und die Formeln nicht (nochmals) zu sagen." Aber die Requi-

siten sind eben (wieder) zusammenzutragen und die Formeln (wieder) zu sprechen, um das Opfer geraten zu lassen“ (welches ja ein erneutes Opfer ist).

8. Oder aber er trägt bloß fünf von den von der Erde herrührenden Requisiten zusammen und gleichfalls fünf von den Bäumen herrührenden[1].

[1] Vgl. V. 1. 4 am Ende.

9. Nachdem er auf die Feuerstätten alte Gräser gestreut hat, gründet er den Gārhapatya mit den Versen der Sarparājñī: „Die Erde durch ihre Fülle“ usw.[1]

[1] Vgl. V. 12. 1. b (a—d).

10. Am Mittage gründet er die anderen Feuer[1].

[1] Diese Bestimmung nach ŚBr. (II. 2. 3. 9) für alle Feuer (vgl. Śāṅkh. II. 5. 7). Bhār. und Vaikh.: „Am Mittage die anderen oder alle am Mittage.“

11. Vermittelst Gräser, die aus den Stoppeln nachgewiesen sind[1], die vorjährig[2] sind und ein Jahr lang getrocknet gewesen sind, nimmt er den flammenden Āhavanīya (aus dem Gārhapatya).

[1] *upolava* (die Deutung beruht auf Rudradatta und Vaijayantī) Āp., Hir., Bhār. wohl nach MS. oder Kāṭh. (wo *upolapa)*, während das eigne Brāhmaṇa (TS. I. 5. 1. 4) nur von einfachen Gräsern spricht. — Die Gräser vertreten das Scheit der ersten Gründung (vgl. V. 13. 3).

[2] *parutka* soll nach dem Komm. bedeuten: „mit Absätzen versehen“, was aber eher *paruṣka* lauten würde. Bhār. hat *parukṇa.*

12. a. Mit dem Verse: „Wenn ich dich, o Agni, erzürnt beiseite geworfen habe, sei es aus Unmut, sei es aus Not, das von dir wieder richtig herstellend entflammen wir dich von neuem“[1] legt er den Dakṣiṇāgni an.

[1] TS. I. 5. 3. e.

12. b. Mit dem Verse: „Was von dir, als du in Unmut beiseite geworfen warst, auf die Erde gefallen ist, das haben die Ādityas, die Allgötter und die Vasus zusammengetragen“[1] die anderen[2].

[1] TS. l. c. f. [2] Nl. Āhavanīya, Sabhya, Āvasathya.

13. Mit dem das Wort bṛhaspati enthaltenden[1] Verse: „Der Geist soll das Licht entgegennehmen“ usw.[2] bringt er den Feuern stehend seine Verehrung dar.

[1] Der Ausdruck aus TS. I. 5. 4. 3 („wer das Feuer entfernt, dessen Opfer wird unterbrochen; mit dem das Wort bṛhaspati enthaltenden Verse bringt er stehend seine Verehrung dar. Bṛhaspati ist das Brahman der Götter, durch das Brahman fügt er das Opfer zusammen“).

[2] TS. I. 5. 3. g (vgl. oben III. 3. 2).

14. Mit dem Verse: „Sieben Scheite hast du, Agni, sieben Zungen“ usw.[1] bringt er das Agnihotra dar[2].

[1] TS. I. 5. 3. h (oben V. 18. 1. a). [2] Statt des beim ersten Ādhāna ohne Spruch zu verrichtenden (V. 17. 6).

V. 28.

1. Er bringt einen fünf-[1] oder achtschüsseligen[2] für Agni bestimmten Opferkuchen dar[3].

[1] Nur diesen erlaubt das Brāhmaṇa (TS. I. 5. 1. 4), weil es fünf Jahreszeiten gebe und er so Agni aus den Jahreszeiten gewinne (dazu vgl. MS. I. 7. 3: 111. 19).

[2] Diesen erlaubt (neben dem fünfschüsseligen) die MS. (I. 7. 4: 113. 7).

[3] Statt des achtschüsseligen des ersten Ādhāna (vgl. V. 19. 1).

2. Wenn er fünfschüsselig ist, so sind die Einladungs- und Opferverse

der Sviṣṭakṛtspende im Gāyatrīmetrum[1], wenn achtschüsselig, im Paṅktimetrum[2].

[1] Nach Rudradatta sind TS. II. 6. 11. o und q zu verwenden. [2] Vgl. Sūtra 15.

3. Das ganze Opfer gilt dem Agni[1].

[1] Wo also im gewöhnlichen Opferparadigma andere Götter mit Spenden bedacht werden, da werden diese Spenden dem Agni dargebracht (vgl. z. B. Sūtra 10). Die Bestimmung aus der TS. (I. 5. 2. 2): „Der Grund, weshalb der gegründete Agni nicht gedeiht, ist, daß er sich einen größeren Anteil wünscht. Dadurch, daß das ganze Opfer dem Agni gilt, dadurch gedeiht er (jetzt)."

4. Fünfzehn oder siebzehn an der Zahl sind die Entzündungsverse[1].

[1] So Kāṭh. IX. 2: 104. 5, 7 und MS. I. 7. 2: 111. 13ff. Beide Ansichten sind zu verteidigen: mit Hinblick auf das Jahr ist es, daß Agni entfernt wird. Die 15 Sāmidhenīs enthalten (24 × 15) 360 Silben, d. h. so viele Silben, wie es Tage im Jahre gibt. Auf der anderen Seite ist das Jahr siebzehnhaft, weil es fünf Jahreszeiten und zwölf Monate umfaßt.

5. Von den Entzündungsversen an bis zum letzten Nachopfer rezitiert der Hotṛ die Verse leise[1], laut die für das Opfer an Agni sviṣṭakṛt bestimmten[2].

[1] Im Unterschiede zum gewöhnlichen Verfahren, vgl. Hillebrandt, N.V.O., S. 76.

[2] Vgl. TS. I. 5. 2. 3: „Er rezitiert die Verse leise, in derselben Weise, wie wenn jemand, der köstlichen Besitz erwirbt, dies verbirgt. Beim Opfer an Sviṣṭakṛt spricht er die Verse hörbar (*nirāha*), wie wenn jemand, der köstlichen Besitz erworben hat, dies laut zu verkünden wünscht."

6. In den ersten vier Voropfern[1] (d. h. in den Opferversen der ersten vier Voropfer) bringt er die vier Kasusformen des Wortes Agni an, nl. *agne* (Voc.), *agnau* (Loc.), *agninā* (Instr.), *agnim* (Accus.)[2], sodaß die Verse zu den Voropfern nach dem ersten Worte der Yājyā[3] lauten: *(samidho) 'gnāgne ...; (tanūnapād) agnāv agne ...; (iḍo) 'gnināgne ...; (barhir) agnim agne ...*[4].

[1] Vgl. II. 17. 2. [2] Man erwartet den Nomin. [3] Verzeichnet TBr. III. 5. 5.

[4] Vgl. TS. I. 5. 2. 2: „Die Kasusformen (eig. Verteilungen) sind da, um die Stimme auseinanderzuhalten und dem Zugrundegehen des Opferveranstalters vorzubeugen", vgl. Āśv. II. 8. 6, Mān. śrs. V. 1. 2. 6. — Weil die ersten vier Prayājas andern Göttern als Agni gelten und diese Spenden doch nicht fortbleiben können, wird Agni in jeder Formel besonders erwähnt (vgl. oben V. 28. 3 und TBr. I. 3. 1. 3).

7. Nicht in dem letzten[1].

[1] Weil hier schon von selbst Agni verehrt wird.

8. Nachdem er die Kasusform gesprochen hat, macht er mit der Voropferformel den Vaṣaṭruf[1].

[1] Der Satz ist dem Brāhmaṇa (TS. I. 5. 2. 3) entnommen. Diese Vorschrift ist entweder mit Rudradatta als eine mit Sūtra 6 alternierende zu betrachten, oder in Sūtra 6 sind die näheren Andeutungen *agnāgne, agnāv agne, agnināgne* und *agnim agne* als spätere Einschiebsel zu betrachten. Nach der Vorschrift von Sūtra 8 müßte z. B. die erste Prayāja-yājyā lauten: *samidho 'gna ājyasya viyantv agnāgne vauṣaṭ*. Rudradatta faßt die Vorschrift aber so auf, daß die Kasusformen ganz am Anfange kommen: *agnā samidho 'gna ājyasya viyantu* usw.

9. Für einen Opferveranstalter, von dem er wünscht, daß er gedeihen möge, bringe er die Kasusformen des Agni nach dem *ye yajāmahe*[1] oder vor dem Vaṣaṭrufe an.

[1] Wohl aus dem Kāṭh. (IX. 1: 104. 17), wo *tasyopariṣṭāt prayājānāṃ vibhaktiḥ kuryāt* zu lesen ist. Nach Rudradatta ist dies dahin aufzufassen, daß die Vibhaktis eingefügt werden

nach dem einleitenden *ye yajāmahe* und den, nach einigen, unmittelbar darauffolgenden Vyāhṛtis (vgl. Prayoga B[1] in Hillebrandt, N.V.O., S. 95 Bem. 1).

10. a. Der Vers: „Wecke den Agni mit Lobgesang, den Unsterblichen entflammend; er soll unsre Opfergaben zu den Göttern bringen“[1] ist der Einladungsvers des für Agni bestimmten Butterteiles[2].

[1] TS. IV. 1. 11. t, statt TBr. III. 5. 6. 1 = TS. IV. 3. 13. a. [2] In Einklang mit TBr. I. 3. 1. 3 *(budhanvatyā)*, vgl. auch ŚBr. II. 2. 3. 21 und Kauṣ. br. I. 4 *(eke)*.

10. b. Der Vers: „O Agni, das Leben läuterst du“ usw.[1] ist der Einladungsvers des für Soma bestimmten Butterteiles (welcher hierdurch. vgl. V. 28. 3, gleichfalls dem Agni überwiesen wird)[2].

[1] TS. I. 6. 6. 1, vgl. oben IV. 16. 2. [2] Nach MS. I. 7. 4: 113. 2 und Kāṭh. IX. 2: 105. 11 (ŚBr. II. 2. 3. 22). Da der Vers an Agni pavamāna gerichtet ist, steht Āp. in Einklang mit seinem Brāhmaṇa, TBr. I. 3. 1. 3: „Für Agni pavamāna ist der zweite Butterteil bestimmt.“

11, 12. Oder er verwende für den Somabutterteil den Vers: „Agni, das Haupt, des Himmels Gipfel, er, der Erde Herr, belebt der Wasser Samen“[1] für einen, der Nachkommen, einen, der Vieh wünscht oder für einen, der an seinen Nachkommen oder Vieh Schaden erfahren hat[2].

[1] TS. I. 5. 5. c. [2] Nach Kāṭh. IX. 2: 105. 13 oder MS. I. 7. 4: 113. 4 (Der Vers wird empfohlen wegen der Erwähnung des Wortes: „Samen“).

13. Das Wort „Agni“ enthaltend sind die Verse der Patnīsaṃyājas[1].

[1] Die Bestimmung rührt aus TBr. I. 3. 1. 4 her. Sie besagt, daß in die Verse dieser Spenden hinter den Namen der angeredeten Gottheit das Wort „Agni“ in demselben Kasus wie der betreffende Götternamen eingefügt werden soll. Auch hierdurch wird wenigstens teilweise die Vorschrift von V. 28. 3 ausgeführt.

14. Oder aber die beiden Butterteile und die Patnīsaṃyājas[1] sind wie sonst[1].

[1] Vgl. TBr. I. 3. 1. 6: „In die Vor- und Nachopfer bringe er die Kasusformen an, die beiden Butterteile und die Patnīsaṃyājas seien wie sonst. Dadurch unternimmt er ein Vaiśvānara-haltiges, zur Fortpflanzung mehr geeignetes (Opfer). Hierüber sagt man: „Dies ist ungehörig: es wird (dadurch) ein nicht-dem-Agni (ausschließlich)-geltendes Opfer“ (z. B. weil der zweite Ajyabhāga dem Soma gilt). Aber dies ist zu verneinen, denn er verehrt den Agni zu Anfang durch die Einfügung der Kasusform, und zu Ende durch den letzten Patnīsaṃyāja (der ja dem Agni gilt). Dadurch wird das Ganze dem Agni gerichtet.“

15. Die Einladungs- und Opferverse für die Spenden des Hauptopfers sind die vier fünf Versfüße enthaltenden[1] Verse: „O Agni, möchten wir heute dieses (Opfer), einem Roß gleichsam, dem guten Willen gleichsam, der dein Herz berührt, für dich durch Gebete in Stand setzen.“ „Denn jetzt bist du, o Agni, des guten Willens, der richtigen Gesinnung, des großen Rechtes Lenker gewesen.“ „Heute dich mit diesen Liedern verherrlichend möchten wir dir dienen; dein Zischen donnert wie (das) des Himmels.“ „Infolge dieser unserer Lieder wende, o Agni, dich wohlwollend zu uns, wie der Himmel, wie das Licht, mit allen (deinen) Angesichtern“[2]: zwei für die Opfergabe an Agni, zwei für die Spende an Agni sviṣṭakṛt[3].

[1] Vgl. TS. I. 5. 2. 1: „Fünffüßig sind die Einladungs- und Opferverse: fünfteilig ist das Opfer, ist der Mensch, und überdies: sie (nl. diese vier Verse) enthalten hundert Silben, hundert Jahre ist des Menschen Alter, hundertfach ist sein Mut, so erhält er festen Bestand in Alter und Mut.“ [2] TS. IV. 4. 4. w—z. [3] Nach Śāṅkh. (II. 5. 18) sind ṚS. IV. 10. 1 und 3 (= TS. l. c. w, z) für das Hauptopfer, ṚS. IV. 10. 2 und 4 (= TS. l. c. x, y) für sviṣṭakṛt zu verwenden.

16. Beiderseitig von dem Opferkuchen bringt er zwei Spenden dar[1] mit den Versen: „Kehre, o Agni, wieder zurück mit Labung, zurück mit Saft und Lebensdauer, schütze uns wieder von allen Seiten." „Kehre zurück mit Reichtum, o Agni, strotze durch allgenießbaren Guß von allen Seiten[2]."

[1] D. h. je eine vor und nach dem Opfer des Kuchens. Die Vorschrift aus TS. I. 5. 4. 4.
[2] TS. I. 5. 3. i, k.

17. Oder (er bringt) die Spende mit dem Verse: „Kehre, o Agni, wieder zurück mit Labung" vor den Voropfern, die mit (dem Verse): „Kehre zurück mit Reichtum" nach den Nachopfern[1].

[1] So wollen es das Kāṭh. (IX. 1: 105. 5) und die MS. (I. 7. 4: 112. 13, 15).

18. Oder umgekehrt.

19. Er gibt die beiden Arten von Dakṣiṇās:

V. 29.

1. Sowohl die, welche bei der erstmaligen Gründung der Feuer gegeben zu werden pflegen[1], als die, welche für die erneute Gründung gelten[2], nl. einen neu ausgestatteten Streitwagen[3], ein wieder geflicktes Kleid[4], einen wieder entlassenen[5] Zugochsen und Gold zum Gewichte von hundert (Guñjābeeren)[6].

[1] Vgl. V. 20. 6ff. [2] Diese werden TS. I. 5. 2. 4 aufgezählt (eben die im Verfolg von Āp. angegebenen). [3] Nach Kauṣ. br. I. 5 wird ein aufgeflickter, minderwertiger Wagen gegeben. [4] Ein altes Tuch, nach Kauṣ. br. l. c. [5] Soll nach dem Komm. „heruntergekommen" bedeuten. Nach Baudh. Karmānta I. 18 ist ein durch Alter zusammengebrochener Stier gemeint. [6] Diese Zutat entstammt der MS. (I. 7. 5: 113. 20) oder dem Kāṭh. (IX. 2: 106. 1).

2. „Deshalb ist das weiße Gold nicht zur Dakṣiṇā geeignet" so ist (in dem Brāhmaṇa) gesagt worden[1].

[1] Diese Verweisung auf das Brāhmaṇa (TS. I. 5. 1. 2) besagt, daß man echtes Gold, nicht Silber als Dakṣiṇā geben soll, weil das Silber die Tränen des Agni waren, als dieser weinte, weil die Götter mit Gewalt ihre bei ihm in Verwahrung gegebenen Güter von ihm zurücknahmen. „Wer es (das Silber) bei einem Opfer gibt, in dessen Hause jammert man (wegen eines Sterbefalles) vor Ablauf eines Jahres."

3. Nach einigen[1] ist ein wieder umgelegter[2] Streitwagen, ein wieder geflicktes wollenes Hemd gemeint: damit er den wiederholten Wunsch des Gelingens erfüllt sehen möge.

[1] Welche Śākhinas gemeint sind, ist unbekannt. [2] *abhihita;* in welcher Weise ein Streitwagen des vedischen Zeitalters ausgestattet war, ist nicht genügend bekannt (vgl. Baudh. XII. 2: 87. 3).

4. Wenn man die anderen Gegenstände nicht auftreiben kann, so gebe er nur einen Zugochsen[1]. „In dem Zugochsen fürwahr ist die Erfüllung nicht nur dieser Wünsche, sondern auch mehrerer Wünsche enthalten", so heißt es in dem Brāhmaṇa der Paiṅgāyanins.

[1] So die Vājasaneyins (ŚBr. II. 2. 3. 28).

5. In die Opferformel *(yājyā)* der ersten zwei Nachopfer bringt er die beiden Kasusformen des Wortes *agni* an, sodaß sie anfangen: *deva agnau* und *devo agniḥ*[1].

[1] Vgl. Hillebrandt, N.V.O. S. 137 (zum ersten Nachopfer also: *deve agnau devam barhir . . . vasudheyasya vetu)*; vgl. übrigens oben V. 28. 6ff.

6. Nicht in die Opferformel des letzten[1].

[1] Weil dieser Anuyāja schon an und für sich dem Agni gilt.

7. Zum letzten Nachopfer erläßt er die Aufforderung[1] laut.

[1] Nl. *devān yaja* und vgl. V. 28. 5.

8. Die Iṣṭi des für Agni bestimmten Opferkuchens wird nach dem bekannten Opferparadigma zu Ende geführt.

9. Anstatt aller nach den Tanūhavis darzubringenden Opfergaben oder anstatt der den zwei Göttern geltenden bringt er bei der erneuten Gründung bloß einen elfschüsseligen für Agni und Varuṇa bestimmten Opferkuchen dar[1].

[1] Es folgen also nach dem Agnikuchen die Tanūhavis (V. 21. 1—11) und dann folgt bloß noch ein Opferkuchen statt der V. 22. 1—9 genannten; vgl. TS. I. 5. 2. 5: „Wer das Feuer entfernt, macht sich eines Totschlages der Götter schuldig; diesen rächt Varuṇa. Er bringe subsidiär einen elfschüsseligen für Agni und Varuṇa bestimmten Opferkuchen dar. Dadurch söhnt er durch ihren Anteil sowohl denjenigen, welchen er tötet (den Agni) als denjenigen, welcher den Totschlag rächt (den Varuṇa), und in dieser Weise kommt der Opferveranstalter nicht zu Schaden."

10. a. Die Iṣṭi wird nach dem gewöhnlichen Opferparadigma zu Ende geführt.

10. b. Die Darstellung der erneuten Feuergründung ist hiermit zu Ende geführt.

11. Wer seine Feuer zum dritten Male gründet[1], bringe Butterspenden mit den folgenden Formeln dar[2]: „Leka, Saleka, Suleka: diese Ādityas sollen unsere Opferbutter gerne genießen. Keta, Saketa, Suketa: diese Ādityas sollen unsere Opferbutter gerne genießen. Vivasvat, Aditi, Devajūti: diese Ādityas sollen unsere Opferbutter gerne genießen[3]."

[1] Die Möglichkeit einer dritten Feuergründung ist, wie es scheint, nur im Taittirīyayajurveda überliefert. Zwar sind die dabei zur Verwendung kommenden Formeln auch in MS. und Kāṭh. vorhanden; hier wird jedoch eine dritte Gründung nirgends erwähnt. TS. I. 5. 4. 4 lautet: „Die Ādityas gingen von dieser Welt nach jener Welt; in jener Welt verdursteten sie; da kamen sie wieder zu dieser Welt herab, gründeten das Feuer und brachten diese Butterspenden dar; darauf gediehen sie und gingen nach jener Welt. Wer nach der wiederholten Feuergründung sich das Feuer (zum dritten Male) gründet, bringe diese Spenden dar; er erfährt dasselbe Gedeihen, welches die Ādityas erfuhren."

[2] Und zwar, nach Baudh. III. 3: 71. 12, vor dem Sviṣṭakṛtopfer des fünfschüsseligen Agnikuchens. [3] TS. I. 5. 3. 1.

12, 13. Wenn das in den Feuerbohrer aufgenommene Feuer verloren geht[1], oder wenn über den beiden Feuern desjenigen, der sich die Feuer gegründet hat, nachdem sie verlöscht sind, die Sonne unter- oder aufgeht, so ist die wiederholte Feuergründung die Gutmachung dafür.

[1] D. h., wenn die Araṇī's, der Feuerbohrer, nachdem man die Feuer in dieselben hat „einsteigen" lassen, verloren geht; vgl. Baudh. III. 3: 72. 1: „Für einen, dessen Feuer geraubt oder dessen Feuerbohrer verloren gegangen ist, soll er mit dem Zeremoniell des Brahmanmuses anfangen und dann die Feuergründung nach dem erörterten Paradigma zu Ende führen."

14. Nach Āśmarathya gilt in diesem Falle das Ritual der wiederholten Feuergründung, nach Ālekhana das der ersten.

Sechstes Buch.

In diesem Buche werden behandelt:

1. Das Agnihotra, d. h. die abends und morgens in den Feuern darzubringenden Milchspenden (VI. 1—15).
2. Die vom Opferveranstalter stehend den Feuern darzubringende Verehrung nach dem Agnihotra *(agnyupasthāna)* (VI. 16—23).
3. Die Verehrung der Feuer vonseiten des Opferveranstalters, wenn er verreisen will (VI. 24—27), und wenn er mit Gattin, Feuern und Habe umsiedelt (28—29. 1).
4. Das Opfer der ersten Feldfrüchte (Reis, Gerste, Hirse) *(āgrayaṇeṣṭi)* (VI. 29. 2—31. 14).

Das Agnihotra.

VI. 1.

1. Wir werden das Agnihotra[1] erklären.

[1] Die abends und morgens in den Feuern zu opfernden Milchspenden. Das Wort *agnihotra* deutet sowohl die Verrichtung dieser Spenden an wie die Milchspende selbst. Die Entstehung des Agnihotra wird im Brāhmaṇa (TBr. II. 1. 2) erzählt.

2. An dem Zeitpunkte, wenn die Sonne abends gerade über den Baumwipfeln steht, oder wenn sie morgens sichtbar wird, nimmt er (nl. der Adhvaryu) mit der Formel: „Der Schürhaken bist du, halte zurück das heilige Wort"[1] den Schürhaken und spricht über dem Gārhapatya den Vers: „Verbrennend die Unholde" usw.[2]

[1] Vgl. I. 12. 1. [2] Vgl. V. 12. 3.

3. Dann „weckt er" ihn (nl. den Agni) mit dem Verse: „Erwache, o Agni, und wache über ihm. Geopfertes und Gespendetes sollen mit diesem hier sich zusammenfinden. Ihr Allgötter und du, der Opferveranstalter, ihr sitzet nieder auf diesem hohen Sitz[1]."

[1] Der Vers aus Vāj. S. (die beiden Vershälften auch getrennt in TS.).

4. „Entnimm (es)" sagt abends der Opferveranstalter zum Adhvaryu, „Entnimm (es)", morgens.

5. Tausend Wunschkühe erhält er dadurch[1].

[1] Diese Verheißung entstammt offenbar der MS. (I. 8. 6: 124. 11—12), vgl. auch Baudh. II. 7: 45. 2: „Wenn er sein Feuer ausnimmt, erhält er dadurch tausend Wunschkühe."

6. Er entnimmt dem Gārhapatya den flammenden Āhavanīya[1] mit der Formel: „Durch die Stimme als Hotṛ, den Hauch als Udgātṛ, das Auge als

Adhvaryu, den Gedanken als Brahman, das Gehör als Agnīdh, durch diese fünf göttlichen Opferpriester entnehme ich dich[2]."

[1] D. h. den Feuerbrand, um den Āhavanīya zu entfachen.

[2] Die Formel auch in Bhār., Hir., Vaikh., Mān.

7. Über dem Feuer, wenn es **abends** weggenommen wird, flüstert der Opferveranstalter die Formeln: „Bhūḥ, bhuvaḥ, suvaḥ. Der du weggenommen wirst, nimm mich dem bösen (Geschick) und der Sünde weg, die ich unwissentlich und die ich wissentlich begangen. Der du weggenommen bist, befreie mich von aller Sünde, von allem Bösen, das ich am Tage getan habe"; **morgens** mit derselben Formel, in welcher er statt: „das ich am Tage getan habe" sagt: „das ich in der Nacht getan habe[1]."

[1] Die Formeln nicht in einem Brāhmaṇa erhalten, wohl aber in den meisten Sūtras.

VI. 2.

8, 1. Mit den Formeln: „Für Agni, den Herrn meines Feuers, merke auf; dem Agni, dem Herrn meines Feuers, sei gnädig[1]. Die Nichtsterbensspende, das Feuer, gieße ich auf der unsterblichen Erde aus zur Gewinnung des Nicht-(vor der Zeit) Sterbens. Durch sie will ich die endlose Wunschgewährung gewinnen, welche Prajāpati zuerst gewann: das Feuer (lege ich) auf das Feuer, svāhā[2]. Allherrscher Agni, einfüßiger Bock, Āhavanīya! erwirb dem Opferveranstalter Raum vom Himmel, vom Luftraum, von der Erde her. Ich setze dich in das Haupt der Erde, in den opferreinen Raum. Den Fremden und den Nichtfremden, der uns anfeindet, o Agni, den bedecke ich hier durch dich"[3] stellt er das dem Gārhapatya entnommene Feuer auf die Stätte des Āhavanīya, abends mit dem Angesicht nach Norden oder Westen gekehrt, nachdem er vor der Āhavanīyastätte herumgegangen ist, morgens mit dem Angesicht nach Osten gekehrt[4].

[1] Diese Formel nur bei Āp. [2] Diese Formel in vielen anderen Sūtras.

[3] Diese Formel aus dem Kāṭh. [4] Die verschiedene Orientierung erklärt sich aus VI. 10. 8.

2. Der Opferveranstalter selber holt Holzscheite herbei mit dem Verse: „Allezeit (Scheite) herbeitragend mit unversehrtem Geist, möchten wir, o Agni, die wir dir nahe sind, keinen Schaden leiden[1]."

[1] Der Vers auch bei Āśv.

3. Er legt nach jedem der folgenden fünf Verse je ein großes Holzscheit in die fünf Feuer: „Welche Stücke Holz wir immer, o Agni, zu dir auflegen, das soll **dir** nur Schmalz sein; nimm es gnädig an, o junger Gott." „Was die rote Ameise frißt, was die weiße Ameise überschleicht, das alles soll dir nur Schmalz sein, nimm es gnädig an, o junger Gott." „Tag für Tag ohne Unterbrechung ihm wie einem (im Stalle) stehenden Rosse Futter bringend, möchten wir, schwelgend in Wohlfahrt und Saft, o Agni, wir, die wir dir nahe sind, keinen Schaden leiden." „Wir rufen um große Wohlfahrt Agni an, der in dem Nabel der Erde entflammt wird, den im Trank schwelgenden, hochgepriesenen, verehrungswürdigen Sieger, den die Schlachten

gewinnenden Agni." „Die heranrückenden angreifenden und breitgescharten Heere, die Diebe, die Räuber — die werfe ich dir in den Rachen, o Agni[1]."

[1] TS. IV. 1. 10. a—e.

4. In den Āhavanīya den größten.

5. In der Reihenfolge, in welcher sie gegründet worden sind[1], oder mit dem Āhavanīya anfangend.

[1] Also erst in den Gārh., dann in den Dakṣ., dann in den Āh., darauf in Sabhya und Āvasathya.

6. Das Feuer (d. h. das Scheit im Āhavanīya) ist so aufzulegen, daß die später auszugießende Agnihotraspende nicht dazwischen komme[1].

[1] Nicht ganz deutlich. Darf man etwa die Stelle aus der MS. (I. 8. 6: 123. 16): *tat tathaiva hotavyaṃ yathāgniṃ vyaveyāt* zur Vergleichung heranziehen? Vgl. auch das Vorhergehende: *na samid abhihotavai.*

7. Der Adhvaryu geht nicht zwischen den beiden Feuern (Gārhapatya und Āhavanīya) hindurch.

8. Wenn das vordere Feuer (d. h. der Āhavanīya) erloschen ist[1], darf er zwischen den Stätten des Gārhapatya und Āhavanīya hindurchgehen.

[1] Also am Tage nach Ablauf des Agnihotra, und wenn der Opferveranstalter nicht gataśrī ist (vgl. Sūtra 12).

9. Denn dann ist dieser zurückgekehrt[1].

[1] Dann ist der Āhavanīya wieder zu seiner Geburtsstätte *(yoni)* zurückgekehrt, sodaß die Gefahr nicht mehr besteht.

10. Nach einigen steht es ihm frei, zwischen Gārhapatya und Āhavanīya hindurchzugehen, nachdem die Agnihotraspende dargebracht worden ist.

11. Während der Nacht unterhält er den Āhavanīya[1].

[1] Diese Vorschrift steht im Widerspruch zu VI. 1. 4 ff. Nach Bhār. („Stetig ist der Gārhapatya; abends und morgens entnimmt er dem Gārhapatya den Āhavanīya, oder er wird nur abends entnommen, bis zum Morgenagnihotra") sind beide Fälle zulässig.

12. Stetig ist er zu unterhalten für einen, der den höchsten Wohlstand erreicht hat[1].

[1] Vgl. I. 1. 3. Zu gataśrī vgl. I. 14. 9.

13. Stets unterhält er den Gārhapatya.

14. Desgleichen den Dakṣiṇāgni, wenn dieser aus gebohrtem Feuer hergestellt ist[1].

[1] Vgl. V. 13. 8. a.

15. Wenn es (nl. das Feuer zur ersten Gründung des Dakṣiṇāgni) herbeigeholt ist, bringt man es täglich südwärts[1].

[1] D. h. nach der südlich von den anderen Feuern gelegenen Stätte des Dakṣiṇāgni.

16. Im Vājasaneyaka heißt es[1]: „Nur am Tage vor der Feier hole man es herbei, nur bei der Gründung einer neuen Wohnung hole man es herbei."

[1] Vgl. im ŚBr. II. 3. 2. 7, 8.

VI. 3.

1. Durch Zusammenkehrung vermittelst der Hand[1] schmückt man[2] die Feuerstätten.

[1] Vgl. Āp. dhś. I. 4. 8: Nicht mit einem Besen. [2] Bhār. und Hir. haben den Sing.; nach Āp. sind also auch der Yajamāna und die Gattin dabei beschäftigt.

2. Die in der Zusammenkehrung bestehende Schmückung der Feuerstätten geht abends dem Agnihotraopfer voran, morgens folgt sie nach[1].

[1] Weil Abend- und Morgenagnihotra ein Ganzes bilden.

3. a. Oder umgekehrt.

3. b. Nach einigen geht das Schmücken sowohl abends wie morgens nicht allein dem Agnihotra voran, sondern folgt auch nachher[1].

[1] So macht es z. B. Bhār., welcher sagt: „In derselben Weise kehrt er nach der Spende die Feuerstätten zusammen."

4. Den Gārhapatya mit der Formel: „O Agni Hausherr, reinige dich"; den Dakṣiṇāgni mit (der Formel): „O Agni Fahrzeug, reinige dich"; den Āhavanīya mit (der Formel): „O Agni Allherrscher, reinige dich"; den Sabhya mit (der Formel): „O Agni des Saales, reinige dich"; den Āvasathya mit (der Formel): „O Agni, der du zur Versammlung gehörst, reinige dich."

5. Mit Darbhagräsern oder gewöhnlichen Gräsern, deren Spitzen nach Norden oder Westen gelegt werden, umstreut er das Āhavanīya- oder die beiden Feuer (auch das Gārhapatyafeuer)[1].

[1] Vgl. I. 14. 14, 15.

6. Der Sruvalöffel ist von Acacia-(khadira-)holz, die Agnihotrakelle vom Holze der Flacourtia sapida (vikaṅkata). Letzterer ist einen Arm oder einen Ellenbogen lang[1].

[1] Abbildungen dieser Agnihotrahavaṇī s. bei CH., planche II, 7.

7. Der irdene Topf *(sthālī)* zum Halten der Agnihotramilch ist gerade von Gestalt[1], von einem Ārya[2] verfertigt, mit aufwärts gerichteten Rändern[3] und nicht vermittelst der Scheibe des Töpfers gemacht[4].

[1] So daß er an der Mündung nicht eingeknickt ist (?). [2] Also nicht von einem Śūdra. [3] ? *ūrdhvakapālā*, dazu die Vaijayantī: *ūrdhvāni kapālāni sānūni yasyāḥ sā.*
[4] Also mit der Hand verfertigt. — Die hier aufgezählten Eigentümlichkeiten der Agnihotrasthālī sind (die erste ausgenommen, deren Herkunft unbekannt ist) der MS. (I. 8. 3: 118. 1, 2) entnommen. — Diese zum Agnihotra erforderlichen Geräte werden nördlich vom Gārhapatya auf Gräsern beisammen gesetzt.

8. Südlich vom Opferplatze steht die Kuh, welche die Milch zum Agnihotra liefern soll. Über ihr flüstert der Opferveranstalter die Formeln: „Du bist Iḍā, der Träger der Ordnung *(vrata)*; von uns beiden werde ich die Observanz *(vrata)* begehen. Du bist die schöne Rote; von uns beiden werde ich die Observanz begehen. O Iḍā, komme hierher, verbleibe bei mir. O Irā, komme hierher; o Aditi, komme hierher; o Kuh, komme hierher; o Śraddhā, komme hierher. Durch das Wahre rufe ich dich[1]."

[1] Die Formeln z. T. aus der MS.; z. T. auch bei Hir.

9. Dann berührt er (immer der Opferveranstalter) die Stelle der Vedi mit der Formel: „Diese (Erde) bist du, und Agni ist dein Kalb. Melke du mir den Himmelsraum und das Nichtsterben[1]."

[1] Die Formel auch bei Hir.

10. Nachdem er mit der Formel: „Pūṣan bist du"[1] das Kalb an der Südseite zu der Mutterkuh herbeigelassen hat[2] und die Kuh sich nach Osten hat umkehren lassen[3], melkt er (der Melker) sie, indem sie mit dem Kopfe nach Norden[4] oder nach Nordosten gerichtet steht.

[1] Vgl. I. 12. 9. [2] Um die Milch zum Fließen zu bringen. [3] L *prācīm āvartya*, vgl. TBr. II. 1. 8. 1 und Baudh. III. 4: *udīcīṃ sthāpayitvā*. [4] Nur so das Brāhmaṇa (TBr. II. 1. 8. 1).

11. Ein Śūdra melke nicht.

12. Der Śūdra, fürwahr, ist aus dem Minderwertigen[1] hervorgekommen[2].

[1] Nl. aus den Füßen des Prajāpati (TS. VII. 1. 1. 6). [2] Zitat aus TBr. III. 2. 3. 9.

13. Oder er melke doch.

14. Dadurch eben, daß er (der Adhvaryu) die Milch über dem Gārhapatya ans Feuer setzt[1], reinigt er sie[2].

[1] Vgl. VI. 5. 7. [2] Die in Sūtra 13 gegebene Erlaubnis und die in Sūtra 14 erfolgende Begründung geben dem Brāhmaṇa (TBr. III. 2. 3. 9—10) schnurstracks zuwider, vgl. Bem. zu I. 12. 15.

15. Er melkt vermittelst des Agnihotratopfes und des Melkkübels[1].

[1] Aus MS. 1. 8. 6: 122. 19. Etwas deutlicher Hir.: „Nachdem er in den Melkkübel gemolken hat, gießt er die Milch in den Agnihotratopf aus, oder er melkt gleich in den Agnihotratopf."

VI. 4.

1. a. Aus den zwei vorderen Zitzen melkt er für einen ältesten Sohn, der von der ältesten Gattin seines Vaters geboren ist, oder für einen, der den höchsten Wohlstand erreicht hat[1].

[1] Aus TBr. II. 1. 8. 1 (vgl. auch oben II. 19. 3—4).

1. b. Aus den beiden hinteren für einen jüngsten Sohn, der von der jüngsten Gattin seines Vaters geboren ist, oder für einen nachgeborenen Sohn oder für einen, der Zunahme seines Wohlstandes wünscht[1].

[1] Aus TBr. l. c.; die Worte *yo rānujāvaro* fehlen in TBr., und auch Hir. hat sie nicht.

2. Er berührt die Zitzen nicht[1].

[1] D. h. nachdem durch das Kalb die Milch zum Fließen gebracht ist, berührt er nicht, wie im gewöhnlichen Treiben, mit der befeuchteten Hand die Zitzen. Der Satz entstammt dem Brāhmaṇa (II. 1. 8. 2).

3. Im ständigen Ritual[1] melkt er, indem er die Zitzen so anfaßt wie es gerade ausfällt (d. h. wie sie ihm zur Hand kommen).

[1] D. h. wenn kein besonderer Wunsch mit der Melkung (wie in Sūtra 1 angegeben) verbunden wird; *nitye* steht im Gegensatz zu *kāmye*. Bhār.: *yathākāmi nitye dohanakalpe*.

4. Über der Kuh, wenn das Kalb hinzugelassen wird, wenn sie gemolken wird, und über dem Geräusch des in den Kübel fließenden Milchstromes spricht der Opferveranstalter die Verse aus, wie vorher angegeben[1].

[1] Nl. I. 12. 17—13. 1.

5, 6. Nach Sonnenuntergang melkt er, wenn die Sonne eben untergegangen ist, soll geopfert werden[1].

[1] Vgl. Kāṭh. VI. 5: 55. 4: „Wenn die Sonne eben (*amnas*) untergegangen ist, opfere er abends das Agnihotra, gegen Sonnenaufgang das Morgenagnihotra."

7. In dem Brāhmaṇa der Śailāli's heißt es: „Nacht und Tag bilden zusammen einen Ozean; die Fugen (die Dämmerungszeiten, die Knotenpunkte, die Übergangsmomente) sind dessen beide untiefe Furten. Deshalb soll an dem Knotenpunkt geopfert werden[1]."

[1] Diese Brāhmaṇastelle hat sehr große Ähnlichkeit mit Kauṣ. br. II. 9 (S. 8, Z. 1ff.).

8. Wenn man ein Gestirn sieht, bei Eintritt der Nacht oder in der Nacht ist abends zu opfern.

9. Bei der Morgendämmerung, gegen Sonnenaufgang, wenn die Sonne zur Hälfte aufgegangen ist, oder wenn sie ganz aufgegangen ist, ist morgens zu opfern.

10. Wenn er nach Sonnenaufgang opfert, so bekommt er dadurch den Agniṣṭoma (d. h. denselben Erfolg wie durch die Verrichtung eines Agniṣṭoma), wenn er am Mittage opfert, den Ukthya; wenn am Nachmittage, den Ṣoḍaśin; wenn in der ersten Hälfte der Nacht, so erreicht er dadurch den ersten „Nachtsatz" (des Atirātra), wenn in der Mitternacht, den mittleren, wenn in der dritten Hälfte der Nacht, den letzten[1].

[1] Über diese Zeitpunkte vgl. das nächstfolgende Sūtra.

11. „Er meine jedoch nicht, daß an allen diesen Zeitpunkten geopfert werden darf, sondern er erkenne, daß nur im Falle der Not so zu verfahren ist", wird in der heiligen Überlieferung gelehrt.

12. Der für die Hauptspende geltende Zeitpunkt gilt auch für die attributären Teile des Opfers.

VI. 5.

1. Dem Agnihotra wohnt die Herrin des Hauses bei.

2. Diese setzt sich auf die für sie bestimmte Stätte[1].

[1] Vgl. II. 5. 2.

3. Der Opferveranstalter schreitet am Āhavanīya hinter demselben nach Süden vorbei, setzt sich auf seinen Sitz[1] und schlürft Wasser, nachdem er die Formel geflüstert hat: „Ein Blitz bist du, wende ab mein böses Geschick. Von dem Rechten gehe ich zum Wahren[2]. In mir ist die Opferwilligkeit *(śraddhā)*[3]."

[1] Vgl. IV. 4. 3. [2] Vgl. IV. 1. 6. [3] Nur bei Āp.

4. Mit der Formel: „Dich, das Rechte, umgieße ich mit dem Wahren"[1] umgießt der Adhvaryu die Feuer abends; mit (der Formel): „Dich, das Wahre, umgieße ich mit dem Rechten"[1], morgens, und zwar erst den Āhavanīya, dann den Gārhapatya, dann den Dakṣiṇāgni; oder in der Reihenfolge, in welcher sie gegründet worden sind[2].

[1] Nach TBr. II. 1. 11. 1 („das Rechte ist das Feuer, das Wahre ist die Sonne; dadurch umgießt er abends das Feuer durch die Sonne, und morgens die Sonne durch das Feuer. So lange der Tag und die Nacht dauern, so lange gibt es für den, der solches weiß, in dieser Welt keinen Schaden, kein Ende"). [2] Bem. zu VI. 2. 5.

5. Mit der Formel: „Des Opfers Kontinuität bist du; als des Opfers Kontinuität schließe ich dich an"[1] gießt er vom Gārhapatya bis zum Āhavanīya einen ununterbrochenen Wasserstrahl aus.

[1] TBr. III. 7. 4. 17 und vgl. oben I. 15. 4. Die Vorschrift scheint nicht auf älteren Texten zu beruhen.

6. Nachdem er mit der Formel: „Der Schürhaken bist du, stütze das heilige Wort"[1] den Schürhaken ergriffen hat, schiebt er vermittelst des Schürhakens mit den Formeln: „Die Schöpferischen seid ihr; weggeschoben

ist die von fremden Leuten drohende Gefahr, weggeschoben sind die angreifenden Heere"[2] glühende Kohlen in nördlicher Richtung aus dem Gārhapatya. Nachdem er dieselben vom Gārhapatya getrennt hat und darüber die Formel: „Die von Lob Begleiteten (?) seid ihr"[3] hergesagt hat, flüstert er abends: „Für das Feuer ergreife ich die Sonne, für den Tag die Nacht" und morgens: „Für die Sonne ergreife ich das Feuer, für die Nacht den Tag[4]."

[1] Vgl. I. 12. 1. [2] Aus JBr. [3] Nur bei Āp. [4] Ebenfalls nur aus Āp. bekannte Formel. Der Wortlaut der Formel erklärt sich aus der in den Brāhmaṇas geläufigen Vorstellung, daß die Sonne am Abend in das Feuer eingeht, am Morgen dagegen das Feuer in die aufgehende Sonne hinabsteigt (z. B. TBr. II. 1. 2. 9—10). Daß übrigens das Agnihotra der „Survival" eines ursprünglichen „Sun-charms" ist, geht deutlich aus anderen Texten hervor: *śaśvad dha nodiyād, yad asminn etām āhutiṃ na juhuyāt* (ŚBr. II. 3. 1. 5).

7. Auf diesen Kohlen[1] stellt er die aus dem Melkkübel in den Agnihotratopf übergegossene Milch ans Feuer mit folgendem Verse und folgender Formel: „Die Fußspur der Iḍā ist mit Schmalz versehen und stets beweglich; nimm, o Jātavedas, diese Opfergabe gerne an; die vielgestaltigen, verschieden gestalteten zahmen Tiere, von diesen sieben Arten soll hier Verbleib sein[2]." „Zu Wohlfahrt, zu reichlicher Nachkommenschaft, zu Besitz trefflicher Söhne."

[1] Weshalb der Topf hier angesetzt wird: „Agni ist Rudra, die Sthālī (der irdene Topf) ist die Gattin. Wenn er sie (die Sthālī) mitten über dem Āhavanīya ans Feuer setzte, so würde er die Gattin dem Rudra übergeben und sie würde vor ihrer Zeit sterben. Er setzt sie ans Feuer, nachdem er in nördlicher Richtung glühende Kohlen hinausgeschoben hat: zur Behütung der Gattin, und er trennt sie (von der Feuerstätte); so wird die Gattin nicht vor ihrer Zeit sterben" (TBr. II. 1. 3. 1). [2] Wie Āśv., zum Teil wie AS.

VI. 6.

1. Das Agnihotra (d. h. die für das Agnihotra bestimmte Milch) fürwahr ist der Samen; er mache es nicht allzu gar; er würde dadurch den Samen dick (d. h. unflüssig) machen; aber auch nicht ungar: es soll gerade die Mitte halten (nicht allzu gar aber auch nicht ungar sein)[1].

[1] Die ganze Stelle ist dem Kāṭh. entlehnt (VI. 7: 56. 20), wo statt *antareṇaiva* mit der Kapiṣṭhalasaṃhitā und mit Āp. *antarevaiva* herzustellen ist. Statt *kūlayet* hat das Kāṭh. *krūḍayet* (darüber vgl. WZKM. XXVI. 123). Daß die Agnihotramilch der Samen der Sonne sei, war im Kāṭh. schon vorher ausgesagt (VI. 3: 51. 9).

2. Wenn es bis zum Rande steigt, soll es dargebracht werden[1].

[1] D. h. man soll die Milch für das Agnihotra so lange am Feuer stehen lassen, bis sie zum Rande des Topfes steigt. Die Vorschrift ist buchstäblich der MS. (I. 8. 2: 117. 19) entnommen. Diese Ansicht wird von den Vājasaneyins (ŚBr. II. 3. 1. 14) verworfen.

3. Nachdem er die Milch bis zum Rande hat emporkommen lassen, ist zuzugießen[1].

[1] Vgl. Sūtra 7.

4. Nicht zugegossen soll werden für einen, der feurige Kraft, für einen, der priesterliches Ansehen, und für einen, der seinen Gegner zu vertilgen wünscht, oder für einen, der die Erfüllung jedes Wunsches, oder für einen, der wünscht, daß ihm ein tüchtiger Sohn geboren werden möge[1].

[1] Mit leichter Zutat aus der MS. (I. 8. 3: 118. 11); das eigne Brāhmaṇa des Āp. (TBr. II. 1. 3. 3) erlaubt das Zugießen beliebig auch für einen *brahmavarcasakāma*.

5. Oder[1] es wird aufgegossen sofort, nachdem die Milch ans Feuer gesetzt ist[2].

[1] Alternative zu Sūtra 3. [2] Man erwartet: *amnaradhiśrite vā.*

6. Einen flammenden Grashalm über der Milch haltend blickt er auf dieselbe hin[1] mit der Formel: „Mit unversehrtem Auge blicke ich auf dich hin zur guten Nachkommenschaft[2].“

[1] Der Ausdruck des Āp. *tṛṇena jvalatāvekṣate* erinnert lebhaft an Kāṭh. VI. 7: 56. 18: *agninā́vekṣate.* [2] Vgl. oben III. 19. 7. Zur Begründung der Beleuchtung mit dem flammenden Grashalm wird im Brāhmaṇa (TBr. II. 1. 3. 3) gesagt: „Das unbeschmalzte Havis ist beides: von dieser Welt hingegangen, und (noch) nicht in der Welt der Götter angelangt; er beleuchtet es; (dadurch) eben beschmalzt er es und macht er es zu den Göttern kommen.“

7. Nachdem er das Spülwasser des Melkkübels in den Sruva gegossen hat, gießt er entweder dieses Spülwasser oder einen Tropfen Wasser (in die gekochte Milch) bei, mit der Formel: „Deine Glut will ich nicht wegnehmen[1].“

[1] Der Spruch (auch bei Hir., Vaikh., Mān.) beruht offenbar, sowie die ganze Vorschrift, auf MS I. 8. 3: 118. 18 (vgl. Kāṭh. VI. 3: 51. 17): „Wenn er Wasser hinzugösse, so würde er die Glut wegnehmen. Es ist das Spülwasser des Melkkübels (l. *godohana*° statt *gāṃdohana*°) zuzugießen; das ist weder (bloße) Milch noch (bloßes) Wasser.“ In MS. und Kāṭh. wird aber nachher auch das Zugießen bloßen Wassers gebilligt („Daher soll bloßes Wasser, ein einziger Tropfen, zugegossen werden; so nimmt er die Glut nicht weg“).

8. Nachdem er mit den Formeln: „Emporkommend seid ihr; möchte ich durch Nachkommenschaft und Vieh emporkommen[1]. Nicht soll deine Glut fortgehen[2]. Der du der aufgehende Himmelsraum bist, leuchte über den drei Räumen“[2] wiederum darauf hingeblickt hat[3], umzirkelt er von links nach rechts die im Topfe befindliche Milch dreimal mit einem Feuerbrand mit den Formeln: „Abgeschnitten ist das Rakṣas, abgeschnitten sind die Feinde[4]. Weggeschlagen ist das Mißlingen, weggeschlagen ist die böse Tat, weggeschlagen die böse Tat des bösen Missetäters. Wer uns Böses antun will, gehe zurück zu dem“[2], und entfernt mit der Formel: „Du bist die Wohlfahrt zustande bringende Glut, befestige hier die Labung“[5], indem er eine Spur macht[6], den Topf mit der Milch in östlicher oder nordöstlicher Richtung[7] vom Feuer.

[1] Aus MS. oder Kāṭh. [2] Bloß aus Āp. bekannt. [3] Wie in Sūtra 6 beschrieben ist. [4] Vgl. oben I. 25. 8. [5] So auch in Bhār. und zum Teil in Hir.

[6] Also über dem Boden wegzieht, nicht emporhebt: „zur Kontinuität des Opfers“ (TBr. II. 1. 3. 5). [7] Das Brāhmaṇa (TBr. II. 1. 3. 4—5) erlaubt nur die nördliche Richtung: „Wenn er es (das Agnihotra) in östlicher Richtung entfernte, so würde er den Opferveranstalter (der ja östlich vom Gārhapatya an seinem Orte südlich vom Āh. sitzt) mit Leid treffen; wenn in südlicher, so würde es (nl. die Agnihotramilch) den Vätern geweiht sein; wenn in westlicher, so würde er die Herrin des Hauses (die ja westlich vom Gārh. ihren Sitz hat) mit Leid treffen. Er entfernt es in nördlicher Richtung; diese Richtung (oder Gegend) ist ja die günstige *(śānta)*, den Menschen zukommende Gegend; in dieser Richtung entfernt er es: zur Beschwichtigung *(śānti)* der Feuersglut“, und vgl. MS. I. 8. 4: 119. 14. „Beim Agnihotra befinden sich der Opferveranstalter und dessen Gattin in verschiedenen Gegenden: vorne ist der Raum des Opferveranstalters, hinten derjenige der Gattin; wenn er es in östlicher Richtung entfernte, so würde der Opferveranstalter, wenn in westlicher Richtung, die Gattin vor der Zeit sterben. „Zu wem hast du die Glut entfernt?“ so fragen die Vedakundigen. In

nördlicher Richtung ist es zu entfernen. Ohne Krankheit werden (dadurch) die Beiden zusammen alt und erreichen die volle Lebensdauer" (vgl. Kāṭh. VI. 4: 52. 14).

9. „Er macht keine Spur", so lautet die Überlieferung einiger[1].

[1] Es können die Vājasaneyins gemeint sein.

10. Nachdem er das Agnihotra mit der Formel: „Hier befestige Nachkommenschaft und Vieh"[1] dreimal nördlich vom Gārhapatya auf den Boden gestellt hat[2], schiebt er die glühenden Kohlen in den Gārhapatya zurück mit der Formel: „Die richtig Schöpferischen seid ihr. Zurückgeschoben ist die von Fremden drohende Gefahr[3]. Zurückgeschoben sind die angreifenden Heere."

[1] Die Formel nur aus Āp. bekannt. [2] Wahrscheinlich aus Kauṣ. br. II. 1 („Dreimal es in der Nähe des Gārhapatya setzend, entfernt er nach Norden das zum Opfer Bestimmte") und vgl. Kāty. IV. 14. 5. [3] Wahrscheinlich aus JBr. (wo aber *bhūtakṛta* statt *subhūtakṛta*).

VI. 7.

1. Nachdem er mit der Formel: „Auf Gott Savitṛ's Geheiß ergreife ich dich mit den Armen der Aśvins, mit den Händen des Pūṣan"[1] den Opferlöffel und den Sruva genommen hat, nachdem er diese über dem Āhavanīya oder dem Gārhapatya mit der Formel: „Entgegengebrannt ist das Rakṣas, entgegengebrannt sind die Feinde"[2] gewärmt hat, nachdem er sie mit der Formel: „Unversehrt sei der Opferveranstalter und die Herrin des Hauses"[3] berührt hat, nachdem er über dem Agnihotralöffel die Formel: „Der (Löffel) mit goldnem Stab, mit unvergänglichem Blatte, der Strom der Opfer(güsse) bist du"[4] geflüstert hat, sagt er für das Abendagnihotra: „Om, ich werde ausschöpfen die Opfergabe den Göttern, (ich werde herausretten) den Opferherrn aus dem bösen Geschick"[5], für das Morgenagnihotra: „Om, ich schöpfe aus usw., (ich rette heraus) usw.[6]"

[1] Z. B. TS. I. 3. 1. a. [2] TS. I. 1. 4. c. [3] Die Formel nur noch bei Bhār., Hir. [4] Aus JBr. (auch bei Hir.); *amṛtapalāśa* könnte auch bedeuten: „von unvergänglichem Palāśaholz" (butea frondosa), vgl. jedoch VI. 3. 6. [5] Nur so noch Bhār., Hir.

2. a. Nachdem der Opferveranstalter leise die Formel: „Du bist der Götter Opfergabe; vor dem Tode sei mir Sicherheit, Heil sei mir, Sicherheit sei mir"[1] gesagt hat, erteilt er laut seine Zustimmung mit (der Formel): „Om, schöpfe aus[2]."

[1] Nur noch bei Bhār. und Hir. [2] Bhār. hat auch hier die Schlußworte des in Sūtra 1 gegebenen Spruches.

2. b. Wenn der Opferveranstalter weggegangen ist, erteilt der Adhvaryu sich selber die Erlaubnis.

3. Während ausgeschöpft wird (und nachher), halten beide, der Adhvaryu und der Opferveranstalter, die Stimme an, bis zur Opferspende[1].

[1] Die eigentliche Agnihotraspende VI. 10. 8. Die Vorschrift scheint erweitert zu sein aus Kāṭh. VI. 7: 56. 14: „*vācaṃ yacched agnihotra unnīyamāne:* durch Tapas war es, daß Prajāpati die Geschöpfe erschuf, und sein Tapas bestand eben darin, daß er nicht redete (*na vyāharat*). Ein Schöpfungsakt ist das Agnihotra, ein Schöpfungsakt diese Observanz" (vgl. MS. I. 8. 4: 119. 8—12).

4. Der Opferveranstalter wendet, während ausgeschöpft wird, das Auge nicht davon ab und hat zu stehen[1].

[1] Diese Vorschrift ist, wie es scheint, nicht aus älteren Quellen zu belegen.

5. Wenn ausgeschöpft ist, setzt er sich nieder.

6. Viermal schöpft der Adhvaryu mit dem Sruva die Milch aus dem Kübel in den Agnihotralöffel aus[1].

[1] Dadurch erhält der Opferveranstalter das vierfüßige Vieh (TBr. II. 1. 3. 5—6).

7. Von welchem der Söhne des Opferveranstalters der Adhvaryu wünscht, daß er gedeihen möge, mit Bezug auf diesen schöpft er einen der vier Sruvas voll, die anderen etwas weniger voll, aus[1].

[1] Er hat dabei an den in Frage stehenden Sohn zu denken, vgl. Āśv. II. 3. 14 und TBr. II. 1. 3. 6.

8. Wenn er wünscht, daß die Söhne vom ältesten an gedeihen mögen, so schöpft er den ersten Sruva voll und die folgenden immer weniger voll. Wenn er wünscht, daß die Söhne vom jüngsten an gedeihen mögen, so macht er es umgekehrt. Wenn er wünscht, daß sie alle gleich kräftig sein mögen, so schöpft er in jeden Sruva gleichviel[1].

[1] Alle Bestimmungen entstammen der MS. (I. 8. 4: 119. 18—120. 5) oder dem Kāṭh. (VI. 4: 52. 16—21).

9. Im ständigen Ritual[1] schöpft er aus, wie es gerade ausfällt.

[1] Vgl. Bem. zu VI. 4. 3.

VI. 8.

1. Und zwar den ersten Sruva mit der Formel: „Für Agni und die Erde schöpfe ich dich aus“, den zweiten mit (der Formel): „Für Vāyu und den Luftraum schöpfe ich dich aus“, den dritten mit (der Formel): „Für die Sonne und den Himmel schöpfe ich dich aus“, den vierten mit (der Formel): „Für den Mond und die Sterne schöpfe ich dich aus[1].“

[1] Die Formeln so nur noch in Hir. und Vaikh.

2. Einen fünften mit (der Formel): „Für die Wässer und die Kräuter schöpfe ich dich aus“, wenn der Opferveranstalter ein Jamadagni ist[1].

[1] Vgl. II. 18. 2.

3. Oder mit je einer der fünf Formeln: „Bhūr iḍā; bhuva iḍā; suvar iḍā; karad iḍā; pṛthag iḍā[1].“

[1] Die ersten drei ebenso bei Baudh., die vier bei Hir., und Āśv. II. 3. 12 (wo *ṛdha iḍā*). Statt *pṛthag* wird wohl *ṛdhat* zu lesen sein (vgl. Kauś. sū. 91. 10).

4. Nachdem er mit der Formel: „Halte das Vieh für mich an“[1] den die eingeschöpfte Milch enthaltenden Agnihotralöffel westlich vom Gārhapatya[2], auf die Stelle, wo ausgeschöpft worden ist[3], oder näher beim Gārhapatya[4] hingestellt hat[5], berührt er, nachdem er die Hände über dem Gārhapatya gewärmt hat, den Löffel abends mit der Formel: „Im Verein mit den abends kommenden Göttern[6]. Die abends kommenden Götter sollen mich heil hinüberbringen. Möchte ich mit Vieh reichlich bedacht werden. Festige meine Nachkommenschaft“[7], morgens mit derselben Formel, aber hier überall „morgens“ statt „abends“.

[1] Aus Kāṭh. (VI. 4: 53. 2). Das Vieh (d. h. die Kühe) soll die Milch dem Opferveranstalter beibehalten, weil die viermal geschöpfte Milch auf die Vierfüßler deutet, vgl. auch VI. 7. 6. [2] So nach dem Kāṭh. [3] So will es die MS. I. 8. 4: 120. 6. [4] *abhitaraṃ vā* vgl. MS. l. c. *prataraṃ vā.* [5] Dreimal wird das Agnihotra niedergesetzt (VI. 8. 4, VI. 8. 11 und VI. 10. 11; wenn es nach Āp. (VI. 11. 4) noch zum vierten Male niedergesetzt wird, so ist dies wider das Brāhmaṇa); dadurch stimmt er gnädig (erreicht er) die Erde, den Luftraum, den Himmel (TBr. II. 1. 5. 8, vgl. Kauṣ. br. II. 2. am Anfang). [6] Die ersten Worte dieser Formel in TBr. II. 1. 5. 10. [7] Der Rest der Formeln ohne *prajāṃ dṛṃha* auch in Hir.; bis *paśubhiḥ* (incl.) auch Baudhāyana.

5. Nachdem er den Löffel auch mit der Zehnhotṛformel[1] berührt hat, hebt er ihn, ein Scheit von Palāśa-(Butea frondosa)holz von der Größe einer Spanne darüber haltend, gerade über die Flamme des Gārhapatya hin[2].

[1] TĀ. III. 1. [2] Die Vorschrift aus MS. I. 8. 4: 120. 8 oder Kāṭh. VI. 4: 53. 5 *(samayāgniṃ harati).*

6. Mit der Formel: „Suche den weiten Luftraum“[1] läuft er hinauf (d. h. vom Gārhapatya in der Richtung des Āhavanīya).

[1] Die Formel aus MS., Kāṭh., oder VS.

7. Während er hinaufläuft, sagt er die Zehnhotṛformel her[1].

[1] Nach TBr. II. 2. 1. 6.

8. Er trägt den Löffel, ihn in der Höhe der Nase haltend.

9. Halbwegs zwischen Gārhapatya und Āhavanīya senkt er ihn nieder mit der Formel: „Svāhā dem Agni Vaiśvānara.“

10. Mit der Formel: „Dem Winde dich“[1] hebt er ihn wieder empor.

[1] Die Formel nur bei Āp., vgl. aber TBr. II. 1. 6. 4: „Dadurch daß er, nachdem er es (das Agnihotra) am Gārhapatya aufs Feuer gesetzt hat, zum Āhavanīya hinaufläuft, stimmt er Vāyu gnädig.“

11. Hinter dem Āhavanīya legt er ihn auf Gräser nieder[1] mit dem Verse und den Formeln: „Kommet heran, schließet euch an, trennet den Teilhaber nicht vom Anteile. Wo der Raum der sieben frommen Ṛṣis ist, dort stelle dieses Opfer und diesen Opferveranstalter.“ „In der Nähe des Herkömmlichen, in der Nähe(?).“ „Bhūr, bhuvaḥ, suvaḥ. Halte die Lebensdauer für mich an[2].“

[1] Vgl. Bem. 5 zu VI. 8. 4. [2] Der ganze Mantra wird so nur in Āp. angetroffen. Der Vers ist dem bei Baudh. III. 6: 75. 5 zitierten sehr ähnlich.

VI. 9.

1. In wessen Feuer, während es ausgenommen wird[1], das Agnihotra geopfert wird, von dem ist es den Vasus dargebracht; wenn es geopfert wird in dem Feuer, welches, nachdem es auf den Āhavanīyaherd hingelegt ist, raucht, den Rudras; wenn es geopfert wird, sofort wenn die Flamme das Scheit erfaßt, den Ādityas; wenn es geopfert wird, wenn das ganze Scheit von allen Seiten entflammt ist, den Allgöttern; wenn es geopfert wird, wenn die Flamme niedriger und die Glut rot wird, dem Indra; wenn es geopfert wird an dem Zeitpunkte, wann aus den glühenden Kohlen noch eine Flamme sich erhebt, dem Prajāpati; wenn es geopfert wird an dem Zeitpunkte, wann die glühenden Kohlen sich mit einer Haut von Asche

überziehen und eine Flamme von schwärzlichem Aussehen sich noch erhebt, dem Brahman[2].

[1] D. h. wohl: unmittelbar nachdem der Feuerbrand zum Āhavanīya gelegt worden ist.
[2] Alles nach TBr. II. 1. 10, vgl. ŚBr. II. 3. 2. 9—13.

2. „Wenn es, nachdem die glühenden Kohlen verloschen sind, noch einen flackernden Schimmer gibt, so ist dies der Mund der Götter; daher ist das Agnihotra so (d. h. an diesem Zeitpunkt) darzubringen; er legt es dann sozusagen in ihren Mund hinein“, so wird ausgesagt[1].

[1] Nl., mit geringer Abweichung im Wortlaut, in der MS. (I. 8. 6: 123. 12).

3. Nachdem er mit den Formeln: „Ein Blitz bist du, scheide aus mein böses Geschick. Von dem Rechten gehe ich zum Wahren“[1], wenn er nahe daran ist, das Agnihotra darzubringen, Wasser berührt hat, legt er das Scheit von Palāśa-(Butea frondosa)holz[2] in den Āhavanīya: eines, zwei oder drei[3].

[1] Vgl. oben IV. 1. 6. [2] Vgl. VI. 8. 5. [3] Im folgenden ist nur immer von dem einen Scheit die Rede. Die MS. (I. 8. 4: 120. 15) erlaubt zwar auch zwei Scheite, aber nachher wird diese Praxis als verwerflich bezeichnet. Das Brāhmaṇa des Āp. (TBr. II. 1. 3. 9) verbietet nachdrücklich ein zweites Scheit. Daß es drei Scheite geben soll, ist nirgends überliefert.

4. Mit der Formel: „Hier ist ein Scheit für dich, o Agni“ usw.[1] legt er das erste oder eventuell einzige Scheit auf; mit der Formel: „Als den goldenen Querbalken zur Ersteigung des Himmelsraumes bringe ich dich an“[2] das zweite; mit der Formel: „Als die silberne, goldkeimige, feuerleuchtende, unerschöpfliche Himmelswunschkuh zur Erlangung des Himmelsraumes lege ich dich, die Nacht, als Backstein an; durch diese Gottheit sitze in der Weise der Angirasen fest“[3] abends das dritte, morgens mit der Formel: „Als die goldne, silberkeimige, sonnenleuchtende, unerschöpfliche Himmelswunschkuh zur Erlangung des Himmelsraumes lege ich dich, den Tag, als Backstein an[3].“

[1] Vgl. III. 4. 6. [2] Mit leichter Änderung aus dem JBr. [3] Diese zwei Formeln mit Varr. auch in Baudh. und zum Teil bei Āśv. II. 3. 15.

VI. 10.

1. Nachdem er das Scheit aufgelegt, ein- und ausgeatmet, die Augen geschlossen und wieder geöffnet hat, denke er, nach der Darbringung des Agnihotra, an das, was er (nl. der Opferveranstalter) sich wünscht.

2. Nach der Darbringung blickt er mit weit geöffneten Augen darauf hin[1].

[1] Diese Vorschrift auch bei Bhār.; vgl. übrigens VI. 7. 4.

3. a. Er opfert das Agnihotra über dem Scheit, wenn dasselbe entflammt ist[1] oder wenn es schwarzbraun ist, oder in dem Augenblick, wo die Flamme sich gelegt hat und nur noch ein wenig flackert.

[1] Nur dies nach dem Brāhmaṇa (TBr. II. 1. 3. 9). Zum Übrigen vgl. VI. 9. 2.

3. b. Über dem Scheit, wenn dasselbe raucht, bringt er es dar für einen, der ein Dorf (d. h. die Oberherrschaft über seine Dorfstammesgenossen) wünscht: wenn es flammt, für einen, der priesterliches Ansehen, über den glühenden Kohlen für einen, der feurige Kraft wünscht[1].

[1] Alles offenbar nach Kauṣ. br. (II. 2, wo aber statt: „für einen, der feurige Kraft wünscht“, „für einen, der Vieh wünscht“ steht).

4. Er opfert es über dem Scheit in einer Entfernung von zwei Fingerlängen, vom dicken Ende an gerechnet[1].

[1] Aus Kauṣ. br. l. c. (vgl. Āśv. II. 3. 16).

5. Hinzuschreitend[1] opfert er abends, zurückschreitend[1] morgens[2].

[1] D. h. den einen, nl. den rechten, Fuß vorwärts, bzw. zurück setzend.
[2] Die Vorschrift entstammt dem Kāṭh. (VI. 5: 54. 9). Statt *avakrāmam* ist in Āp. wohl *apakrāmam* zu lesen.

6. Oder in beiden Fällen hinzuschreitend[1].

[1] So auch Kāṭh. Z. 10.

7. Unmittelbar bevor er opfert, flüstert er: „Bhūḥ, bhuvaḥ, suvaḥ[1].“

[1] Aus der MS. I. 8. 5: 120. 21.

8. Abends bringt er das Agnihotra dar mit der Formel: „Agni (ist) das Licht, das Licht (ist) Agni, svāhā“, morgens mit: „Sūrya ist das Licht, das Licht (ist) Sūrya, svāhā.“

9. Oder er bringt es dar mit den vermischten Formeln, abends mit (der Formel): „Agni (ist) das Licht, das Licht ist Sūrya, svāhā“, morgens mit (der Formel): „Sūrya (ist) das Licht, das Licht ist Agni, svāhā[1].“

[1] Zu Sūtra 8 und 9. Die beiden Weisen werden im Brāhmaṇa angegeben, die in Sūtra 8 erwähnte in TBr. II. 1. 9. 2, die in Sūtra 9 erwähnte in TBr. II. 1. 2. 10. Die zuerst zitierte Brāhmaṇastelle scheint mit der zuletzt genannten in Widerspruch zu stehen; es heißt ja II. 1. 2. 10: „Wenn er abends (bloß) dem Agni opferte, so würde er von der Sonne getrennt werden; wenn er morgens (bloß) der Sonne opferte, so würde er von Agni getrennt werden, und er würde Streit unter den Göttern veranlassen.“ Wenn er aber nach Sūtra 9 verfährt, so opfert er zu beiden Zeiten den beiden Göttern, sodaß kein Streit unter ihnen ensteht. — Übrigens wird die Formel (*agnir jyotir jyotir agniḥ*), wo Agni (bzw. Sūrya) beiderseitig das doppelte *jyotiḥ* sozusagen umfaßt, als eine „Schwangere“ bezeichnet. Sie beabsichtigt natürlich die Nachkommen des Opferveranstalters zu mehren (MS. I. 8. 5: 121. 2, Kāṭh. VI. 5: 53. 21).

10. Mit der Formel: „Zum Safte (= Gedeihen) dich“[1] wischt er abends abwärts[2] das Fett von der Schnauze des Opferlöffels ab, mit: „Zur Kraft dich“[1] morgens aufwärts[3].

[1] TS. I. 1. 1. a. [2] D. h. von der Spitze auf die Höhlung zu (Rudr.), und umgekehrt.
[3] Die Vorschrift (nicht die Formeln) beruht auf TBr. II. 1. 4. 4. der Wortlaut des Āp. ist aber durch MS. I. 8. 5: 121. 12 beeinflußt.

11. a. Das am Finger klebende Fett wischt er mit der Formel: „Den Kräutern dich; belebe die Kräuter“[1] an der Streu ab[2].

[1] TS. III. 5. 2. 4. [2] Und zwar nach Baudh. (III. 6: 75. 9) abends mit zurückgewandter Hand, deren Rücken nach oben, morgens mit nach vorne gewandter Hand, deren Rückenfläche nach unten gekehrt ist. Übrigens vgl. TBr. II. 1. 4. 7: „Daß er (das Fett) abwischt, (diese Handlung) gilt den Kräutern.“

11. b. Mit der Formel: „Den Glanz (der Gesundheit) halte für mich zurück“[1] setzt er den Opferlöffel nieder[2].

[1] Formel und Vorschrift nach MS. (I. 8. 4: 120. 11). [2] Und zwar auf Gräser hinter dem Āhavanīya, wie VI. 8. 11. — Übrigens vgl. Bem. 5 zu VI. 8. 4.

11. c. Darauf blickt er zum Gārhapatya hin[1] mit den Formeln: „O Hausherr Agni, quäle mich nicht durch deine Glut. Das Nicht-vor-der-Zeit-Sterben

habe ich in mich selbst gestellt und Nachkommen und Licht. Mit unversehrtem Auge blicke ich zu dir hin[2]."

[1] „Er blickt (vom Āhavanīya) zum Gārhapatya hin; dadurch bewirkt er, daß er (der G. es ihm) nicht nachträgt (nl. daß die Spende, obgleich das Feuer dem Gārhapatya entnommen war und die Milch über dem Gārhapatya gekocht war, dennoch im Āhavanīya dargebracht wurde)" TBr. II. 1. 4. 3. vgl. MS. I. 8. 5: 122. 13. [2] Die Formeln nahezu gleichlautend nur noch in Hir.

11. d. Mit den großen Worten: „Bhūḥ, bhuvaḥ, suvaḥ" oder ohne Spruch[1] opfert er eine zweite Spende auf dem Scheit und zwar über dem vorderen (d. h. östlichen) Teile des Scheites.

[1] Dies ist das gewöhnliche Verfahren (TBr. II. 1. 2. 12), weil diese Spende dem Prajāpati gilt (MS. I. 8. 7: 125. 5, Kāṭh. VI. 6: 54. 18).

12. „Das Scheit ist nicht mit dem zweiten Opferguß zu begießen", so überliefern einige[1].

[1] Und zwar die Mānavas (MS. I. 8. 6: 123. 15).

VI. 11.

1. Nachdem er zum zweiten Opfergusse eine größere Quantität als zum ersten ausgegossen hat[1], läßt er in dem Agnihotralöffel eine größere Quantität als er zum zweiten Opfergusse gespendet hat, zurück[1], zum Trinken[2].

[1] Vgl. TBr. II. 1. 4. 1 und MS. I. 8. 5: 121. 5, 17. [2] Vgl. unten VI. 11. 4. b, 5.

2. Von welchem (Opferveranstalter) er wünscht, daß es ihm schlechter ergehen möge, für diesen mache er den ersten Opferguß umfangreicher, den zweiten geringer[1].

[1] Wörtlich mit TBr. II. 1. 4. 2 übereinstimmend (dies soll das Verfahren der Asuras gewesen sein, die folglich unterlagen).

3. Nach der Darbringung der zweiten Spende hebt er den Opferlöffel empor[1] und bewegt denselben dreimal in nördlicher Richtung über dem Āhavanīyafeuer hin mit der Formel: „O Rudra, habe Erbarmen; o Anārbhava[2], habe Erbarmen, o Dhūrta (Schelm?)[3], Verehrung sei dir; o Herr des Viehs, beschütze ihn[4]."

[1] Vgl. VI. 8. 10. [2] Oder *anabhū* (so MS.): „nicht gehorsam, nicht dienstfertig" (PW). [3] Vgl. WZKM. XXIII, S. 52. [4] Das Yajus (auch bei Hir.) zum Teil aus MS. oder Kāṭh., wahrscheinlich auch die Vorschrift (*udaṅṅ uddiśati,* MS.).

4. a. Nachdem er wie vorher[1] das Fett abgewischt hat[2], wischt er, das Kleid (oder die Opferschnur) unter die rechte Achselhöhle gebracht habend, mit der Formel: „Svadhā den Vätern, stärke die Väter"[3] südlich von der Stelle der Vedi das Fett an der Erde ab, legt den Opferlöffel nieder[4] mit der Formel: „Nachkommenschaft halte für mich zurück"[5], und berührt, nach der Darbringung der Opfergabe[6], Wasser, mit der Formel: „Regen *(vṛṣṭi)* bist du, vernichte *(vṛśca)* mein böses Geschick: vom Rechten bin ich zum Wahren gekommen[7]."

[1] Vgl. VI. 10. 10. [2] Diese wiederholte Abwischung ist, der gewöhnlichen Darstellung nach, überschüssig: „Was er abwischt (vgl. VI. 10. 10), das gehört den Kräutern; was er zum zweiten Male abwischt (vgl. VI. 11. 4. a.), das gehört den Vätern" (TBr. II. 1. 4. 7).

[3] TS. III. 5. 2. 3. [4] Vgl. oben VI. 8. 11 und Bem. 5 zu VI. 8. 4. [5] Aus Kāṭh.

[6] Wie er es vor der Darbringung getan hatte, VI. 9. 3. [7] Vgl. IV. 16. 16.

4. b. Der Löffel befindet sich innerhalb der Stätte der Vedi[1]: dann nimmt er mit dem Ringfinger ein wenig daraus weg und ißt das Fett mit der Formel: „Pūṣan bist du“, ohne ein Geräusch mit der Zunge zu machen und ohne es mit den Zähnen in Berührung zu bringen[2].

[1] Vielleicht ist der Text hier nicht ganz richtig überliefert. [2] Alles nach MS. I. 8. 5: 121. 20ff.

5. Nachdem er Wasser geschlürft und in derselben Weise nochmals gegessen und darauf wieder Wasser geschlürft hat, schlürft er[1], mit einem Grashalme den Opferlöffel stützend, nachdem er eine Wendung um seinen rechten Arm als Achse gemacht hat, sodaß er nach Norden gekehrt steht, und nachdem er sich (aus dem Opferplatz) hinaus begeben hat[2], den Rest aus dem Opferlöffel, dessen Stiel er nach Norden oder nach Osten gerichtet hält, und zwar mit den folgenden Formeln und Versen: „Den Leibesfrüchten dich; begünstige die Leibesfrüchte[3].“ „Die für Agni bestimmte Opfergabe soll mir erzeugend sein“ usw. wie oben IV. 14. 1. b.[4].“ „Agni soll mir die Nachkommen zahlreich machen. Bringe du uns Nahrung, Milch und Samen. Er soll Wohlstand, Saft und Labung in uns befestigen, svāhā[5].“

[1] Im Brāhmaṇa (TBr. II. 1. 4. 7) werden nur erwähnt: das Essen, das Schlürfen, das wiederholte Schlürfen, nachdem er sich nach Norden umgewendet hat; darauf das Auswärmen des Löffels, dann das Sichherumwenden. Vorher aber (l. c. 5) heißt es: „Zweimal opfert er, zweimal wischt er ab, zweimal ißt er.“ [2] *utsṛpya* wohl nach ŚBr. II. 3. 1. 21; die genaue Bedeutung dieses Wortes steht nicht fest, vgl. die Bem. Eggelings z. d. S. (SBE. XII, S. 333). [3] Auch bei Bhār. und Hir. [4] Mit geringer Abweichung TBr. II. 6. 3. 5. [5] TBr. l. c. (mit Var.).

VI. 12.

1. Morgens ersetzt er in dem Verse die Worte: „Die für Agni bestimmte Opfergabe“ durch die Worte: „Die für Sūrya bestimmte Opfergabe.“

2. Nachdem er den Löffel zweimal ausgeleckt und ihn mit Wasser gefüllt hat, gießt er, mit der Formel: „Belebe diejenigen, deren Anteil der Überrest ist“, den Inhalt von sich ab nieder, schlürft Wasser und wäscht den Agnihotralöffel aus, mit Gräsern ihn ausscharrend.

3. „Die Götter essen nicht das mit Fleisch (d. h. mit der Hand) Gewaschene“, so heißt es in der heiligen Überlieferung[1].

[1] Die Quelle dieser Śruti ist unbekannt. Sie wird zitiert, um das Reinigen vermittelst der Gräser zu begründen.

4. Mit Wasser den Löffel wieder gefüllt habend, gießt er den Inhalt nach den verschiedenen Himmelsgegenden aus, das erste Mal mit der Formel: „Den Schlangen dich, die Schlangen belebe“; darauf drei Löffel je mit einer der Formeln: „Die Schlangen und Ameisen belebe; die anderen Wesen als die Schlangen belebe; die Schlangengötterwesen belebe.“ Er füllt ihn zum vierten Male, gießt den Inhalt hinter dem Āhavanīya aus mit der Formel: „Auf der Erde opfre ich den Nektar, svāhā“, und den Rest in die beiden hohl aneinander gehaltenen Hände der Herrin des Hauses mit der Formel: „Dem Hause dich, das Haus belebe[1].“

[1] Die meisten dieser Formeln auch bei Bhār. und Hir.

5. Falls die Herrin des Hauses nicht beteiligt ist[1], so gieße er den Inhalt an der Stätte aus, wo sie in normalen Umständen sitzt[2], mit der Formel: „Den Gattinnen der Götter opfre ich den Nektar, svāhā."

[1] Z. B. weil sie ihre Periode hat. [2] Vgl. VI. 5. 2.

6. Nachdem er nochmals Wasser in den Löffel gegossen hat, gießt er den Inhalt aus an der Stelle, wo ausgeschöpft worden ist[1], mit der Formel: „Du bist die Beschwichtigung (Löschung) der Tropfen[2]."

[1] Vgl. VI. 7. 1. [2] Das ganze ist nur aus Āp. bekannt.

6. b, 7. Nachdem er den Löffel am Āhavanīya gewärmt hat, soll die rechte Hand über denselben (nl. über den Löffel) gelegt werden, oder die Hand soll gewärmt werden und diese über den Löffel gelegt werden[1]; mit dem in dieser Lage sich befindenden Löffel zeigt er nach Norden hin mit der Formel: „Den sieben Ṛṣis dich, belebe die sieben Ṛṣis[2]."

[1] Dies ist der MS. (I. 8. 5: 122. 4) entnommen. Diese Geste beabsichtigt das Feuer zu beschwichtigen. [2] Vgl. TBr. II. 1. 4. 8: „Er weist zu: die sieben Ṛṣis stimmt er dadurch gnädig."

VI. 13.

1. Mit der Formel: „O Agni, Hausherr, du verehrungswürdiger, nimm gerne an, svāhā" macht er vermittelst des Sruva im Gārhapatya einen Butterguß oder zwei oder drei oder vier Buttergüsse[1].

[1] Diese Vorschrift ist aus der MS. (I. 8. 5: 122. 9) oder aus dem Kāṭh. (VI. 8: 58. 11) erweitert, wo nur eine Āhuti verordnet wird, vgl. aber Kāty. IV. 14. 23—25, wo in jedem Feuer eine zweite Āhuti ohne Spruch verlangt wird. Diese Āhutis werden im Gārhapatya dargebracht, weil sonst dieses Feuer, über welchem ja die Milch gekocht wird, obgleich dieselbe im Āhavanīya dargebracht wird, dies dem Opferveranstalter nachtragen würde.

2. In der Überlieferung einiger[1] wird dafür die Formel: „Dem Hausherrn Agni, dem Herrn des Reichtums, dem Herrn des Gedeihens, dem Wunsche, der Nahrung, svāhā" gebraucht.

[1] Wahrscheinlich die Kāṇvas, in deren Saṃhitā ein ähnlicher Spruch überliefert ist (die ŚBr.-Rezension dieser Śākhā erwähnt diese Spende nicht).

3. Einige fügen die Formeln von Sūtra 1 und 2 zusammen, sodaß entweder mit den beiden Sprüchen ein Guß oder zwei Güsse dargebracht werden.

4. Mit der Formel: „O Agni, der du nicht zu schädigen bist, Verehrenswerter, nimm gerne an, svāhā"[1] macht er vermittelst des Sruva im Dakṣiṇāgni einen Butterguß, oder zwei, oder drei oder vier Buttergüsse.

[1] Die Formel erweitert aus dem Kāṭh, wo dieselbe jedoch nicht für diesen Zweck zu gelten scheint.

5. Mit der Formel: „O Herr der Speise, gib uns Speise", einen zweiten[1].

[1] Vgl. Kāty. IV. 14. 25.

6. Oder er opfere in den beiden hinteren Feuern, ohne gegessen zu haben[1].

[1] D. h. ehe er nach VI. 11. 4ff. die Milch genießt.

7. Das Opfer findet (nur) im Āhavanīya statt, nicht (auch) in den beiden hinteren Feuern[1].

[1] Dies scheint der ursprüngliche Sachverhalt der Taittirīyas zu sein; Baudh. weiß nichts von einem Opfer im Gārhapatya und Dakṣiṇāgni.

8. „Wenn er, nachdem er im Āhavanīya geopfert hat, auch in den beiden hinteren Feuern opferte, so würde es sein, als ob er vom Himmelsraume wieder herabstiege", so heißt es in der heiligen Überlieferung[1].

[1] Diese aus keiner Quelle zu belegende Śruti wird zitiert, um die in Sūtra 7 geäußerte Ansicht zu erhärten.

9. Ein Brāhmaṇa der Bahvṛcas[1] lautet: „Alle diese Feuer werden des Opfers halber gegründet. Vier Güsse opfert er im Gārhapatya, vier im Dakṣiṇāgni, zwei im Āhavanīya. Das macht zusammen zehn. Zehnsilbig ist die Virāj (das Versmaß). Gerade so groß wie die Virāj ist das Opfer."

[1] Kauṣ. br. II. 3 ist dem Inhalt und zum größten Teile auch dem Wortlaut nach mit diesem Zitat identisch. Diese Śruti wird zitiert zugunsten der anderen Absicht, daß wohl auch in den beiden hinteren Feuern geopfert werden muß.

10. Als Formel zu der dann erfolgenden Entflammung der Feuer wird überliefert: „Leuchte; du sollst leuchten; er leuchtet[1]."

[1] Ähnliches bei Hir. und Āśv. II. 4. 19, vgl. TBr. II. 1. 4. 8: „Nachdem er geopfert hat, setzt er die Feuer in Flammen."

11. Oder er entflammt jedes der fünf Feuer mit je einer der folgenden Formeln: „Leuchte; du sollst leuchten; er leuchtet; möchte ich leuchten; leuchte du."

12. Und zwar in der Reihenfolge, in welcher sie gegründet worden sind, oder beim Āhavanīya anfangend[1].

[1] Dieses Sūtra ist identisch mit VI. 2. 5.

VI. 14.

13, 1. Nachdem er innerhalb der Stelle der Vedi Wasser ausgegossen hat, umgießt er wie oben[1] die Feuer; der ununterbrochene Wasserstrahl[2] bleibt fort.

[1] Vgl. VI. 5. 4. [2] Vgl. ib. 5.

2. Nachdem er mit der Formel: „Erfreut hast du, o Agni, deinen eignen Leib, verehrt hast du Erde und Himmel; Nahrung verleihe uns" einen Grashalm von der Streu in den Agnihotramilchtopf eingetaucht hat, wirft er denselben in den Āhavanīya nach[1].

[1] Spruch und Ritual dem Kāṭh. (VI. 8: 58. 8) entnommen, vgl. MS. I. 8. 7: 126. 9ff.

3. Denn dies ist der Abschlußakt des Agnihotra[1].

[1] Gerade so wie das eigentliche Voll- und Neumondsopfer durch das Hinterdreinwerfen der in dem Löffel gesalbten Streu (III. 7. 4) abgeschlossen wird. — Über diesen strittigen Punkt äußert sich die MS. (I. 8. 7: 126. 8) in der folgenden Weise: „Soll es (nl. das Agnihotraopfer) abgeschlossen werden, oder soll es nicht abgeschlossen werden", so überlegt man. Wenn er es abschließt, so werfe er einen Grashalm, welchen er gefettet hat, (in das Feuer) nach. Denn dies ist der Abschluß(-akt) des Agnihotra. Man sagt (aber) darüber: „Wenn er um die Habe gebracht wird, wenn er vor seiner Zeit stirbt, wenn er ins Unglück gerät, dann (erst) bekommt das Agnihotra (welches ja lebenslänglich ist) seinen Abschluß. Darum ist es nicht (durch die erwähnte Handlung) abzuschließen." Die von Āp. an erster Stelle (vgl. das nächstfolgende Sūtra) zugelassene Möglichkeit ist also die einer ihm fremden Śākhā.

4. Es ist gesagt worden[1]: „Er werfe die Streu nicht hinterher. Ein

unabgeschlossenes Opfer, fürwahr, ist das Agnihotra. (Wenn er es hinterdrein würfe, so würde er das Opfer unterbrechen; deshalb ist es nicht hinterdrein zu werfen: zur Kontinuität des Opfers.)"

[1] TBr. I. 1. 4. 9 (Die Worte: „Es ist gesagt worden" implizieren: „Und diese Praxis ist ebenfalls zulässig").

5. Nachdem er den Agnihotramilchtopf ausgespült hat, gießt er den Inhalt auf die Stelle, wo ausgeschöpft worden ist[1] oder innerhalb der Stelle der Vedi hin, mit der Formel: „Das nicht Versiegende opfere ich in der nicht versiegenden, svāhā[2]."

[1] Vgl. VI. 7. 1. [2] Die Formel nur in Āp. — Diese Handlung gründet sich auf die in dem Brāhmaṇa (TBr. l. c.) sich der in der vorhergehenden Bemerkung zitierten Stelle anschließenden Worte: „Er gießt Wasser aus; (dadurch) bringt er das Abzeichen des Schlußbades beim Somaopfer zustande (und in dieser Weise wird das Agnihotra gewissermaßen doch abgeschlossen)."

6. Nachdem der Opferveranstalter mit den Formeln: „Regen *(vṛṣṭi)* bist du, vernichte *(vṛśca)* mein böses Geschick. Vom Rechten bin ich zum Wahren gekommen[1]. In den Wässern ist die Opferwilligkeit *(śraddhā)*"[2] Wasser geschlürft hat, reinigt er sich innerhalb der Stelle der Vedi mit den Formeln: „Speise essend seid ihr; möchte ich Speise essend sein. Ruhm seid ihr; möchte ich berühmt sein. Die Opferwilligkeit seid ihr; möchte ich Opferwilligkeit finden[3]."

[1] Vgl. VI. 11. 4. a. [2] Diese Formel auch bei Āśv.; vgl. die Schlußworte des Yajus VI. 5. 3. [3] Alle diese Formeln nur in Āp.

7. Mit dem Verse: „Das Wasser wurde zuerst zum Phlegma; das, wodurch Varuṇa, wodurch Mitra gestützt ist, wodurch die Götter den Indra zur Oberherrschaft salbten (eig. „begossen"), damit begieße ich mich selbst" gießt er sich Wasser aufs Haupt[1].

[1] Spruch und Handlung bis jetzt nur aus Āp. bekannt. — Hiermit ist die Darstellung des eigentlichen Agnihotra abgeschlossen; es folgen (bis VI. 15. 16) einige Bestimmungen besonderer Art.

8. Mit der Milch zweier Kühe opfere er das Agnihotra für einen Opferveranstalter, der Vieh wünscht.

9. Die erste melkt er in den Agnihotramilchtopf, die zweite in den Milchkübel.

10. Nachdem er die zuerst gemolkene Milch aufs Feuer gesetzt hat, gießt er die an zweiter Stelle in den Kübel gemolkene dazu[1].

[1] Zu Sūtras 8—10 vgl. TBr. II. 1. 5. 4—5: „Mit der Milch zweier (Kühe) opfere er für einen, der Vieh wünscht. Dieses Agnihotra ist eine Paarung ... Durch die erste Kuh melkt er die Erde (daher wird der irdene Topf gebraucht), den Himmel durch die zweite. Nachdem er (die Milch) aufs Feuer gesetzt hat, gießt er die zweite (Melkung) dazu. Dadurch gießt er den Samen in die Vulva" (die zweite Melkung repräsentiert den Himmel, d. h. den Befruchter, die erste die Erde, d. h. die zu Befruchtende. In dem bekannten Spruche sagt ja der Mann zu seiner Gattin: „Der Himmel bin ich, die Erde bist du" usw.).

11. Wessen Kühe von Rudra getötet werden[1], für den opfere er in derselben Weise abends und morgens das Agnihotra mit der Milch zweier Kühe.

[1] D. h. wenn die Seuche unter seinem Vieh wütet. — Zu dieser Vorschrift ist übrigens die Bem. zu Sūtra 12 zu vergleichen.

12. Wenn dann Rudra doch fortfährt, seine Kühe zu töten, so opfere er das Agnihotra abends und morgens mit Schmalz, mit der Formel: „Zugleich, o Jātavedas, von dem Himmel und von der Erde her, genieße diese Opfergabe: das Schmalz, svāhā[1]."

[1] Ohne Zweifel aus der MS. (I. 8. 6: 123. 1 ff.). Daß aber Āpastamba ohne Geschick eine Zutat gemacht hat, geht aus der Bestimmung, daß Schmalz gebraucht werden soll, und aus der Erweiterung des Spruches der MS. mit dem Worte: „das Schmalz" hervor. Es ist klar, daß die Worte: „Vom Himmel, von der Erde her" (vgl. Bem. zu Sūtra 10) auf das Opfer der Milch zweier Kühe Bezug nehmen. Zu vgl. ist auch Kāṭh. VI. 7: 57. 2.

13. Wenn Rudra dann noch nicht aufhört, so opfere er das Agnihotra zwölf Tage hindurch mit Schmalz mit der Formel: „O Agni, der du einen schwer zu vernichtenden Körper hast, nimm gerne an, svāhā[1]." Nach Ablauf dieser Zeit kümmere er sich nicht weiter darum[2].

[1] Ebenfalls nach MS. (sowohl Spruch wie Ritual) und Kāṭh. [2] Die zwölftägige Frist ist des Jahres Abbild, und in dieser Zeit wird Rudra ganz ausgewütet haben.

VI. 15.

1. Mit Milch bringe er das Agnihotra dar für einen, der Vieh wünscht, mit saurer Milch[1] für einen, der Mut, mit Reisbrühe für einen, der die Herrschaft über seine Stammesgenossen, mit Reismus für einen, der Speise, mit Körnern für einen, der Tüchtigkeit, nach anderen, der Kraft wünscht, mit Fleisch für einen, der Ruhm, mit Soma für einen, der priesterliches Ansehen, mit Schmalz für einen, der Ansehen wünscht[2].

[1] Weil das *dadhi* dem Indra dargebracht wird (Mut = *indriya*).
[2] Vgl. TBr. II. 1. 5. 5—6, vgl. Kāṭh. VI. 3 am Ende, MS. I. 8. 3.

2. Die Reisbrühe kocht er, stets Wasser beigießend.

3. Erst wenn sie gar ist, gießt er mit der Formel bei[1].

[1] Vgl. VI. 6. 7.

4. In derselben Weise das Fleisch.

5. Zum Schmalz (wenn dieses zum Agnihotra verwendet wird) gießt er nicht auf, sondern er wirft mit der Formel: „Deine Glut will ich nicht wegnehmen" zwei Grasspitzen oder eine bei.

6. Die saure Milch setzt er nicht auf das Feuer; „denn diese ist (schon) gekocht; er gießt nicht bei, denn es ist dazu schon beigegossen und zwar durch das Lab", so wird überliefert[1].

[1] Die Herkunft dieser Śruti ist mir unbekannt, und der genaue Sinn der Wörter ist mir nicht klar (zu vgl. I. 13. 12 ff.).

7. In derselben Weise[1] die Körner, das Reismus und den Soma.

[1] Wie VI. 15. 2—3.

8. Mit Schmalz, Körnern, Reismus oder Soma opfere er das Agnihotra für einen, zu dessen Opfer nicht beizugießen ist[1].

[1] Nähere Restriktion zu VI. 6. 4.

9. Mit Schmalz bringe es ein Jahr oder zwölf Tage lang dar, wer Ansehen wünscht.

10. Für einen Kṣatriya bringe er es nicht dar[1].

[1] Vgl. MS. I. 8. 7: 126. 17: „Soll das Agnihotra für einen Kṣatriya dargebracht werden oder nicht?" so überlegt man. Der Kṣatriya ißt rohe (Speise), sozusagen, er begeht viel Un-

heiliges und Unreines, er ißt, was keine Speise ist (l.: *átty anannám*), er vergewaltigt den Brahmanen. Deshalb ist das Agnihotra für einen Kṣatriya nicht darzubringen. Der Brahmane aber ist das Rechte und das Wahre; deshalb ist es nur für einen Brahmanen darzubringen." Kāṭh. VI. 6: 56. 1—2: „Für einen Kṣatriya gibt es kein Agnihotra; er ist ja ohne Observanz *(vrata)*, er zerstört die Observanz. Er unterlasse es (aber für einen solchen) nicht (gänzlich): am Voll- und Neumondstage soll er es (für ihn) darbringen. Denn diese beiden Tage bewacht die Observanz." Damit stimmt Hir. überein: „Am Knotentage bringe er für einen Kṣatriya das Agnihotra dar, nicht in der Zwischenzeit."

11. Zur Zeit des Opfers schicke der Kṣatriya aus seiner Wohnung einem Brahmanen Speise; dadurch eben hat der Kṣatriya es (das Agnihotra) dargebracht [1].

[1] Vgl. MS. l. c.: „. . . und man bringe in seiner (d. h. des Kṣatriya) Wohnung zuerst (d. h. ehe der Kṣatriya selber ißt) einem Brahmanen Speise. So hat er (der Kṣatriya) das Agnihotra dargebracht". Kāṭh. l. c.: „. . an welchem Tage er es nicht darbringt, an diesem Tage setze man in seiner Wohnung zuerst einem Brahmanen Speise vor. Der Brahmane ist ja das Feuer: er opfert dies im Feuer (und hat so das Agnihotra verrichtet)." Mehr mit Āp. („aus seiner Wohnung") stimmt Hir. überein: „Von der Speise, welche in seiner Wohnung zubereitet wird, davon bringt man zuerst einem Brahmanen."

12. Die ständigen [1] zur Verehrung der Feuer zu verwendenden Formeln soll der Adhvaryu den das Agnihotra nicht verrichtenden Kṣatriya hersagen lassen.

[1] D. h. die nicht mit einem besonderen Wunsche verbundenen; so fällt z. B. VI. 17. 11 aus.

13. Oder er (der Adhvaryu) bringe das Agnihotra dar für einen Kṣatriya, welcher das Somaopfer verrichtet und die Wahrheit spricht [1].

[1] Aus der MS. l. c.: „Oder wer das Rechte, das Wahre, begeht, für den soll es dargebracht werden."

14, 15. Der Opferveranstalter bringe selber Tag für Tag das Agnihotra dar oder bloß am Knotentage [1].

[1] An den anderen Tagen der Adhvaryu oder ein anderer Opferpriester; das letztere scheint das gewöhnliche Verfahren zu sein, vgl. I. 11. 1.

16. „Oder ein Vedaschüler [1] opfere es, denn dieser ist durch das Brahman (d. h. den Veda) erkauft. Oder ein Milchopferer [2] bringe es dar, denn dieser ist durch den Besitz des Opferveranstalters erkauft", so sagt ein Brāhmaṇa der Bahvṛcas [3].

[1] D. h. ein bei ihm als seinem Lehrer einwohnender Schüler; vgl. Baudh. XX. 20: 44. 6: „Wenn sein Sohn oder ein in seinem Hause wohnender Schüler der religiösen Handlung gewachsen ist, soll dieser . . . es darbringen." [2] Das Wort *(kṣīrahotṛ)* nur noch ŚBr. II. 3. 3. 15 und Kāty. IV. 14. 31. Zu bemerken ist die von der gewöhnlichen abweichende Bedeutung des Wortes *hotṛ* in dieser Zusammensetzung. Mit „Milchopferer" ist entweder einer der gewöhnlichen Opferpriester gemeint, oder ein besonderer speziell für die Verrichtung des Agnihotra bestimmter Offiziant. [3] Dieses Brāhmaṇa scheint nicht erhalten zu sein.

Die den Feuern darzubringende Verehrung.

VI. 16.

1. Wir werden jetzt die feierliche Verehrung der Feuer erklären (und die Verse und Formeln angeben, womit nach dem Agnihotra der Opferveranstalter die Feuer, vor denselben stehend, feierlich anzureden hat).

2. Wenn im Folgenden ohne weiteres die Anweisung gegeben wird: „Er bringt stehend seine Verehrung dar“, so ist zu ergänzen: „dem Āhavanīya“. Wenn ein anderes Feuer oder etwas anderes überhaupt gemeint ist, so wird dies ausdrücklich angedeutet werden[1].

[1] Wie z. B. VI. 17. 2 und sonst. — Das Upasthāna fällt dem Opferveranstalter zu.

3. Nach der zweiten Spende[1] (des Abendagnihotra)[2] stehe der Opferveranstalter auf und bringe dem Āhavanīya seine Verehrung dar, indem er etwas schräg steht[3].

[1] *uttarām āhutim upa* Āp., Hir.; *uttarām āhutim anu* Bhār.; *sāyam āhutyāṃ hutāyām* Kāty.; *hutāyāṃ pūrvasyām* Mān. śrs. [2] So explicite Baudh.: *sāyaṃ hute 'gnihotre* und vgl. TS. I. 5. 9. 5: „Nachts hält er das Upasthāna, nicht morgens; ... das Feuer ist das Licht, die Nacht die Finsternis; dadurch daß er nachts das Upasthāna hält, kommt er durch das Licht über die Finsternis hinaus.“ [3] Also nicht gerade vor dem Feuer, sondern etwas nach links oder rechts gerichtet, aber dennoch auf das Feuer hinblickend. Die Vorschrift beruht auf dem Brāhmaṇa (TS. I. 5. 9. 7): „Wer das Feuer verehrt, indem er demselben den Rücken zukehrt, wird durch dasselbe versengt; wenn er dabei hinwärts gerichtet stände, so würde er von Nachkommen und Vieh getrennt werden; ein wenig schräg verrichte er das Upasthāna; so wird er nicht vom Feuer versengt und nicht von Nachkommen und Vieh getrennt.“

4. Und zwar mit den sechs Versen:

a. „Den heiligen Dienst unternehmend möchten wir einen Spruch an Agni richten, welcher auch aus der Ferne auf uns hört.

b. Dessen uraltem Glanz gemäß haben die Strotzenden das Helle sich herausgemolken, die Milch aus dem Ṛṣi, der tausenderlei gibt.

c. Agni, das Haupt usw. wie V. 28. 11.

d. Dieser ist hier zuerst von den Gründern gegründet worden, der Hotṛ, der am besten Opfernde, der beim heiligen Dienste zu verehrende, welchen Apnavāna und die Bhṛgus entzündeten, den im Holze schimmernden, den von Haus zu Haus durchdringenden.

e. Euch beide, o Indra und Agni, (will ich) herbeirufen, euch zusammen an der Gabe euch erfreuen lassen; euch beide, die Spender von Saft und Kraft, euch beide rufe ich zur Erwerbung von männlicher Kraft.

f. Dies ist, o Agni, deine natürliche Geburtsstätte“ usw. wie V. 8. 5[1].

[1] TS. I. 5. 5. a—f. Nach TS. I. 5. 7. 1 eignet er sich durch diese Verse Nachkommen, Vieh und den Himmelsraum an, er wird das Haupt seiner Stammesgenossen und erwirbt Kraft. Durch die Sechszahl bekommt er festen Fuß in den sechs Jahreszeiten.

5. Mit dem Verse: „O Agni und Soma, hört, ihr Stiere, aufmerksam

auf diesen meinen Ruf, nehmet meine Lieder an und seid eurem Verehrer eine (Ursache der) Freude“[1] als siebentem während der vorderen (d. h. zunehmenden) Monatshälfte, mit dem an Indra und Agni gerichteten Verse[2] als siebentem während der zweiten (dunklen) Monatshälfte.

[1] TS. II. 3. 14. i. [2] Nl. TS. I. 5. 5. e. Dieser Vers soll also zum zweiten Male verwendet werden (als 6. und 7., vgl. VI. 10. 4. e). Āpastamba hat diese Vorschrift offenbar dem Kāṭh. (VII. 5: 66. 13) entlehnt, wo es heißt: „Mit einem an Agni und Soma gerichteten Verse halte er in der ersten Monatshälfte das Upasthāna; das Vollmondsopfer ist ja der Anteil des Agni und Soma (diesen Gottheiten wird ja bei dieser Feier der zweite Opferkuchen dargebracht); diesen beiden vertraut er ihn an, diese beiden beschützen ihn, nicht von ihm wegschreitend. Mit einem an Indra und Agni gerichteten Verse während der zweiten Monatshälfte; das Neumondsopfer ist ja der Anteil des Indra und Agni (diesen Gottheiten wird bei dieser Feier der zweite Opferkuchen dargebracht)“ usw. Die Darstellung des Hir., welcher in der lichten Monatshälfte den Vers TS. I. 5. 5. e. (aus dem mit Āp. VI. 16. 4 übereinstimmenden Ritual) durch den agnīṣomīyavers ersetzt, ist jedenfalls besser als die des Āpastamba.

6. Mit dem Verse: „Den Dadhikrāvan habe ich besungen“ usw. wie IV. 14. 1 in beiden Fällen als achtem[1].

[1] Das Upasthāna mit diesem Verse (nicht bei Bhār. und Hir.) entstammt dem Kāṭh. oder der MS.

7. In der vorderen Monatshälfte kommen vor dem an Agni und Soma gerichteten Verse, und in der zweiten Monatshälfte vor dem an Indra und Agni gerichteten Verse die vier folgenden:

a. „Mir gehöre der Glanz bei den rivalisierenden Anrufungen; möchten wir, dich entzündend, in unserer Person gedeihen. Mir sollen sich die vier Himmelsgegenden beugen, durch dich als Aufseher möchten wir die Schlachten gewinnen.

b. An meiner Seite sollen bei den rivalisierenden Anrufungen alle Götter stehen, die mit dem Indra verbundenen Maruts, Viṣṇu und Agni. Mir soll der breite Luftraum Beschützer sein, mir soll der Wind bei diesem Wunsche wehen.

c. In mir sollen die Götter Besitz heropfern; bei mir soll der Segen, soll die Anrufung der Götter sein. Die göttlichen Hotṛs mögen zuerst den Sieg (für mich) erringen. Möchten wir unversehrt an Körper und reich an Männern sein.

d. In meinem Interesse sollen alle meine Opfergaben (die Götter) ehren; die Absicht meines Geistes soll in Erfüllung gehen. Nicht soll mich irgend welche Schuld treffen. Ihr Allgötter, seid ihr meine Fürsprache[1].“

[1] TS. IV. 7. 14. a—d. — In dieser Weise werden zwölf Verse zusammengebracht, wahrscheinlich auf Grund von TS. I. 5. 7. 2—3: „Mit sechs Versen hält er das Upasthāna . . .; mit den sechs weiteren hält er das Upasthāna; das macht zusammen zwölf. Das Jahr ist zwölf Monate. So erhält er festen Bestand im Jahre.“ Es ist aber zu vermuten, daß die vom Verfasser des Brāhmaṇa gemeinte zweite Sechszahl TS. I. 5. 5. g—m sind.

8. Entweder Jahr für Jahr (d. h. einmal in jedem Jahre) oder stets richtet er dann an den Āhavanīya die sechs Verse:

a. „O Agni, das Leben reinigest du“ usw. vgl. IV. 16. 2.

b. „O Agni, bringe du Kunstreicher“ usw. vgl. ib.

c. „O Agni, Reiniger, durch dein Licht, durch deine wohlredende Zunge, o Gott, führe hierher die Götter und verehre sie.

d. Führe du, o Reiniger, Leuchtender, die Götter herbei zu unserem Opfer und unserer Opfergabe.

e. Agni von lichtem Gebiete, der lichte Priester, der lichte Weise, leuchtet in lichtem Glanze, da in ihm geopfert ist.

f. Es erheben sich, o Agni, deine lichten, klaren, schimmernden Strahlen, deine Leuchten[1].“

[1] TS. I. 5. 5. g—m, vgl. I. 5. 7. 3: „Wie der Mensch, das Rind, das Roß altern, so altert der gegründete Agni; vor Ablauf des Jahres verehrt er ihn mit den an Agni pavamāna (und pāvaka und śuci) gerichteten Versen; er macht ihn (dadurch) wieder jung und nichtalternd, und auch reinigt er ihn.“

9. Oder statt dieser bei der Anrede an das Feuer auszusprechenden Verse bringe er Jahr für Jahr (d. h. einmal in jedem Jahre) die Opfer an Agni pavamāna, pāvaka und śuci dar[1].

[1] Vgl. oben V. 21. 5 ff. — Übrigens stammt diese Alternative aus der MS. (I. 5. 6: 74. 12).

10. Über die darauf in der Saṃhitā folgenden Formeln: „Lebengebend bist du, Agni, gib mir Leben. Kraftgebend, Agni, bist du, gib mir Kraft. Den Körper schützend, Agni, bist du, schütze meinen Körper. O Agni, was an meinem Körper zu wenig ist, das fülle mir an[1]“ bis zu der Formel, welche mit den Worten: „O du an funkelndem Schmuck Reicher“ anfängt[2], ist nichts zu bemerken[3].

[1] TS. I. 5. 5. n, o. [2] L. c. p. [3] D. h. sie sollen darauf ohne weiteres beim Upasthāna verwendet werden.

11. Dann bringt er a b e n d s dreimal mit der Formel: „O du an funkelndem Schmuck Reicher *(citrāvasu)*, möchte ich glücklich dein Äußerstes erreichen“[1], morgens aber dreimal mit der Formel: „O du, der du die Güter entgegenbringst *(arvāgvasu)*, möchte ich glücklich dein Äußerstes erreichen“[2] dem Āhavanīya seine Verehrung dar.

[1] TS. I. 5. 5. p. [2] Aus MS. I. 5. 9: 77. 12 oder Kāṭh. VII. 6: 68. 16 („Die an funkelndem Schmuck Reiche ist die Nacht, der die Güter Entgegenbringende ist der Tag; die Nacht ist das Feuer, der Tag ist die Sonne“). Das dreimalige Hersagen entstammt gleichfalls der MS.

12. Nachdem er den Āhavanīya angeredet hat mit dem Verse: „Möchten wir, entflammt und leuchtend, dich hundert Jahre hindurch entzünden, wir, mit Kraft begabt, dich, den Kraft Spendenden, wir, mit Ruhm versehen, dich, den Ruhm Verleihenden, wir, im Besitze tüchtiger Männer seiend, dich, den Unantastbaren, o Agni, dich, den Nebenbuhler Vernichtenden, im höchsten Himmelsgewölbe“[1] und zu jedem Feuer vier Scheite[2] aufgelegt hat mit den vier folgenden Versen und Formeln[3]: „Möchten wir, entflammt“ usw. wie oben; „Des Agni Scheit bist du, schütze mich vor der Verleumdung. Des Soma Scheit bist du, sei mein Beschützer. Des Yama Scheit bist du, schütze mich vor dem Tode“, redet er den Āhavanīya an mit den Formeln: „Mit dem Glanz der Sonne, o Agni, hast du dich vereint, mit dem Lobgesang der Ṛṣis, mit der lieben Stätte. Du, Agni, bist leuchtend wie die Sonne;

versehe mich mit Lebensdauer, Gesundheit und Nachkommen" und wischt sich den Mund ab[3] mit dem Verse: „Möchten wir, o Soma, in deinem Gesetz, den Geist im Körper bewahrend und reich an Nachkommenschaft, eintreffen[4]."

[1] TS. I. 5. 5. q. [2] Nach TS. I. 5. 7. 6 ist nur ein Scheit zum Feuer zu legen mit dem citierten Verse. Die MS. verordnet drei Scheite mit den folgenden Formeln, welche Āp. entweder dieser Quelle (I. 5. 8: 76. 13) oder dem Kāṭh. entlehnt hat. [3] Diese Handlung nur bei Āp., Bhār. und Hir. [4] TBr. II. 4. 2. 7.

VI. 17.

1. Mit dem Verse: „Ich überblicke meine Nachkommen, die Kinder der Iḍā, die von Manu stammenden; alle sollen sie in unserer Wohnung sein"[1] blickt er nach seiner Wohnung.

[1] TS. I. 5. 6. a.

2. Mit den Formeln: „Saft seid ihr, möchte ich euren Saft genießen; Kraft seid ihr, möchte ich eure Kraft genießen; Macht seid ihr, möchte ich eure Macht genießen; Labung seid ihr, möchte ich eure Labung genießen"[1] bringt er stehend dem Kuhstalle seine Verehrung dar.

[1] TS. I. 5. 6. b.

3. Die Formeln: „Ihr Reichen, erfreuet euch in diesem Raume, in diesem Stalle, in diesem Aufenthaltsort, in dieser Stätte; verbleibet hier, gehet nicht fort von hier, möget ihr euch mehren"[1] flüstert er zwischen den beiden Feuern (Āhavanīya und Gārhapatya) stehend.

[1] TS. l. c. c.

4. Mit den Formeln: „Gemischtfarbig bist du; allgestaltig tritt in mich ein (d. h. in meinen Stall?) mit Labung und Rinderbesitz und Wohlfahrt. Möchte ich euer endloses Gedeihen erfahren; in mir soll euer Reichtum verweilen"[1] berührt er das Kalb der Kuh, welche die Milch zum Agnihotra geliefert hat.

[1] TS. l. c. d, e.

5. Mit derselben Formel, jedoch mit den Adjektivis „gemischtfarbig" und „allgestaltig" im Femininum, berührt er das weibliche Kalb[1].

[1] Die Formel und das auf derselben beruhende Ritual nach MS. oder K. (wo indessen die Kuh selbst gemeint sein könnte).

6. Oder er berührt das männliche Kalb mit der Formel: „Die Welt bist du, gedeihe tausendfaltig[1]."

[1] Die Formel aus MS. oder K.

7. a. Dem Gārhapatya[1] bringt er stehend seine Verehrung dar mit den drei im Gāyatrīmetrum abgefaßten Versen:

a. „Zu dir, o Agni, Erheller des Dunkels, begeben wir uns Tag für Tag mit Gebet, Huldigung bringend.

b. Zu dir, der du über die Opfer herrschest, zu dir, dem leuchtenden Beschützer des Rechtes, der du in deinem eignen Wohnort wächst.

c. Wie ein Vater dem Sohne, sei du, Agni, uns leicht zugänglich, begleite uns zum Heile[2]."

[1] Weshalb hier der Gārhapatya feierlich anzureden ist, sagt das Brāhmaṇa (TS. I. 5. 8. 3): „Wer den Āhavanīya verehrt, entfernt sich von diesem (irdischen) Raume (dazu vgl. z. B. Bem. 7 zu V. 15. 6); er verehrt den Gārhapatya und erhält (dadurch) festen Bestand in diesem Raume (d. h. auf der Erde), und überdies richtet er eine Abbitte an den Gārhapatya (dafür daß die Agnihotramilch, obwohl sie auf ihm gekocht war, im Āhavanīya geopfert wurde)." [2] TS. I. 5. 6. f—h.

7. b, 8. Dem Gārhapatya bringt er ferner seine Verehrung dar mit den vier[1] aus zwei Vershälften bestehenden Versen:

a. „O Agni, sei du in unserer nächsten Nähe, ein günstiger Retter, und Schutz gewährend.

b. Zu dir, o Leuchtender, Flammender, nahen wir uns jetzt, zum Wohlwollen unsern Freunden gegenüber.

c. Du, als guter und durch Reichtum bekannter Agni, komme hierher und verleihe, als leuchtender Gott, Schätze."

Der vierte aus zwei Vershälften bestehende Vers heißt:

d. „Achte du auf uns, höre unseren Ruf und schütze uns vor jeglichem Böswilligen."

[1] Von denen nur die ersten drei in der Saṃhitā (TS. I. 5. 6. i) gegeben werden. Den vierten entnimmt Āp. dem Kāṭh. oder der MS. (I. 5. 10: 78. 12). Die zweifüßigen *(dvipada)* Verse deshalb, weil er dadurch zweifüßige Nachkommen (Kinder) erhalten wird (TS. I. 5. 8. 3).

9. Nach seiner Wohnung oder nach seinen Kühen (d. h. nach dem Stalle) blickt er mit den Formeln: „Mit Saft blicke ich auf euch, blicket auf mich mit Saft. Mit Wohlfahrt blicke ich auf euch, blicket auf mich mit Wohlfahrt. Ihr seid die Süßes bereitenden Labungen, dringet günstig in mich ein, in Freude schwelgend. Möchte ich euer endloses Gedeihen erfahren. Bei mir soll euer Reichtum verweilen[1]."

[1] TS. I. 5. 6. k, l.

10. Mit dem an Prajāpati gerichteten Tristichon bringt er darauf wieder dem Āhavanīya seine Verehrung dar:

a. „Es soll der mächtige, himmlische, unantastbare Beistand der drei: des Mitra, Aryaman und Varuṇa (unser Teil) sein.

b. Denn kein böswilliger Feind hat Macht über diese (von den Ādityas Beschützten) weder in ihrem Hause noch auf fernen Wegen.

c. Denn diese Söhne der Aditi gewähren beständigen Schutz (und) Schätze dem Frommen[1]."

[1] Alles aus der Ms. (I. 5. 11: 79. 9) oder dem Kāṭh. (VII. 9).

11. Die Bestimmung, daß der Opferveranstalter, wenn er wünscht, daß jemand glücklich von einer Reise zurückkehren möge, diesem, wenn er verreist, mit diesen Versen nachblicken soll, worauf er glücklich zurückkehren wird, steht mit dem Opferritual nicht im direkten Zusammenhang[1].

[1] D. h. sie ist beiläufig. — Die Vorschrift entstammt dem Kāṭh. (VII. 9: 70. 21), wo es heißt: „Mit diesen Versen blickte Aditi ihren Söhnen nach, als sie den Soma herbeiholten. Von jenem Raume (d. h. vom Himmel) kehrten sie mit dem Soma glücklich wieder" usw. Auch JBr. I. 288 (vgl. Versl. en Meded. der Kon. Akad. v. Wet. te Amsterdam, 5e Reeks, Deel I, pag. 49) blickt die Mutter den Metra nach, als sie zum Somaraub hinausfliegen. In der zitierten Kāṭhakastelle werden die Metra als die Kinder der Aditi (d. h. der Erde) bezeichnet,

während sie sonst nicht als die Kinder der Kadrū (= Erde), sondern der Suparṇī (= Himmel) gelten.

12. An den Āhavanīya richtet er die Verse:

a. „Nicht erreiche uns der Fluch des Mißgünstigen, die Beschädigung des Sterblichen. Behüte uns, o Brahmaṇaspati.

b. Der reiche, das Leiden tilgende, Güter erwerbende, Wohlfahrt mehrende (Bṛhaspati), der Schnelle, der soll uns begleiten.

c. Dein schwer antastbarer Kriegswagen soll von allen Seiten uns umgeben, wodurch du die Frommen schützest[1].“

[1] Alle aus dem Kāṭh.

VI. 18.

1. a. „Möchten wir uns diesen herrlichen Glanz des Gottes Savitṛ zu eigen machen, damit er unsere Lieder begeistere[1].

b. Mache, o Brahmaṇaspati, den Somaopferer Kakṣīvat, den Sohn der Uśij, gut bei Stimme (?)[1].

c. Der Ruhm des Gottes Mitra, des die Menschen Erhaltenden, ist gewinnreich, wahr und hochberühmt[2].

d. Voran soll, o Mitra, dieser Mensch stehen, der, mit Darbringung versehen, dir, o Āditya, nach dem Gesetze dient. Von dir unterstützt, wird er weder erschlagen noch vergewaltigt. Nicht erreicht ihn Bedrängnis aus der Nähe, nicht aus der Ferne[2].

e. Niemals bist du eine unfruchtbare (Kuh), du läßt nicht nach, o Indra, dem Frommen. Mehr und mehr nimmt, o mächtiger Gott, deine Gabe zu[1].

f. Niemals bist du achtlos, die beiden Geschlechter stützest du. O vierter Āditya, die Kelterung ist dein Mut; der Nektar steht bereit im Himmel[3].

g. Dich, o mächtiger Agni, den Priester, möchten wir gerne als Burgwall um uns legen, dich, den Heldenhaften, Tag für Tag, dich, den Vernichter der Ränkevollen[1].“

[1] TS. I. 5. 6. m, n, o, p. [2] TS. III. 4. 11. p, r. (In dem obigen Zusammenhange ist der erste Vers wenigstens der MS. entnommen). [3] TS. I. 4. 22. c, aber im obigen Zusammenhang gleichfalls derselben Quelle entlehnt (MS. I. 5. 11: 79. 16).

2. Darauf drücke er mit der Formel: „Ein Zerdrücker bist du; möchte ich den zerdrücken, welcher uns haßt und welchen wir hassen“ mit der Ferse des rechten Fußes die Erde nieder, wenn er einen Nebenbuhler hat, welcher geringeren Wohlstand als er selber hat. Mit der Formel: „Hervorragend bist du; möchte ich hervorragen über dem, welcher uns haßt und welchen wir hassen“ hält er mit der rechten Seite des Fußes die Erde nieder, wenn er einen Nebenbuhler hat, welcher ihm an Wohlstand gleichsteht. Mit der Formel: „Überlegen bist du, möchte ich dem überlegen sein, welcher uns haßt und welchen wir hassen“ drückt er die Erde nieder mit dem rechten Vorderfuß, wenn er einen Nebenbuhler hat, welcher größeren Wohlstand hat als er selber[1].

[1] Alles (mit unbedeutender Änderung des Wortlautes) aus der MS. (I. 5. 11: 79. 19 ff.), und vgl. Kāṭh. VII. 9: 71. 10 ff.

3. a. Dann bringt er den Räumen (d. h. der Erde, dem Luftraum, dem Himmel) seine Verehrung dar mit den Formeln: „Pūṣan, der Beschützer des Viehes, soll mich schützen. Pūṣan, der Beschützer der Wege, soll mich schützen. Pūṣan, der Oberherr, soll mich schützen. Pūṣan, der Oberherrscher, soll mich schützen[1]."

[1] Mit geringer Änderung der Reihenfolge der Sprüche und mit Zutat einer überflüssigen vierten Formel, aus MS. oder Kāṭh.

3. b. Darauf den Himmelsgegenden *(diśas)* je nach dem Stichworte mit den Formeln: „Die östliche Himmelsgegend, Agni die Gottheit; zu Agni soll derjenige hingehen, welcher mich von dieser Gegend her anfeindet. Die südliche Himmelsgegend, Indra die Gottheit; zu Indra soll derjenige gehen, welcher mich von dieser Gegend her anfeindet. Die westliche Himmelsgegend, Soma die Gottheit; zu Soma soll derjenige hingehen, welcher mich von dieser Gegend her anfeindet. Die nördliche Himmelsgegend, Mitra-Varuṇa die Gottheit; zu Mitra-Varuṇa soll derjenige hingehen, welcher mich von dieser Gegend her anfeindet. Die obere Himmelsgegend, Bṛhaspati die Gottheit; zu Bṛhaspati soll derjenige hingehen, welcher mich von dieser Gegend her anfeindet. Diese (d. h. die unten befindliche) Himmelsgegend, Aditi (d. h. die Erde) die Gottheit; zu Aditi soll derjenige hingehen, welcher mich von dieser Gegend her anfeindet[1]."

[1] Ritual und Sprüche rühren aus dem Kāṭh. her (VII. 9: 71. 15); auch die MS. hat Ähnliches.

VI. 19.

1. a. Nachdem er Brennholz zu den Feuern gelegt hat, bringt er dem Āhavanīya seine Verehrung dar mit den Formeln: „Das Recht soll mich vor der Verfügung (?), die Verteilung (?) vor der Verteilung (?) schützen. Meine Lebensdauer, mein langes Leben, meine Sehkraft, meine scharfe Sehkraft (schütze) vorne und hinten der Weitgehende. Möchten wir durch dein, des Weitgehenden, Wort mit dem Verteilten uns einigen[1]."

[1] Die Deutung der Sprüche ist schwierig. Alles entstammt der MS. (I. 5. 11: 80. 11).

1. b, 2. Übereinstimmend mit IV. 16. 2, 3.

3. „Was immer derjenige, der das Agnihotra stets darbringt, sich wünschen möge, das flehe er von den Feuern; es wird ihm gewährt" so heißt es in der heiligen Überlieferung[1].

[1] Und zwar, mit unwesentlicher Abweichung in bezug auf den Wortlaut, in der MS. (I. 5. 12: 80. 18).

4. „Soll dem Feuer die Verehrung dargebracht werden, oder nicht?", das ist in dem Brāhmaṇa gesagt, und die dort gehaltenen Betrachtungen haben hier Geltung[1].

[1] In TS. I. 5. 9. 6 werden die Gründe contra und pro angeführt. Danach scheint Āp. das Upasthāna fakultativ zu stellen.

5. Nachts, nicht (auch) morgens bringt er den Feuern die Verehrung dar[1].

[1] So ist die Ansicht des Brāhmaṇa (TS. I. 5. 9. 5—6): „Nachts, nicht morgens, hält er

die Verehrung; denn nachts werden die Observanzen (oder Gesetze?) vermischt; der Bessere und der Schlechtere sitzen zusammen. Das Feuer ist das Licht, die Nacht ist die Finsternis; dadurch, daß er (bloß) nachts das Upasthāna hält, gelangt er durch das Licht (d. h. das Feuer) über die Finsternis (d. h. die Nacht) hinüber."

6. Das Vājasaneyaka[1] sagt: „Morgens trete er auf keinen Fall zum Feuer herab[2], morgens halte er sich auf keinen Fall für einen, der sich die Feuer gegründet hat[3]."

[1] Die Stelle ist nicht im ŚBr. nachweisbar. [2] D. h. wohl: „Morgens halte er das Upasthāna nicht (?)." [3] Bedeutung?

7. Das Vājasaneyaka verordnet, daß er den Feuern (abends) seine Verehrung darbringen soll (bloß) mit den Formeln: „Bhūḥ, bhuvaḥ, suvaḥ. Möchte ich durch Nachkommen reich an Nachkommen werden, durch männliche (Kinder) reich an männlichen (Kindern), durch Gesundheit reich an Gesundheit, durch Wohlfahrt reich an Wohlfahrt"[1], oder mit den Formeln: „Möchte ich imstande sein, euch zu unterhalten. Die Opferwilligkeit weiche nicht von mir[2]."

[1] In der Tat erlaubt das ŚBr. (II. 4. 1. 1) dieses sehr kurze Upasthāna. Der Spruch in der von Āpastamba gebotenen Rezension kommt der der Kāṇva-saṃhitā näher als der der Mādhyandinas. [2] Diese beiden Formeln nur auch Hir.

8. Mit dem von Vātsaprī herrührenden Lied[1] bringe er abends und morgens dem Feuer seine Verehrung dar, so überliefern einige.

[1] Das elf Strophen enthaltende Lied TS. IV. 2. 2, aber auch das vātsapra genannte Sāman könnte gemeint sein.

9. Oder mit dem Goṣūkta- und dem Āśvasūktasāmans[1].

[1] So die Jaiminīyas: abends mit dem Goṣūkta, morgens mit dem Āśvasūkta, s. Jaim. śrs. 22 (ed. Gaastra S. 28, Z. 12).

VI. 20.

1. Mit dem „Morgenhändewaschung"[1] genannten Komplex von Formeln und Versen soll dem Feuer am Morgen die Verehrung dargebracht werden.

[1] Āp., Bhār. und Hir. haben alle *prātaravaneka*, welches aus *prātaravanega* verdorben ist. Die Worte des Āp. und alles Folgende sind, mit vielen Zutaten, der MS. (I. 5. 7: 75. 5ff.) entlehnt.

2. Nachdem die Milch für das Agnihotra auf das Feuer gesetzt worden ist[1], oder während ausgeschöpft wird[2], flüstert er die vier Verse, deren erster anfängt mit den Worten: „Mir gehöre der Glanz bei den rivalisierenden Anrufungen"[3] und gießt mit den Formeln: „O Herr der Gewässer, dein Anteil an dem Wasser, hier ist er. Entgegengegossen sind die Unholde. Entgegengegossen sind die Unholde. Entgegengegossen sind die Unholde" dreimal Wasser auf den Boden aus. Dann wäscht er sich die Hände mit der Formel: „Für die Zeit, für den Sieg, für die Sieghaftigkeit, für die Nahrung wasche ich euch und für die Guttat. Hier spüle ich die schädliche Speise aus. Möchte ich meinen Nebenbuhlern, meinen Feinden, zuvorkommen, wie das Wasser der Gewässer Freundschaft (?)." Darauf flüstert er den Vers: „Bringe, o Schöpfer, Schönheit in mich, mache mich zum Besitzer der Schönheit. Der über die Menschen gebietende mächtige Indra möge mich mit Ruhm vereinigen." Dann schlürft er Wasser mit dem Verse:

„Von Atharvi gebrannt (!), von den Göttern verschafft, hat die fluchvernichtende Pflanze, wie Wasser die Makel, von uns die Flüche richtig weggewischt[4].“ Darauf berührt er mit den folgenden Formeln, je nach dem Stichworte, seine Körperteile: „Möchte ich heute mutige Rede führen“ (den Mund); „lange dauernden Atem habend, nicht (von den Meinigen) getrennt, ein unversehrter Beschützer“ (die Nase); „unauslöschlich ist das göttliche Licht, das Falkenauge; gut hörend sind die Ohren, auf die Götter hörend die Ohren; die Streu (des Opferplatzes) ist das Haar; der Prastara ist der Schopf; füget euch (alle) an eurem Platze zum Heil des Herzens, das (Körperglied) Soundso soll mich nicht verlassen[5].“

[1] Vgl. VI. 5. 7. [2] Vgl. VI. 7. 1—3. [3] Vgl. VI. 16. 7. [4] Verdorben aus AS. II. 7. 1. [5] Anklang an AV. XVI. 2. 4—6.

VI. 21.

1. Allen Feuern bringt er darauf seine Verehrung dar mit den Formeln: „Glanz bist du, lege in mich den Glanz (der Gesundheit). O Lebensmacher und Lebensherrin, svadhā (sei) euch (Plur.!). Seid meine Beschützerinnen, beschützet mich, bewachet mich, seid in mir wohnend. Niemand soll uns treffen, möchten wir nicht vor der Zeit sterben[1]. In der Nähe des Herkömmlichen, in der Nähe (?). Bhūḥ, bhuvaḥ, suvah[2]. Haltet die Lebensdauer für mich an[2].“ Darauf bringt er dem Āhavanīya seine Verehrung dar mit dem nächstfolgenden Kapitel[3]: „Ihr beiden, Gharma und Jaṭhara[4], machet mich heute unter diesen Leuten speiseessend, möchte ich heute unter diesen Leuten speiseessend sein, aber nichtspeiseessend möge sein, wer uns haßt. — Ihr beiden, Kavi und Mātariśvan, machet mich unter diesen Leuten heute viehbesitzend, möchte ich heute unter diesen Leuten viehbesitzend sein, aber ohne Vieh möge sein, wer uns haßt. — Ihr beiden, Yama und Angiras, machet mich heute unter diesen Leuten ruhmvoll, möchte ich heute unter diesen Leuten ruhmvoll sein, aber ruhmlos, wer uns haßt[5].

O Agni, wer uns in der Nähe oder in der Ferne flucht, der Standesgenosse, o Agni, und der fremde Bösgesinnte, den (schlage) mit Vaiśvānara als Gehilfen zurück (und) verbrenne ihn, o Jātavedas[6]. — O Agni, mit deinem Strahle strahle dem entgegen, der uns haßt und den wir hassen. — O Agni, mit deinem Feuerscheine scheine dem entgegen, der uns haßt und den wir hassen. — O Agni, mit deiner Glut glühe dem entgegen, der uns haßt und den wir hassen. — O Agni, mit deinem Schlage schlage dem entgegen, der uns haßt und den wir hassen. — O Agni, mit deiner Schärfe tritt scharf dem entgegen, der uns haßt und den wir hassen[7].“ —

[1] Teils Kāṭh. 37. 15 am Ende, teils AS. V. 9. 8 am Ende. [2] Übereinstimmend mit VI. 8. 11. [3] Welches anfängt mit der unmittelbar folgenden Formel und schließt mit VI. 23 am Ende. [4] Die drei zu Anfang zitierten Formeln mit den Vokativen im Dual scheinen zu einer Anrede des Āhavanīya schlecht zu passen. [5] Diese drei Formeln sind mit unbedeutender Abweichung dem Pravargyabrāhmaṇa der Kaṭhas entlehnt.
[6] Zum Teil = AS. [7] Aus MS. oder Kāṭh.

VI. 22, 23.

„O Agni, Herr der lichten Scheine, Verehrung sei deinem Scheine; lege Ansehen in mich. — O du, der du die Güter entgegenbringst, möchte ich glücklich dein Äußerstes erreichen. O du, der du die Güter entgegenbringst, möchte ich glücklich dein Äußerstes erreichen. O du, der du die Güter entgegenbringst, möchte ich glücklich dein Äußerstes erreichen [1]. Der Faden bist du, nicht sollst du, ausgedehnt, zerbrechen. O Soundso, Heil soll dir sein. O Soundso, Heil soll dir sein. O Soundso, Heil soll dir sein (statt Soundso nennt er dreimal den Namen eines jeden seiner Söhne). Heil soll euch sein, die ihr nach mir folget. — Die sechs Weiten sollen mich vor Bedrängnis behüten, der Himmel, die Erde, die Wasser, die Kräuter, die Labung und die Freude [2]. — Wie ihr, verehrungswürdige Vasus, die am Fuße gefesselte Büffelkuh befreitet, so befreiet auch uns aus der Bedrängnis. Verlängere, o Agni, unser Leben [3]. — Die Vögel, die Falken, haben sich bei Indra hingesetzt, die Priyamedhas, Hilfe suchend; decke die Finsternis auf, schenke das Licht (d. h. die Sehkraft), befreie uns, die wir wie in einem Fanggarn gefesselt sind [4]." — Dann mit den zwei Versen: „O Agni, das Leben reinigest du" usw. wie VI. 16. 8 und: „Den Dadhikrāvan habe ich besungen" usw. wie VI. 16. 6; mit den vier Versen: „Mir gehöre der Glanz bei den rivalisierenden Anrufungen" usw. wie VI. 16. 7, mit dem Verse: „O Agni und Soma, höret" usw. wie VI. 16. 5; mit den sechs Versen [5]: „Diesen Reichtum des Gottes Savitṛ erwählen wir uns, den vorzüglichsten, all-labenden, vordringenden des Herrn: möchten wir (ihn) erhalten. — Denn die liebe vorzüglich selbständige Selbstherrschaft dieses Savitṛ verletzt man in keiner Weise. — Heute schicke uns, o Gott Savitṛ, nachkommenreiches Glück, und verscheuche den bösen Schlaf. — Alle Schwierigkeiten, o Gott Savitṛ, verscheuche, schicke herbei, was günstig ist. — Schuldlos der Aditi gegenüber möchten wir uns auf Geheiß des Gottes Savitṛ alle Güter erwerben. — Denn er, Savitṛ der Herr, ist es, welcher die Schätze dem Frommen schickt; ihn gehen wir um unseren herrlichen Anteil an [5]. — Herrliche Wohlfahrt heute, o Savitṛ, und herrliche Wohlfahrt schicke morgen, Tag für Tag uns; denn du, o Gott, verfügest über vieles Herrliche; möchten wir durch dieses Gebet Anteil am Herrlichen erlangen [6]. — Die Weihung, die Askese des Geistes, Mātariśvan, Bṛhaspati, der Ursprung dieses Wortes, Besitztümer und Wissen, die Willkommenen, sollen in mir sein; Agni und Soma sollen mir Ruhm verleihen [7]. — Das, wodurch Agni sich auszeichnet, das, wodurch Soma, wodurch Sūrya, wodurch die Virāj sich auszeichnet, dadurch möchte ich hier allerwärts einfach mich auszeichnen [7]." Nachdem er so dem Āhavanīya seine Verehrung dargebracht hat, sondert er einige Grashalme vom Feuer ab (d. h. er nimmt einige von den Grashalmen, womit das Feuer umstreut ist). „Er wird glanzvoll und bekommt priesterliches Ansehen" so wird in der heiligen Überlieferung gelehrt [8].

[1] Vgl. VI. 16. 11 (und MS. I. 5. 2: 68. 8). [2] Nur bei Āp. [3] TS. IV. 7. 15. w, jedoch nach der Rezension der anderen Saṃhitās! [4] TBr. II. 5. 8. 3.
[5] RS. V. 82. 1—6, aber in abweichender Reihenfolge. [6] TS. I. 4. 23, aber mit einer Zutat *(saubhagam)*. [7] Bloß bei Āp. [8] Diese auch von Hir. zitierte Śrutiaussage finde ich in keinem Brāhmaṇa übermittelt.

VI. 24.

1. Wenn der Hausherr (oder der Opferveranstalter) verreisen will (d. h. seine Wohnung für eine Nacht oder für mehrere Nächte verlassen will), so befiehlt er demjenigen, der das Agnihotra für ihn darzubringen pflegt[1]: „Lege Brennholz zu den Feuern[2].“

[1] Vgl. VI. 15. 15, 16. [2] Die Bestimmung stammt aus der MS. (I. 5. 14: 83. 20).

2, 3. Wenn die Feuer flammen, bringt er denselben stehend seine Verehrung dar, dem Āhavanīya mit der Formel: „Unser Vieh, o Verehrungswerter, behüte; bewache es bis zu unserer Wiederkehr“[1]; dem Gārhapatya mit der Formel: „Unsere Nachkommenschaft, o Menschlicher (?), behüte; bewache sie bis zu unserer Wiederkehr“[1]; dem Dakṣiṇāgni mit der Formel: „Unsere Speise, o Schlange der Tiefe, behüte; bewache dieselbe bis zu unserer Wiederkehr[1].“

[1] Die Formeln sind mit leichter Änderung der MS. oder dem Kāṭh. entnommen. Zu den Formeln vgl. auch VI. 18. 2.

4. Zwischen den beiden Feuern (Āhavanīya und Gārhapatya) stehend flüstert er den Vers: „Bewachet, ihr beide, o Mitra und Varuṇa, diese unsere Wohnung; Pūṣan soll sie bis zu unserer Wiederkehr behüten, sodaß sie unversehrt und ungebrochen sei[1].“

[1] Aus MS. oder Kāṭh. („Mitra und Varuṇa sind Tag und Nacht, Pūṣan ist das Vieh; vor seiner Abreise vertraut er dadurch seine Wohnung dem Tag und der Nacht, und dem Mitra und Varuṇa an“).

5. Nachdem er in der früher dargetanen Weise[1] den Feuern mit den „Virājschritten“ seine Verehrung dargebracht und nachdem er gegessen hat, sagt er, wenn er im Begriff steht zu verreisen: „Lege Brennholz zu den Feuern[2].“

[1] Vgl. V. 18. 2. [2] Vgl. TBr. I. 1. 10. 6: „Wenn er auf Reisen gehen will, so bringe er jedem der Feuer seine Verehrung dar. Dies hat denselben Erfolg als wenn er, die Feuer einem in seiner Wohnung sich aufhaltenden Brahmanen anvertraut habend, darauf heimkehrte.“ Übrigens scheinen Sūtra 5 und Sūtra 1 dasselbe zu besagen, wenn man nicht mit Rudradatta annehmen will, daß das erstmalige Hinzulegen von Brennholz das Ausführen *(vihāra)* der Feuer impliziert.

6. Wenn die Feuer flammen, bringt er denselben stehend seine Verehrung dar, dem Gārhapatya mit der Formel: „Meine Nachkommenschaft, o Menschlicher (?), behüte; bewache sie bis auf unsere Wiederkehr“; dem Dakṣiṇāgni mit der Formel: „Meine Speise, o Schlange der Tiefe, behüte; bewache sie bis auf unsere Rückkehr“; dem Āhavanīya mit der Formel: „Mein Vieh, o Verehrungswerter, behüte; bewache es bis zu unserer Wiederkehr“[1],

¹ Hier (vgl. VI. 24. 3) entsprechen die Formeln genau denen der MS.

7. und dem Āhavanīya mit dem Verse: „Meinen ersten Namen, den mir; o Jātavedas, meine Eltern zu Anfang gaben, den trage du, bis ich zurückkehre, ich will deinen Namen tragen, o Agni[1].“

¹ TS. I. 5. 10. a.

8. Die Stimme anhaltend schreitet er fort mit den Versen: „Wir wollen uns nicht vom Pfade entfernen, nicht von dem mit Somatrank versehenen Opfer, o Indra; nicht sollen Feinde uns (den Weg) versperren[1]. — Führe du, o Agni, uns ferner hinauf, du, der du mit Schmalz beopfert bist; vereinige uns mit Wohlstand und mache uns an Nachkommen zahlreich[2].“

¹ Aus RS. oder AS. ² TS. IV. 6. 3. a aber beeinflußt durch AS. VI. 5. 1.

9. In einiger Entfernung von den Feuern „gibt er die Stimme frei[1].“

¹ D. h. darf er wieder Weltliches reden.

VI. 25.

1. Während er verreist ist, flüstert er zur angemessenen Zeit die Verse und Formeln, die zur Verehrung der Feuer vorgeschrieben sind, indem er mit dem Angesichte nach jener Gegend gekehrt steht, wo sich sein Vihāra (d. h. der Opferplatz mit den ausgeführten Feuern) befindet[1].

¹ Vgl. IV. 16. 18.

2. Wenn er, sich auf Reisen befindend, die Verehrung der Feuer (das Upasthāna) übergangen hat, so hält er es bloß mit diesem Verse: „Hier seiend erhalte ich euch, o Feuer, die ihr euch dort befindet, durch den Aushauch, die Stimme, den Gedanken. Mich, der ich verborgen (d. h. fern von euch) bin, soll das Leben nicht verlassen. Durch das Licht, durch Vaiśvānara, bringe ich euch meine Verehrung dar[1].“

¹ TBr. I. 2. 1. 27.

3. Nachdem er einige Stücke Brennholz zurechtgemacht hat, kehrt er zurück[1].

¹ D. h. wenn er heimkehrt, bringt er Brennholz mit.

4. Es heißt in der heiligen Überlieferung: „Wie einem ausgezogenen Vater, der von der Reise zurückgekehrt ist, seine Söhne entgegenlaufen, so laufen ihm die Feuer entgegen. Er kommt heran mit Spänen oder Stücken Holz: es ist dies, als ob er dies seinen Söhnen mitbrächte[1].“

¹ Diese Śruti ist nicht aus irgend einem Brāhmaṇa zu belegen.

5. In einiger Entfernung von den Feuern hält er die Stimme an.

6. Wenn ein König, sein Vater, oder sein Lehrer sich zwischen ihm (und) den Feuern befindet, so kümmere er (der Zurückkehrende) sich nicht um ihn, wenn er (der Zurückkehrende) so weit entfernt ist, daß er das Dach seiner Wohnung erblickt[1].

¹ Sondern er bringe den Feuern seine Verehrung dar, ehe er diesen Gast begrüßt. Die Stelle hat eine Schwierigkeit, und zwar, daß sowohl *enam* wie *agnīn* von *antareṇa* regiert werden. Zu vergl. ist ŚBr. II. 4. 1. 6: *sa yady api rājāntareṇa syān, naiva tam upeyāt.*

7. Er schreitet zu den Feuern heran mit den Versen: „(Scheite) herbeitragend mit unversehrtem Geiste, möchten wir, o Agni, die wir dir nahe

sind, allezeit keinen Schaden nehmen. — Verehrung sei dir, dem Spendenden, Verehrung dir, dem Verehrung Habenden. O Agni, schmücke unsere Körper, vereinige mich mit Reichtum[1]."

[1] Die beiden Verse (vgl. auch VI. 2. 2) auch bei Āśv.

8. „Lege Brennholz zu den Feuern" befiehlt er.

9, 10. Wenn sie flammen, so bringt er denselben stehend seine Verehrung dar, dem Āhavanīya, nachdem er über demselben ausgeatmet[1] hat, mit der Formel: „Unser Vieh, o Verehrungswerter, hast du beschützt, gib es uns zurück"[2]; darauf nochmals dem Āhavanīya mit dem Verse und der Formel: „O tausendäugiger, hundertköpfiger Agni, hundert Aushauche, tausend Einhauche hast du; du verfügest über tausendfachen Reichtum, über tausendströmigen Saft. Davon gib uns, möchte ich von dir genießen, möchten wir von dir den größten Anteil bekommen[3]."

[1] Vgl. VI. 26. 5. [2] Dieselbe Bem. wie zu VI. 24. 3. [3] Der Spruch ist erweitert aus TS. IV. 6. 5. g; seine Verwendung in diesem Zusammenhang nach MS. oder Kāṭh.

VI. 26.

1. Dem Gārhapatya, nachdem er über demselben ausgeatmet hat, mit der Formel: „Unsere Nachkommenschaft, o Menschlicher (?), hast du behütet, gib sie uns zurück"; darauf nochmals dem Gārhapatya mit der Formel: „O Agni Hausherr, möchte ich durch dich, den Hausherrn, ein tüchtiger Hausherr sein, möchtest du durch mich, den Hausherrn, ein tüchtiger Hausherr sein, hundert Jahre hindurch[1]; (wir beide) zwiefältig, die Gaben auswechselnd, nicht die Körper vermischend[2]."

[1] So weit TS. I. 5. 6. q oder I. 6. 6. n. [2] Diese Zutat aus ŚBr. III. 7. 4. 10—11, vgl. MS. I. 4. 2: 49. 2.

2. a. Dem Dakṣiṇāgni, nachden er über demselben ausgeatmet hat, mit der Formel: „Unsere Speise, o Schlange der Tiefe. hast du behütet, gib sie uns zurück."

2. b, 3. Zwischen den beiden Feuern (Āhavanīya und Gārhapatya) stehend flüstert er wie bei der Verehrung der Feuer vor der Abreise, aber statt: „Bewachet, ihr beide" sagt er hier: „Ihr beide habt bewacht", und statt: „soll . . . behüten": „hat behütet[1]."

[1] Vgl. VI. 24. 4.

4. Dem Āhavanīya bringt er darauf seine Verehrung dar mit den vier Versen:

a. „Meinen Namen und deinen Namen, o Jātavedas, welche wir (jetzt), wie Kleider sie tauschend, tragen, die wollen wir, jeder den seinigen, wie es recht ist. uns wieder umlegen (annehmen). du zur Lebensdauer, ich zum Leben[1].

b. Verehrung dem Agni, dem nicht durch Pfeile Zurückzuschlagenden, Verehrung dem Unwiderstehlichen, Verehrung dem Allherrscher. Unbesiegbar ist Agni, der Hochkräftige, der Allbesieger, der Bewältiger, der vorzüglichste Gandharva.

c. Dich haben, o Agni, die Götter zum Vater. dir bringen sie Opferspenden dar, dich haben sie zum Schiedsrichter. Mit Lebensdauer und Rinderbesitz setze mich in Fülle.

d. Dieser Agni ist der allervorzüglichste, dieser der herrlichste, dieser der tausend Gaben verleihende; diesem soll Manneskraft zu eigen sein[2]."

[1] Deutet auf den Inhalt des oben, VI. 24. 7, zitierten Verses hin.

[2] TS. I. 5. 10. b [illegible] c.

5. Dem Gārhapatya bringt er, nachdem er auf demselben eingeatmet[1] hat, seine Verehrung dar mit der Formel: „Meine Nachkommen hast du behütet, gib sie mir zurück"; dem Dakṣiṇāgni, nachdem er über demselben eingeatmet hat, mit der Formel: „Meine Speise, o Schlange der Tiefe, hast du behütet, gib sie mir zurück"; dem Āhavanīya, nachdem er über demselben eingeatmet hat, mit der Formel: „Mein Vieh, o Verehrungswerter, hast du behütet, gib es mir zurück." Dann redet er die Feuer nacheinander mit den „Viṣṇuschritten" an, wobei er aber das Wort „schütze" ersetzt durch die Worte: „Du hast geschützt[2]."

[1] Vgl. VI. 25. 9. [2] Vgl. V. 18. 2.

6. Wie bei der Verehrung *(upasthāna)* der Feuer finden an diesem Zeitpunkte statt das Hinlegen der Scheite[1] und die feierliche Anrede der Himmelsgegenden[2].

[1] Vgl. VI. 16. 12 (und VI. 25. 3). [2] Vgl. VI. 18. 3.

7. Wenn er mehr als neun Tage von seiner Wohnung entfernt bleibt, so bringe der Adhvaryu erst den Feuern die Verehrung dar mit dem an Mitra gerichteten Verse: „Mitra, Bescheid wissend, weist den Menschen ihren Platz an; Mitra stützt die Erde und den Himmel. Ohne die Augen zu schließen, überwacht Mitra die Menschheit. Möchten wir dem Wahren die mit Schmalz versehene Opfergabe bringen"[1] und opfere dann eine Butterspende mit dem Verse: „Der Geist soll das Licht, das Schmalz, gerne entgegennehmen; er soll das Opfer, da es unterbrochen ist, zusammenfügen. Die Morgenröten und die Sonnenuntergänge, die (mit Opfer) geehrt sind, die füge ich durch Opfergabe und Schmalz zusammen[2]."

[1] TS. III. 4. 11. q. [2] TS. I. 5. 10. f. — Eine ähnliche Vorschrift (wenn er länger als zehn Tage wegbleibt) bei Āśv. II. 5. 14 und Hir.

8. Nach der Überlieferung einiger ist die Reihenfolge dieser Handlungen die folgende: Auflegen der Holzscheite, Butterspende, Anrede der Himmelsgegenden[1].

[1] Während sie nach der bisherigen Darstellung ist: Auflegen der Holzscheite, Anrede der Himmelsgegenden, Butterguß.

VI. 27.

1. Nun sagt man aber hierüber: „Dem Feuer soll die Verehrung nicht dargebracht werden, wenn man auf Reisen geht und heimkehrt. Wer wird einen Ansehnlicheren, wenn er schläft, wecken[1]?" Er sage nur: „O du Sicherheit Verschaffender, verschaffe mir Sicherheit. Heil sei mir, Sicherheit sei mir", so überliefern, mit Bezug auf die Verehrung der Feuer vor der Abreise und bei der Heimkehr, die Vājasaneyins[2].

[1] Diese Frage aus MS. III. 4. 5: 51. 6 oder K. XXII. 2: 58. 18. [2] In unseren Texten der Vājasaneyins ist hiervon keine Spur zu finden. Nur wird ŚBr. II. 4. 1. 10 empfohlen, die Feuer ohne Spruch zu verehren, weil es nicht angehe, daß man einem Besseren (d. h. den Feuern) seinen Besitz in Bewahrung gebe. Zu vergleichen sind übrigens Ait. br. VII. 12. 8 und Āśv. II. 5. 19.

2. Die Bahvṛcas überliefern[1] zu demselben Zweck die Formeln: „Verehrung sei euch, ich werde verreisen. Verehrung sei euch, ich bin von der Reise heimgekehrt[2]."

[1] In keinem zum Ṛgveda gehörigen uns bekannten Texte.

[2] Statt *prāvātsyam* ist natürlich *prāvātsam* zu lesen.

3. Er schreitet auf seine Wohnung zu mit den Versen:

a. „Meine Wohnung, fürchte dich nicht, erzittere nicht. Labung bringend kommen wir heran. Labung bringend[1]. Güter verschaffend, mit richtiger Einsicht komme ich zu meiner Wohnung, im Geiste mich freuend.

b. Sie, deren der auf Reisen Seiende gedenkt. sie, in welcher viele Fröhlichkeit ist, unsere Wohnung rufen wir an; sie soll uns, die wir sie kennen, erkennen.

c. Herangerufen sind die viele Schätze besitzenden Freunde, die am Süßen sich Freuenden. Allezeit soll unsere Wohnung unversehrt und Männer enthaltend sein.

d. Herangerufen sind hier die Kühe, herangerufen Ziegen und Schafe, aber auch der süße Trank ist in unserer Wohnung herangerufen[2]."

[1] Lies: *ūrjaṃ bibhrad vasuvaniḥ* statt *ū° bibhrad vaḥ suvaniḥ*.

[2] a, b, d aus Vaj. S., c teils aus AS.

4. Er tritt hinein mit der Formel: „Zu Sicherheit, zu Ruhe trete ich in dich ein. Günstig, gütig, Heil, Heil[1]!"

[1] Aus Vaj. S.

5. Nachdem er eingetreten ist, oder während er sich niedersetzt, flüstert er den Vers: „Labung euch bringend, freundlich gesinnt und verständig bin ich, im Geiste frohlockend, in meine Wohnung gekommen, Labung tragend in die Butter Träufelnde. In ihr setze ich mich freundlich gesinnt hin[1]."

[1] Zu diesem Spruch, der von Āp. selber auf bekanntem Thema variiert zu sein scheint, vgl. G.G.A. 1898. S. 62.

VI. 28.

1. Wenn er mit seiner Wohnung ausziehen will[1], so bringt er eine Opferspende an Vāstoṣpati[2] dar.

[1] D. h. wenn er mit seiner Gattin, mit seinen Feuern, mit seiner Habe (vgl. Mśr. *sadhanaḥ*) nach einem anderen Dorfe umsiedeln will. [2] Vgl. VI. 28. 8. a.

2. Ehe die Spende dargebracht wird, ladet man seine Geräte auf die Wagen[1].

[1] Vgl. TS. III. 4. 10. 4: „Wenn er, nachdem die Spende dargebracht ist, aufladen würde, so würde er den Rudra (d. h. den Vāstoṣpati) in seine Wohnung hinterdrein führen."

3. Was zurückgelassen worden ist, bringe man nachher nicht hinzu[1].

[1] Wenn man z. B. etwas vergessen hat, darf es nach der Spende an Vāstoṣpati nicht mehr mitgenommen werden. Diese merkwürdige Vorschrift stützt sich auf MS. I. 5. 13: 82. 8: „Was zurückgelassen worden ist, ist nicht hernach hinzuzubringen. Denn es wird für Rudra

zurückgelassen. Wenn man das Zurückgelassene nachher würde hinzubringen, so würde dies zum Rudra werden und man würde den Rudra hinzubringen.“ Dieselbe Bestimmung gilt auch im Totenritual, wenn man zum Orte der Verbrennung anszieht (Hir. pi. sū. I. 2: 35. 5; II. 2: 48. 3). Man vergleiche die angebliche Vorschrift des Pythagoras: *ἀποδημῶν τῆς οἰκίας μὴ ἐπιστρέφου. Ἐριννύες γὰρ μετέρχονται*; vgl. Samter's Mitteilnngen in der Januarsitzung des Vereins f. Volksk. zu Berlin: „Auch bei uns gilt es für schadenbringend, umzukehren und etwas zu holen, was man beim Fortgehen vom Hanse vergessen hatte. Man soll einen anderen danach schicken.“

4. Was auf Karren zu fahren ist, das fahre man zuvor fort oder schaffe es weg[1].

[1] Der Sinn dieser Worte ist dunkel, und das Masc. *tam* (wofür Hir. *tad* hat) unbegreiflich. Jedenfalls entstammt unsere Stelle der MS. (l. c.), wo aber der Wortlaut nicht einmal sicher ist. Die einschlägige Stelle des Mān. śrs. (I. 6. 3. 1) lautet: „Nachdem er zehn Tage (an einem Orte) gewohnt hat und dann mit seiner Habe aufbrechen will, soll er, nachdem er die mitzunehmenden Sachen (auf den Wagen) aufgeladen hat und die nicht wegzufahrenden Sachen weggeschafft hat, nach der Morgenopferspende (des Agnihotra?), wenn alle (Fahrzeuge) angespannt sind, . . . eine Spende darbringen.“ Hir. hat: „Er ladet alle Geräte auf Fahrzeuge; was er außerdem *(anyad)* mitnehmen will, das fahren sie zuvor weg oder schaffen es, wenn die Spende noch nicht dargebracht ist, aus dieser Gegend fort.“ Vaikh.: „Wenn das Gerät auf Karren zu fahren ist, so ladet er alles auf (die Karren); was nicht gefahren werden kann *(yad voḍham aśakyaṃ syāt)*, das schaffen sie fort, ehe die Spende dargebracht ist“ *(tad ahuta evopoddharanti)*. Baudh. XIV. 19: 185. 14): „Wenn er an einem Orte wenigstens zehn Tage gewohnt hat, so ladet er auf den Feuerkarren *(agniṣṭham anas)*, was aufzuladen ist.“

5. Wenn er irgendwo fünf, sieben, neun oder zehn Tage ohne Unterbrechung gewohnt hat, und von da aufbrechen will, so bringe er die (in Sūtra 1 erwähnte) Opferspende dar[1].

[1] Die Spende ist also nicht erfordert, wenn er weniger als fünf (bzw. 7, 9 oder 10) Tage irgendwo gewohnt hat.

6. Oder er bringe sie dar, wenn er aufbrechen will, nachdem er neun Tage ohne Unterbrechung irgendwo gewohnt hat, und dann zurückkehrt und noch einen Tag in der früheren Wohnung verbleibt[1].

[1] Die Unterbrechung ist also erlaubt, wenn er irgendwo neun Tage gewohnt hat und nachher die Zehnzahl voll macht. — Die in Sūtra 5 und 6 gegebene Vorschrift scheint eine Vermittelung zwischen denen der TS. und der MS. zu sein. In dem erstgenannten Texte wird ausdrücklich gelehrt (TS. III. 4. 10. 2—3), daß die Opferspende bloß zu verrichten ist, wenn man zehn Tage (nicht wenn man kürzere Zeit) irgendwo gewohnt hat: Rudra sei Vāstoṣpati, und wenn er, ohne dem Vāstoṣpati geopfert zu haben, aufbricht, so würde das Feuer zum Rudra werden und ihn treffen. In der MS. (I. 5. 13) dagegen wird erst die Möglichkeit erwähnt, daß man, fünf Tage hintereinander irgendwo gewohnt habend, aufbricht, in welchem Falle die Spende darzubringen sei, aber später wird der zehntägige Termin als Bedingung gestellt.

7. Wenn das rechte Zugtier angespannt, das linke zwar vor den Karren gebracht aber noch nicht angespannt ist[1], — oder das rechte Zugtier des Feuerkarrens angespannt und dem linken das Seil umgeworfen, aber noch nicht befestigt ist, — oder aber wenn alle Fahrzeuge angespannt sind[2],

[1] Dieses ist die Vorschrift von TS. III: 4. 10. 3—4 („Wenn er die Spende darbrächte, nachdem angespannt worden ist, so würde es sein, als ob er nach dem Aufbruch in seiner Wohnung opferte; wenn er sie darbrächte, wenn nicht angespannt ist, so würde es sein, als ob er ruhig zu verweilen gedächte“ usw.). [2] Die beiden letzten Möglichkeiten beruhen

auf der MS. „Die Spende soll nicht dargebracht werden, wenn alle Fahrzeuge angespannt sind, aber auch nicht, wenn sie nicht angespannt sind. Alle anderen Fahrzeuge sollen angespannt sein, aber am Feuerkarren soll das rechte Zugtier angespannt sein, dem linken soll das Seil bloß umgeworfen sein; dann opfere er. Darum kümmere man sich aber nicht: die Spende soll dargebracht werden, wenn alle Fahrzeuge angespannt sind."

8. a. so sagt der Adhvaryu den Vers: „Vāstoṣpati, erkenne uns an, schaffe uns guten Eingang und halte Krankheit fern; was wir dich bitten, das gewähre uns gern, sei günstig unsern Zwei-, unseren Vierfüßlern"[1] her und bringt im Gārhapatya die Spende dar mit dem unmittelbar darauf folgenden Verse: „Vāstoṣpati, möchten wir vereint sein mit deiner gütigen erfreulichen räumigen Versammlung. Fördere unsere Habe bei Ruhe und Aufbruch. Beschützet ihr uns stets glücklich[1]."

[1] TS. III. 4. 10. a, b.

8. b. Nachdem er darauf die niedergebrannten Holzscheite des beopferten Feuers gänzlich ausgelöscht hat, läßt er die Feuer, welche beibehalten werden, einzeln in den Feuerbohrer „hinaufsteigen"[1]:

[1] Vgl. TS. III. 4. 10. 4: „Wenn er auszöge ohne die niedergebrannten Holzscheite verlöschen zu lassen, so würde das wie eine Opferstörung oder wie eine Kremationsstätte sein." — Übrigens deutet die Zutat: „welche beibehalten werden" u. a. auf den Gataśrī, welcher ja auch den Āhavanīya stetig unterhält (vgl. VI. 2. 12).

9. Den Feuerbohrer oberhalb des Feuers haltend flüstert er den Vers: „Diese ist, o Agni, deine natürliche Geburtsstätte" usw. wie V. 8. 5.

10. Oder aber der Opferveranstalter läßt die Feuer in sich heraufsteigen:

11. Er erwärmt zu diesem Zwecke über dem Feuer seine rechte Hand und führt diese zu seinem Munde mit dem Verse: „Komm' her, o Agni, mit deiner opferwürdigen Erscheinungsform; ersteige selber mich selbst, zu uns herbeischaffend viele, den Männern willkommene Güter. Zum Opfer geworden, nähere dich dem Opfer, deiner eigenen Geburtsstätte; o Jātavedas, aus der Erde entstehend, komm' her mit deiner Wohnstätte[1]."

[1] TS. III. 4. 10. 5 findet sich nur der erste Satz dieses Spruches; der ganze Mantra steht TBr. II. 5. 8. 8. Daraus braucht jedoch nicht gefolgert zu werden, daß hier die TS. das TBr. als bekannt voraussetzt, da der von Āp. und TBr. gegebene Mantra eine spätere Erweiterung von TS. sein könnte. — Die Vorschrift stützt sich auf TS. l. c.: „Nun sagt man aber: Wenn das in den Feuerbohrer hinaufgestiegene Feuer verloren ginge, so würde sein Feuer zu Ende gehen, und es müßte eine erneute Feuergründung statthaben; er läßt es in sich selbst heraufsteigen; der Opferveranstalter ist ja des Feuers Geburtsstätte" usw.

12. An dem Orte, wo er die Nacht zubringt[1], läßt er das Feuer in ein ungeweihtes Feuer herabsteigen[2] mit dem Verse: „Steig' herab, wieder zu uns, o Jātavedas" usw. wie V. 10. 12.

[1] Und wo er das Agnihotra verrichten muß. — *vāse* Āp., *yatra vasati*, Hir.

[2] Indem er auf das ungeweihte Feuer seinen Atem, welcher ja das Feuer enthält (Sūtra 11), aushaucht.

13. Oder er lasse es mit dem erwähnten Verse in den Feuerbohrer „herabsteigen" und bohre dann das Feuer.

14. Wenn es in den Feuerbohrer hinaufgestiegen ist, so flüstere er diesen Spruch, wenn es durch die Quirlung hervorgebracht wird.

VI. 29.

1. Wenn er eingekehrt ist[1], so bringt er im Āhavanīya eine Butterspende dar mit dem Verse: „Da ich zu diesem vorzüglichen Orte des Aufenthaltes angelangt bin, sind mir Erde und Himmel günstig gewesen — frei von Krankheit sollen mir die Himmelsgegenden sein —, (zu diesem Orte), der reich an Kühen, Habe, Rossen, Menschen, Gold und tüchtigen Männern ist[2]."

[1] D. h. entweder in der neuen Wohnung oder an dem Orte, wo er eine Nacht oder mehrere Nächte zuzubringen gedenkt. [2] Der Vers (auch bei Hir.) ist eine zusammengeflickte Variation zu einem AS.-Vers.

Das Opfer der ersten Feldfrüchte.

2. Nicht ohne das Erstlingsopfer dargebracht zu haben, esse derjenige, der seine Feuer gegründet hat, von der neuen Feldfrucht[1].

[1] Die Vorschrift ist dem Kāṭh. (XII. 7: 169. 21) entnommen: „Wer seine Feuer gegründet hat, ist von den Göttern akzeptiert (? *devānām ānītaḥ)*, sie essen seine Speise; wenn er, ohne das Erstlingsopfer dargebracht zu haben, von der neuen Frucht genösse, so würde er den für die Götter bestimmten Anteil essen und ins Unglück geraten. Deshalb" usw.

3. Er halte eine Iṣṭi von den Erstlingen des Reises, der Gerste und der Hirse (panicum frumentaceum).

4. Am Neu- oder am Vollmondstage[1].

[1] D. h. entweder vor oder nach dem Neu- oder Vollmondsopfer.

5. Das hierbei zu befolgende Opferparadigma ist das des Neumondsopfers[1].

[1] Weil die beiden Iṣṭis, sowohl das Neumondsopfer (XXIV. 2. 32) wie die Āgrayaṇeṣṭi (VI. 29. 10) aus einem für Indra-Agni bestimmten Opferkuchen bestehen.

6. Siebzehn an der Zahl sind die Sāmidhenīverse[1].

[1] Die Bestimmung nach Kāṭh. XII. 7 oder Kauṣ. br. IV. 12.

7. Am Zeitpunkte, wenn die Körner ausgeschüttet werden[1], schüttet er alten Reis[2] für den achtschüsseligen für Agni bestimmten Opferkuchen[3] aus.

[1] Vgl. I. 18. 10, 12. [2] Alter Reis wird im ŚBr. II. 4. 3. 7 erwähnt für den Vaiśvadeva caru (unten VI. 29. 10), aber diese Vorschrift wird mißbilligt. [3] Daraus geht hervor, daß auch hier, wie beim Neumondsopfer, die Hauptspenden zweiteilig sind: der erste Opferkuchen gilt immer dem Agni, die zweite Hauptopfergabe wird unten, Sūtra 10, angegeben.

8. „Es ist dies aber", so heißt es in der heiligen Überlieferung, „als ob er einen ungezähmten Zugochsen zusammen mit einem gezähmten vor denselben Wagen anspannen würde[1]."

[1] Und daher wäre die in Sūtra 7 gegebene Vorschrift zu verwerfen: entweder ist auch der Agnikuchen von frischem Reis zu bereiten, oder er darf (so Bhāradvāja) gänzlich fortfallen. — Die hier zitierte Śruti ist in keinem Brāhmaṇa nachzuweisen.

9. „In dem Opfer, wodurch er wünscht, daß der Opferveranstalter gedeihen möge, bringe er aber den für Agni bestimmmten achtschüsseligen Opferkuchen an", so wird gelehrt[1].

[1] Und darum ist der Agnikuchen zu empfehlen, auch wenn er nicht von altem Reis hergestellt ist.

10. Neue Feldfrüchte schüttet er für die anderen Opfergaben aus: (1) Für den für Indra-Agni oder Agni-Indra bestimmten zwölfschüsseligen Opferkuchen, (2) für das für die Allgötter bestimmte Reismus — welches, beim Erstlingsopfer von Hirse, für Soma bestimmt wird[1] — und (3) einen für Erde und Himmel bestimmten einschüsseligen Opferkuchen[2].

[1] Diese Bestimmung nach Kauṣ. br. IV. 12. [2] Diese drei Opfergaben ersetzen hier also den zweiten Kuchen des gewöhnlichen Paradigmas.

11. In der Überlieferung einiger[1] kommt der für Erde und Himmel bestimmte Kuchen vor dem für Soma bestimmten Mus von Hirse.

[1] Es ist mir unbekannt, wer diese „einige" sind.

12. Wenn die Opfergaben ausgeschüttet sind und in der Nähe des Gārhapatya gesetzt[1], aber noch nicht besprengt sind[1], opfert er die fünf Ajyānispenden[2] mit den Versen:

a. „Dem hundert Waffen führenden, hundert Kräfte besitzenden, hundert Hilfen bringenden, die Feinde besiegenden Indra, welcher uns ungeschädigt, hundert Herbste hindurch, über alle Schwierigkeiten hinüberführen soll.

b. Übergebet uns hier, o ihr Allgötter, demjenigen der vier von den Göttern betretenen, zwischen Erde und Himmel hindurchgehenden, Wege, welcher Unversehrtheit *(ajyāni)* und Gedeihen heranführen möge.

c. Sommer, Winter und Frühling, Herbst (und) Regenzeit sollen uns (zum) Glück sein. Unter dieser Jahreszeiten, der hundert Jahre spendenden, sicherm Schirme möchten wir sein.

d. Dem Iduvatsara, Parivatsara und Saṃvatsara erweiset große Verehrung. Möchten wir, im Wohlwollen dieser Opferwürdigen, lange Zeit unvergewaltigt *(ajīta)* (und) ungeschlagen sein.

e. Vom Guten habt ihr, o Götter, zum Besseren uns geführt. Durch dich, die Nahrung, möchten wir dich genießen. Gehe du, o Trank, erquickend in uns ein, wohltätig unseren Kindern, angenehm uns selbst[3]."

[1] Vgl. I. 18. 5; 19. 1. [2] Die Vorschrift beruht auf TS. V. 7. 2. 5. [3] TS. V. 7. 2. d—h.

13. Oder er bringe diese Spenden vor dem Opfer an Agni sviṣṭakṛt dar[1].

[1] Also vor II. 21. 3—7, unmittelbar nach den Hauptspenden.

14. Die Handlungen vom Besprengen an finden darauf statt nach dem bekannten Opferparadigma[1].

[1] Also von I. 19. 1 an (anschließend an VI. 29. 12).

15. Es gibt bei diesem Opfer einen Mörser und einen Stößer, oder für jede darzubringende Kornart einen.

16. Bei allen Kornarten wird die Formel zur Heranrufung des Havisbereiters ausgesprochen[1],

[1] Vgl. I. 19. 8.

17. und findet das Unterstreuen der Hülsen statt[1].

[1] Vgl. I. 20. 9.

18. Nachdem er die letzte Opfersubstanz ausgeschüttet hat[1], läßt er die Stimme frei.

[1] Vgl. I. 16. 7 mit I. 19. 7.

19. Dieses Verfahren[1] gilt auch für andere Kornsorten verschiedener Art, die zusammen in einem Opferparadigma auftreten.

[1] Nl. die Vorschriften VI. 29. 15—18.

20. Am Zeitpunkte der „Schmückung“[1] füllt er die den einschüsseligen Opferkuchen enthaltende Schüssel mit Schmalz an, sodaß der Kuchen ganz unter dem Schmalz liegt[2].

[1] Vgl. II. 10. 6. [2] Im Gegensatz zur gewöhnlichen Behandlung des Opferkuchens, wo Butter unter- und aufgegossen wird (II. 10. 4 und II. 11. 1—4). — Die Sūtras VI. 29. 20—30. 5 beziehen sich auf den ekakapāla puroḍāśa im allgemeinen, aber besonders auf den beim ersten Cāturmāsya darzubringenden (vgl. VIII. 2. 10). Die hier von Āp. gegebenen Vorschriften gründen sich denn auch auf dem Cāturmāsyabrāhmaṇa (TBr. I. 6. 3). Die in Sūtra 20 gegebene beruht entweder auf Kāṭh. 36. 1: 69. 10 oder MS. I. 10. 7: 147. 5.

21. Oder er setzt ihn hin[1], nachdem er ihn so mit Schmalz begossen hat, daß der Rücken (der obere Teil) hinausragt[2].

[1] Vgl. II. 11. 5. [2] So TBr. l. c. 5 (Der einschüsselige Opferkuchen ist der Opferveranstalter, den er durch diese Handlung mit Glanz, *tejas* s. v. a. *ājya*, versieht).

22. Am Zeitpunkte, wo er mit der Opfergabe vorschreitet (d. h. sie darbringen geht)[1], hebt er den einschüsseligen Opferkuchen aus dem Schmalz, legt ihn auf die Streu[2] (d. h. auf die Vedi), macht eine Unterlage von Schmalz in die Juhū, legt den Opferkuchen darein, gießt das in der Schüssel zurückgebliebene Schmalz darauf, beschmalzt den Opferkuchen und geht leise mit ihm vor (d. h opfert ihn leise).

[1] Vgl. II. 18. 9. [2] Aus Kāṭh. (36. 1: 69. 10).

VI. 30.

1. Er bringe ihn ganz[1] dar, ohne ihn umzuwenden, gerade[2] und so, daß er feststeht (d. h. nicht schwankt)[3], und nicht mit der Hand[4].

[1] *sarvahutam* (der Wortlaut nach Kāṭh. oder MS.), vgl. TBr. I. 6. 3. 5: „Der einschüsselige Opferkuchen ist der Opferveranstalter; wenn er Ausschnitte machte, so würde der Opferveranstalter von Sinnen kommen oder vor seiner Zeit sterben.“ [2] Aus Kāṭh. oder MS.

[3] Aus TBr. l. c 7—8: „Wenn er nach vorne fiele, so würde der Opferveranstalter den Raum der Götter erreichen (besser die MS.: „Er würde sterben“); wenn (er) nach Süden (fiele), den Raum der Väter; wenn (er) nach hinten (fiele), so würden die Unholde das Opfer zunichte machen; wenn (er) nach links (fiele), so würde er den Raum der Menschen erreichen“ (besser die MS.: „So würde er sein Vieh verbrennen“). [4] Vgl. TBr. l. c. 7: „Wenn er ihn mit der Hand opferte, so würde er den Opferveranstalter von dem Himmelsraume hinabstürzen. Mit dem Opferlöffel opfert er ihn: zur Erreichung des Himmelsraumes.“

2, 3. Wenn er, nachdem er ins Feuer geopfert worden ist, sich umdreht, so bringe er ihn mit der Spitze des Opferlöffels, aber nicht mit der Hand, in die richtige Lage.

4. Er ist in die richtige Lage zu bringen, nachdem der Opferveranstalter dem Adhvaryu ein auserlesenes Stück aus seiner Habe geschenkt hat[1].

[1] Die Vorschrift gründet sich auf der MS. (I. 10. 7: 147. 9).

5. Nach einigen[1] ist der Kuchen, wenn er umgekehrt ins Feuer gefallen ist, nicht in die richtige Lage zu bringen, sondern wieder in den Opferlöffel zu legen, zu beschmalzen und von neuem ins Feuer zu schütten.

[1] Diese „einige“ sind die Mānavas, vgl. MS. I. 10. 7: 147. 8.

6. Oder aber er verfahre nicht mit einem einschüsseligen Opferkuchen, sondern verehre bloß mit einer Schmalzspende Erde und Himmel[1].

[1] Dies erlauben die Vājasaneyins (ŚBr. II. 4. 3. 10).

7. Von den Kälbern, welche vor der Ekāṣṭakā[1] geworfen werden, gibt er das zuerst geborene als Opferlohn; beim Erstlingsopfer der Hirse, ein Kleid.

[1] Der achte Tag nach jedem Vollmond ist eine aṣṭakā. Die *aṣṭakā* par excellence ist die nach *māghī paurṇamāsī* fallende; so wird das Zuerstgeborene derjenigen Kälber gegeben, die in der letzten „Woche" des alten Jahres geboren waren. Zur Zeitbestimmung vgl. Āp. gṛhs. 21. 10. Die Vorschrift entstammt, soweit es das Kalb angeht, dem Kāṭh., dem Kauṣ. br. oder dem ŚBr.

8. Er ißt den Opferveranstalterteil des Opferkuchens mit dem Verse: „Vom Guten habt ihr, o Götter, zum Besseren uns geführt" usw. wie VI. 29. 12. c.

9. Oder dieser Vers sei der Stellvertreter der sonst zu verwendenden Formeln für alle von einem Spruch begleiteten Opferanteilgenüsse.

10. Für das Genießen der Hirse gilt der Vers: „Der Agni soll zuerst essen, denn der weiß, wie die Opfergabe ist; heilsam soll er uns die Kräuter machen, er, der allen Freundliche[1]."

[1] TBr. II. 4. 8. 7.

11. Das Opfer wird darauf nach dem bekannten Paradigma zu Ende geführt.

12. Er darf das Erstlingsopfer auch dem Neu- oder dem Vollmondsopfer anreihen[1].

[1] So daß (im Gegensatz zu VI. 29. 4) erst jeder Akt des Neu- oder Vollmondsopfers, und dann jeder Akt der Āgrayaṇeṣṭi verrichtet wird. Diese Vorschrift sowie die folgenden (bis Sūtra 16 einschl.) sind sämtlich dem Kauṣ. br. (IV. 14) entnommen.

13. Oder er darf das Neu- oder das Vollmondsopfer mit neuen Feldfrüchten verrichten.

14. Oder er darf sich damit begnügen, der Kuh, welche die Milch zum Agnihotra liefert, ein Reis- oder Gerstenbüschel zu fressen zu geben und dann mit der Milch dieser Kuh abends und morgens die Agnihotraspende darzubringen[1].

[1] Gegen diese Praxis polemisieren die Vājasaneyins (ŚBr. II. 4. 3. 4).

15. Er darf auch abends und morgens die Agnihotraspende mit einem Dekokt von neuem Reis darbringen.

16. Oder er darf von neuem Reis über dem Gārhapatya einen Sthālīpāka kochen und diesen im Āhavanīya den Gottheiten des Erstlingsopfers[1] und viertens dem Agni sviṣṭakṛt darbringen.

[1] Also, nach VI. 29. 10: Indrāgni, Viśve devāḥ, Dyāvāpṛthivī.

17. Er darf auch von neuem Reis ein Mus zu vier Śarāvas zubereiten und dieses vier Brahmanen zu essen geben[1].

[1] Diese Bestimmung aus dem ŚBr. (II. 4. 3. 13).

18. In derselben Weise opfere er im Frühling die Erstlinge der neuen Gerste.

19. Hier fallen aber der Agnikuchen[1] und das Opfer der Hirse fort[2].

[1] Vgl. VI. 29. 7. [2] Vgl. VI. 29. 10, vgl. auch die Bem. zu VI. 31. 1.

20. a. Von den Kälbern, welche nach der Ekāṣṭakā geworfen werden, gibt er das zuerst geborene als Opferlohn[1].

[1] Vgl. VI. 30. 7.

20. b. Er ißt den Opferveranstalteranteil des Opferkuchens mit dem Verse: „Diese mit der Süßigkeit der Sarasvatī vermischte Gerste pflügten die Götter zur Zeit des Manu (?) ein. Indra, der hundertkräftige, war der Herr des Pfluges, die milden (?) Maruts waren die Pflüger[1]."

[1] TBr. II. 4. 8. 7.

20. c = VI. 30. 9.

21. Die Iṣṭi wird dann nach dem bekannten Paradigma zu Ende geführt.

VI. 31.

1. Wenn er das Erstlingsopfer der Hirse (in der Regenzeit) als ein absonderliches Opfer[1] verrichtet, so erläßt er den Befehl: „Nehmet die Hirse aus[2]."

[1] Nach VI. 29. 10 ist das Normale, daß es dem Erstlingsopfer des Reises einverleibt wird.
[2] Der Befehl nach Kauṣ. br. (IV. 12).

2. Dabei gibt es siebzehn Sāmidhenīverse.

3. Die Einladungs- und Opferverse für die Butterteile enthalten Formen des Zeitworts „sein", der Einladungs- und Opfervers für die Spende an Agni sviṣṭakṛt sind Virājverse[1].

[1] Diese Bestimmungen stammen aus derselben Quelle.

4. a. Die Verse, welche Formen des Zeitworts „sein" enthalten, sind:

„Du bist, o Agni, der weitreichende, willkommene, wünschenswerte Hotṛ; durch dich vollführt man das Opfer[1]."

„O Soma, sei uns ein Helfer mit den wohltuenden Hilfeleistungen, welche dir für den Frommen zur Hand sind[2]."

[1] TBr. II. 4. 1. 6 (hier aber zu anderem Zwecke gegeben). [2] TS. IV. 1. 11. b.

4. b. Die Virājverse sind:

„Entzündet, o Agni" usw. wie oben V. 17. 5.

„Diese im höchsten Grade beliebten Opfergaben, o Agni, führe du, nicht verlöschend, zu den Göttern hin; und sie sollen unsere wohlriechenden (Gaben) entgegennehmen[1]."

[1] TS. IV. 3. 13. v.

5. Opferlohn ist ein Kleid, eine von Mehl mit saurer Milch oder eine von Mehl mit Honig bereitete Rührspeise, ein Honiggemisch[1], ein fester Honigklumpen, oder ein rötlich brauner Stier[2].

[1] Nach Kauṣ. br. IV. 12. [2] Nach Kāṭh. XV. 1 : 210. 8. — Woher Āp. die anderen Vorschriften entnommen hat (außer dem Kleide), ist unbekannt.

6. Die Iṣṭi wird nach dem bekannten Paradigma zu Ende geführt.

7. Von der neuen Frucht der (noch) grünen Gerste[1], vom neuen Gemüse, von den neuen Hülsenfrüchten (oder Śamīkörnern) darf man, auch ehe davon geopfert wird, nach Belieben essen.

[1] *haritayava.*

8. Nach der Überlieferung einiger[1] soll auch eine Iṣṭi von den Bambussamen, wenn man sie zuerst genießen will, dargebracht werden.

[1] Nl. der Kauṣītakins (Kauṣ. br. IV. 13).

9. Wenn die Bambussamen reif sind, erläßt er den Befehl: „Nehmet die Bambussamen aus[1].“

[1] Aus Kauṣ. br. l. c.

10. Von dieser Iṣṭi sind das Opferparadigma und die Gottheiten dieselben[1].

[1] Bezieht sich auf VI. 31. 1—6. Die Worte aus Kauṣ. br.

11. Oder[1] sie gilt dem Agni, dem Mitravaruṇa oder dem Prajāpati.

[1] In Āp. scheint ein *vā* nach *āgneyī* zu fehlen, vgl. Kauṣ. br. IV. 13: „Dies (von Bambussamen zu verrichtende Erstlingsopfer) halten einige zu Ehren von Agni oder Mitravaruṇa oder Prajāpati.“

12. Von den folgenden Versen:

1. „In althergebrachter Weise hast du, o Agni, mit ganz neuer, ununterbrochener Herrlichkeit dich weit und breit durch deinen Glanz verbreitet.

2. Ein neues Loblied habe ich dem Agni, dem Falken des Himmels, geschaffen, ob er Gutes uns verschaffen wird.

3. Dessen Herrlichkeit lieblich zu schauen ist, wie der Reichtum eines Heldenhaften, beim Beginn des erscheinenden Opfers.

4. Ein nicht zu verletzender Führer ist Agni der menschlichen Geschlechter, ein schneller, stets neuer Wagen.

5. Dem kräftigen Soma zu Ehren ist neues Schmalz aus der Milch entstanden: das willkommene helle Gut.

6. Die neue (Gabe) nimm gerne von uns an, o Soma, sättige dich hier an dem Safte, welcher dein Anteil ist zur rechten Zeit.

7. Wir erwählen uns, o Soma, dein, des neuen, Wohlwollen; erteile du uns tausendfache (Reichtümer).

8. Unsere neue Opfergabe, welche genau dem Soma ähnlich ist, nimm entgegen zur rechten Zeit; nimm diese doch an, o König Soma, zum Heile.

9. Ein neues Loblied, eine neue Opfergabe kündige dem Indra und Agni an, dies sollen die Einsichtigen annehmen.

10. Nehmet, ihr Vṛtratöter Indra und Agni, heute das reine neuentstandene Loblied an; euch beide rufe ich ja inniglich. Ihr beide seid die besten Spender von Kraft dem Verlangenden.

11. Agni und Indra, die tausend Gaben bringenden, sollen sich hier an dieser neuen Opfergabe von uns sättigen.

12. Sie sollen doch zu unsrem Opfer herbeikommen, dem Güter bringenden, dem Licht verschaffenden; an dieser neuen Opfergabe von uns sollen Agni und Indra sich sättigen.

13. Sättiget die Allgötter mit dieser neuen Opfergabe von uns; denn sie sind entstanden als die Licht schaffenden.

14. Zu dieser richtig gestreuten Streu mit neuer Opfergabe — dieses

Opfer ist des Opferveranstalters Anteil, dieses ward der Sproß der Welt — zu diesem kommen die Allgötter am liebsten.

15. Die Erde und der Himmel hier, die, vereint, das vielgestaltige Opfer mit Weisheit ausführen, sollen diesem (Opferveranstalter) alle Welten füllen: Nachkommen, Wohlfahrt, langes Leben, für die neue (Gabe).

16. Auch künftighin soll die saftvolle Wohlfahrt (d. h. die Opfergabe) zu diesen beiden, langes Leben schenkenden Milchkühen kommen, welche dieses Opfer mit neuer Gabe gerne annehmen: zu den beiden vereinten, Schmalz triefenden: der Erde und dem Himmel.

17. O Agni, der du, immer jung, das Fahrzeug des Opfers bist, du leuchtest hellglänzend, Schmalz trinkend, neugeboren. Das ist deine Größe.

18. Du, o Agni, minderst dich nicht bei dem Anteil für die Götter: wissentlich wirst du sie verehren; nimm unser neues Loblied entgegen"[1] sind die ersten zwei die Zusatzverse[2], die vier nächstfolgenden sind die Einladungs- und Opferverse für die beiden Schmalzteile[3], die darauf folgenden zehn sind die Einladungs- und Opferverse für das Hauptopfer[4] und die beiden letzten für die Spende an Agni sviṣṭakṛt.

[1] TBr. II. 4. 8. 1—7. Man merke auf, daß in allen Versen (mit Ausnahme von 3) das Wort „neu" vorkommt. [2] D. h. die zwei Verse, welche in die üblichen 15 Sāmidhenīverse eingeschaltet werden, um die Siebzehnzahl (VI. 29. 6; 31. 2) zu erreichen.

[3] Welche immer für Agni und Soma bestimmt sind. [4] Und zwar 7 und 8 für den *saumya caru* (VI. 29. 12), 9—12 für den Opferkuchen an Indra-Agni oder Agni-Indra, 13, 14 für den *vaiśvadeva caru*, 15, 16 für den *dyāvāpṛthivīya ekakapāla*.

13. Nachdem er das Erstlingsopfer mit Reis dargebracht hat, verrichte er das Voll- und Neumondsopfer[1] mit Reis bis zur Zeit der Gerste und gleichfalls mit Gerste bis zur Zeit des Reises. Oder aber bei den beiden Feiern nur mit Reis. „Denn", so lautet ein Brāhmaṇa der Bahvṛcas[2], „dieses (der Reis) ist am leichtesten zu beschaffen."

[1] Vgl. I. 17. 5. [2] In unseren Ṛgvedabrāhmaṇas nicht überliefert.

14. „In der Regenzeit opfere er Hirse, im Herbste Reis, im Frühjahr Gerste, je nach der Jahreszeit Bambussamen", so wird in der heiligen Überlieferung gelehrt[1].

[1] Die Quelle dieser Śruti ist mir unbekannt.

Siebentes Buch.

Das Tieropfer (paśubandha).

Übersicht.

Der einleitende, für Agni und Viṣṇu bestimmte Opferkuchen, VII. 1. 3—5.
Die Yūpāhuti genannte Butterspende, VII. 1. 7—12.
Das Fällen und Herrichten des Opferpfahles, VII. 1. 13—3. 2.
Der Svaru, der *adhimanthana śakala* und der Aufsatz. VII. 3. 3—6.
Die Vedi beim Tieropfer, die Uttaravedi und die Uttaranābhi, VII. 3. 7—5. 4
Die Begießung der Uttaravedi, VII. 5. 4—6.
Das Umlegen der Umlegehölzer, VII. 5. 6.
Das Hinstreuen der Requisiten auf die Uttaravedi, VII. 6. 1—3.
Das Hinüberschaffen des Feuers auf die Uttaravedi, VII. 6. 4—7. 4. (*udyatahoma*, VII. 6. 5; *pūrṇāhuti*, VII. 7. 1; *atimuktihoma*, VII. 7. 2).
Das Schneiden und Binden des Opfergrases und des Brennholzes, VII. 7. 6—7.
Das Bereitstellen der Geräte usw., VII. 8. 2—6.
Das Abwischen der Löffel, VII. 8. 6—9.
Das Schöpfen der Butter, VII. 9. 1—3.
Das Niedersetzen der Butterportionen auf die Uttaravedi, VII. 9. 4—6.
Das Aufrichten des Opferpfahles, VII. 9. 6—12. 10. (Besalben. VII. 10. 1; Aufrichten, VII. 10. 6; Herumbinden des Seiles, VII. 11. 2; Hineinstecken des Svaru, VII. 11. 9—10.)
Das Herbeitreiben des Opfertieres, VII. 12. 1—10.
Die Feuerbohrung. VII. 12. 10—13. 7.
Das Anbinden des Tieres, VII. 13. 8—9.
Das Besprengen und Tränken des Tieres, VII. 13. 10—12.

Haupteil des Opfers:

Die Sāmidhenīverse. VII. 13. 12.
Das Salben des Tieres, VII. 14. 1—2.
Die Berufung des Maitrāvaruṇa, VII. 14. 3—5.
Die Voropfer, VII. 14. 6—9; 20. 4.
Das Salben des Svaru und der Svadhiti, VII. 14. 10.
Das Salben des Kopfes des Tieres, VII. 14. 10—12.
Die Umzirkelung mit dem Feuerbrande, VII. 15. 1—3.
Die *apārya* genannten Spenden, VII. 15. 4—7.
Die Tötung des Opfertieres. VII. 15. 8—17. 4.

Das Abnehmen des Seiles. VII. 17. 5—7.
Das „Āpyāyana", VII. 18. 1—11.
Die Darbringung der Netzhaut, VII. 18. 12—21. 6.
(Elftes Voropfer, VII. 20. 4; die beiden Butterteile, VII. 20. 7—8; die zwei *parivapya*spenden, VII. 20. 9, 21. 2; das Opfer der beiden Spieße, VII. 21. 3—5; die Reinigung, VII. 21. 6.)
Der „Tieropferkuchen" *(paśupuroḍāśa)*, VII. 22. 1—4; 22. 10—23. 2.
Das Zerlegen des Tieres, VII. 22. 5—9.
Die Opferstücke, VII. 23. 3—24. 12 *(manotā*, VII. 24. 1).
Das Schöpfen der Vasā, VII. 25. 1—5.
Das Berühren der sämtlichen Opferstücke, VII. 25. 7.
Die Hauptspenden, VII. 25. 8—18.
(diggkoma, VII. 25. 10—14; *vanaspataye homa*, VII. 25. 15.)
Das Verzehren der Iḍā, VII. 26. 1—7.
Die Zu- und die Nachopfer, VII. 26. 8—27. 2.

Schlußhandlungen:

Die Darbringung des Svaru, VII. 27. 4.
Der Sūktavāka usw., VII. 27. 6-8.
Die Patnīsaṃyājas, VII. 27. 9—14.
Die Samiṣṭayajus, VII. 27. 15.
Das Verstecken des Herzbratspießes, ib.
Schluß, VII. 27. 16—28. 1.
Die feierliche Anrede an den Opferpfahl, VII. 28. 2—3.
Bestimmungen über die Zeit des Tieropfers, VII. 29.

VII. 1.

1. Wer das Tieropfer darbringt, erobert alle Räume[1].

[1] D. h. er erreicht z. B. die Welt (den Raum) der Väter, oder den Himmelsraum. — Der jetzt folgende Abschnitt behandelt den sogenannten *nirūḍhapaśubandha*. In allen Brāhmaṇas wird nl. das Tieropfer als ein integrierender Teil des Somaopfers dargestellt. Es kann aber auch für sich bestehen und heißt dann „das herausgeschobene *(nirūḍha)* Anbinden des Tieres". Wie bei einer Iṣṭi vom Ausstreuen *(nirvapaṇa)* geredet wird, da diese Handlung der erste typische Hauptzug des Opfers ist, wobei die Gottheit, zu deren Ehren die Iṣṭi stattfinden soll, genannt wird, so wird das Tieropfer nach dem Anbinden des Opfertieres an den Opferpfahl benannt, bei welcher Handlung ebenfalls die Gottheit angedeutet wird, welcher zu Ehren die Handlung stattfindet, vgl. Bem. 4 zu VII. 13. 8.

2. Wenn er vorhat, dasselbe am Neumonds- oder Vollmondstage darzubringen, sagt er erst im Geiste die Sechshotṛformel[1] her: „In die Sonne gehe dein Augenlicht ein, in den Wind dein Hauch, zum Himmel gehe dein Rücken, mit deinen Gliedern gehe in das Opfer ein, mit deinen Gebeinen in die Erde[2]" und bringt dann mit dem Graha genannten Teile desselben Spruches: „O Herr der Erde, mit fehlerloser Rede, mit fehlerloser Zunge

sende mein die Götter förderndes Opfer zum Himmel, svāhā[2]" eine Butterspende im Āhavanīya dar.

[1] Diese Vorschrift beruht auf TBr. II. 2. 2. 3. [2] TĀ. III. 4.

3. Er bringt einen elfschüsseligen für Agni und Viṣṇu besimmten Opferkuchen dar[1].

[1] Dieser Kuchen ist offenbar aus dem Ritual des Somaopfers herübergenommen (unten X. 4. 2). Die Iṣṭi, welche nicht von Baudh. verordnet wird, vertritt nach Hir. die Eingangs-*(anvārambhaṇīya)iṣṭi* (vgl. V. 23. 4).

4. Diese Iṣṭi ersetzt das Nachlegen von Stücken Brennholz zu den Feuern[1].

[1] Sonst wird (vgl. I. 1. 2) zu jedem Opfer frisches Brennholz in die Feuer gelegt; das geschieht hier aber nicht, weil das zu dieser Iṣṭi verwendete Feuer auch weiter Dienst tut (vgl. Sūtra 6).

5. Sie wird nach dem gewöhnlichen Opferparadigma zu Ende geführt.

6. Man behält den Āhavanīya (d. h. das zu dieser Iṣṭi auf den Āhavanīyaherd hinübergebrachte Feuer) bei[1].

[1] Und läßt ihn nicht verlöschen, da er für das Tieropfer beibehalten wird, vgl. VII. 6. 4.

7. Vermittelst des Sruva opfert er, aus dem Butterfaß schöpfend, die Opferpfahlspende mit dem Verse: „Weit, o Viṣṇu, schreite aus, mache weiten (Raum) für unsren Wohnsitz. Du, dessen Geburtsstätte das Schmalz ist, trinke das Schmalz. Erhöhe fortwährend den Opferherrn[1]."

[1] TS. I. 3. 4. d, vgl. TS. VI. 3. 3. 1: „Nachdem er mit einem an Viṣṇu gerichteten Verse geopfert hat, geht er zu dem (Baume, der zum) Opferpfahle (bestimmt ist,) hin; Viṣṇuartig ist ja der Opferpfahl, mit seiner eignen Gottheit geht er zu ihm hin."

8. Oder er opfert mit dem Opferlöffel (der Juhū), und zwar zu viermal mit dem Sruva darein geschöpfte Butter.

9, 10. Für einen, der sich der Weihung *(dīkṣā)* zum Somaopfer unterzogen hat, opfere er die Spende nicht, sondern man soll, nachdem der Adhvaryu den Viṣṇuvers hergesagt hat, sich zum Baume, welcher den Opferpfahl liefern soll, hinbegeben[1].

[1] Diese Vorschrift und die folgenden Vorschriften gehören genau genommen nicht hierher, da es sich um das außerhalb des Somaopfers stehende Tieropfer handelt. Sie sind aber der Vollständigkeit halber hinzugefügt, weil später bei der Behandlung des Somaopfers auf das Ritual des selbständigen Tieropfers Bezug genommen wird. — Übrigens ist die Bestimmung beinahe buchstäblich der MS. (III. 9. 2: 114. 5) entnommen.

11. Oder er bringe doch die Spende dar[1].

[1] So erlaubt es auch die MS. und, unter gewissen Umständen, auch das Kāṭh. (XXVI. 3 zu Anf.).

12. Oder (statt den an Viṣṇu gerichteten Vers bloß herzusagen) er bohre in Gesichtsweite des zum Opferpfahle bestimmten Baumes Feuer, und opfere darin die Spende[1].

[1] So MS. und Kāṭh. ll. cc. („so erreicht er beides: er opfert zwar, aber er opfert nicht im Feuer des Dīkṣita", MS.; lies: *juhóty āha*, statt *juhóty āha*).

13, 14. Der Adhvaryu nimmt den Sruva und den Rest des Schmalzes, welcher sich nach der Opferpfahlspende noch im Butterfaß befindet, der Zimmermann nimmt das Beil, und so geht man[1] zum Orte hin, wo der Baum steht, welcher den Opferpfahl liefern soll.

[1] Außer Adhvaryu und Zimmermann auch der Brahman und der Opferveranstalter.

15. Die für den Opferpfahl geeigneten Baumsorten sind die Butea frondosa (palāśa), Acacia catechu (khadira), Aegle marmelos (bilva) und Andersonia rohitaka (rauhitaka).

16. Von Palāśaholz macht ihn einer, der Ansehen oder Opfer wünscht; von Khadiraholz, wer den Himmelsraum oder männliche Kraft; von Bilvaholz, wer Nahrung oder priesterliches Ansehen[1]; von Rohitakaholz, wer Nachkommen oder Sehkraft wünscht[2].

[1] Von Bilvaholz ist der Yūpa zu nehmen für einen, der priesterliches Ansehen zu erlangen wünscht, weil früher die Sonne auf der Erde war; sie wurde aber zum Himmel hinaufgehoben: auf der Stelle, wo die Sonne auf der Erde gewesen war, entsproß der Bilva, TS. II. 1. 8. 1, MS. II. 9. 3: 116. 12. [2] Der Rohitaka wird auf Grund der folgenden Erwägung von der MS. (l. c. 15) empfohlen: „Als Indra die Yatis den Sālāvṛkas (Schakalen?) preisgab, war der Vedaschüler Ichneumon („mungoose“ auf Englisch) deren Camasādhvaryu. Dessen Somatrunk wurde in die Constrictor (oder „Natter“? *svaja*) verändert. Daher kommt es, daß der Ichneumon die Constrictor (Natter?) frißt, denn sie ist sein Somatrunk. Auf der Stelle, wo er seinen Somabecher umgekehrt hatte, entsproß der Rohitaka. Deshalb ist der Opferpfahl vom Rohitaka zu nehmen. Daher kommt es, daß, wo immer ein Rohitaka (angetroffen wird), (sich) die Constrictor (oder Natter?) (befindet).“ Die Stelle ist nicht ganz deutlich. Nur so viel scheint festzustehen, daß der Rohitaka ein Schlangengift liefert. — Übrigens sind im allgemeinen die Bestimmungen des obigen Sūtra den folgenden Quellen entlehnt: Kauṣ. br. X. 1, Ait. br. II. 1. 5ff., MS. III. 9. 3.

17. Er macht ihn von einem Baum, der auf ebenem Boden gewachsen ist[1], der vom Boden selbst, nicht vom Baume aus als Ast gewachsen ist[2], der vielblätterig[3] und vielästig[3] ist, der an der Spitze nicht verdorrt ist[4], der nicht hohl ist, dessen Risse im Bast dem Lauf der Sonne entsprechend herumlaufen[5], der nicht schwankend ist[6], der gerade gewachsen ist[7], der aufrecht (d. h. nicht an der Erde hinkriechend) ist[8], dessen Zweige aufwärts gerichtet sind[9], der an der Spitze leicht geneigt ist[10] und der nach Nordosten[11] oder nach Westen[12] geneigt ist.

[1] Umschreibung von TS. VI. 3. 3. 5: *yaḥ same bhūmyai.* [2] l. c.: *(yaḥ) svād yone rudhaḥ.* [3] Beruht auf TS. l. c. 4. [4] Impliziert in TS. l. c. [5] Der Text des Āp. hat *avyāvṛttam*, was nach Rudradatta bedeuten soll: „An der Spitze nicht eingebogen.“ Ich vermute *anvāvṛttam;* wenn ich damit Recht habe, so könnte diese Bedingung auf Kauṣ. br. X. 2 beruhen: *yasya prasavyā ādityasyānvāvṛttā vakalāḥ sa yūpyaḥ* (zu dieser Stelle vgl. Versl. en Meded. der Kon. Akad. v. Wet., Afd. Letterk., 4e Reeks, Deel II. pag. 290); der Gegensatz dazu wäre *dakṣiṇāvṛt*, Kāṭh. XXVI. 3: 125. 2. [6] Beruht vielleicht auf Kāṭh. l. c. Z. 3, wo vielleicht zu lesen ist: *ya udaṅṅāvṛtto* (so die Kap. S.) *na taṃ, ghūrṇyaḥ sa (sthūrṇyaḥ,* die Kap. S.); Bhār., welcher sich hier dem Kāṭh. anschließt, hat *ya udaṅ(ṅ) āvṛtto na taṃ na pūrṇam* (es ist also jedenfalls ein Wort mit *r* herzustellen).
[7] Beruht auf MS. III. 9. 2: 114. 14. [8] Beruht auf Kāṭh. l. c., wo mit der Kap. S. zu lesen: *ya ūrdhva ūrdhvaśākha.* [9] Ich bin nicht ganz sicher darüber, ob *śakala* hier „Zweig“ bedeutet; *ūrdhvaśakala* scheint vielmehr der Gegensatz zu *avācīnaśakala* des Kauṣ. br. X. 2 zu sein, und, da *śakala* mit *śalka* gleichwertig ist, könnte die Rinde (d. h. die Bastfurchen) gemeint sein. Die Bedingung ist übrigens dem Kāṭh. l. c. Z. 3 entnommen.
[10] Erweitert aus MS. l. c Z. 14, wo bloß: *upariṣṭād upāvanataḥ.*
[11] Aus Kāṭh. l. c. Z. 7. [12] Nach TS. VI. 3. 3. 5.

18. Es ist im Brāhmaṇa[1] gesagt und das daselbst Gesagte gilt für das Tieropfer: „Von wem er wünscht, daß er keinen festen Bestand haben möge

(d. h. daß er hinschwinden möge), für diesen fälle er einen Baum als Opferpfahl, der auf einem anderen Baume gewachsen ist[2]; dieser ist ja unter den Bäumen derjenige, der keine feste Grundlage hat: er (der Feind) wird seiner festen Grundlage beraubt sein. — Von wem er wünscht, daß er ohne Vieh sein möge, für den fälle er einen Baum, der blätterlos und an der Spitze verdorrt ist; dieser ist ja unter den Bäumen derjenige, der für das Vieh ungeeignet ist: er wird seines Viehes verlustig gehen. — Von wem er wünscht, daß er Vieh besitzen möge, für den fälle er einen vielblätterigen, vielästigen Baum; dieser ist unter den Bäumen der für das Vieh geeignete: er kommt in den Besitz von Vieh."

[1] Nl. TS. VI. 3. 3. 4—5. [2] vgl. Bem. 1 zu V. 1. 2. — Āp. hat nicht bemerkt, daß er durch diese Verweisung nach der Brāhmaṇastelle sich selbst wiederholt, da die hier gegebenen Andeutungen alle schon in Sūtra 17 erwähnt waren.

19. Nachdem er an (wenigstens drei)[1] zum Opferpfahl geeigneten Bäumen vorbeigegangen ist, spricht er (immer der Adhvaryu) über demjenigen, welchen er auswählt, die Formeln aus:

[1] Diese in dem Spruch (VII. 2. 1) implizierte Dreizahl nach Hir. Eine merkwürdige Parallele zum Vorübergehen an den ersten drei Bäumen liefert das Ritual der Cherokees (Mooney, Sacred Formulas of the Cherokees, im 7. Annual Report of the Bureau of Ethnology, Smiths. Inst. 1891, S. 339): „In some cases the doctor must pass by the first three plants met until he comes to the fourth."

VII. 2.

1. „An den anderen (zum Opferpfahle geeigneten) bin ich vorbeigegangen: zu den anderen (nicht geeigneten) bin ich nicht hingegangen; diesseitig der ferneren hab' ich dich gefunden, ferner als die hinteren[1]."

[1] TS. I. 3. 5. a. b.

2. Darauf berührt er ihn mit der Formel: „Dich, den Viṣṇuartigen, erwähle ich mir zum Gottesdienste[1]."

[1] TS. l. c. c (Viṣṇu ist das Opfer, der Pfosten ist Viṣṇuartig, weil er beim Opfer Dienst tut).

3. Mit der Formel: „Gott Savitṛ soll dich mit Süßem salben"[1] besalbt er vermittelst des Sruva den unteren Teil des Baumes ringsum mit Schmalz.

[1] TS. l. c. d.

4. Nachdem er mit der Formel: „O Kraut, schütze ihn"[1] einen Grashalm mit der Spitze nach oben zwischen gelegt hat, haut er mit der Formel: „O Beil, verletze ihn nicht"[2] darauf.

[1] TS. I. 3. 5. e. [2] L. c. f. Diese Handlung wird wohl vom Adhvaryu verrichtet, während das eigentliche Fällen vom Zimmermann vollzogen wird.

5. Den Bastsplitter, welcher zuerst herabfällt, hebt er auf und bewahrt ihn[1].

[1] Vgl. VII. 9. 10. TS. VI. 3. 2. 2: „Dem Baume, der sich vor dem Beil fürchtet, entfällt mit dem ersten Splitter die Kraft: er hebt den zuerst herabfallenden Splitter auf: dadurch holt er den Baum samt seiner Kraft."

6. Er fälle ihn auf der Höhe des Fußknöchels[1] oder des Knies[2] oder auf solcher Höhe, daß der zurückbleibende Baumstumpf die Achse eines darüber fahrenden Wagens nicht berührt[3].

[1] Aus Kāṭh. XXVI. 3: 125. 18. [2] Nach TS. VI. 3. 3. 4: „Wenn er ihn so fällte, daß die Achse mit ihm in Berührung käme, so würde das Zugvieh des Opferveranstalters hinsterben" („so würde der Baumstumpf zu einem Donnerkeil werden und das Vieh des Opferveranstalters treffen", MS.).

7. Er läßt ihn nach Ost[1], nach Nordost[2] oder nach Nord fallen[3] mit der Formel: „Den Himmel ritze nicht mit der Spitze, den Luftraum verletze nicht mit der Mitte, mit der Erde vereinige dich."[4]

[1] So MS. und ŚBr.. [2] So Kāṭh. [3] D. h. er spricht die Formel, während der Baum fällt. [4] TS. I. 3. 5. g.

8. Mit der Formel: „O Baum, wachse in hundert Zweigen (wieder) auf"[1] bringt er eine Schmalzspende über der Schnittfläche dar.

[1] TS. I. 3. 5. h[a].

9. Nachdem er mit der Formel: „Möchten wir in tausend Zweigen (der Nachkommenschaft) uns ausbreiten"[1] sich selbst berührt hat, schneidet er mit der Formel: „Du, o Baum, den dies scharfe Beil zu großem Glück geführt hat . . ."[2] die Äste ab, nach der Spitze zu (d. h. beim dicken Ende beginnend).

[1] TS. l. c. h[b]. [2] l. c. i[a].

10. Mit dem Rest der Formel: „. . . das tüchtige, dich, der du unversehrten Reichtum besitzest"[1] schneidet er die Spitze ab[2].

[1] TS. l. c. i[b]. [2] Sodaß der Pfahl die erwünschte (s. im Verfolg) Länge bekommt.

11. Die zur Erreichung bestimmter Wünsche dienlichen Maße sind im Brāhmaṇa angegeben: „Fünf Ellen lang haue er den Opferpfahl für denjenigen, welcher wünscht, daß im Verfolg das Opfer sich ihm zuwenden möge (d. h. daß er auch später in der Lage sein möge, als Opferpriester aufzutreten); das Paṅktiversmaß hat fünf Silben, und fünfteilig ist das Opfer: so wendet sich im weiteren Verlauf das Opfer ihm zu. — Sechs Ellen für einen, welcher festen Bestand wünscht; die Jahreszeiten sind sechs an der Zahl; in den Jahreszeiten (d. h. in der Zeit, auf die Dauer) wird er fest gegründet. — Sieben Ellen für einen, welcher Vieh wünscht; das Śākvarīversmaß besteht aus sieben Versabschnitten; die Śakvarī ist das Vieh; er erhält dadurch Vieh. — Neun Ellen für einen, welcher Energie (Lebenskraft) wünscht; der Pfahl wird dadurch von gleichem Maße mit dem aus neun Versen bestehenden Stoma; der aus neun Versen bestehende Stoma ist die Energie; so erhält er Energie. — Elf Ellen für einen, der Mut wünscht; das Triṣṭubhversmaß ist elfsilbig; die Triṣṭubh ist Mut; er wird mutig. — Fünfzehn Ellen für einen, der Nebenbuhler hat, welchen er zuvorzukommen wünscht; ein Donnerkeil ist der aus fünfzehn Versen bestehende Stoma; so überwindet er den Nebenbuhler. — Siebzehn Ellen für einen, der Nachkommen wünscht; siebzehnartig ist Prajāpati: so erhält er den Prajāpati (den Herrn der Geschöpfe, der Nachkommen). — Einundzwanzig Ellen für einen, der festen Bestand wünscht; der aus einundzwanzig Versen bestehende Stoma ist der festgegründete unter den Stomas; er erhält festen Bestand[1]."

[1] TS. VI. 3. 3. 5—6.

12. Nach der Überlieferung einiger[1] gelten als Maße für den Opferpfahl: „Von einer Elle ab bis dreiunddreißig Ellen, ohne Unterbrechung."

[1] Es sind wohl die Vājasaneyins gemeint, vgl. ŚBr. XI. 7. 4. 1 (III. 6. 4. 18ff.).

13. So lang wie der Opferveranstalter ist, wenn er die beiden Arme emporhebt, so groß soll er sein[1].

[1] Aus MS. III. 9. 2: 115. 13.

14. Oder so lang wie der Opferveranstalter, wenn er auf einem Wagen steht[1].

[1] Ebenfalls aus MS. (Z. 14).

15. Oder wenn er mit emporgehobenen Armen auf einem Wagen steht.

16. Das Maß des Menschen jedoch ist sein niedrigstes Maß; „und er soll länger und länger als dies gemacht werden", so überliefern einige[1].

[1] Zitat aus MS. (l. c. Z. 15).

17. Das Vājasaneyaka sagt, daß der Opferpfahl drei oder vier Ellen hoch und von Palāśaholz sein soll bei einem selbständigen Tieropfer; derjenige, der von anderem Längenmaß oder anderem Holz ist, gilt für das dem Somaopfer einverleibte Tieropfer[1].

[1] Stimmt dem Inhalt, nicht genau dem Wortlaut nach mit ŚBr. XI. 7. 4. 1 (vgl. XI. 7. 2. 8) überein.

VII. 3.

1. Am dicken Ende bleibt der untere in die Erde einzugrabende Teil (das sogenannte *upara*) unbearbeitet.

2. Der Pfahl ist achteckig[1] und wird vom dicken Ende an bis zur Spitze allmählig dünner; die Ecke, welche dem Feuer zuzukehren ist, wird wohl vermerkt; der Pfahl ist weder allzu dick noch allzu dünn[2].

[1] Weil das achtsilbige Gāyatrīversmaß Energie *(tejas)* bedeutet und die Gāyatrī der Anfang des Opfers ist (jedes „Pressungslob" fängt mit Gāyatrīversen an), so ist der Opferpfahl durch diese Achtzahl der Gāyatrī gleichwertig (TS. VI. 3. 3. 6).

[2] Aus MS. (III. 9. 4: 118. 8).

3. Von den bei der Bearbeitung abgefallenen Spänen sind der Svaru[1] und der als Unterlage bei der Feuerbohrung dienende Span[2] zu verfertigen.

[1] Vgl. VII. 11. 9, VII. 27. 4. [2] Vgl. VII. 12. 12.

4. Aus der Spitze[1] ist der eine Handlänge[2] hohe, achteckige, und in der Mitte eingebogene[3] Aufsatz[4] *(caṣāla)* zu verfertigen.

[1] D. h. aus dem nach VII. 2. 10 abgeschnittenen Teile. [2] *pṛtha* nach Baudh. = 13 angulis; die Bestimmung wohl aus der MS. III. 9. 4: 119. 7 (wo indeß *pṛthu°*).

[3] Wohl nach ŚBr. III. 7. 1. 12 am Ende. [4] Vgl. VII. 10. 3.

5. Wem er anwünscht, daß ein anderer seinen Raum einnehmen möge, für diesen verfertige er den Svaru und den Aufsatz aus dem Holze eines anderen Baumes[1].

[1] Teils aus dem Kāṭh. (XXVI. 4: 127. 3): „Von einem anderen Baume als der, von welchem der Opferpfahl gemacht wird, verfertige er den Aufsatz für einen, dem er einen Nebenbuhler zuwünscht; die anderen Bäume sind ja seine Nebenbuhler. So macht er seinen Nebenbuhler seinen Raum einnehmen und nimmt ihm seinen Raum weg", teils aus der MS. III. 9. 4: 119. 9 (Svaru).

6. Ein Stück so groß wie das letzte Fingerglied läßt er über dem Opfer-

pfahle selbst hinausragen, oder ein Stück von zwei, drei, oder vier Fingerbreiten [1].

[1] Die erstere Bestimmnng ans dem Kāṭh. (l. c. 126. 20, und vgl. MS. III. 9. 4: 119. 4). — Dieser hinausragende Teil wird zu einem Zapfen hergerichtet, in welchen der Anfsatz eingefügt wird.

7. Die Vedi des selbständigen Tieropfers hat die Maße eines Kriegswagens;

8. die westliche Querlinie ist so lang wie die Achse, die Prācī (d. h. die Länge von W. nach O. gerechnet) ist gleich der Deichsel, die östliche Querlinie ist so groß wie das Joch eines für ungebahnte Wege tauglichen Wagens oder gleich der Entfernung der beiden äußeren Löcher des Joches.

9. Oder die westliche Querlinie mißt vier Ellen *(aratni)*, die Prācī sechs, die östliche Querlinie drei [1].

[1] Zu Sūtras 7—9 vergleiche man die genaue Darstellnng und die Abbildung bei Burk in Z.D.M.G. LVI, S. 348.

10. Nachdem er diese (Vedi) (und) den Veda hergestellt [1] hat (und zwar den Veda) in der Weise wie beim Voll- und Neumondsopfer (und auch die Vedi wie früher [2], aber) ohne sie einzubeugen [3], verrichtet er die Handlungen bis zum zweiten Umriß [4]. Dann verfertigt er, hinter der Stelle, wo das Loch für den Opferpfahl gegraben wird, Raum zum Hin- und Hergehen lassend, innerhalb der Vedi den Hochaltar, welcher beim Somaopfer zehn Padas messen soll [5].

[1] Nach I. 6. 4—5. [2] Nach II. 1. 3, aber beim Tieropfer befindet sich die Vedi östlich, nicht westlich, vom Āhavanīya. [3] Wie dies beim Voll- nnd Neumondsopfer geschieht (II. 3. 2). [4] Er verrichtet also das Stambayajurharaṇa, die Herstellung des Utkara, den ersten Umriß, das Graben der Vedi (II. 1. 4 — 3. 7). [5] Für den Hochaltar beim selbständigen Tieropfer vgl. Sūtra 13.

11. Nach einigen ist er an der vorderen (östlichen) Seite schmaler (als an der hinteren).

12. Nachdem er denselben mit dem Joche [1] oder mit der Fußlänge des Opferveranstalters [1] ausgemessen hat, ummißt er es nachträglich noch mit der Śamyā [1].

[1] Diese Vorschrift scheint eine Art Kompromiß zu sein zwischen ŚBr. III. 5. 1. 24, 34, wo das *yuga*, und TS. VI. 2. 7. 1, wo die *śamyā* vorgeschrieben wird.

13. Eine Śamyā ins Geviert messend ist der Hochaltar beim selbständigen Tieropfer [1].

[1] Zu Sūtras 10—13 vgl. Burk in Z.D.M.G. LVI. S. 346. 347.

14. Nachdem er die Śamyā mit dem dünnen Ende nach Norden, östlich von der Stelle, wo der Hochaltar ausgemessen ist, hingelegt hat, zieht er, die Innenseite der Śamyā entlang, mit dem hölzernen Schwerte eine Linie von Süd nach Nord mit der Formel: „Du bist mein (Pfad) zum Wohlstand“ [1], ebenso auf der Südseite des Hochaltars eine Linie nach Ost mit der Formel: „Du bist mein (Pfad) zum Glanze“ [1], dann auf der Westseite nach Nord mit der Formel: „Beschütze mich in der Not“ [1], darauf an der Nordseite nach Ost mit der Formel: „Beschütze mich in der Bedrängnis [1].“

[1] TS. I. 2. 12 a.

VII. 4.

1. In der Entfernung eines Schrittes von der nördlichen Schulter der Vedi ist die Grube *(cātvāla)*[1] anzufertigen.

[1] Die Grube, welcher die Erde zur Darstellung des Hochaltars zu entnehmen ist.

2. Nachdem er dieselbe in der Weise des Hochaltars, aber ohne die Sprüche mit der Śamyā umgemessen hat, ergreift er mit der Formel: „Auf Gott Savitṛ's Geheiß ergreife ich dich mit den Armen der Aśvins, mit den Händen des Pūṣan; ein Spaten bist du, ein Weib bist du“[1] den hölzernen Spaten, ritzt mit den Formeln: „Umritzt sind die Unholde, umritzt sind die Feinde; hiermit schneide ich den Unholden den Hals ab. Wer uns haßt und den wir hassen, dessen Hals schneide ich hiermit ab“[2] dreimal von links nach rechts herum und, ohne Spruch knietief[3] oder drei Spannen tief grabend, trägt er die für den Hochaltar bestimmte Erde zu der zum Hochaltar ausgemessenen und präparierten Stelle hin mit der Formel: „Mögest du, der du Agni, Nabhas mit Namen bist, (ihn) kennen(?); o Agni Angiras. der du in dieser Erde bist, komme hierher mit Lebensdauer mit deinem Wesen(?), mit deinem unantastbaren opferwürdigen Wesen(?) lege ich dich (auf den Hochaltar) nieder[4]“.

[1] TS. I. 3. 1. a *(abhri* ist fem. gen.). [2] TS. I. 2. 5. d, e (= I. 3. 1. b, c).
[3] Nach Kāṭh. XXV 6: 109. 14 oder MS. III. 8. 5: 100. 3 („so weit geht der lebendige, opferfähige Teil der Erde“). [4] TS. I. 2. 12. b, c.

3. Mit der Formel: „Eine Löwin[1] bist du, eine Büffelkuh bist du“[2] wirft er die Erde nieder.

[1] Als nämlich die Götter und Asuras im Kampfe lagen, nahm der Hochaltar die Gestalt einer Löwin an und stellte sich zwischen die Kämpfenden. Da dachten die Götter: „Die von uns beiden werden den Sieg erringen, zu welchen diese sich hinbegibt“ usw. (TS. VI. 2. 7. 1). [2] TS. I. 2. 12. e.

4. Mit derselben Formel[1] ein zweites Mal, aber statt der Worte: „In dieser Erde“ mit (der Formel): „In der zweiten Erde“[2] und ein drittes Mal mit (der Formel): „In der dritten Erde[2].“

[1] Nl. TS. I. 2. 12. b, c. [2] Also mit TS. I. 2. 12 d. — Die Agni's „auf dieser Erde, in der zweiten Erde und in der dritten Erde“ sollen die drei Brüder (Vorgänger) des heutigen Agni sein, welche verschwunden waren (TS. II. 6. 6. 1). Wenn er ohne Spruch ein viertes Mal (vgl. Sūtra 5 am Anfang) die Erde holt, so sei damit der „ungenannte“ Agni gemeint (TS. VI. 2. 7. 3).

5. Nachdem er ein viertes Mal ohne Spruch den ganzen Rest der ausgegrabenen Erde zum Hochaltar hingetragen hat, streicht er die obere Fläche desselben glatt mit der Formel: „Weit breite dich aus; weit soll dein Opferherr sich (an Macht) ausdehnen[1].“ Mit der Śamyā schlägt er ihn fest mit der Formel: „Fest bist du“[2] und nachdem er darüber die Formel: „Für die Götter werde verfertigt“[3] ausgesprochen hat, besprengt er ihn mit der Formel: „Für die Götter werde gereinigt“[4] mit Wasser und bestreut ihn mit der Formel: „Für die Götter schmücke dich“[4] mit Kies. Den Rest des Sprengwassers gießt er nördlich vom Hochaltar aus, läßt dann mit der Formel:

„O Wasser, spület den Schmutz fort“[5] das Wasser einer nach Norden mit dem hölzernen Schwerte gezogenen, ununterbrochenen, abschüssigen Rinne entlang abfließen[6] und befestigt die Ränder des Hochaltars[7] mit dem Verse: „Der gewaltige weithin Leuchtende soll die Somasüßigkeit trinken, verleihend dem Opferherrn ein unverkürztes (Leben). Der Windschnelle, welcher aus eigner Kraft herrscht, rettet die Geschöpfe, ergänzt vielfach nach allen Seiten[7].“

[1] TS. I. 2. 12. f. [2] L. c. g. [3] Spruch und Handlung aus Kāṭh.
[4] TS. l. c. h. [5] Die Formel nur noch bei Bhār., Hir., Vaikh., Mān. śrs.
[6] Nach Kāṭh. XXV. 6: 110. 2 oder MS. III. 8. 5: 100. 7 („die grausige Tat, welche er durch das Aufschlagen der Erde begangen hat, beseitigt er dadurch“). [7] Handlung und Spruch aus dem Kāṭh. (XXV. 6: 109. 18): „Der Hochaltar ist die Trinkschale der Götter; durch die Trinkschale der Götter sättigt er sie; auch kündigt er den Göttern die Göttertrinkschale an.“

6. Nach einigen[1] berührt er bloß den fertigen Hochaltar mit dem zuletzt zitierten Verse.

[1] Wer diese „einige“ sind, ist nicht mehr festzustellen.

VII. 5.

1. a. Darauf verfertigt er in der Mitte des Hochaltars die viereckige Uttaranābhi genannte Erhöhung, welche eine Spanne oder die Länge eines Rinderfußes oder Pferdehufes im Geviert mißt[1]. Über beiden, Hochaltar und Uttaranābhi, spricht er den Vers: „Die zwei viersträhnigen, schmalzgesichtigen jungen Frauen in der Mitte der Welt, auf diesen beiden sollen die im höchsten Firmamente sich aufhaltenden Götter sich hier gütlich tun[2].“

[1] Und nach Baudh. vier Fingerbreiten hoch sein soll. [2] Der Vers ist in seinem ersten Teil eine Variante *(ūha)*, eines oft vorkommenden Verses; der zweite Teil = TS. III. 5. 1. a (e, d).

1. b. Dann besprengt er den Hochaltar je nach dem Stichworte (d. h. je nach der im Spruche genannten Himmelsgegend)[1] mit den Formeln: „Indraghoṣa mit den Vasus vereint soll dich im Osten beschützen; der Gedankenschnelle mit den Vätern vereint soll dich im Süden beschützen; der Einsichtige mit den Rudras vereint soll dich im Westen schützen; Viśvakasman mit den Ādityas vereint soll dich im Norden schützen[2].“

[1] D. h. bei der Ostseite anfangend, dem Lauf der Sonne nach, um den Hochaltar herumgehend, und von der im Spruch genannten Richtung aus vor der Mitte des Hochaltars besprengend. [2] TS. I. 2. 12. i.

2. Die Mitte besprengt er mit der Formel: „Tvaṣṭṛ mit den Gestalten vereint soll dich von oben beschützen[1].“

[1] Spruch und wohl auch Handlung aus dem Ritual der Kaṭhas.

3. Den Überrest des Sprengwassers gieße er südlich vom Hochaltar aus mit der Formel: „Mit Qual treffe ich dich“[1], indem er an seinen Feind denkt[1].

[1] Spruch, Ritual und Wortlaut (Optativ!) nach TS. VI. 2. 7. 5: „Was dort (südlich vom Hochaltar) Grausiges ist, das beschwichtigt er dadurch; er denke (dabei) an seinen Feind: er trifft ihn mit Qual.“

4. Nachdem er wie früher[1] das Wasser einer mit dem hölzernen Schwerte

gezogenen ununterbrochenen Rinne entlang südlich hat abfließen lassen, schöpft er zehn Sruva voll Schmalz in den Opferlöffel (die Juhū) und begießt damit in der Richtung der Diagonalen[2] den Hochaltar oder die Uttaranābhi, bei jeder Begießung ein Stückchen Gold darunter legend.

[1] Vgl. VII. 4. 5. [2] Nach TS. VI. 2. 8. 3: „Daher kommt es, daß die Tiere ihre Füße in die Quere vorwärts bringen; (er verfährt so), damit er festen Bestand (auf der Erde) erlange."

5. Und zwar begießt er nach einander die südliche Schulter, die nördliche Hüfte, die südliche Hüfte, die nördliche Schulter[1] und die Mitte je mit einer der folgenden fünf Formeln: „Du bist die die Nebenbuhler besiegende Löwin, svāhā. — Du bist die gute Nachkommenschaft gewinnende Löwin, svāhā. — Du bist die Besitz gewinnende Löwin, svaha. — Du bist die die Ādityas gewinnende Löwin, svāhā. — Du bist die Löwin, führe die Götter dem frommen Opferveranstalter herbei, svāhā[2]."

[1] Also die südöstliche, die nordwestliche, die südwestliche und die nordöstliche Ecke des Hochaltars (bzw. der Uttaranābhi). [2] TS. I. 2. 12. k. — Weshalb die auffallende Beschmalzung des Hochaltars stattfindet, wird durch die (ad hoc erfundene?) Erzählung begründet, daß, als die Götter und die Asuras im Kampfe lagen, der Hochaltar die Gestalt einer Löwin annahm und sich zwischen die beiden stellte. Die Götter suchten diese für sich zu gewinnen; da stellte der Hochaltar (die Löwin) die Bedingung, daß die Butterspende ihr eher als dem Feuer dargebracht werden sollte (TS. VI. 2. 7. 1).

6. Nachdem er mit der Formel: „Den Wesen[1] dich"[2] die Juhū emporgehoben hat, legt er die von Pinus deodora (pūtudru)[3] verfertigten Umlegehölzer um den Hochaltar herum, das mittlere (d. h. das an der Westseite zu legende) mit der Formel: „Die volle Lebensdauer enthaltend bist du; festige die Erde"; das südliche mit der Formel: „Festruhend bist du; festige den Luftraum"; das nördliche mit der Formel: „Unerschütterlich festsitzend bist du; festige den Himmel[4]."

[1] Damit sind, nach der TS., eben die Götter gemeint. [2] TS. I. 2. 12. l. [3] Vgl. Bem. 2 zu VII. 6. 1. [4] TS. l. c. m.

7. Alle Spenden gießt er im weiteren Verlauf auf dem Wege der Umlegehölzerverbindung aus[1].

[1] Vgl. z. B. II. 12. 7 (also entweder von der südwestlichen oder von der nordwestlichen Ecke der Feuerstelle aus).

VII. 6.

1. Mit der Formel: „Agnis Asche bist du, Agnis Staub bist du[1]" schüttet er auf den Hochaltar (bzw. auf die Uttaranābhi) die Requisiten *(saṃbhāras)* nieder: das Bdellion (gulgulu), (bestimmtes) wohlriechendes Schilfgras und einen Büschel weißer Wolle, welcher einem Widder zwischen den Hörnern entnommen ist, der ein oder mehrere Male geschoren oder zuvor noch nie geschoren worden ist[2].

[1] TS. I. 2. 12. n. [2] Das Brāhmaṇa dazu (TS. VI. 2. 8. 4—6) lautet: „Agni hatte drei ältere Brüder; diese waren im Dienste der Götter umgekommen, als sie ihnen die Opfergaben zuführten. Da fürchtete sich Agni: „In derselben Weise werde auch **ich** zu Schaden kommen" und er versteckte sich; die erste Nacht brachte er in den Bäumen, und zwar in der Pinus deodora zu, die zweite in den Kräutern, und zwar in dem Sugandhitejana (wohlriechenden

Schilfgras), die dritte in dem Vieh und zwar zwischen den Hörnern eines Widders. Die Götter suchten und fanden ihn und sprachen zu ihm: „Kehre zu uns zurück, führe uns die Opfergaben zu." Da antwortete Agni: „Ich will mir etwas ausbedingen: was von dem geschöpften, aber noch nicht ausgegossenen Schmalz außerhalb der Umlegehölzer verschüttet wird, das soll der Anteil meiner Brüder sein" ... Da bedachte er: „Weil meine Brüder knochig gewesen sind, deshalb sind sie umgekommen; ich will meine Knochen ablösen." Die Knochen, die er ablöste, wurden zur Pinus deodora, das abgestorbene Fleisch wurde zum Bdellion (seine Haare wurden zum Sugandhitejana, Kāṭh.; die faul gewordene, an den Knochen klebende Substanz wurde zum Sugandhitejana, MS.). Dadurch, daß er die Requisiten (*saṃbhāras*, die zusammenzutragenden Gegenstände) zusammenträgt, trägt er den Agni zusammen." (Vgl. v. Schröder, Mysterium und Mimus, S. 183). — Das Sugandhitejana soll nach der Vaijayantī (zu Hir.) eine Grasart sein, welche wegen ihres bitteren Geschmacks nicht vom Vieh gefressen wird. — Die fakultative Bestimmung, daß der Widder noch nie geschoren sein muß, beruht wahrscheinlich auf MS. III. 8. 5: 101. 4: *anācchinnastukasya* (vgl. Mān. śrs. I. 7. 3. 35).

2. Nach der Überlieferung einiger[1] sind die Handlungen vom Beschmalzen der Uttaravedi an bis zum Hinschütten der Requisiten (eingeschlossen)[2] zu verrichten, während das Feuer[3] darüber gehalten wird.

[1] Die Vājasaneyins (vgl. ŚBr. III. 5. 2. 9) und nach dieser Quelle auch andere Sūtrakāras, z. B. Bhār. und Baudh. (?) IV. 2: 110. 15. [2] Also von VII. 5. 4—6. 1 (eingeschlossen).

[3] Das später (VII. 6. 4 ff.) zu erwähnende.

3. Wenn das Tieropfer nicht an einem Tage stattfindet, sondern sich über zwei Tage erstreckt, so verrichtet er sie am ersten Tage bis zur Handlung des Besprengens[1] und hält während der Nacht den Hochaltar mit Ästen von der Ficus glomerata (udumbara) oder Ficus infectoria (plakṣa) überdeckt.

[1] Also bis VII. 5. 4 (bis zur Beschmalzung des Hochaltars); das Nähere hierüber bei Schwab, Das altind. Tieropfer, S. 50.

4. Nachdem er ein zum Vorwärtsbringen des auf den Hochaltar hinzulegenden Feuers bestimmtes Scheit am Āhavanīya[1] entflammt hat, und dies mit Sandkörnern untergefaßt hat[2], erteilt er dem Hotṛ den Befehl: „Zum Vorwärtsbringen des Feuers rezitiere" oder „Zum Vorwärtsbringen rezitiere".

[1] Welcher, nach VII. 1. 6 beibehalten worden ist. [2] Vgl. Bem. zu V. 13. 3.

5. Nachdem er das Feuer (d. h. das flammende Scheit) emporgehoben hat, bringt er, das Scheit zeitweilig dem Āgnīdhra übergebend, im zurückbleibenden Āhavanīya[1] die Spende für das emporgehobene Feuer dar mit dem Verse: „Welche Sünde wir immer gegen dich, o Reiniger, begangen haben, weil du, der du der Vordere bist (von nun an) der Hintere sein wirst, durch das Schmalz stärke du deinen Körper, verletze mich nicht, der ich nach vorne gegangen bin, svāhā[2]."

[1] Dieses Feuer vertritt von nun an die Stelle des Gārhapatya, während das neue Feuer auf dem Hochaltar als Āhavanīya (Opferfeuer) dienen wird (vgl. VII. 7. 3). Darauf bezieht sich auch der Spruch. [2] Dieser Vers, nicht aus einer Saṃhitā zu belegen, noch in Hir., Vaikh. und Mān. śrs.

6. Wenn der erste von den vom Hotṛ. zu rezitierenden Versen[1] von ihm dreimal hergesagt worden ist, bringt der Adhvaryu das Scheit, mit den zum Unterfassen bestimmten Sandkörnern es unterfassend, zum Hochaltar hinüber.

[1] Nl. RS. X. 176. 2: „Vorwärts traget mit göttlichem Gebete den Gott, den Jātavedas; er soll unsere Opfergaben in stetiger Folge (zu den Göttern) bringen“, vgl. Ait. br. I. 28. 2, Āśv. śrs. II. 17. 3.

7. Sobald er den Hotṛ, welcher neben ihm geht, den Viertelvers: „Setze dich zuerst auf die wollenweiche Stätte“ [1] hat hersagen gehört, stellt er das Scheit auf die auf der Uttaranābhi befindlichen Requisiten, nachdem er die zwei Verse geflüstert hat: „O Agni, bedränge die Feinde, treibe weg die Dämonen, jage fort die Unholde; von diesem Ozean, vom hohen Himmel herab laß' hierher zu uns die Fülle der Wasser zufließen. — O Opfer, stehe fest in dem guten Gedanken; zu dir sollen in Fülle die freudebringenden Güter kommen; langes Leben dem Opferveranstalter verschaffend, rüste den Sänger mit dem Nicht(vor der Zeit)-Sterben zu“ [2]. und die Formel: „Festen Fuß hat hier das Opfer gefaßt [3].“

[1] RS. VI. 15. 16b. [2] TBr. II 5. 8. 11—12. [3] Die kurze Formel wohl aus dem Kāṭh.; nach dem Mān. śrs. (I. 7. 3 42) sehen die Worte *[iha] yajñaḥ pratyaṣṭhāt* (in welchen *pratyaṣṭhāt* sehr wohl richtig sein kann und nicht durch *praty u ṣṭhāt* ersetzt zu werden braucht) als Pratīka eines ganzen Verses aus; *pratyaṣṭhāt* auch Bhār. und Hir.

VII. 7.

1. Nachdem er mit der Formel: „Des Agni Staub bist du“ [1] die Sandkörner, welche als Unterlage gedient haben, nördlich vom Feuer hingeschüttet hat, und mit dem Verse: „In Manu's Weise wollen wir dich niederlegen, in Manu's Weise dich entzünden; o Agni Angiras, verehre die Götter in Manu's Weise dem Frommen zu liebe“ [2] das Feuer aufgeschürt hat, bringt er, nachdem er die Juhū mit zwölf Sruvas Schmalz gefüllt hat, die „Vollspende“ dar mit dem das Wort „sieben“ enthaltenden Verse, dessen Anfang ist: „Sieben Scheite hast du, o Agni, sieben Zungen [3].“

[1] TS. I. 2. 12. 3b. [2] TBr. III. 11. 6. 3. In diesem Zusammenhang ist aber Entlehnung aus dem Kāṭh. (II. 9) wahrscheinlicher. [3] Vgl. V. 18. 1.

2. Dann bringt er die „Erlösungsspenden“ dar mit den vier Versen: „Agni soll, der Sache kundig, das Opfer führen; nicht sollen die Opfervernichter es finden; du sollst den Göttern das Opfer ansagen; fördere stets den Opferherrn, svāhā.“ — „Vāyu soll, der Sache kundig, das Opfer führen“ usw. wie oben. — „Āditya soll, der Sache kundig, das Opfer führen“ usw. wie oben. — „Viṣṇu soll, der Sache kundig, das Opfer führen“ usw. wie oben [1].

[1] Diese vier Spenden, deren Bezeichnung als *atimukta* wenig einleuchtend ist, kommen in allen den Taittirīyasūtras vor. — Bloomfields Zitat in der Konkordanz ist unrichtig.

3. Dieses auf dem Hochaltar befindliche Feuer nimmt beim Tieropfer die Stelle des Āhavanīya ein; dasjenige, aus welchem er das Scheit vorwärtsbringt, vertritt den Gārhapatya [1].

[1] Vgl. den Vers VII. 6. 5.

4. Wenn, nachdem das Feuer vorwärts geführt ist (d. h. nachdem es auf dem Hochaltar angebracht ist) die Zeit für das Agnihotra anbricht, so bringe er das Agnihotra in diesem (Hochaltarfeuer) dar.

5. Gleichfalls bei anderen Gelegenheiten, wenn die Opferhandlung begonnen ist[1].

[1] Die Absicht dieser Vorschrift ist mir nicht klar (zu vergl. Kāty. I. 3. 26?).

6. Er holt das Brennholz und die Opferstreu herbei[1].

[1] Er verrichtet jetzt die Handlungen, welche I. 3. 1—I. 6. 10 beschrieben sind; es fällt aber die Verfertigung des Veda (I. 6. 4—5) fort, da dieser nach VII. 3. 10 schon verfertigt ist.

7. Es gibt beim Tieropfer dreiundzwanzig Stück Brennholz[1], der Prastara ist von Roßschweifgras (saccharum spontaneum)[2], die zwei „Trennungsgräser“[3] sind von Zuckerrohrstauden, die Umlegehölzer von Kārṣmarya (gmelina arborea) zu nehmen[4].

[1] Im Gegensatz zur gewöhnlichen Iṣṭi (I. 5. 6, und danach ist auch der Vers I. 6. 1 zu variieren), da es hier siebzehn Sāmidhenīverse gibt. [2] Statt von Kuśagras. [3] Vgl. II. 9. 12. [4] Was das Aśvavālagras, das Zuckerrohr und die Gmelina arborea anbetrifft: „Die Aśvavālagräser sind Prajapatis Augenwimper; die beiden Quergräser sind von Zuckerrohr (nach Kāṭh. war Prajāpati ein Roß, dessen Augenwimper das Aśvavālagras, dessen beide Vorderfüße die Trennungsgräser waren): indem er diese Substanzen nimmt, stellt er das Auge des Prajāpati zusammen. — Die Schmalzspenden, welche die Götter darbrachten, wurden heimlich von den Asuras gegessen; da erblickten die Götter die Gmelina arborea *(kārṣmarya)*, denkend: „Diese ist zum heiligen Werke tauglich *(karmaṇya)*, verrichtet vermittelst dieser das heilige Werk“; da nahmen sie die Umlegehölzer von Gmelinaholz und vertrieben die Asuras“ (TS. VI. 2. 1. 5).

VII. 8.

1. Nachdem er die Feuer umstreut hat[1], finden die Handlungen, die mit dem Händewaschen anfangen, statt[2].

[1] Nach I. 11. 4 (vgl I. 15. 3). [2] Also I. 15. 4—5.

2. Er stellt die Opfergeräte bereit[1], wie dieselben erforderlich sind:

[1] Vgl. I. 15. 6 ff.

3. Das hölzerne Schwert[1], den Agnihotralöffel[1], den Vasāhomalöffel als zweiten Opferlöffel (Juhū)[2], die Pṛṣadājyadhānī als zweite Upabhṛt[3], zwei Butterschalen[4], den Spieß zum Braten des Herzens[5], das zweischneidige Messer[6], den Kochtopf[7], einen Plakṣa-(Ficus infectoria)Zweig[8], den Astreiniger[9], zwei Spieße von Kārṣmaryaholz zum Rösten der Netzhaut[10]: einen mit zwei Spitzen und einen mit einer Spitze, den aus Udumbaraholz verfertigten Stab für den Maitrāvaruṇa[11], welcher so lang ist, daß er bis an den Mund oder das Kinn reicht, und zwei Seile[12].

[1] Nur diese beiden von den zehn bei einer Iṣṭi gebräuchlichen „vorderen“ (vgl. Bem. 1 zu I. 15. 7), weil die Geräte zum Reiskuchen erst später (VII. 22. 1) besonders bereit zu stellen sind. [2] Vgl. VII. 23. 11. b; 25. 1. [3] Vgl. VII. 26. 12. b. [4] Die zweite ist für die saure Milch (das *dadhi*) bestimmt, vgl. VII. 8. 7. [5] Vgl. VII. 22. 9. [6] Vgl. VII. 18. 12. [7] Vgl. VII. 22. 9. [8] Vgl. VII. 20. 4. a; 23. 12. [9] Vgl. VII. 22. 9 (?). [10] Vgl. VII. 19. 1. [11] Vgl. VII. 14. 5. [12] Vgl. VII. 11. 2.

4. Nachdem er die zwei „Reiniger“ verfertigt hat[1], erteilt er den Befehl: „Opferveranstalter, halte die Stimme an[2].“

[1] Vgl. I. 16. 1 (I. 11. 6—9). [2] Vgl. I. 16. 7, aber beim eigentlichen Tieropfer fällt das Vorwärtsbringen des Praṇītawassers fort.

5. a. Nachdem er mit „angehaltener Stimme“ die sämtlichen Geräte be-

rührt[1], das Sprengwasser zurechtgemacht[2], und den Brahman angeredet hat[3], besprengt er die Gefäße[4]; an diesem Momente[5] „gibt er die Stimme frei".

[1] Vgl. I. 16. 12. [2] Vgl. I. 19. 1 (I. 11. 9—10). [3] Vgl. l. c. [4] Vgl. I. 19. 3. [5] Statt bei der Anrufung des Sviṣṭakṛt (I. 19. 8 vgl. I. 16. 7), weil hier der Puroḍāśa wegfällt.

5. b. Nachdem er das hölzerne Schwert ergriffen[1] und den zweiten Umriß gemacht hat[2], erläßt er den Befehl wie bei dem Voll- und Neumondopfer[3], nur den Schluß ändert er in dieser Weise: „Komme . . . mit dem Schmalz, mit der sauren Milch heran[4]."

[1] Vgl. II. 1. 1. [2] Vgl. II. 3. 7 (VII. 3. 10). [3] Vgl. II. 3. 11. [4] Statt mit dem bloßen: „mit dem Schmalz".

6. Wenn die Opferlöffel gereinigt werden[1], wischt er, nachdem er den Sruva ausgereinigt hat[2], in derselben Weise wie diesen das Messer ab.

[1] Vgl. II. 4. 2. [2] Vgl. ib. 4.

7. a. In derselben Weise wie er die Juhū reinigt, reinigt er auch die zweite Juhū: den Vasāhomaopferlöffel[1], und in derselben Weise wie er die Upabhṛt reinigt, reinigt er die zweite Upabhṛt: die Pṛṣadājyadhānī[2].

[1] Also wie II. 4. 5. [2] Also wie II. 4. 6.

7. b. Nachdem er das Schmalz ausgeschüttet hat[1], schüttet er die saure Milch in die dafür bestimmte Schale[2] aus.

[1] Also unmittelbar nach II. 6. 1. [2] Vgl. Bem. 4 zu VII. 8. 3.

8. Die Handlung geschieht bei der sauren Milch, ohne sie auf das Feuer zu setzen[1].

[1] Vgl. II. 6. 1; auch das Hinblicken der Gattin auf dieselbe (II. 6. 1 am Ende —3) fällt aus.

9. Eine andere Anschauung ist die, daß diese saure Milch nicht (durch die feierliche Handlung und die Hersagung von Sprüchen) geweiht wird.

VII. 9.

1. Zur Zeit, wo das Schmalz geschöpft wird, schöpft er viermal in die Juhū, viermal in die Upabhṛt[1].

[1] Im Gegensatz zu II. 7. 4.

2. Nachdem er Schmalz in die saure Milch gegossen hat, schöpft er von diesem Gemisch, dem Pṛṣadājya („gesprenkelte Butter") mit der Formel: „Du bist die Milch der großen (Kühe), aller Götter Leib; möchte ich heute den Schoppen mit der Milch der gesprenkelten (Kühe) glücklich vollziehen; du bist der Schoppen der gesprenkelten (Kühe); Viṣṇus Herz bist du; einen (Schritt), zum Safte[1]; Viṣṇu ist dir nachgeschritten; der Wohlstand soll sich durch saure Milch, durch Schmalz mehren; die Kraft dieses von mir Dargereichten und (von den Göttern) gern Entgegengenommenen möge mir zuteil werden; du bist das zu allen Menschen kommende Licht, das von der gesprenkelten (Kuh) gemolkene"[2] fünfmal (d. h. fünf Sruva voll) in die Pṛṣadājyadhānī genannte Juhū, oder mit der Formel: „Allgestaltiges Licht bist du, der Allgötter Flamme[3]."

[1] *ékam iṣé?* (der Text hat *ékamiṣa*). [2] TS. III. 2. 6. a. [3] Diese Formel verwenden die Vājasaneyins (ŚBr. III. 6. 3. 6).

3. Viermal in die Dhruvā[1].

[1] Wie sonst, vgl. II. 7. 4.

4, 5. Wenn die das Schmalz enthaltenden Löffel auf die Vedi hingestellt werden, stellt er sie hin, und zwar die Juhū mit der gesprenkelten Butter in der Weise wie die Upabhṛt[1].

[1] Vgl. II. 10. 2.

6. Nachdem er in der früher dargetanen Weise[1] die Formel über den in den Löffeln enthaltenen Schmalzportionen ausgesprochen hat, umzirkelt er vor dem Āhavanīya[2] die Grube für den Opferpfahl, in der Weise, daß dieser Zirkel sich zur Hälfte innerhalb, zur Hälfte außerhalb der Vedi befindet[3].

[1] Vgl. II. 10. 4. [2] Vgl. VII. 7. 3. [3] So nach MS. (III. 9. 4 : 118. 5) oder Kāṭh (XXV. 6 : 128. 13): „Wenn der Opferpfahl, welcher ein Donnerkeil ist, innerhalb der Vedi aufgerichtet würde, so würde er ihn versengen; wenn er außerhalb aufgerichtet würde, so würde er mit dem Opfer nichts zu schaffen haben."

7. Wie früher[1] das Ergreifen des Spatens, das Umzirkeln und die dabei zu sagende Formel[1].

[1] Vgl. VII. 4. 2.

8. Dann gräbt er die Grube so tief, daß der unbearbeitete untere Teil[1], wenn später der Pfahl eingesenkt werden wird, unsichtbar sein wird[2].

[1] Vgl. VII. 3. 1. [2] Vgl. MS. III. 9. 4 : 118. 7: „Wenn er (einen Teil) des Upara sichtbar machte, so würde er (nl. der Pfahl) in einem Grabe stehen und der Opferveranstalter würde vor seiner Zeit sterben"; Kāṭh. XXVI. 6 : 128. 14 gebraucht den Ausdruck *gartamit syāt* (*garteṣṭhāḥ syāt*, MS.). Anderswo (XXV. 10) wird vom Kaṭh. *gartamit* verwendet. wo die TS. *pitṛdevatya* hat.

9. Nachdem er den Opferpfahl mit der Spitze nach Osten vor (d. h. östlich von) der Grube niedergelegt hat, wäscht er ihn ab mit dem Verse: „Was von dir der geschickte Zimmermann mit der Hand vermittelst des Messers weggehauen hat, von allem dem soll das lebendige reine Wasser dich rein putzen"[1], und besprengt ihn dann mit Wasser, in welches Gerstenkörner vermischt sind: den unteren Teil mit der Formel: „Für die Erde (besprenge ich) dich"[2], die Mitte mit der Formel: „Für den Luftraum (besprenge ich) dich"[2], die Spitze mit: „Für den Himmel (besprenge ich) dich[2]."

[1] Der Vers kommt mit einigen Varianten in der AS. vor; auch Baudh., Bhār., Hir. und Vaikh. haben den Vers. [2] TS. I. 3. 6. a.

10. Nachdem er den Rest des Sprengwassers mit der Formel: „Es soll sich der Raum, welcher der Väter Wohnung (Sitz) ist, reinigen"[1] in die Grube gegossen hat[2] und mit der Formel: „Gerste (*yava*) bist du; wehre ab (*yavaya*) von uns die Feinde, wehre ab die Gottlosen"[3] ein Gerstenkorn[4] in die Grube geworfen hat, und in der Grube mit der Formel: „Der Väter Sitz bist du"[5] Gräser gestreut hat[6], wirft er mit der Formel: „Leicht zugänglich bist du, an der Spitze der Führer gehend; der Baum wird auf dir stehen, merke ihn dir"[7] den zuerst herabgefallenen Bastsplitter[8] in die Grube[9] und gießt mit dem Sruva eine Schmalzspende über den Splitter mit der Formel: „Mit Schmalz sollen sich Erde und Himmel anfüllen[10]."

[1] TS. I. 3. 6. b. [2] Das Wasser wird nach TS. VI. 3. 4. 1 hineingegossen, um die grausige Tat des Grabens zu sühnen. [3] TS. I. 3. 6. c. [4] Der Singular (wohl kol-

lektiv?) aus MS. III. 9. 3 : 117. 6. [6] TS. l. c. d. [6] Die Grube wird mit Gras bestreut, weil die einfache Grube (ursprünglich als Grab) den Vätern (d. h. den Toten) zukommt; durch das Gras befestigt er den Pfahl gleichsam auf der Erde, nicht im Totenreiche, TS. VI 3. 4 2. [7] TS. I. 3. 6. e. [8] Vgl. VII. 2. 5. [9] „Der bearbeitete Pfahl ist nackt (weil ihm der Bast genommen ist); dadurch daß er den Bastsplitter hineinwirft, bekleidet er ihn; er setzt ihn (nl. den Baum) an seine eigene Stelle; er ist nicht umgehauen" (MS). [10] TS. I. 3. 1. m (dieser Spruch kommt eigentlich der *audumbarī sthūṇā* zu, vgl. u. XI. 10. 4 Auch hier war die MS. (III. 9. 3 : 117. 10) das Vorbild für Āpastamba.

VII. 10.

1. Er erteilt dem Hotṛ. den Befehl: „Zum Salben des Opferpfahles rezitiere"[1] oder: „Zum Salben rezitiere" oder: „Wir salben den Opferpfahl, rezitiere[2]."

[1] So das ŚBr. [2] So das Ait. br. — Unmittelbar nach dem Befehle des Adhvaryu beginnt der Hotṛ die Rezitation der einschlägigen Verse (Ait. br. II. 2, Kauṣ. br. X. 2), nl. ṚS III. 8. 1 (dreimal), 3.

2. Dann salbt der Opferveranstalter ihn, bei der Spitze beginnend, vermittelst irgend eines Bastsplitters mit ungeweihtem Schmalz.

3. Mit der Formel: „Indraartig bist du"[1] den Aufsatz gesalbt habend und denselben mit der Formel: „Für die Kräuter mit schönen Beeren (befestige ich) dich"[2] auf der Spitze des Pfahles befestigt habend, salbt der Adhvaryu mit der Formel: „Gott Savitṛ soll dich mit Süßem salben"[3] vermittelst des Sruva in einem Zuge, ohne abzusetzen, die Ecke des Pfahles, welche dem Feuer gegenüber stehen soll[4], bis zum unteren, nicht bearbeiteten Teile, welcher eingegraben werden soll.

[1] TS. I. 3. 1. q (aus dem Ritual des Sadas entlehnt, vgl. unten XI. 10. 8, 15). — Übrigens ist der Aufsatz dem Indra geweiht, vgl. TS. VI. 3. 4. 6: „Allen Gottheiten geweiht ist der Opferpfahl: der eingegrabene Teil ist den Vätern geweiht; der oberhalb der Erde stehende bis zum Seil, den Menschen; die Stelle, wo das Seil herumgebunden wird, den Pflanzen; die Stelle oberhalb dieser, den Allgöttern; der Aufsatz dem Indra; die Spitze des Pfahles, in welche der Aufsatz gesteckt wird, den Sādhngöttern." [2] TS. I. 3. 6. g, vgl. TS. VI. 3. 4. 3: „Deshalb tragen die Pflanzen Früchte am Kopfende" (d. h. am oberen Teile). [3] TS. I. 3. 6. f. [4] „Diese Ecke ist der Opferveranstalter; diesen salbt er mit Kraft" (TS. und MS.).

4. An der Stelle, wo später die Seile herumgewickelt werden[1], streicht er dreimal von links nach rechts mit der rechten Hand allerwärts um den Pfahl.

[1] Diese Zutat aus ŚBr. III. 7. 1. 13, das übrige aus TS. VI. 3. 4. 3: „Er bringt in vollkommener Weise Stärke in ihn (den Opferveranstalter)."

5. Vom Salben an bis zur Umwickelung nimmt der Opferveranstalter die Hand nicht vom Opferpfahl fort[1].

[1] Also von VII. 10. 2 bis VII. 11. 5. Die Vorschrift scheint übrigens dem Kāṭh. (XXVI. 6 : 128. 15) zu entstammen: „Er lasse ihn nicht aus der Hand fahren, ehe er umwickelt ist; sonst würde der Opferveranstalter hungerleidend sein und der Adhvaryu nackt" (die Kleider müßten ihm mangeln, weil er den unbekleideten Pfahl aus der Hand fahren ließe).

6. Er erteilt dem Hotṛ den Befehl: „Zum Aufrichten des Opferpfahles rezitiere" oder „Zum Aufrichten rezitiere[1]."

[1] Der letzte Befehl ist der des ŚBr. — Unmittelbar nach diesem Befehl setzt der Hotṛ

die Rezitation (welche VII. 10. 1 angefangen war) der Ṛkverse fort: ṚS. III. 8. 2, I. 36. 13, 14, III. 8. 5. a, b.

7. Er richtet ihn auf mit der Formel: „Stütze den Himmel, erfülle den den Luftraum, befestige die Erde durch das untere Ende[1].“

[1] TS. I. 3. 6. h.

8. Mit dem Verse: „Wir hier wünschen zu deinen Stätten zu gehen, wo die starkhörnigen behenden Rinder (sind); dort leuchtet hernieder der höchste Schritt des weitschreitenden, mächtigen Viṣṇu“[1] stellt er ihn in die Grube hinein.

[1] TS. I. 3. 6. i.

9. Mit den zwei Versen: „Sehet die Taten des Viṣṇu, in welchen er die heiligen Gesetze offenbart hat, er, des Indra vertrauter Freund. — Auf diesen höchsten Schritt des Viṣṇu blicken immer die Weisen, auf diesen höchsten Schritt, der wie ein Auge an den Himmel geheftet ist“[1] richtet er die dem Feuer gegenüber zu stellende Ecke des Pfahles in gerader Linie mit dem Āhavanīya[2].

[1] TS. I. 3. 6. k, l. [2] Vgl. die Bem. zum folgenden Sūtra.

10. Es ist im Brāhmaṇa[1] gesagt worden, und darauf ist hier zu achten: „Wen er an Kraft[2], an der Gottheit, an Mut zu berauben wünscht, für den kehre er die dem Feuer gegenüber zu stellende Ecke nach dieser oder jener Richtung ab ... Wen er mit Kraft, mit der Gottheit, mit Mut auszustatten wünscht, für den richte er sie in gerader Linie mit dem Āhavanīya.“

[1] Nl. TS. VI. 3. 4. 4—5. [2] Durch die Salbung des Pfahles hat er nl., weil das Schmalz Kraft *(tejās)* ist und der Opferveranstalter die *agniṣṭhā aśri* ist, diesen Letztgenannten mit Kraft versehen.

11. Die Spitze des Pfahles ist dem Āhavanīya etwas zugebeugt, das untere Ende etwas davon weggebeugt[1].

[1] Der Pfahl ist also ein wenig schräg, mit der Spitze nach Westen geneigt, zu stellen. Diese Vorschrift (auch bei Bhār. und Hir.) entstammt dem Kāṭh. (XXVI. 6: 129. 9): „Von dem Pfahle läßt er einen Teil nach der Seite des Feuers, einen anderen Teil nach außen hin neigen. Durch den nach der Seite des Feuers geneigten Teil schafft er dem Opferveranstalter Raum, durch den auswärts geneigten stößt er den Nebenbuhler vom Opfer weg.“

12. Nachdem er den Pfahl so gestellt hat, daß dessen unterer unbearbeiteter Teil unsichtbar ist, schiebt er, von links nach rechts herum, Sand in die Grube mit der Formel: „Dich, der du den Priesterstand, den Kriegerstand, die tüchtige Nachkommenschaft und den Wohlstand verleihest, umschiebe ich“[1] und schlägt mit dem Stabe des Maitrāvaruṇa den Boden ringsum fest, sodaß die Fläche mit dem umringenden Boden auf gleiche Höhe gebracht wird[2], mit der Formel: „Festige den Priesterstand, den Kriegerstand, die Nachkommenschaft, den Wohlstand[3].“

[1] TS. I. 3. 6. m. [2] Diese Behandlung ist dem Ritual der *audumbarī sthūṇā* entlehnt (vgl. unten XI. 16. 3). — Der Wortlaut stimmt teilweise mit ŚBr. III. 6. 1. 18 überein; in Āp. ist *samaṃbhūmi paridṛṃhaṇam* zu trennen. [3] TS. l. c. n.

VII. 11.

1. Mit dem Verse: „Reiß auf die Erde, spalte hier die Himmelswolke, gib uns Regenwasser; der du darüber Herr bist, mach' uns den Balg los“ [1] gießt er, von links nach rechts herum, Wasser darauf.

[1] TS. II. 4. 8. f. [2] Das Umgießen, welches dem Taittirīyaritual ursprünglich fremd ist, hat Āp. der MS. (III. 9. 3: 118. 4) entlehnt.

2. Zwei Seile von Darbhagras gibt es: eines zu zwei Strängen und zwei Klafter lang: dies ist das zum Anbinden des Opfertieres bestimmte [1]; eines zu drei Strängen und drei Klafter lang: dies ist das zur Umwickelung des Opferpfahles bestimmte [2].

[1] Vgl. VII. 13. 8. [2] Vgl. VII. 11. 3; die Bestimmung, daß dieses Seil drei Stränge enthält, stammt aus dem ŚBr. (III. 7. 1. 20).

3. Nachdem er mit der Formel: „Auf Gott Savitṛ's Geheiß ergreife ich dich mit den Armen der Aśvins, mit den Händen des Pūṣan“ [1] das dreifache Seil ergriffen hat, streicht er mit dem Verse: „Sehet die Taten des Viṣṇu“ usw. wie oben VII. 10. 9, mit der das Seil haltenden Hand am Opferpfahl von unten nach oben entlang [2].

[1] TS. I. 3. 1. a; die Anwendung der Formel ist von dem Anbinden des Tieres übernommen, vgl. TS. VI. 3. 6. 2. [2] Das Streichen über dem Pfahle ist der MS. (III. 9. 4: 118. 11) entlehnt.

4. a. Mit dem Verse: „Auf diesen höchsten Schritt des Viṣṇu“ usw. wie oben VII. 10. 9, blickt er die mit dem Aufsatz versehene Spitze des Opferpfahles an [1].

[1] Das Ganze ist aus Kāṭh. XXVI. 5: 128. 11 oder ŚBr. III. 7. 1. 18 entlehnt.

4. b. Dann erteilt er dem Hotṛ den Befehl: „Zur Umwickelung des Opferpfahles rezitiere“ oder: „Zur Umwickelung rezitiere [1].“

[1] Unmittelbar nach dem Befehl setzt der Hotṛ seine unterbrochene (vgl. VII. 10. 6) Rezitation fort mit den Versen ṚS. III. 8. 5 (c, d), III. 8. 4 (dreimal den letzten Vers).

5. Mit der Formel: „Der Umwickeler bist du; die göttlichen Scharen sollen dich umwickeln, diesen Opferveranstalter sollen die menschlichen (Scharen) mit Wohlstand [1] umwickeln“ [2] umwickelt er den Opferpfahl [3] mit dem Seile dreimal von links nach rechts in der Höhe des Nabels [4] (des Opferveranstalters) oder in der Mitte [5] (des Opferpfahles).

[1] L. *rāyás póṣeṇa?* [2] TS. I. 3. 6. o. [3] „Das Seil ist Saft (Nahrung), der Opferpfahl ist ebenso lang wie der Opferveranstalter (vgl. VII. 2. 13 ff.), dadurch bringt er den Opferveranstalter in den Besitz von Nahrung“ (TS. VI. 3. 4. 5). [4] So TS. l. c.

[5] Es ist nicht ganz sicher, ob diese Zutat: „Oder in der Mitte“ eine wirkliche Alternative ist. MS. und TS. haben *nābhidaghne*, Kāṭh. (XXVI. 6: 128. 16) hat: *madhyaṃ prati* (so ist zu trennen!), was einfach gleichwertig mit *nābhidaghne* sein kann, aber von Āp. als eine verschiedene Bestimmung aufgefaßt wurde.

6. Es ist im Brāhmaṇa [1] gesagt worden, und darauf ist hier zu achten: „Wen er der Nahrung zu berauben wünscht, für den schiebe er das Seil nach oben oder nach unten (d. h. er schiebe es, nachdem er es erst in der oben angedeuteten Höhe umgewickelt hat, darauf höher oder niedriger): er beraubt ihn der Nahrung [2]. Wenn er wünscht, daß Parjanya regnen möge, so schiebe er es nach unten: er hält den Regen zurück; wenn er wünscht,

daß Parjanya nicht regnen möge, so schiebt er es aufwärts: er erhebt den Regen."

[1] TS. VI. 3. 4. 5—6. [2] Weil dann das Seil, d. h. Nahrung, entweder oberhalb oder unterhalb des Nabels des Opferveranstalters gebracht wird; die Nahrung wird ja in der Höhe des Nabels verdaut (*nābhidaghna ūrjā bhuñjate*, TS. l. c.).

7. Nach einigen[1] wickelt er das Seil weit nach unten herum für einen Opferveranstalter, der Regen wünscht, weit nach oben für einen, der keinen Regen wünscht.

[1] Offenbar sind die Kaṭhas (und Mānavas) gemeint. Āpastamba hat aber den Wortlaut des Kāṭhaka ein wenig geändert, um dessen Vorschrift mit der in seinem eignen Brāhmaṇa (vgl. das vorhergehende Sūtra) überlieferten in Einklang zu bringen. Die Kāṭhakastelle (XXVI. 6: 128. 19) lautet: „Weit nach oben wickele er es herum, wenn er wünscht, daß er (nl. Parjanya) regnen möge; von dem Wasser her läßt er es auf die Pflanzen regnen, wenn er es regnen läßt; das Seil nun (weil aus Gräsern bestehend) sind die Pflanzen; er bringt die Pflanzen dem Regen naher, und es wird sofort regnen. Weit nach oben wickele er es herum, wenn er wünscht, daß er (Parjanya) nicht regnen möge; von dem Wasser her läßt er es auf die Pflanzen regnen, wenn er es regnen läßt; das Seil sind die Pflanzen; er bringt die Pflanzen in weite Entfernung von dem Regen; erst nach langer Zeit regnet es." In der Tatsache stimmt MS. (III. 9. 4: 118. 14) mit Kāṭh. überein. Man beachte übrigens, daß in Sūtra 7 von der direkten Umwickelung die Rede ist, in Sūtra 6 vom Hinunter- und Hinaufschieben des Seiles. Wiederholung liegt also nicht vor.

8. Wem er anwünscht, daß ihm ein Kind weiblichen Geschlechtes geboren werden möge, für den winde er die beiden äußeren Enden des Seiles, nachdem er sie nicht ganz verflochten hat, nicht (ganz) zusammen[1].

[1] Die Enden bleiben also teilweise unverknüpft herabhängend. — Die hier und im nächstfolgenden Sūtra gegebenen Vorschriften sind dem Ekādaśinīritual (TS. VI. 6. 4. 3) entlehnt.

9. a. Wem er anwünscht, daß ihm ein Kind männlichen Geschlechtes geboren werden möge, für den verflechte er die beiden äußersten Enden des Seiles bis zum Ende (also ganz) und stecke darauf die äußerste dicke Spitze der verflochtenen Grasstränge in das untere dünne Ende derselben.

9. b. Dann ergreift er mit der Formel: „Des Himmels Sohn bist du"[1] den Svaru[2] und verbirgt ihn mit der Formel: „Auf des Luftraums Rücken verberge ich dich"[3] nördlich (d. h. links) von der dem Feuer zugekehrten Ecke des Pfahles in dem mitteren[4] Strange.

[1] Die Formel aus der Vāj. S. (vgl. ŚBr. III. 7. 1. 22). [2] Vgl. VII. 3. 3.
[3] TS. I. 3. 6. p. [4] Das Seil war ja dreimal um den Pfahl gewunden. Das Verstecken des Svaru (nicht in TS.) kommt vor Kāṭh. (XXVI. 6) und ŚBr. l. c.

10. oder in dem oberen oder in allen. In den beiden untersten, nach dem Vājasaneyaka[1].

[1] Nicht in unseren Texten des Weißen Yajurveda. — Jetzt erst dürfen der Adhvaryu und Opferveranstalter den Pfahl aus der Hand fahren lassen (vgl. VII. 10. 5): *svarvantaṃ yūpam utsṛjati*, Baudh. IV. 4: 114. 21.

VII. 12.

1. Man wäscht (außerhalb des Opferplatzes) das Opfertier[1] (nl. den Bock), welcher nicht ungehörnt sein soll, nicht defekt an den Ohren, nicht einäugig, nicht verstümmelt[2], nicht schwanzlos, nicht lahm, nicht siebenhufig[2].

[1] Dieser Satz ist gleichlautend mit MS. III. 9. 6: 123. 10. [2] „Zahnlos" nach anderen.

(Vielleicht *saṇḍha* „verschnitten" zu lesen?). [3] Indem einer der Hufe nicht gespalten ist. — Die meisten dieser Bedingungen gelten auch für die Kuh beim Somakauf (TS. VI. 1. 6. 7). Vgl. ŚBr. III. 3. 1. 16, MS. III. 9. 5: 122. 4.

2, 3. Wenn dem Tiere eines seiner Glieder fehlt, oder wenn es an einem Gliede verstümmelt ist, so soll er, nach einigen, es erst gebrauchen [1], nachdem er zuvor eine Spende an Viṣṇu, eine an Agni-Viṣṇu, eine an Sarasvat und eine an Bṛhaspati dargebracht hat [2].

[1] D. h. herbeitreiben. [2] Wer diese „einige" sind, ist nicht zu bestimmen. Bhār. soll Ähnliches haben und von Baudh. (präy. II. 7 am Anf.) werden in diesem Falle Spenden an Agni, Agni-Viṣṇu, Indra-Vāyu und Prajāpati verordnet.

4. „Ein Bock. welcher die Zähne noch nicht gewechselt hat, ist ein Schmutz unter den Tieren", so heißt es in der heiligen Überlieferung [1].

[1] Und zwar in der MS. (III. 9. 5: 122. 5). Der Bock soll also bidens sein (?).

5. Mit der Formel: „Zur Labung (ergreife ich) dich" [1] ergreift der Adhvaryu zwei Darbhahalme und mit der Formel: „Herankommend [2] bist du" [3] einen reichblättrigen [4], vielzweigigen, an der Spitze nicht dürren, nicht hohlen Plakṣaast (Ficus infectoria).

[1] TS. I. 3. 7. a. [2] *upavír asi* die TS., *upāvír asi* die anderen Texte. Zu diesem Singular könnte *upāyávaḥ* (TS. I. 1. 1. b, vgl. Bem. 1 zu I. 2. 2) der Plural sein (für *upāyúvaḥ* aus *upāyúvaḥ* = *upāvyaḥ*, wie *ukthāyúve* = *ukthāvye* usw.). Zu bemerken ist (vgl. Schwab, Tieropfer, S. 74, Bem.), daß Baudh. diese Formel zusammen mit der nächstfolgenden zur Herantreibung des Tieres verwendet, also das Tier damit anredet. [3] TS. I. 3. 7. b. [4] Diese Zutat nach Kāṭh. (XXVI. 7: 130. 12).

6. Wenn er zuwünscht. daß er ohne Vieh sein möge, für den treibe er es mit einem blätterlosen, an der Spitze dürren Ast herbei [1].

[1] Diese Vorschrift wohl aus Kāṭh. l. c., Z. 14.

7. Mit einem Grashalme treibt er es heran, nach einigen [1].

[1] So die Vājasaneyins. vgl. ŚBr. III. 7. 3. 8.

8. Mit den zwei Darbhahalmen und dem Plakṣaaste treibt er es von Ost nach West heran mit den Formeln: „Und heran zu den Göttern sind die göttlichen Scharen gekommen, die eifrigen Priester. O Bṛhaspati, stütze die Güter. Deine Opfergaben sollen sie sich schmecken lassen. O Gott Tvaṣṭṛ, mache lieblich das Gute. Ihr reichen (Kühe) bleibet ruhig (hier)" [1] und mit den beiden Versen: „Diese Geschöpfe hier, die aus Prajāpati geboren werden und geboren sind, kündige (sie) diesem an; aufmerksam soll er die Erlaubnis geben. — Dieses Opfertier hier binde ich dir heute, o Herr der Tiere, o Agni, in der Mitte der Guttat; gib Erlaubnis, wir wollen richtige (Götter)verehrung halten; dies hier soll eine den Göttern willkommene Opfergabe sein [2]." — „Dem Indra und Agni genehm treibe ich dich herbei"; während er den letzten Satz spricht, berührt er das Tier mit dem Zweig und den Darbhahalmen.

[1] TS. I. 3. 7. c—g. [2] TS. III. 1. 4. a, b.

9. Fünfmal findet die Überweisung an die betreffende Gottheit statt [1]: (1.) Bei der Herantreibung, (2.) beim Anbinden an den Opferpfahl [2], (3.) bei der Besprengung [3], (4.) bei der Aushebung der Netzhaut [4] und (5.) bei der Beschmalzung des Herzens [5].

¹ Er sagt also bei diesen Veranstaltungen: „Dem Indra und Agni (oder welcher Gottheit immer das Tier gewidmet sein möge) genehm treibe ich dich herbei", ... binde ich dich an" usw. ² VII. 13. 8. ³ VII. 13. 10. ⁴ VII. 19. 2. ⁵ VII 23. 7.

10. a. Jetzt bringt er fünf Schmalzspenden dar mit den fünf Versen:

(1.) „Die uralten Weisen (Götter) nehmen den Hauch entgegen, der aus den Gliedern zu (ihnen) ausgeht. Geh' zum Himmel auf den von den Göttern betretenen Pfaden: finde mit deinem Körper festen Bestand in den Kräutern.

(2.) Über welchen vier- und zweifüßigen Tieren der Herr der Tiere herrscht, (aus diesen) losgekauft soll dieses (Opfertier) zu seiner Bestimmung als Opfer kommen. Wohlstand soll dem Opferveranstalter zuteil werden.

(3.) Die (eben) angebundenen (Genossen des zum Opfer bestimmten Tieres), welche auf das (eben) angebundene (Opfertier) im Geiste und mit dem Auge hinschauten, diese soll Gott Agni vorher erlösen und (darauf) Prajāpati, der mit seiner Schöpfung eins ist.

(4). Die Waldtiere, die vielgestaltig (und) verschiedenfarbig seiend, (dennoch) von einerlei Art (sind), diese soll Gott Vāyu vorher erlösen und (darauf) Prajāpati, der mit seiner Schöpfung eins ist.

(5.) Lösend den Samen der Erde, schaffet, o Götter, freien Gang dem Opferveranstalter. Das dem Tode verfallene Leben, das erlöschend sich (hierher) gestellt hat, soll auf der Götter Wege wandeln[1]."

¹ TS. III. 1. 4. c—g (vgl. auch VII. 15. 4). Die Vorschrift beruht auf TS. III. 1. 5. 1.

10. b. Darauf bohrt er Feuer.

11. Oder aber er bohre erst Feuer und treibe dann das Opfertier herbei[1].

¹ Dieses Verfahren ist nach der TS. (VI. 3. 5. 2) nicht erlaubt: „Erst nachdem er (das Opfertier) herangetrieben hat, soll das Feuer gebohrt werden."

12. Mit der Formel: „Du bist Agni's Geburtsstätte"[1] legt er hinter dem Āhavanīya den als Unterlage zur Feuerbohrung dienenden Span[2] nieder und mit der Formel: „Ihr seid die beiden Hoden"[3] mit den Spitzen nach Ost, rechts und links von dem Span, zwei Darbhagräser.

¹ TS. I. 3. 7. h. ² Vgl. VII. 3. 3. ³ TS. l. c. i.

13. Mit der Formel: „Urvaśī bist du"[1] nimmt er in die Rechte das untere Reibholz, mit der Formel: „Purūravas (bist du)"[1] in die Linke das obere.

¹ TS. I. 3. 7. k.

14. Nachdem er die Beiden mit der Formel: „Gott Savitṛ soll euch mit Süßem salben"[1] in die Schmalzschale getunkt hat und über beiden die Formel: „Mit Schmalz gesalbt konzipieret den Männlichen"[2] gesprochen hat, legt er mit der Formel: „Āyu bist du"[3] sie aufeinander.

¹ Variante zum bekannten Yajus. ² TS. I. 3. 7. l. ³ L. c. k (Mitte). Zu dieser Formel vgl. Kāṭh. XXVI. 7: 131. 5: „Urvaśī ist die Mutter, Āyu das Embryo, Purūravas der Vater, das Schmalz der Samen. Durch die Salbung mit Schmalz bringt er den Samen in das Paar." Übrigens ist an die allbekannte Geschichte aus dem ŚBr. (S.B.E. XLIV, S. 68) zu erinnern und für die Details der Feuerbohrung auf Schwab. das altind Tieropfer. S. 77ff. zu verweisen.

VII. 13.

1. Darauf erteilt er dem Hotṛ den Befehl: „Zum Bohren des Feuers rezitiere“ oder: „Zum Bohren rezitiere.“

2. Wenn der erste Vers[1] vom Hotṛ dreimal hergesagt worden ist, bohrt er (der Adhvaryu) dreimal, nach rechts herum, das erste Mal mit der Formel: „Komm' hervor, dem Gāyatrīversmaß folgend“[2], das zweite Mal mit (der Formel): „Komm' hervor, dem Triṣṭubhversmaß folgend“[2], das dritte Mal mit (der Formel): „Komm' hervor, dem Jagatīversmaß folgend[2].“

[1] Nl. ṚS. I. 24. 3, vgl. Ait. br. I. 16. 2 und übereinstimmend TS. VI. 3. 5. 3: „Einen an Savitṛ gerichteten Vers sagt er her; von Savitṛ geheißen bohrt er so das Feuer.“

[2] TS. I. 3. 7. m

3. Darauf bohrt er so schnell als möglich.

4. Wenn das Feuer bei der Bohrung nicht unmittelbar zum Vorschein kommt, so sage er[1] die an Agni den Rakṣasvernichter gerichteten Verse[2] her, sie so lange wiederholend, bis es erscheint.

[1] Ohne Zweifel der Hotṛ. [2] Nach Rudradatta sollte TS. I. 2. 14 (= ṚS. IV. 4) gemeint sein. Da aber die obige Vorschrift zweifellos aus dem Ait. br. I. 16. 9 (vgl. Āśv. śrs. II. 16. 2ff.) herrührt, ist vielmehr ṚS. X. 118 gemeint. — Zu vergl. ist auch Kāṭh. XXVI. 8. 131. 20.

5. a. Wenn es zum Vorschein gekommen ist, so erteilt der Adhvaryu dem Hotṛ den Befehl: „Zur Entstehung (des Feuers) rezitiere[1].“

[1] Während der Feuerbohrung rezitiert der Hotṛ ṚS. I. 22. 13; VI. 16. 13, 14 und 15. a, b; wenn er den obigen Befehl vernimmt, so bringt er den gerade angefangenen Vers 16 von X. 118 (vgl. Bem. 2 zum vorhergehenden Sūtra) mit dem Omlaut zu Ende und läßt dann VI. 16. 15. c folgen; ferner rezitiert er I. 73. 8 und VI. 16. 40. a, b.

5. b. Den Befehl: „Zum Hineinstoßen (des Feuers) rezitiere“[1] erteilt er, wenn er das vermittelst Wolle aufgefangene Feuer in den Hochaltar hineinstößt.

[1] Der Hotṛ rezitiert, wenn er die Aufforderung vernimmt: ṚS. VI. 16. 40. c. 41, 42; I. 12. 6; VIII. 43. 14, 84. 8 und dreimal I. 164. 50 (vgl. Ait. br. I. 16. 18—37 und Āśv. II. 16. 7). Bhār.: „Wenn er (vom Hotṛ die Worte): *pra devaṃ devavītaye* (ṚS. VI. 16. 41) vernimmt, so stößt er . . . (das Feuer) hinein.“

6. Er stößt das neugebohrte Feuer vor dem nördlichen Umlegeholze[1] oder auf dem Wege der Verbindung[1] (des nördlichen Umlegeholzes mit dem mittleren) in den Āhavanīya (d. h. den Hochaltar) hinein mit dem Halbverse: „Seid ihr beide einträchtig, zusammenwohnend, fleckenlos“[2] und mit der Formel: „Verletzet das Opfer nicht, nicht den Opferherrn, o ihr beiden Feuer; seid uns heute gnädig[3].“

[1] Also nicht über eines der Umlegehölzer hin, sondern entweder vor dem nördlichen, d. h. vor der östlich liegenden Spitze des nördlichen Holzes, oder über den Verbindungspunkt des nördlichen mit dem mittleren Paridhi hin. Die Vorschrift beruht auf Kāṭh. (XXVI. 7: 131. 12, vgl. MS. III. 9. 5: 121. 15): „Die Umlegehölzer werden umgelegt, um den Unholden das Eindringen zu verhindern. Wenn er das Feuer über dieselben hineinstieße, so würde er für die Unholde einen Durchgang schaffen. Er stoße es hinein auf dem Wege der Verbindung oder vor (dem Paridhi), dort wo es keinen Durchgang für die Unholde gibt“ (Der Text ist zu lesen: *agreṇa vātīrthenaiva*, d. h. *agreṇa vā atīrthenaiva*). In der Stelle der MS. (Z. 16) ist zu lesen: *ágreṇa paridhín prahṛ́tyo*. [2] TS. I. 3. 7. n. [3] L. c. o

7. Nachdem er es hineingestoßen hat[1], bringt er mit dem Sruva darüber eine Schmalzspende dar mit dem Verse: „Das Feuer tritt in das Feuer ein, er, der Sohn der Ṛṣi's und (zugleich) der oberste Gebieter; svāhā rufend opfere ich dir mit heiligem Worte; bringe nicht an die falsche Stelle der Götter Anteil[2]."

[1] Die müßige Wiederholung erklärt sich dadurch, daß Āp. sich dem Wortlaut seines Brāhmaṇa (TS. VI. 3. 5. 4) genau anschließt. [2] TS. I. 3. 7. p.

8. Nachdem er mit der Savitṛformel[1] das zweisträngige Seil[2] ergriffen und es um den rechten Vorderfuß des Opfertieres[3] herumgeschlungen hat, zieht er das Seil herauf und befestigt mit der Formel: „Mit dem Stricke des heiligen Rechtes fasse ich dich[4], der du der Götter Opfergabe bist, an"[5] vermittelst der Schlinge das Seil in die Quere[6] an der rechten Kopfseite des Tieres und bindet es mit der Formel: „Zittre nicht vor den Menschen"[7] an der Nordseite des Opferpfahles an.

[1] D. h.: „Auf Gott Savitṛ's Geheiß . . . ergreife ich dich" (TS. I. 3. 8. a).

[2] Vgl. VII. 11. 2. [3] Welches, nach VII. 12. 8, mit dem Kopfe nach W. vor dem Pfahle steht. [4] „Fasse ich dich an" ist gleichwertig mit „binde ich dich an". Der Ausdruck *paśvālambha* ist synonym mit paśubandha. Wenn es heißt: „Er faßt das Opfertier an", so wird nur eine der Haupthandlungen erwähnt, um das Ganze anzudeuten (vgl. „Er streut einen Opferkuchen aus: *puroḍāśaṃ nirvapati*, s. v. a: „Er verrichtet eine Iṣṭi").

[5] TS. I. 3. 8. b. [6] Der Ausdruck des Brāhmaṇa ist: „In die Quere schlingt er (das Seil) herum" (TS. VI. 3. 6. 3). Wahrscheinlich wird das am rechten Vorderfuße befestigte Seil über der linken Seite des Halses heraufgezogen und dann am rechten Horne angebunden.

[7] TS. I. 3. 8. c und vgl. oben VII. 12. 9.

9. Die zu einer Elfzahl von Opfertieren gehörigen bindet er an der Südseite des Opferpfahles an.

10. Mit der Formel: „Für die Wasser, für die Pflanzen besprenge ich dich"[1] besprengt er es.

[1] TS. I. 3. 8. d und vgl. oben VII. 12. 9.

11. Mit der Formel: „Nach Wasser dürstend bist du"[1] läßt er es trinken.

[1] TS. I. 3. 8. e.

12. Nachdem er es mit der Formel: „Schmackhaft ist die zu den Göttern gehende Opfergabe. Ihr göttlichen Wasser, macht es (nl. das Opfertier) schmackhaft"[1] von oben, von unten und an allen Seiten besprengt hat, beginnt er, den Wisch niedergelegt habend[2], mit den Sāmidhenīversen.

[1] TS. I. 3. 8. f. [2] Vgl. II. 11. 10.

VII. 14.

1. Nachdem er den Juhūbutterguß[1] gemacht hat und zurückgeschritten ist[2], salbt er mit dem Rest der in der Juhū zurückgebliebenen Butter das Tier[3].

[1] Vgl. II. 13. 2—14. 13. [2] Vgl. II. 14. 10. [3] TS. VI. 3. 7. 3: „Der Butterguß ist das Haupt (d. h. der Anfang) des Opfers, das Opfertier ist dessen Rumpf; nachdem er den Butterguß gemacht hat, salbt er das Tier: auf den Rumpf des Opfers stellt er so das Haupt."

2. Und zwar am Kopfe mit der Formel: „Dein Hauch soll sich mit dem Winde vereinigen"[1], an den beiden Schulterknochen mit der Formel: „deine Glieder mit den verehrungswürdigen (Göttern)"[1], an der Hinterbacke mit der Formel: „der Opferherr mit seinem Wunsche[1]."

[1] TS. I. 3. 8. g.

3. Darauf unternimmt er die Handlungen, deren erste das Besalben der Dhruvā ist[1]. Ohne Unterschied finden dann die Handlungen statt bis zum Pravara[2].

[1] Vgl. II. 14. 12. [2] II. 15. 1 ff.

4. Sechs Opferpriester gibt es beim Tieropfer[1].

[1] Nl. Hotṛ, Adhvaryu, Āgnīdhra und Brahman, wie bei jeder Iṣṭi, vgl. I. 15. 2, dazu beim Tieropfer der Maitrāvaruṇa; als sechster kommt der Pratiprasthātṛ hinzu (vgl. VII. 18. 1). — Die Siebenzahl des Brāhmaṇa (TS. VI. 3. 7. 5) bezieht sich auf das vom Somaopfer einen Teil ausmachende Tieropfer.

5. Nachdem er den göttlichen und den menschlichen Hotṛ berufen hat[1], beruft er, nachdem er wieder die Anrufung *(āśrāvaṇa)* gesprochen hat, den Maitrāvaruṇa mit der Formel: „Mitra und Varuṇa (sind) die beiden Praśāstṛs kraft ihrer Praśāstṛschaft[2]."

[1] Vgl. II. 16. 5. [2] Variante zu der bekannten Formel, welche z. B. für den Āgnīdhra lautet: *agnir agnid āgnīdhrād (asau mānuṣaḥ).* Die vollständige Darstellung s. bei Schwab, Nr. 56.

6. Während das Tier noch steht, bringt er die Voropfer dar; es gibt deren elf[1].

[1] Den fünf Voropfern der gewöhnlichen Iṣṭi gegenüber (II. 17. 1).

7. Für das erste erteilt er dem Maitrāvaruṇa den Befehl: „Gib (dem Hotṛ) den Befehl (zur Hersagung der Opferformel) für die Scheite", für die anderen bloß mit den Worten: „Gib den Befehl[1]."

[1] Vgl. II. 17. 4.

8. Bei (d. h. nach) dem vierten und dem achten Voropfer gießt er je die Hälfte des noch in der Upabhṛt befindlichen Schmalzes in die Juhū zusammen und, nachdem er zehn Voropfer dargebracht hat, läßt er für das elfte[1] etwas Schmalz in der Juhū zurück[2].

[1] Vgl. VII. 20. 4 mit Bem. [2] Die Praiṣas, d. h. die Befehle des Maitrāvaruṇa an den Hotṛ zu den Voropfern sind Ṛgvedakhila V. 7. 1 (ed. Scheftelowitz, S. 142) und TBr. III. 6. 2 gesammelt; die Yājyās sind ṚS. X. 110; vgl. Schwab, S. 90.

9. Nach der Darbringung dieser Voropfer spricht der Opferveranstalter über den ersten vier die aus dem allgemein gültigen Opferparadigma bekannten Formeln aus; die für das vierte Nachopfer bestimmte Formel spricht er aus nach den dreien, deren erstes den Toren[1] gilt; nach den übrigen die letzte (also die fünfte) Formel[2].

[1] Dies ist das fünfte Voropfer. [2] Die zu den gewöhnlichen Voropfern als *anumantraṇa* dienenden Formeln sind (vgl. TS. I. 6. 2. 1—p) fünf an der Zahl (vgl. oben IV. 9. 7).

10. Nachdem er zurückgeschritten ist[1], salbt mit der in der Juhū zurückgebliebenen Butter den Svaru[2] und das Schlachtmesser: dreimal den Svaru, einmal die eine der beiden Schneiden des Schlachtmessers.

[1] Von der Stelle an der südwestlichen Ecke des Feuers (wo er die Voropfer dargebracht hat) nach der nördlichen Seite der Vedi. [2] Vgl. VII. 11. 9.

11. Den Svaru auf die Innenseite des Schlachtmessers bringend, salbt er mit der Formel: „Ihr beiden mit Schmalz Gesalbten sollt das Tier beschützen"[1] das Opfertier am Kopfe, zwischen den Hörnern[2].

[1] TS. I. 3. 8. h (vgl. VI. 3 7. 5). [2] Der Svaru wird darauf wieder in den Yūpa gesteckt (ŚBr. III. 8. 1. 5).

12. Oder aber nicht mit dem Schlachtmesser, sondern nur mit dem Svaru[1].

[1] Diesem widerspricht aber die begleitende Formel. Die TS. (VI. 3. 7. 5) schreibt das Salben vermittelst beider vor.

13. Mit der gesalbten Schneide schneidet er später das Tier (d. h. die gekochten Fleischstücke desselben) ab[1], mit der anderen Schneide zerlegt er (nl. der Schlächter) es später.

[1] So verordnet die MS. III. 9. 6: 125. 4. — Vgl. unten VII. 24. 12.

14. Dem Schlächter das Messer überreichend sagt er: „O Schlächter, diese[1] Schneide sei dir wohlvermerkt[2]."

[1] Dabei zeigt der Adhvaryu ihm die gesalbte Schneide. [2] Vgl. ŚBr. III. 8. 1. 5 am Ende.

VII. 15.

1. Er erteilt dem Maitrāvaruṇa den Befehl: „Zum Herumführen des Feuerbrandes rezitiere" oder: „Zum Herumführen rezitiere[1]."

[1] Darauf rezitiert der Maitrāvaruṇa RS. IV. 15. 1—3 (jeden Vers dreimal), vgl. Kauṣ. br. XXVIII. 2 und Āśv. III. 2. 9.

2. Der Āgnīdhra entnimmt dem Āhavanīya einen Feuerbrand und trägt denselben dreimal mit Zukehrung der rechten Seite um das Opfertier, den Opferpfahl, den Āhavanīya, die Stelle für das Feuer zum Kochen der Fleischstücke und den Cātvāla herum[1] — nach einigen auch um die in den Opferlöffeln auf der Vedi befindliche Butter — mit den Versen: „(1.) Herumgeschritten um die Opfergaben ist Agni, der weise Herr der Kraft, dem Frommen Gaben verleihend. (2.) Dich, o mächtiger Agni" usw. wie oben VI. 18. 1. g. (3.) Durch die Tage, o Agni, hervorblinkend, entstehst du aus den Wassern, aus dem Steine, aus den Wäldern, aus den Kräutern, du, der Männer Männerherr[2]."

[1] Die Umzirkelung mit dem Feuerbrande ist TS. VI. 3. 8. 1 empfohlen, hier wird aber nicht näher angedeutet, welche Gegenstände zu umzirkeln sind; daß auch der *śāmitra deśa* mit einbegriffen wird, beruht auf ŚBr. III. 8. 1. 6. [2] Das Brāhmaṇa schreibt keine Formeln vor; die hier verwendeten Verse (TS. IV. 1. 2. t—w), die zum Agnicayanaritual gehören, werden auch von Hir. und Vaikh. zum *paryagnikaraṇa* vorgeschrieben.

3. Nachdem er den Feuerbrand in den Āhavanīya zurückgelegt hat[1], geht er dreimal in entgegengesetzter Richtung um dieselben Lokalitäten und Gegenstände herum[2].

[1] Beruht auf ŚBr. III. 8. 1. 7 zu Anfang. [2] Vgl. Verf. in Versl. en Meded. der Kon. Akad. v. Wet. 4e Reeks, 2e Deel, pp. 299, 312.

4. Während die Umzirkelung mit dem Feuerbrande vom Āgnīdhra vollführt wird, bringt der Adhvaryu die sogenannten Apāvyaspenden[1] dar, eine, oder zwei, oder drei, oder vier, mit den Versen, deren erster anfängt: „Die uralten weisen (Götter) nehmen entgegen[2]."

[1] Die Darbringung dieser Spenden geht vermutlich dem eigentlichen Taittirīyaritual ab und ist wahrscheinlich aus dem Kāṭhaka herübergenommen; der Namen *apāvya* wenigstens wird in diesem Zusammenhange nur in diesem Texte angetroffen (XXX. 9: 192. 5). Daselbst wird eine doppelte Etymologie des Wortes gegeben: „Was immer vom Opfer der Ṛṣi's und der Götter ungereinigt *(apūtam)* war, das reinigten sie mit diesen (Formeln?); . . . die Krank-

heit (? *ārya*, eine bestimmte Krankheit?, zu diesem Worte vgl. Bem. 67 in Verf., „Altind Zauberei. Darstellung der altindischen Wunschopfer“, S. 17) trieben sie durch diese (Formeln?) weg *(apa)*, daher der Name *apārya*.“ [2] TS. III. 1. 4. c ff. und vgl. oben VII. 12. 10.

5. Als Vers zur zweiten Spende verwendet er: „Die Tiere des Herrn der Tiere, die vielgestaltigen und (dennoch) ähnlichen — welches von diesen die Götter sich auserwählt haben, dieses soll der Selbstherrscher gestatten (zu schlachten)[1].“

[1] Der Vers stammt aus dem Kāṭh., wo er die zweite Stelle einnimmt (XXX. 8).

6. Während vom Schlächter das Opfertier von dem Pfahle losgebunden wird, bringt der Adhvaryu eine Spende dar mit dem Verse: „Die (eben) angebundene“ usw. wie oben VII. 12. 10. a. 3; während es zum Schlachtplatz vorwärts geführt wird, mit dem Verse: „Lösend den Samen der Erde“ usw. wie l. c. 5.

7. a. Mit der Formel: „Ihr reichen (Kühe) nähert euch liebevoll dem Opferherrn“[1] fassen der Adhvaryu und der Opferveranstalter vermittelst der beiden Netzhautbratspieße das Opfertier, während es vorwärts geführt wird, von hinten an[2].

[1] TS. I. 3. 8. i. [2] Damit sie auf der einen Seite das Tier selbst, das zum Tode geführt wird, nicht anfassen (faßte der Opferveranstalter es an, so würde das seinen Tod verursachen), aber auf der anderen Seite es dennoch in transzendenter Weise wohl anfassen, weil sonst der Opferveranstalter vom Himmelsraum, wohin das Tier geführt wird, ausgeschlossen sein würde (TS. VI. 3. 8. 1—2).

7. b. Nachdem der Adhvaryu den Āgnīdhra sein „Es sei, er höre!“ hat rufen lassen, erteilt er dem Maitrāvaruṇa den Befehl: „Hotṛ, fordere auf zur (Bereitung der) Opfergaben für die Götter[1].“

[1] TS. VI. 3. 8. 2. — Der Maitrāvaruṇa fordert darauf seinerseits den Hotṛ auf, worauf dieser die Adhrigulitanei (Ait. br. II. 6. 7, TBr. III. 6. 6) herzusagen anfängt.

8. Sobald er vom Hotṛ die Worte aus dieser Litanei: „Traget das Feuer vor ihm her, streuet das Opfergras“ vernimmt, ergreift der Āgnīdhra aus dem Āhavanīya einen Feuerbrand und geht dem zum Schlachtplatz hinzuzuführenden Tiere voran[1].

[1] Wohl nach ŚBr. III. 8. 1. 9.

9. Der Schlächter führt das Tier.

10. Mit der Formel: „O weiter Luftraum, Genosse des göttlichen Windes, bringe die Essenz dieses Opfers dar, vereinige dich mit seinem Leibe; o weit verbreiteter, stelle den Opferherrn in das verbreitete Opfer“[1] führt man das Tier in nördlicher Richtung zwischen Cātvāla und Aufwurfshaufen zum Opferplatze hinaus.

[1] TS. I. 3. 8. k.

11. Währenddessen flüstert der Adhvaryu den Vers: „Verschieden ist der Hauch des Opferveranstalters von (dem des) Tieres; das zu den Göttern gehende Opfer (ist) mit den Göttern zusammen; das Leben soll auf der Götter Wege wandeln; erfüllt sollen die Wünsche des Opferveranstalters werden[1].“

[1] TS. III. 1. 4. h. Die Absicht dieses Verses ist, eine „Sonderung“ darzustellen, damit nicht auch der Hauch des Opferveranstalters dem zum Tode geführten Tier, das er ja indirekt berührt, folgen möge (TS. III. 1. 5. 1. vgl. Kāṭh. XXX. 9: 191. 14: *prāṇā* (d. i. *prāṇāv*) *evainayor vyāvartayati*).

VII. 16.

1. Sobald er den Hotṛ die Worte der Adhrigulitanei hersagen hört: „Grabet die Erdgrube für die Excremente“[1], so gräbt er (nl. einer der Opferpriester oder irgend ein Gehilfe) die Grube für die Excremente.

[1] Ait. br. II. 6. 16.

2. An einer Stelle innerhalb des mit dem Feuerbrand umzirkelten Raumes[1] legt der Āgnīdhra den Feuerbrand[2] nieder.

[1] Vgl. VII. 15. 2. [2] Vgl. ib. 8.

3. Dies ist das Schlachtfeuer.

4. Nachdem der Schlächter, welcher das Tier hält, dasselbe südlich davon mit dem Kopfe nach Westen hingestellt hat, wirft der Adhvaryu mit der Formel: „Beschütze vor der Berührung mit der Erde“[1] den einen von den zwei Darbhahalmen, welche zum Herbeitreiben gedient haben[2], auf die Erde.

[1] TS. I. 3. 8. 1. [2] Vgl. VII. 12. 5.

5. Auf diesem tötet[1] man (nl. der Schlächter und seine Gehilfen) (durch Erstickung[1] oder Erwürgung[1] das Tier), das mit dem Kopfe nach Westen und den Füßen nach Norden darauf hingelegt worden ist.

[1] Der Terminus technicus vom Töten eines Opfertieres bedeutet eigentlich: „Machen, daß es sich ergibt.“ Daß man es erstickt oder erwürgt, geht aus ŚBr. III. 8. 1. 15 hervor: „Man erstickt es, indem man seinen Mund zuhält oder man macht eine Schlinge (und erwürgt es damit).“ Diese Sitte wird schon von Megasthenes erwähnt: *οὐδὲ σφάττουσι τὸ ἱερεῖον ἀλλὰ πνίγουσιν, ἵνα μὴ λελωβημένον ἀλλ' ὁλόκληρον διδῶται τῷ θεῷ* (Megasthenis Fragmenta, coll. Schwanbeck, S. 115).

6. Nachdem der Adhvaryu: „Tötet es, ohne daß es einen Laut von sich gibt“ gesagt hat, kehrt er sich ab.

7. a. Der Opferveranstalter kehrt sich ab, nachdem er die folgenden Formeln geflüstert hat: „Den Himmel schaffend bist du; geh zum Himmel, den Himmel schaffend: den Himmel mir, den Himmel den Tieren. — Raum schaffend bist du; geh in den Raum ein, den Raum schaffend: den Raum mir, den Raum den Tieren. — Freien Weg schaffend bist du; zum freien Wege geh, den freien Weg schaffend: den freien Weg mir, den freien Weg den Tieren. — Zuflucht schaffend bist du; zur Zuflucht gehe, die Zuflucht schaffend; Zuflucht mir, Zuflucht den Tieren“[1] und die folgenden Verse: „Nicht wirklich stirbst du[2], keinen Schaden erleidest du; zu den Göttern gehst du auf wegsamen Pfaden; wo die Frommen, nicht auch die Missetäter hingehen, dorthin soll Gott Savitṛ dich hinbringen[3]. — Den Hütern der Weltregionen usw. wie oben IV. 11. 1[4]. — Allen Weltregionen bringe ich Süßes; gesund sollen (mir) Wasser und Kräuter sein; dieser Opferveranstalter soll seine Feinde zerstreuen; nicht geraubt soll sein sämtliches Vieh werden[4].“

[1] Diese Formeln aus der MS. [2] Vgl. Kāṭh. XXX. 9: 191. 5: „Lebendig soll man das Opfertier zum Himmel hingehen lassen, so sagt man; das tote Tier gelangt nicht in den Himmel.“ [3] TBr. III. 7. 7. 14, vgl. III. 7. 8 3. Wichtig ist die Tatsache, daß dieser Vers in der MS. (I. 2. 15) den vorhergehenden Formeln unmittelbar folgt. [4] TBr. III. 7. 8. 3 (II. 5. 3. 3).

7. b. Der Adhvaryu flüstert, sich abkehrend[1], den Vers: „Verschieden ist der Hauch des Opferveranstalters" usw. wie oben VII. 15. 11.

[1] TS. VI. 3. 8. 3: „Der Adhvaryu kehrt sich ab von dem Tiere, wenn es getötet wird: er entschuldigt sich dadurch den Tieren gegenüber, damit er selber unversehrt bleiben möge."

VII. 17.

1. Mit den zwei Versen: „Sie, deren vier Öffnungen enthaltendes Euter voll Süßigkeit und flüssige Butter ist, die saftreichen (Kühe) sollen in diesem Stalle, ihre Kraft mehrend, bleiben[1]. — Hier sollen verbleiben die verschiedenartigen Tiere bei diesem Opfer, die alles verschaffenden von Schmalz Triefenden (Opferlöffel); um Agni, ihr Nest, sich scharend, sollen sie mit Milch, mit Schmalz uns laben"[2] auf die gesprenkelte Butter hinblickend, sitzen der Adhvaryu und der Opferveranstalter, die Stimme anhaltend[3].

[1] Derselbe Vers mit unbedeutender Abweichung auch bei Bhār. und Hir.

[2] Dieser Vers ist offenbar entstellt aus MS. IV. 2. 10, wo das Femininum *ghṛtācīḥ* zu *prajāḥ* paßt, während es bei Āp. in der Luft schwebt. Der Vers auch bei Baudh., Bhār. und Hir.; die beiden ersteren stehen der MS.-Rezension näher als Āp. und Hir.

[3] Vgl. VII. 9. 2, 4.

2. Mit dem Verse: „Des Indra Anteil; verleihet Glück diesem Opfer, und dem Opferveranstalter bei seinem Patron. Wer uns haßt, den röchle an; ohne Schuld sind die Männer des Opferveranstalters"[1] blicken sie beide auf das Tier, wenn es beim Ersticken blökt.

[1] Der Vers, in dieser Gestalt teilweise unübersetzbar, ist eine Variante zu AS. IX. 5. 2; statt *anu ... ravasva* hat Hir. *anu ... rabhasva* wie AS.

3. Mit dem Verse: „Wenn das Tier einen Laut ausgestoßen hat oder mit den Beinen seine Brust schlägt, von diesem Frevel, aus jeder Sünde soll mich Agni erlösen"[1] bringt er (der Adhvaryu), nachdem das Tier getötet ist, im Feuer des Hochaltars die Spende für das getötete Tier dar.

[1] TS. III. 1. 4. i.

4. Mit dem Verse: „Ihr Schlächter, geht an das von den Göttern in Besitz genommene Opfer heran; löset von der Schlinge das Opfertier und von der Fessel den Opferherrn"[1] gehen Adhvaryu und Opferveranstalter mit den beiden Netzhautbratspießen[2] an das Tier heran.

[1] TS. III. 1. 4. k. [2] Vgl. VII. 15. 7.

5. Vom Opfertier bindet der Adhvaryu die Schlinge los mit der ersten Hälfte des Verses: „Aditi soll diese Schlinge lösen; Verehrung zolle ich den Tieren, dem Herrn der Tiere[1]."

[1] TS III. 1. 4. l (a, b).

6. Nachdem er den Strick zusammengerollt hat und ihn auf den Hals des Tieres niedergelegt hat, hängt er ihn an den einzackigen Netzhautbratspieß[1] und wirft ihn mit dem dritten Versviertel: „Wer mich anfeindet, den trete ich hinunter"[2] auf den Cātvāla.

[1] Vgl VII 8. 3. [2] TS l. c. (c).

7. Wenn er seinem Feinde schaden will, so lege er mit dem zweiten Halbverse: „Wer mich anfeindet, den trete ich hinunter; wen wir hassen,

den feßle ich mit der Schlinge"[1] den Strick auf einen Baum, auf einen Stumpf oder auf einen Pfosten[2].

[1] TS. l. c. (c, d). [2] Das Ritual dem Kāṭh. (XXX. 9: 191. 20) entnommen.

VII. 18.

1. Darauf führt der Pratiprasthāṭṛ die bis jetzt an der südwestlichen Ecke der Vedi sitzende Herrin des Hauses heran.

2. Mit der Formel: „Verehrung dir, o Alldurchdringender"[1] bringt dieselbe, mit dem Angesichte nach Osten gekehrt stehend, der Sonne ihre Verehrung dar.

[1] TS. I. 3. 8. m.

3. Mit der Formel: „Tritt unantastbar vor, dem Strome des Schmalzes entlang, mit Nachkommenschaft, mit Wohlfahrt"[1] führt er sie in östlicher Richtung zum Cātvāla hin. Nach einigen[2] spricht er bloß die Formel über ihr aus.

[1] TS. I. 3. 8. n. [2] Wer?

4. Mit der Formel: „Reine[1], klare, göttliche Wasser, führet ihr die Götter heran; möchten wir gereinigt, bedient, eure Diener sein"[2] berührt die Herrin des Hauses am Cātvāla Wasser, sowie die Opferpriester und der Opferveranstalter.

[1] Ist *śuddhāyúvaḥ* zu beurteilen wie *ukthāyúvaḥ, devāyúvaḥ* usw., d. h. als die Taittirīyaform für *śuddhāvyaḥ* (zum Sing. *śuddhāvi*)? [2] TS. I. 3. 8. o.

5. Nicht die Herrin des Hauses, nach einigen.

6. Durch Wasser läßt er alle Hauche (d. h. Luftwege) des Opfertieres schwellen[1].

[1] D. h. er (vgl. das nächstfolgende Sūtra) sagt über allen Hauche den betreffenden Spruch.

7. Und zwar begießt der Adhvaryu alle Glieder, die Herrin des Hauses „läßt sie schwellen", oder umgekehrt; er (bzw. sie) spricht dazu die folgenden Formeln: „Dein Mund soll schwellen"[1] über dem Mund; „Deine Nase soll schwellen"[1] über der Nase; „Dein Auge soll schwellen"[1] über den Augen; „Dein Ohr soll schwellen"[1] über den Ohren.

[1] TS. I. 3. 9. a.

8. a. Mit der Formel: „Der Schmerz, der deine Luftwege, dein Auge, dein Ohr getroffen hat, was an dir verletzt und was geschädigt ist, das soll hierdurch wieder anschwellen, das soll hierdurch gereinigt werden"[1] über der Stelle des Herzens.

[1] TS. I. 3. 9. b.

8. b. Mit der Formel: „Dein Nabel soll schwellen"[1] über dem Nabel; „Dein After soll schwellen"[1] über dem After.

[1] TS. I. 3. 9. c.

9. Mit der Formel: „Dein Penis soll schwellen"[1] über dem Penis.

[1] Diese Formel (und die dazu gehörende „Schwellung") mit geringer Abweichung aus MS., Kāṭh. oder ŚBr.

10. Mit der Formel: „Rein (sollen) die Füße (sein)"[1] über den Füßen.

[1] TS. I. 3. 9. d.

11. Nach der „Anschwellung" eines jeden Körperteiles flüstert er, ehe

noch die Tropfen des ausgesprengten Wassers den Boden erreichen, die Formel: „Heil den Wassern[1].“

[1] TS. I. 3. 9. e.

12. a. Den Rest des Wassers gießt er auf die Erde aus mit der Formel: „Heil den Kräutern, Heil der Erde, Heil dem Tag und der Nacht[1].“

[1] TS. l. c. — Hierauf kehrt die Herrin des Hauses an ihren Platz zurück.

12. b. Nachdem er mit der Formel: „O Kraut, beschütze ihn“,[1] den anderen der zwei zum Herantreiben verwendeten Grashalme[2] mit der Spitze nach Osten südlich von dem Nabel des auf den Rücken gelegten Tieres, an der Stelle der Netzhaut, niedergelegt hat, macht er mit der Formel: „O Messer, verletze es nicht“[3] vermittelst des Schlachtmessers[4] seitwärts einen Querschnitt[5].

[1] TS. I. 3. 9. f. [2] Vgl. VII. 16. 4. [3] TS. I. 3. 9. g. [4] Welches der Adhvaryu also vom Schlächter zurückbekommen haben muß (vgl. VII. 14. 14). [5] „Seitwärts macht er einen Schnitt: denn die Menschen machen den Schnitt in der Mitte; einen Querschnitt macht er; denn die Menschen machen einen Längsschnitt. Zur Unterscheidung (des Brauches in rebus sacris und profanis)“ TS. VI. 3. 9. 2.

13. Die Spitze des mit dem Messer zugleich mit dem Einschneiden abgetrennten Grashalmes nimmt er in die linke Hand[1].

[1] Zu dieser Bestimmung vgl. VII. 20. 1.

14. Das andere Stück[1] des Halmes beschmiert er auf beiden Seiten in der Stelle, wo er den Einschnitt gemacht hat[2], mit dem Blut, wirft es mit der Formel: „Der Rakṣasen Anteil bist du“[3] nach Nordwesten und tritt es mit dem linken Fuße nieder[4] mit den Formeln: „Hier halte ich das Rakṣastum nieder[5]. — Hier verbanne ich das Rakṣastum in die tiefste Finsternis; den, welcher uns haßt und welchen wir hassen, den verbanne ich hier in die tiefste Finsternis[6].“

[1] Āp. nennt es „den mittleren Teil“, wahrscheinlich weil die eigentliche Wurzel schon vor dem Gebrauch entfernt war. Vermutlich ist dieser Ausdruck von Āp. gewählt mit Hinblick auf ŚBr. III. 8. 2. 15 *(amūlam)*. [2] Der Wortlaut entstammt dem ŚBr. III. 8. 2. 14. [3] TS. I. 3. 9. h. [4] Das Niedertreten nach ŚBr. [5] Diese Formel aus MS. oder Kāṭh. [6] TS. I. 3. 9. i (und vielleicht k). Es könnte aber Einfluß der MS. oder des Kāṭh angenommen werden, welche Texte bloß *idam aham rakṣo 'dhamaṃ tamo nayāmi* haben. In diesem Falle käme TS. I. 3. 9. k bei Āp. nicht zur Verwendung.

VII. 19.

1. Nachdem er mit der Formel: „Zur Speise dich“[1] die Netzhaut mit der Hand herausgezogen hat, und mit der Formel: „Mit Schmalz sollt ihr, o Himmel und Erde, euch bedecken“[2] den zweizackigen Bratspieß mit der Netzhaut bedeckt hat, durchbohrt er sie mit der Formel: „Zur Labung dich“[3] an ihrem dünnsten Ende[4] mit dem einzackigen Bratspieß[5].

[1] TS. I. 3. 9. l. [2] l. c. m. [3] Aus der MS. (I. 2. 15: 26. 15). [4] So nach der MS., vgl. Bem. 5. [5] Vgl. TS. VI. 3. 9. 3: „Wenn er die Netzhaut (welche das Vieh darstellt) durchbohrte, so würde Rudra sein Vieh töten; wenn er sie nicht durchbohrte, so würde sie ungestützt sein: er durchbohrt sie mit dem einen, nicht auch mit dem anderen Spieße, der Festigkeit halber.“ MS. III. 10. 1: 129. 7: „Wo das dünnste Ende ist, das durchbohre er: zur Zügelung des Viehs (welches sonst nicht von ihm könnte gehalten werden).“

2. Nachdem er die Formel: „Für die Götter werde verfertigt“ [1] über der Netzhaut ausgesprochen, und sie mit der Formel: „Für die Götter werde gereinigt“ [1] mit Wasser besprengt und mit der Formel: „Für die Götter schmücke dich“ [1] vermittelst des Schlachtmessers von allem Ungehörigen gereinigt hat, schneidet er sie mit dem Messer ganz heraus mit der Formel: „Unabgeschnitten sei der in tüchtigen Männern bestehende Besitz [2]: dem Indra und Agni genehm schneide ich dich aus [3].“

[1] Zwei dieser Sprüche entstammen der MS. oder dem Kāṭh. (vgl. VII. 4. 5).

[2] TS. I. 3. 9. n und vgl. oben VII. 12. 9. [3] Erweitert aus MS. I. 2. 15: 26. 16.

3. Der Schlächter hält, neben dem Tiere sitzend, die Öffnung, aus der die Netzhaut herausgenommen wurde, mit der Faust bedeckt bis zur Darbringung der Netzhaut [1].

[1] Diese Vorschrift, welche nicht auf älteren Quellen zu beruhen scheint, auch in Bhār., Hir., Vaikh., Mān. Śrs.

4. Nachdem der Adhvaryu mit der Formel: „Verbrannt ist das Rakṣastum, verbrannt sind die Unholde“ [1] die Netzhaut am Schlachtfeuer [2] gewärmt hat und der Sonne stehend seine Verehrung dargebracht hat mit der Formel: „Verehrung dem Erscheinen der Sonne“ [3], schreitet er mit der Formel: „Geh dem weiten Luftraum nach“ [4] weiter [5].

[1] Die Formel mit leichter Änderung der MS. entnommen. [2] Vgl. VII. 16. 3.

[3] Die Formel wieder aus MS.; die Handlung, welche diese Formel begleitet, ist in der MS. jedoch eine andere, da der Mānava sich mit dieser Formel dem Gang der Sonne gemäß (also von links nach rechts) umwendet (MS. III. 10. 1: 129. 12). [4] TS. I. 3. 9. o.

[5] Nl. hinter dem Āgnīdhra (vgl. Sūtra 5), zum Feuer des Hochaltars (vgl. Sūtra 7).

5. Der Āgnīdhra geht voran mit einem Teil des Feuerbrandes [1].

[1] Welchen er, nach VII. 16. 2, am Śāmitrafeuer niedergelegt hatte. — TS. VI. 3. 9. 4: „Er geht mit dem Feuer voran, um die Unholde zu verscheuchen.“

6. Der Opferveranstalter faßt wieder die beiden Netzhautbratspieße, an welchen der Adhvaryu die Netzhaut trägt, von hinten an [1].

[1] Vgl. TS. VI. 3. 9. 4: „Wer das zum Tode geführte Tier anfaßt, geht aus dieser Welt fort; dadurch, daß er die Spieße wieder anfaßt, bekommt er festen Bestand auf der Erde.“

7. Den Teil des Feuerbrandes wirft der Āgnīdhra in den Āhavanīya (d. h. das Feuer auf dem Hochaltar) zurück.

8. Nachdem der Adhvaryu mit der Formel: „Hinausgebrannt ist das Rakṣastum, hinausgebrannt sind die Unholde“ [1] die Netzhaut über die äußerste Kohle des Āhavanīya gehalten hat [2], überreicht er dieselbe, sie zwischen Opferpfahl und Āhavanīya hindurch [3] nach Süden hinübergebend, dem Pratiprasthātṛ.

[1] TS. I. 1. 7. c. [2] Die genaue Bedeutung von *nikūḍya* steht nicht fest; es kann unmöglich „rösten“ bedeuten. Die anderen Texte haben *nigṛhṇāti* (Hir.), *upapratigṛhṇāti* (MS.), *pratitapati* (ŚBr.), *taṃsayati* (Bhār.). — TS. VI. 3. 9. 5: „Er gebe sie (die Netzhaut) nicht über die äußerste Kohle hinweg; wenn er es so machte, so würde er die Gottheit (besonders Agni, vgl. MS. I. 10. 1: 129. 18) geringschätzen.“ [3] So nach TS. VI. 3. 10. 3, oder vielmehr nach ŚBr. III. 8. 2 20.

9. Sie wird vom Pratiprasthātṛ, welcher südlich vom Hochaltarfeuer mit dem Angesichte nach Norden gewendet sitzt, am Āhavanīya (d. h. am Feuer des Hochaltars) geröstet [1].

[1] Das Ritual, welches im eignen Brāhmaṇa nicht näher angedeutet wird, ist nach ŚBr l. c. gegeben.

VII. 20.

1. Mit der Formel: „O Vāyu, genieße die Tropfen“ [1] wirft der Adhvaryu die Spitze des Grashalmes [2] unter die Netzhaut [3].

[1] TS. I. 3. 9. p. [2] Vgl. VII. 18. 13. [3] Vgl. TS. VI. 3. 9. 5: „Die Netzhaut ist die Spitze (d. h. das Oberste, der beste Teil) der Tiere; das Gras die Spitze (der beste Teil) der Kräuter; durch die Spitze läßt er die Spitze gedeihen; und außerdem stellt er das Vieh (d. h. die Netzhaut, welche dem Vieh entspricht) auf die Kräuter (d. h. seinem Vieh wird das Futter nicht mangeln).“

2. Mit dem Verse: „Dich, den Opferwürdigen, haben diese (Götter) zum Fahrzeug der Opfergabe und zum Garmacher sich gemacht. O Agni Jātavedas, mit Geist und Körper nimm gern die Opfergabe an“ [1] gießt er mit dem Sruva eine Butterspende über die Netzhaut aus [2].

[1] TS. III. 1. 4. m. [2] TS. III. 1. 5. 2: „Wenn die Netzhaut herbeigeholt wird, weicht die Kraft von Agni; er beopfert die Netzhaut: dadurch behält er die Kraft des Agni.“ Die Kaṭhas (K. XXX. 9: 192. 1) scheinen den Vers zu anderem Zwecke zu verwenden.

3. Wenn die Fetttropfen von der Netzhaut sich zeigen (d. h. herabträufeln), so erteilt er dem Maitrāvaruṇa den Befehl: „Zu den Tropfen rezitiere [1].“

[1] Der Maitrāvaruṇa rezitiert ṚS. I. 75. 1 und III. 21 (Ait. br. II. 12). — Der Sampraiṣa wohl nach ŚBr. III. 8. 2. 22.

4. a. Nachdem der Pratiprasthātṛ die Netzhaut gar geröstet hat, sodaß sie ihre rötliche Farbe verloren hat [1], legt der Adhvaryu dieselbe mit der Formel: „Laß die Kräuter reichlich Beeren tragen“ [2] auf die südliche Hüfte der Vedi auf die Streu auf den Plakṣazweig [3] nieder, zieht mit der Formel „Verscheucht sind die Feinde“ [4] die beiden Bratspieße aus der Netzhaut und legt sie daneben.

[1] Der Wortlaut ist von MS. (III. 10. 1: 130. 11: „Wenn sie geröstet, aber (noch) rötlich ist, dann ist sie dem Rudra geweiht; . . wenn geröstet (aber) weißlich, dann dem Agni“) beeinflußt. [2] Aus MS. oder K. (in anderem Zusammenhang!). [3] Vgl. VII. 8. 3.
[4] Aus MS. oder Kāṭh.

4. b. Auf die Worte: „. . . die mit Butter versehene“ [1] ergreift er Juhū und Upabhṛt [1], schreitet nach Süden hinüber [1], macht die Anrufung an den Āgnīdhra und erteilt, wenn der Gegenruf vom Āgnīdhra erfolgt ist, dem Maitrāvaruṇa den Befehl: „Für die Svāhākṛti's gib den Befehl [2].“

[1] Vgl. II. 17. 1. [2] Die hier angegebene Handlung ist das elfte Voropfer. Weshalb das elfte Voropfer an diesem Zeitpunkte stattfinden soll, wird in der TS. (VI. 3. 7. 5) in der folgenden Weise begründet: „Er bringt elf Voropfer dar: zehn Luftwege hat das Tier, der Rumpf ist Nummer elf; so bringt er für das ganze Tier die Voropfer dar. Eines (dieser Voropfer) wird für die Netzhaut (d. h. für die Zeit des Netzhautopfers) aufbewahrt. Der Rumpf (der elfte Prayāja) vereinigt sich (dadurch) mit dem Rumpfe (fällt mit dem Opfer der Netzhaut zusammen).“ — Āp. gibt zwei Formen des Befehls (die eine mit *svāhākṛtibhyaḥ*, die andere mit *svāhākṛtibhyaḥ*) an. Da sie nur lautlich verschieden sind, ist die eine in der Übersetzung fortgelassen. — Die Aufforderung des Maitrāvaruṇa an den Hotṛ lautet: „*hotā yakṣad agniṃ svāhājyasya svāhā medasaḥ svāhā stokānāṃ svāhā svāhākṛtīnāṃ svāhā havyasūktīnām*“ (Ṛgvedakhila V. 7. 1. m, ed. Scheftelowitz, S. 143; TBr. III. 6. 2. 2).

5. Nachdem er auf den Vaṣaṭruf des Hotṛ[1] die elfte Voropferspende dargebracht hat, schreitet er zurück, begießt mit der in der Juhū zurückgebliebenen Butter die Dhruvā[2], die gesprenkelte Butter, und dann die Netzhaut[3]; oder umgekehrt: erst die Netzhaut und dann die gesprenkelte Butter[4].

[1] D. h. nachdem der Hotṛ ṚS. X. 110. 11 (vgl. Bem. 2 zu VII. 14. 8) mit *vauṣaṭ* schließend hergesagt hat. [2] Vgl. II. 17. 6 (für die „Butterteile", *ājyabhāgas*).

[3] Vgl. TS. VI. 3. 9. 6: „Die gesprenkelte Butter ist der Tiere Aus- und Einhauch; die Netzhaut ist deren Rumpf (Körper); nachdem er die gesprenkelte Butter beschmalzt hat, beschmalzt er die Netzhaut: in den Rumpf (Körper) der Tiere bringt er dadurch Aus- und Einhauch." [4] Diese Reihenfolge ist die der Vājasaneyins (ŚBr. III. 8. 2. 24), welche gerade über diesen Punkt eine heftige Polemik gegen die Anhänger des Schwarzen Yajurveda führen

6. Nicht die Upabhṛt[1].

[1] Wie dies sonst (vgl. II. 17. 6) wohl zu geschehen pflegt. Nach Rudratta wird die Upabhṛt deshalb nicht auch begossen, weil sie leer ist (?).

7. Er opfert die beiden Butterteile[1].

[1] Vgl. II. 18. 1—8.

8. Weder beim selbständigen (Opfer), noch bei dem vom Somaopfer einen Teil ausmachenden Tieropfer bringt er, nach einigen[1], die Butterteile dar.

[1] Nl. nach den Vājasaneyins. vgl. ŚBr. I. 6. 3. 19.

9. Nachdem er mit der Formel: „Svāhā den Göttern"[1] die erste der beiden vor und nach der Darbringung der Netzhaut zu verrichtenden Spenden dargebracht hat[2], macht er aus der Dhruvā in die Juhū einen Schmalzunterguß, legt ein Stückchen Gold hinein[3], legt die Netzhaut unzerschnitten darüber, legt wieder ein Stückchen Gold darüber[3], und gießt über das Ganze einen Butterguß aus.

[1] TS. III. 1. 4. o. [2] Durch diese vor und nach (vgl. VII. 21. 2) dem Opfer der Netzhaut dargebrachten Spenden mit (der Formel): „Svāhā den Göttern" und „Den Göttern svāhā" stimmt er die beiden Arten der Götter gnädig, sowohl diejenigen Götter, in deren Opfer der Svāhāruf vorangeht, als diejenigen, in deren Opfer dieser Ruf folgt (TS. III. 1. 5. 2).

[3] Dies nach ŚBr. III. 8. 2. 26, XI. 7. 4. 4.

10. In dieser Weise besteht die Netzhaut aus fünf Schnitten[1].

[1] Vg. II. 18. 2 (1. Unterguß, 2. Gold, 3. Netzhaut, 4. Gold, 5. Überguß) und ŚBr. XI. 7. 4. 4: *sā vā esā pañcāvattā vapā bhavati.*

11. Auch für denjenigen, welcher die Opfergaben vierschnittig darzubringen pflegt[1], sei sie fünfschnittig.

[1] D. h. für alle anderen außer den Jamadagni's (II. 18. 2).

VII. 21.

1. Die beiden Befehle des Adhvaryu an den Maitrāvaruṇa für die Darbringung der Netzhaut lauten: „Für Indra und Agni sage den Einladungsvers zum Fett, zur Netzhaut des Bockes her" und: „Gib (dem Hotṛ) den Befehl zur Hersagung des Opferverses zum Fette, zur Netzhaut des Bockes, für Indra und Agni[1]."

[1] Auf den ersten Befehl sagt der Maitrāvaruṇa als Einladungsvers ṚS. VI. 60. 3 (vgl. Āśv. III. 7. 13); auf den zweiten Befehl richtet er an den Hotṛ den Praiṣa (MS. IV. 13. 5: 205

9–10), schließend mit: „Hotṛ, sage den Opfervers her.“ Der Opfervers ist ṚS. VIII. 93. 1 (vgl. Āśv. l. c.).

2. a. Unmittelbar nachdem der Hotṛ am Schlusse seines Opferverses den Vaṣaṭruf gemacht hat, opfert der Adhvaryu die Netzhaut im Feuer des Hochaltars mit dem Verse: „O Jātavedas, geh mit der Netzhaut zu den Göttern; du warst ja der erste Hotṛ; laß deine Erscheinungsformen durch das Schmalz wachsen; die mit svāhā dargebrachte Opfergabe sollen die Götter essen[1].“

[1] TS. III. 1. 4. n.

2. b. Dann schreitet er von der südwestlichen Ecke des Hochaltars nach Norden zurück, bringt die zweite[1] der beiden vor und nach der Darbringung der Netzhaut zu verrichtenden Spenden dar mit der Formel: „Den Göttern svāhā“ und begießt, nördlich vom Opfertiere stehend, mit Schmalz aus der Juhū die Öffnung im Leibe des Tieres, aus welcher die Netzhaut herausgenommen wurde[2].

[1] Vgl. VII. 20. 9. [2] TS. III. 1. 4. o (zweite Hälfte). [3] Vgl. VII. 19. 3.

3. Der Pratiprasthatṛ wirft die beiden Netzhautbratspieße in den Āhavanīya (d. h. das Feuer auf dem Hochaltar) mit der Formel: „Svāhā, gehet ihr beiden zu Ūrdhvanabhas, dem Sohne der Maruts“[1] und zwar den zweizackigen mit der Spitze nach Osten[2], den einzackigen mit der Spitze nach Westen[2] oder umgekehrt[3].

[1] TS. I. 3. 9. q (mit Ūrdhvanabhas wird der Gott des Windes, Vāyu gemeint sein. s. Eggeling, S.B.E. XXVI. p. 198, note 4). [2] Vgl. TS. VI. 3. 9. 6: „Deshalb geben die beiden Hauche (der Aushauch und der Einhauch) in verschiedener Richtung“; MS. III. 10. 1: 131. 4: „Die beiden Spieße sind Erde und Himmel; in verschiedener Richtung wirft er sie nach: um diese beiden (Erde und Himmel) von einander getrennt zu halten.“ [3] So die Mānavas (Man. śrs. I. 8. 4. 38).

4. Dann gießt der Adhvaryu über die beiden die in der Juhū zurückgebliebenen Neigen ohne Spruch aus.

5. An diesem Zeitpunkte,[1] gibt der Operveranstalter den Opferpriestern ein aus seiner Habe auszuerwählendes Stück: einen Zugstier oder drei Milchkühe oder drei andere Kühe als Opferlohn.

[1] Der Brauch „einiger“, an diesem Zeitpunkt Opferlohn zu geben, wird ŚBr. XI. 7. 2. 4 erwähnt, aber mißbilligt.

6. Alle schreiten jetzt mit der Herrin des Hauses in nördlicher Richtung herauf und waschen sich am Cātvāla mit den fünf Versen:

1. „O Wasser, ihr seid erquickend, verschafft uns jetzt Labung, damit wir große Freude erleben.

2. Von eurem heilsamsten Safte, davon teilet uns hier mit, wie bereitwillige Mütter.

3. Dahin wollen wir gerne euch folgen, zu wessen Besitz ihr erquicket, o Wasser, und uns zeuget[1].

4. Führet hier fort, o Wasser, was tadelnswert und schmutzig ist, oder was ich Unwahres gelogen oder arglos geschworen habe; die Wasser sollen mich von dieser Sünde, aus aller Bedrängnis erlösen[2].

5. Ich befreie mich vom Fluche, von Varuṇas und auch von Yamas Fessel, von aller Schuld gegen Götter und Menschen[3].“

[1] TS. IV. 1. 5. b—d. [2] Beinahe wie Vāj. S. [3] Ganz so nur noch bei Baudh. und Hir.; am nächsten kommt die ṚS.

VII. 22.

1. Er unternimmt jetzt von dem anläßlich eines Tieropfers darzubringenden Opferkuchen diejenigen Handlungen, deren erste das Zusammensetzen der Opfergeräte ist[1].

[1] Also I. 15. 6—14.

2. Das Bereitstellen der Opfergeräte erfolgt, wie dieselben erforderlich sind[1].

[1] D. h. soweit sie nicht schon nach VII. 8. 2, 3 bereitgestellt waren.

3. Zur Zeit, wo die Opfersubstanz ausgeschüttet wird[1], schüttet er Reis[2] aus für den anläßlich des Tieropfers darzubringenden, auf elf[3] oder zwölf[3] Schüsselchen zu bereitenden Opferkuchen aus.

[1] Vgl. I. 17. 5. [2] Nicht Gerste, wie sonst erlaubt ist. Āpastambas Vorschrift scheint sich auf MS. III. 10. 2: 131. 13 zu stützen. [3] Nach MS. l. c. (Z. 14). — Übrigens wird der Paśupuroḍāśa dargebracht, und zwar unmittelbar nach der Darbringung der Netzhaut, weil der Opferkuchen Labung (Nahrung) ist und er durch dieses Verfahren die Nahrung in die Mitte (d. h. in die Leiber) seiner Kühe bringt; auch deckt er dadurch das Loch (im Körper) des Opfertieres zu (TS. VI. 3. 10. 1).

4. Er ist derselben Gottheit geweiht, welcher das Tieropfer gilt.

5. Nachdem er mit der Haviṣkṛtformel die Stimme freigelassen hat[1], gibt er die verschiedenen Anweisungen in Bezug auf das (Zerlegen des) Opfertier(es)[2].

[1] Vgl. I. 19. 8. [2] So fasse ich hier und ŚBr. III. 8. 3. 3 *viśāsti* auf, welches nach meiner Ansicht nicht mit *viśasati* gleichwertig ist. In dieser Weise erledigt sich auch die Frage (vgl. Schwab, Das altind. Tieropfer, S. 125), ob einerseits der Adhvaryu oder Pratiprasthātṛ oder andererseits der Schlächter das Tier zerlegen soll. Nach VII. 14. 14 ist als Zerleger der Schlächter angewiesen. Faßt man *viśāsti* in der Weise auf, wie bisher geschehen ist („er zerlegt"), so läge hier ein Widerspruch vor. Daß *viśāsti* hier die von mir postulierte Bedeutung hat, geht deutlich aus Baudh. (IV. 8: 121. 3) hervor: der Adhvaryu erteilt den Befehl: „Pratiprasthātṛ, gib die verschiedenen Anweisungen über das Zerlegen des Opfertieres" *(paśuṃ viśādhi)* und etwas weiter (Z. 5): „Der Pratiprasthātṛ gibt dem Schlächter die verschiedenen Anweisungen" *(viśāsti)*: „Schlächter, das Herz, die Zunge, das Bruststück, die lege beisammen" usw. Desgl. Bhār.: *paśuṃ viśāsti: gudaṃ mā nirvleṣīr, vaniṣṭhuṃ mā nirvleṣīr. adhyuddhiṃ klomānaṃ plīhānaṃ puritataṃ medaḥ samavadhātavā iti sampreṣyati.* ŚBr. l. c.: *atha paśuṃ viśāsti: triḥ pracyāvayatāt* etc. — Freilich scheint *viśāsti* oben VII. 14. 13 (so wie an einigen Stellen in anderen Texten) die Bedeutung: „er zerlegt" zu haben.

6. Das Herz, die Zunge, das Bruststück, die Leber, die Nieren, der Oberschenkel des linken[1] Vorderbeines, die beiden Rückenstücke, der rechte[1] Hinterbacken und ein Drittel des Mastdarms, dies sind die Teile, welche der betreffenden Gottheit als Hauptspende dargebracht werden[2]; der Oberschenkel des rechten[1] Vorderbeines, der linke[1] Hinterbacken und ein Drittel des Mastdarms, das sind die für Agni sviṣṭakṛt bestimmten Teile[3]; den rechten Lungenflügel, die Milz, den linken Lungenflügel(?), den Dickdarm, die kleinen Gedärme(?)[4], das Herz und Nieren einhüllende Fett und den Schweif[5] nimmt er heraus[6].

[1] Diese Anordnung beruht auf dem Brāhmaṇa (TS. VI. 3. 10. 6): „In die Quere schneidet er ab; daher kommt es, daß die Tiere ihre Füße in die Quere vorwärtsbringen; (er macht es so), damit er festen Bestand (für das Vieh) erlange." [2] Vgl. VII. 24. 2, 5. Die *daivatāni avadānāni* sind acht an der Zahl; vom Mastdarm werden überdies bei allen Darbringungen Teile als Zugabe zugelegt (vgl. VII. 24. 6, 7). [3] Vgl. VII. 25. 17. Diese Teile heißen zusammen die *tryaṅgāni* (TS. l. c.). [4] *adhyuddhi* ist unsicher; nach Schwab (Das altind. Tieropfer, S. 129): „Die kleinen spiralförmig übereinander sich windenden Gedärme". Das scheint nicht zu Baudh. zu passen, welcher (IV. 8: 121. 7) den Pratiprasthātṛ u. a. den Befehl sprechen läßt: *dakṣiṇāṃ śroṇim adhyuddhiṃ kurutāt* und vgl. IV. 9: 122. 19: *dakṣiṇāyai śroṇer adhyuddhyai; adhyuddhi* scheint hier Adjectiv zu sein (?); vgl. *tryuddhi* (V. 22. 6). Die MS. hat *adhyadhnī*. [5] Diese Teile sind für die Iḍā bestimmt, vgl. VII. 24. 10—12.

[6] Vielleicht ist statt *uddharati* am Ende des Sūtra *uddhareti* zu lesen, und enthält Sūtra 6 eben die verschiedenen Anweisungen an den Schlächter. In diesem Falle wäre zu übersetzen: „Das Herz, die Zunge usw. nimm als die zur Hauptspende bestimmten Teile heraus" usw. Der Satz schließt bei Bhār. und Hir. mit: *samavadhātavai*: „lege beisammen nieder."

7, 8. „Den Mastdarm stülpe nicht um" so befiehlt er (dem Schlächter), das heißt: „. . . schlage nicht um [1]."

[1] Die Worte *gudaṃ mā nirvleṣīḥ* sind offenbar einem älteren (jetzt verloren gegangenen) Texte entlehnt, der der Erläuterung bedürfte. — Statt *viparyāsta(ḥ)* ist *viparyastha(ḥ)*, aor. inj. zu *viparyasyati*, zu lesen. — Wie Schwab bemerkt, ist der Zweck der Vorschrift wahrscheinlich, zu verhindern, daß der Darm nach außen umgeschlagen werde, weil er dann schwerer vom Dickdarm zu unterscheiden wäre. — Vermutlich ist in Āpastambas Text der Satz *vaniṣṭhuṃ mā nirvleṣīḥ* ausgefallen, vgl. Rudradatta und Schwab, op. cit. S. 129.

9. Nachdem er über dem mit der Spitze nach Norden hingelegten Astreiniger [1] das Opfertier (d. h. die abgeschnittenen Teile desselben) in den Kochtopf [2] hineingelegt hat, das Herz aber an den Herzbratspieß [3] gesteckt hat [3], kocht (röstet) er (nl. der Schlächter) [4] die abgeschnittenen Teile über dem Schlachtfeuer [5].

[1] Vgl. VII. 8. 3 (das śākhāpavitra wird also über den Topf gelegt). Dabei haben die Handlungen I. 12. 1 am Ende und I. 12. 3 statt. [2] Vgl. VII. 8. 3, Bem. 7, 5.
[3] *praṇikṣya* ist gleichwertig mit *pra-nikṣya*. [4] Vgl. VII. 23. 3.
[5] Vgl. VII. 16. 3.

10. Der Adhvaryu unternimmt jetzt die Handlungen, deren erste das Abschlagen der für den Opferkuchen bestimmten Reiskörner ist [1].

[1] Mit den I. 19. 11—I. 25. 26 beschriebenen Handlungen wird jetzt die VII. 22. 1—5 angelangene Zubereitung des Opferkuchens fortgesetzt. Dann wird derselbe nach II. 10. 6ff. vom Feuer genommen und auf die Vedi fertig gestellt.

11. Nachdem er mit der Netzhaut vorgegangen ist [1], geht er mit dem Opferkuchen vor [1], oder (erst) wenn das Opfertier (d. h. die zu Feuer gesetzten Teile desselben) gekocht ist [2].

[1] D. h. „dargebracht hat", bzw. „bringt dar". — Āp. entnimmt diese Vorschrift seinem Brahmaṇa (TS. VI. 3. 10. 1, vgl. Bem. 3 zu VII. 22. 3). Die Darbringung des Opferkuchens fällt also zwischen das Opfer der Netzhaut und des Opfertieres. [2] So machen es die Kaṭhas (vgl. Kāty. ed. Weber, S. 605, Z. 1 v. unten).

12. Die beiden Befehle des Adhvaryu an den Maitrāvaruṇa zur Darbringung der Hauptspende des Opferkuchens lauten: „Für Indra und Agni sage den Einladungsvers zum Opferkuchen [1] her" und „Gib (dem Hotṛ) den

Befehl zur Hersagung des Opferverses zum Opferkuchen für Indra und Agni" oder statt des ersten: „Für Indra und Agni sage den Einladungsvers zum Abschneiden des Opferkuchens her[2]."

[1] In diesem Zusammenhang hat das Wort, welches gewöhnlich mit „Opferkuchen" übersetzt wird (*puroḍāśa*), seine ursprüngliche Bedeutung: „Vorangehende Verehrung, vorangehende Darbringung." [2] Auf den ersten Befehl sagt der Maitrāvaruṇa als Einladungsvers ṚS. I. 109. 7 (vgl. Āśv. III. 7. 13); auf den zweiten Befehl richtet er an den Hotṛ die Aufforderung (TBr. III. 6. 8. 2, MS. IV. 13. 5: 205. 11), schließend mit: „Hotṛ, sage den Opfervers her" (nl. ṚS. VII. 93. 4, vgl. Āśv. l. c). Nach dem Vaṣaṭruf opfert der Adhvaryu die Schnitte des Kuchens.

13. Die beiden Befehle zum Opfer an Agni sviṣṭakṛt lauten: „Für Agni sage den Einladungsvers her" und „Gib (dem Hotṛ) den Befehl für Agni[1]."

[1] Auf den ersten Befehl sagt der Maitrāvaruṇa als Einladungsvers ṚS. III. 1. 23 (vgl. Āśv. III. 5. 9); auf den zweiten richtet er an den Hotṛ die Aufforderung (TBr. l. c. s. f., MS. l. c. Z. 12), schließend mit der Formel: „Hotṛ, sage den Opfervers her" (nl. ṚS. III. 54. 22, vgl. Āśv. III. 5. 9).

VII. 23.

1. Nachdem er das Prāśitra abgeschnitten hat[1], schneidet er die Iḍā ab[2] nicht aber den Teil des Opferveranstalters[3].

[1] Vgl. III. 1. 1–5. [2] III. 1. 6–12. [3] III. 1. 9.

2. Das Ritual des anläßlich des Tieropfers darzubringenden Opferkuchens schließt ab mit den Handlungen, deren erste die Darbringung der Opfergabe und deren letzte das Verzehren der Iḍā ist[1].

[1] Also von II. 18. 8 bis III. 3. 1. Genau so auch Baudh. IV. 8 : 121. 19–20; die anderen Sūtras weichen ab.

3. a. Nachdem die Opferpriester mit dem Maitrāvaruṇa als sechstem[1] die herangerufene Iḍā verzehrt haben[2], reinigen sie sich wie früher über dem Prastara[3].

[1] Vgl. VII. 14. 4. [2] Vgl. III. 2. 1–3. 1; alles, was auf den Opferveranstalter Beziehung hat, fällt aber hier (vgl. VII. 23. 1) fort. [3] Vgl. III. 3. 2.

3. b. Darauf nimmt der Adhvaryu etwas gesprenkelte Butter[1] in den Sruva und spricht, den Wisch unter dem Sruva haltend, dreimal die Frage aus: „Schlächter, ist die Opfergabe gar?"

[1] Vgl. VII. 9. 2. Zum Zweck dieser Butter vgl. VII. 23. 7. Die Vorschrift ist erweitert aus TS. VI. 3. 10. 1.

4. „Sie ist gar" antwortet jedesmal der Schlächter[1], welcher das Kochen der Fleischstücke beim Schlachtfeuer überwacht.

[1] Vgl. TS. l. c.

5. Auf halbem Wege, während der Adhvaryu sich von der Vedi zum Schlachtfeuer begibt, spricht er die Frage zum zweiten, wenn er beim Schlachtfeuer angelangt ist, zum dritten Male.

6. Bei der ersten Antwort des Schlächters schreitet er vorwärts mit der Formel: „Pūṣan, der Beschützer des Viehs, soll mich schützen"[1], bei der zweiten schreitet er ferner mit der Formel: Pūṣan, der Beschützer der Wege, soll mich schützen"[1], bei der dritten mit: „Pūṣan, der Oberherr, soll mich schützen[1]."

[1] Die Formeln (auch in Baudh. XX. 29 : 64. 10) aus MS. oder Kāṭh. — Die dreimalige Frage und Antwort und die drei Formeln symbolisieren natürlich wieder die drei Räume (Erde, Luftraum, Himmel). Die dreimalige Wiederholung wie beim Melken der Kuh (I. 13. 3) und der Anrufung des Ātreya (S.B.E. XXVI, S. 346, Bem. 2).

7. Nachdem er das Herz von dem Bratspieße[1] gezogen und es in den Kochtopf oben auf die übrigen Stücke gelegt hat, begießt er mit der gesprenkelten Butter[2], nachdem er nördlich um den Kochtopf herumgeschritten ist[3], das Herz mit den Formeln: „Dein Geist (sei) mit dem Geiste, dein Hauch mit dem Hauche. Willkommen (sei) den Göttern die mit Schmalz versehene Opfergabe. svāhā[4]."

[1] Vgl. VII. 22. 9. [2] Vgl. VII. 23. 3. — Weshalb das Herz mit gesprenkelter Butter begossen wird, begründet das Brāhmaṇa (TS. VI. 3. 10. 1) in der folgenden Weise: „Die gesprenkelte Butter ist der Tiere Ein- und Aushauch; von dem getöteten Tiere nun vereinigt sich der Rumpf *(ātman)* mit dem Herzen („das Herz ist der Rumpf der Tiere", MS.); indem er das Herz mit der gesprenkelten Butter begießt, bringt er den Ein- und Aushauch in den Rumpf der Tiere (sodaß seine Kühe am Leben bleiben)." [3] Diese Zutat entstammt der MS. (III. 10. 2 : 132. 6): „Nachdem er nördlich herumgegangen ist, begießt er es: um das Vieh zu behalten" (wird hier die nördliche Himmelsgegend als die des Viehs gedacht?). [4] TS. I. 3. 10. a. b.

8. Mit Schmalz aus dem Schmalztopf begießt er das Opfertier (d. h. die übrigen Stücke im Kochtopfe) mit dem Verse: „Mit deiner Seele, welche in die Tiere eingegangen" usw. wie oben II. 10. 5.

9. Über dem aufsteigenden Dampf spricht er die Formel: „Svāhā dem Nichtschwanken des Dampfes[1]."

[1] Die Formel aus MS. oder Kāṭh. (wo *svāhā* nicht angetroffen wird).

10. Das Opfertier (d. h. den Kochtopf mit den Stücken des Tieres) fortbringend, hält er den Herzbratspieß neben dem Topfe, ohne mit demselben sich oder die anderen zu berühren[1].

[1] Diese Vorschrift ist nicht aus älteren Quellen zu belegen.

11. a. Nachdem er die gekochten Stücke des Tieres zwischen Opferpfahl und Āhavanīya (d. h. Hochaltarfeuer) hindurch nach Süden hinübergetragen hat[1], legt er sie mit der Fünf-[2] oder der Sechshotṛformel[3] auf die südliche Hüfte der Vedi[4].

[1] So nach TS. VI. 3. 10. 3. [2] TĀ. III. 3. [3] l. c. 4. Diese Vorschrift beruht auf TBr. II. 2. 8. 2: „Mit der Fünfhotṛformel legt er das Tier fertig; auf den Himmelsraum bezieht sich diese Formel; das Opfertier ist der Opferveranstalter; er macht dadurch, daß dieser in den Himmelsraum gelangt." [4] Den Herzbratspieß legt er wohlvermerkt nieder, mit Hinblick auf die Handlung von VII. 27. 15—16.

11. b. Dann macht er eine Unterlage von Schmalz in die vier: in die Juhū, in die Upabhṛt, in die Vasāhomahavanī[1] und in die Samavattadhānī[2].

[1] Vgl. VII. 8. 3. Bem. 2. [2] Die hölzerne viereckige Schale, in welche die Schnitte zur Iḍā beisammengelegt werden (vgl. VII. 24. 8, 10) auch *iḍāpātrī* oder *iḍādhāna* genannt. Abbildungen s. bei Caland-Henry, l'Agniṣṭoma, planche II. 10, III. 17. — Der Wortlaut dieses Sūtra stimmt mit ŚBr. III. 8. 3. 13 nahezu überein.

12. Nachdem er in die Juhū und in die Upabhṛt ein Stückchen Gold gelegt hat[1], erteilt er, während er über der Streu und dem darauf befindlichen Aste von Ficus infectoria (plakṣa)[2] mit der gesalbten Schneide des

Schlachtmessers[2] die Schnitte von den acht der Hauptgottheit geweihten Stücken[4] abschneidet, dem Maitrāvaruṇa den Befehl:

[1] Aus ŚBr. III. 8. 3. 13. [2] Vgl. VII. 12. 5. — Die Anwesenheit des Plakṣaastes wird in der folgenden Weise begründet: „Als die Götter samt dem Opfertiere zu dem Himmelsraum gegangen waren, dachten sie, daß die Menschen ihnen das nachmachen würden; da schnitten sie den Kopf des Tieres ab und machten dessen Kraft und Saft herabfließen *(prākṣārayan)*; daraus entstand der Prakṣa (= Plakṣa oder Ficus infectoria), und daher der Name „Prakṣa"; dadurch, daß der Plakṣa die „Oberstreu" ist, macht er von dem mit Saft und Kraft versehenen Opfertiere die Schnitte" (TS. VI 3. 10. 2—3). — Im Ritual des Opferkuchens wird von dem auf der einfachen Streu liegenden Kuchen abgeschnitten; von den Opferstücken des Tieres wird außerdem über einem Plakṣaast abgeschnitten. [3] Vgl VII. 14. 13. [4] Vgl. VII. 22. 6.

VII. 24.

1. „Für Manotā sage den Einladungsvers zu der Opfergabe, wenn sie abgeschnitten wird[1].

[1] Der Sampraiṣa nach TS. VI. 3. 10. 3. — Auf diesen Befehl rezitiert der Maitrāvaruṇa ṚS. VI. 1. 1—13 (vgl. Ait. Br. II. 10. 2): „Du bist ja, o Agni, der erste Ersinner *(manotā)*" usw.

2. Von dem Herzen schneidet er zuerst ab, dann von der Zunge, dann von dem Bruststück[1]; die Reihenfolge, in welcher von den anderen Stücken abgeschnitten wird, ist nach Belieben.

[1] Diese Reihenfolge ist in dem Brāhmaṇa festgelegt: „Von dem Herzen schneidet er zuerst ab, dann von der Zunge, dann von dem Bruststück: was er im Herzen bedenkt, spricht er aus mit der Zunge; was er mit der Zunge ausspricht, das spricht er von der Brust heraus" (TS. VI. 3. 10. 4).

3. Es ist (in dem Brāhmaṇa) gesagt worden, (und das dort Gesagte ist hier zu berücksichtigen): „Von dem Mastdarm schneidet er in der Mitte ab" usw.[1].

[1] Es heißt TS. VI. 3. 10. 4: „Von dem Mastdarm schneidet er in der Mitte ab (d. h. nachdem er von der ersten Hälfte der für die Hauptspende bestimmten Stücke abgeschnitten hat); denn in der Mitte befindet sich der Hauch; (oder) er schneidet (von ihm) als letztem *(uttama)* (Stück) ab (d. h. nachdem er von allen den zur Hauptspende bestimmten Stücken abgeschnitten hat); denn der Hauch befindet sich am meisten oben *(uttama)* (im Körper). Ob er dieses oder jenes macht, beides ist ungleich (d. h. keine Wiederholung von Gleichem, und daher erlaubt)."

4. Oder er schneidet von den Stücken in derjenigen Reihenfolge ab, wie sie beim Schlachten herausgenommen worden sind[1].

[1] Also nach VII. 22. 6, aber immer zuerst vom Herzen, von der Zunge und vom Bruststück.

5. Nachdem er von den für die Gottheit des Hauptopfers bestimmten Stücken je zweimal abgeschnitten hat, legt er jedes Stück in die Juhū[1]; von den für das Opfer an Agni sviṣṭakṛt bestimmten Stücken[2] schneidet er je einmal ab und legt diese Stücke in die Upabhṛt[3].

[1] Vgl. TS. VI. 3. 10. 3: „Elf Stücke schneidet er ab; zehn Hauche hat das Tier; als Nummer elf gilt der Rumpf; dadurch schneidet er vom Tiere in seinem ganzen Umfang ab." Die Elfzahl liefern die *daivatāni avadānāni*, wenn man den Mastdarm nicht hinzurechnet, vgl. VII. 22. 6 (am Anfang). [2] Vgl. VII. 22. 6 in der Mitte. [3] Vgl. MS. III. 10. 3: 133. 7: „Je zweimal schneidet er ab; das macht zweiundzwanzig; drei an der Zahl sind die *tryaṅgas* (die für Sviṣṭakṛt bestimmten Stücke); das macht zusammen fünfundzwanzig; durch

das aus fünfundzwanzig Stotriyaversen bestehende Lob erschuf Manu die Geschöpfe" (den Manustoma lehrt Jaim. br. II. 108, von ihm unternommen, um Nachkommen zu erhalten).

6. Nachdem er den Mastdarm in drei ungleich lange Stücke zerlegt hat[1], legt er den dicksten Teil[2] für die Zuopfer[3] beiseite; den mittleren zerteilt er in zwei Stücke und legt sie zu den für das Opfer an die Hauptgottheit bestimmten Stücken, den dünnsten Teil zu den für das Opfer an Agni sviṣṭakṛt bestimmten Stücken.

[1] Diese Bestimmung sollte eigentlich schon vor VII. 22. 6 gegeben sein. [2] Nach TS. VI. 4. 1. 1. [3] Vgl. VII. 26. 13.

7. Oder aber er zerlegt ihn in zwei ungleiche Teile; den größten legt er für die Zuopfer beiseite; den anderen Teil teilt er abermals in drei ungleiche Teile, den mittleren von diesen zerteilt er in zwei Stücke und legt dieselben zu den für das Opfer an die Hauptgottheit bestimmten Stücken, den dünnsten Teil zu den für das Opfer an Agni sviṣṭakṛt bestimmten Stücken, den größten von diesen zu der Iḍā.

8. Das Fett schneidet er in drei Teilen ab: zwei Drittel in die beiden Löffel, ein Drittel in die Samavattadhānī[1].

[1] Der erste Teil kommt also in die Juhū zu den *daivatāni*, der zweite in die Upabhṛt zu den *sauviṣṭakṛtāni*, der dritte zu der Iḍā.

9. Nachdem er das Fett in die Brühe gelegt hat und die beiden Löffel mit dem Fett bedeckt hat, und in beide ein Stückchen Gold gelegt hat[1], begießt er die beiden Löffel mit Schmalz.

[1] Wieder (vgl. VII. 23. 12) nach ŚBr III. 8. 3. 19; das Übrige nach TS. VI. 3. 11. 1.

10. In die Samavattadhānī legt er als Iḍā die (ganzen noch vorhandenen Stücke der) sechs ersten (Teile)[1] und zum siebenten den Dickdarm; oder (er schneidet einen Teil) der sechs, und, zum siebenten, vom Dickdarm (ab)[2].

[1] Nl. Herz, Zunge, Bruststück, Leber, Nieren (vgl. VII. 22 6) und eventuell den Teil des Dickdarms. [2] Ein ähnlicher Ausdruck unten: VIII. 15. 23.

11. Er mehrt die Iḍā durch Hinzulegung der knochenlosen Stücke[1].

[1] Dieser Satz wird durch das nächstfolgende Sūtra erläutert.

12. Nachdem er den rechten Lungenflügel, die Milz und den linken Lungenflügel (?) dazugelegt hat, begießt er das Ganze mit Brühe und beschmalzt es.

VII. 25.

1. Mit der Formel: „Dich, der Wasser und der Kräuter Saft, schöpfe ich"[1] schöpft der Adhvaryu in den Vasāhomalöffel[2] den aus dem Fleische herausgekochten Fettsaft (die sogenannte *vasā)*.

[1] Die Formel nur noch in Vaikh. [2] Vgl. VII. 8. 3 (Bem. 2).

2, 3. Den aus dem Schöpflöffel herausfließenden Strom schneidet er mit dem Schlachtmesser, das er in der linken Hand hält, einmal quer durch; zweimal für einen, der fünfmal abschneidet[1].

[1] Vgl. II. 18. 2, Bem. 2. — Durch das Durchschneiden des Stromes wird dieser in zwei Teile zerteilt; diese zwei mit dem üblichen Unter- und Aufguß liefern vier Avadānas; durch das zweimalige Schneiden erhält er fünf Avadānas.

4. Mit den Formeln: „Śrī[1] bist du, Agni soll dich kochen (*śrīṇātu)*. Die

Wasser liefen zusammen"[2] rührt er mit dem dicken Ende des rechten Querfortsatzes die Vasā in dem Vasāhomalöffel um[3].

[1] Ein Wortspiel: *śrī* (Schönheit) angepaßt an *śrīṇātu*. [2] TS. I. 3. 10. e—g. [3] Die ganze Vorschrift (ohne den Spruch) entstammt dem Brāhmaṇa (TS. VI. 3. 11. 1); der Querfortsatz *(pārśva)* wird zum Umrühren verwendet, weil dieser die Mitte der Tiere ist, die Vasā aber deren Saft; dadurch bringt er den Saft (die Lebenskraft) in die Mitte seiner Kühe.

5. a. Mit der Formel: „Zum Streichen des Windes, zum Eilen des Pūṣan, zur Zunahme der Wasser und Kräuter dich"[1] deckt er den Querfortsatz (das *pārśva*) darauf[2].

[1] TS. I. 3. 10. h. [2] Die Vorschrift aus MS. III. 10. 4 : 134. 9. Baudh. nimmt diese Formel mit den vorhergehenden zusammen, zum Umrühren.

5. b. Oder er rührt mit dem Schlachtmesser um[1]; nach einigen deckt er das Schlachtmesser (statt des Querfortsatzes) darauf[2].

[1] So will es die MS. l. c. Z. 6. [2] Nach ŚBr. III. 8. 3. 24 rührt er mit dem *pārśva* oder mit dem Messer um.

6, 7. Den Kopf, die beiden Schulterstücke, die Wirbelsäule, die Unterschenkel der Hinterbeine, Stücke, von welchen er nicht abgeschnitten hat, die sogenannten nicht abzuschneidenden Stücke, diese legt er mit den gekochten, in den drei Gefäßen befindlichen Stücken zusammen auf die Vedi nieder und berührt sämtliche[1] mit der Formel: „Der Indraartige Aushauch soll in jedes einzelne Glied durchdringen, der Indraartige Einhauch soll sich über jedes einzelne Glied verbreiten"[2], und mit dem Verse: „Gott Tvaṣṭṛ, in dir soll das Viele sich einigen, weil ihr, o vielgestaltige (Tiere), gleichartig seid. Über dich, der du zum Segen zu den Göttern gehst, sollen die Freunde, sollen Mutter und Vater sich freuen[3]."

[1] Die Handlung, welche die zwei Sprüche begleiten sollen, ist im eignen Brāhmaṇa des Āp. nicht angegeben; er entnimmt sie der MS. (III. 10. 4 : 134. 10): „Erschlagen und getötet ist das im Jenseits angelangte Opfertier; dadurch, daß er es sämtlich (d. h. sämtliche Stücke, sowohl die gekochten wie die nicht gekochten) berührt, stellt er es wieder her." [2] TS. I. 3. 10. d. [3] l. c. e.

8. Dann geht er mit der Opfergabe vor[1].

[1] D. h. er bringt das Hauptopfer dar: der Adhvaryu die abgeschnittenen Stücke aus der Juhū, der Pratiprasthātṛ die Vasā aus dem Vasāhomalöffel.

9. Die beiden Befehle des Adhvaryu an den Maitrāvaruṇa zur Darbringung der Hauptspende lauten: „Für Indra und Agni sage den Einladungsvers zur Opfergabe vom Ziegenbocke her" und: „Gib (dem Hotṛ) den Befehl zur Hersagung des Opferverses zur Opfergabe des Ziegenbockes für Indra und Agni[1]."

[1] Auf den ersten Befehl sagt der Maitrāvaruṇa als Einladungsvers ṚS. VI. 60. 13 her (vgl. Āśv. III. 7. 13); auf den zweiten Befehl richtet er an den Hotṛ den Praiṣa: Ṛgvedakhila V. 7. 2. f. (S. 143 der Ausgabe von Scheftelowitz, mit Änderung von *agnīṣomau* in *indrāgnī*), TBr. III. 6. 11. 1—2, schließend mit „Hotṛ, sage den Opfervers her". Der Opfervers ist ṚS. I. 109. 6 (vgl. Āśv. l. c.).

10. Bei (d. h. nach der Beendigung) der ersten Hälfte des Opferverses[1] bringt der Pratiprasthātṛ[2] mit den Formeln: „Ihr Schmalz trinkenden (Götter), trinket das Schmalz, ihr Fettbrühe Trinkenden, trinket die Fettbrühe. Du bist die Opfergabe des Luftraums. Svāhā, dem Luftraum (opfere ich) dich"[2] die Fettbrühe in das Feuer des Hochaltars dar.

[1] Diese Vorschrift beruht auf dem Brāhmaṇa (TS. VI. 3. 11. 3): „Der Himmel ist die eine Hälfte des Verses, die Erde die andere; diese beide salbt er mit Salt." Nach ŚBr. III. 8. 3. 11 opfert er die Vasā bei der Hälfte des Verses, weil der Luftraum sich zwischen Erde und Himmel (welche je eine Vershälfte darstellen) befindet, vgl. die zweite Formel, mit welcher die Darbringung geschieht. Ähnliches MS. III. 10. 4 : 134. 13. [2] Zur Darbringung der Hauptopfergabe von seiten des Adhvaryu vgl Sūtra 13. [3] TS. I. 3. 10. i—l.

11. Den Rest der in dem Vasāhomalöffel zurückgebliebenen Fettbrühe gießt er (immer der Pratiprasthātṛ) mit den Formeln: „Die Diśas (Himmelsgegenden), die Pradiśas, die Ādiśas, die Vidiśas"[1] nach jeder der vier Himmelsgegenden ins Feuer aus, mit der fünften: „Die Uddiśas"[1] in die Mitte des Feuers.

[1] TS. I. 3. 10. m.

12. Nachdem er den letzten Ausguß, den er in der Mitte angefangen hat, im Osten beendigt hat[1], bringt er mit der Formel: „Verbeugung den Himmelsgegenden"[2] stehend den Himmelsgegenden seine Verehrung dar.

[1] Mit TS. I. 3. 10. n *(svāhā digbhyaḥ)*. — Die Bestimmung, daß er im Osten abschließt, stammt aus der MS. l. c. 134. 8: „Dadurch wendet er sich wieder der (glückverheißenden) östlichen Gegend zu." [2] TS. l. c. o.

13. Der Adhvaryu bringt die Hauptspende aus der Juhū dar, nachdem der Hotṛ das *vaṣaṭ* gesagt hat[1].

[1] Vgl. Bem. zu VII. 25. 9.

14. Der Pratiprasthātṛ darf auch an diesem Zeitpunkte[1] die Spenden an die Himmelsgegenden verrichten oder nach der Spende an Vanaspati[2] oder nach der Spende an Agni sviṣṭakṛt[3].

[1] Er darf also die Spenden unmittelbar nach dem Hauptopfer darbringen oder nach der Spende an Vanaspati (Sūtra 15) oder nach der Sviṣṭakṛtspende (Sūtra 18).
[2] So ist die Reihenfolge in der MS. [3] So machen es die Vājasaneyins (ŚBr. III. 8. 3. 34—35).

15. Dann schreitet der Adhvaryu, von der Stelle, wo er an der südwestlichen Ecke des Hochaltarfeuers die Hauptspende gemacht hat, nach Norden zurück, macht eine Unterlage von Schmalz in die Juhū, schöpft mit dem Sruva einmal gesprenkelte Butter in die Juhū, beschmalzt deren Inhalt zweimal und spricht als seine beiden Befehle: „Für Vanaspati[1] sage den Einladungsvers her" und: „Gib (dem Hotṛ) den Befehl zum Hersagen des Opferverses für Vanaspati[2]." Wenn der Hotṛ sein *vaṣaṭ* gesagt hat, opfert er diese Spende im Hochaltarfeuer.

[1] Nach einigen ist mit Vanaspati der Baum gemeint, von welchem der Opferpfahl verfertigt ist, oder dieser Opferpfahl selber (vgl. ŚBr. III. 8. 3. 33), nach TS. VI. 3. 11. 3 ist die gesprenkelte Butter der Aus- und Einhauch der Tiere (der Kühe) und die Tiere sind „baumartig" (sie sind aus Wasser und Kräutern entstanden); durch das Opfer an den „Baum" bringt er Aus- und Einhauch in sein Vieh. [2] Auf den ersten Befehl sagt der Maitrāvaruṇa als Einladungsvers Ṛgvedakhila V. 7. 2. g (ed. Scheftelowitz, S. 143, vgl. Śāṅkh. V. 19. 18) her, auf den zweiten Befehl richtet er an den Hotṛ den Praiṣa Ṛgvedakhila V. 7. 2. h (l. c.), schließend mit den Worten: „Hotṛ, sage den Opfervers her": der Opfervers ist Khila l. c. i (l. c. S. 144, vgl. Śāṅkh. l. c. 20).

16. Nach der Darbringung spricht der Opferveranstalter dieselbe Formel aus wie nach der Spende an Agni sviṣṭakṛt[1].

[1] Also die IV. 9. 13. g gegebene, wo aber „Agni sviṣṭakṛt“ durch „Vanaspati“ ersetzt wird

17. Während der Adhvaryu über dem Āhavanīya (d. h. dem Feuer des Hochaltars) die Stücke aus der Upabhṛt[1] in die Juhū schüttet, erteilt er dem Maitrāvaruṇa die beiden Befehle zum Opfer an Agni sviṣṭakṛt: „Für Agni sviṣṭakṛt sage den Einladungsvers her“ und „Gib (dem Hotṛ) den Befehl zum Hersagen des Opferverses an Agni sviṣṭakṛt[2].“

[1] Vgl. VII. 24. 5. [2] Auf den ersten Befehl sagt der Maitrāvaruṇa als Einladungsvers ṚS. X. 2. 1 (vgl. Āśv. I. 6. 2) her; auf den zweiten Befehl richtet er an den Hotṛ den Praiṣa: Ṛgvedakhila V. 7. 2. k (ed. Scheftelowitz, S. 144), schließend mit: „Hotṛ, sage den Opfervers her.“ Der Opfervers ist ṚS. VI. 15. 14 (vgl. Āśv. I. 6. 5).

18. Wenn das *vaṣaṭ* vom Hotṛ gesagt worden ist, gießt er den Inhalt der Juhū ins Feuer, schreitet zurück und setzt die beiden Löffel an ihren Platz zurück.

VII. 26.

1. Nach der Überlieferung einiger[1] findet das Abschneiden der für die Iḍā bestimmten Stücke erst jetzt[2] statt.

[1] Wer diese „einige“ sind, ist mir unbekannt. [2] Im Gegensatz zu VII. 24. 10—12.

2. Er schneidet die Avāntareḍā ab[1].

[1] Vgl. III. 2. 5.

3. Nachdem er eine Unterlage von Fett in die rechte Hand des Hotṛ gemacht hat, legt er über die aus der Samavattadhānī in die Hand des Hotṛ gelegten Stücke wieder Fett.

4. Im Brāhmaṇa ist gesagt worden, und das dort Gesagte ist eventuell in diesem Zusammenhang zu berücksichtigen: „Wem er wünscht, daß er des Viehs beraubt sein möge, für den lege er Fettloses in die Hand“ usw.[1]

[1] TS. VI. 3. 11. 5: „Wem er wünscht, daß er des Viehs beraubt sein möge, für den lege er Fettloses in (die Hand); das Vieh ist fettgestaltig; durch die Gestalt schließt er ihn vom Vieh ab. Wem er wünscht, daß er Vieh besitzen möge, dem lege er Fettenthaltendes in (die Hand)“ usw.

5. Die herangerufene Iḍā wird von den Opferpriestern mit dem Maitrāvaruṇa als sechstem und dem Pratiprasthātṛ als siebentem verzehrt[1].

[1] Vgl. VII. 23. 3. a; hier kommt also der Pratiprasthātṛ hinzu.

6. Den Dickdarm bereitet er dem Āgnīdhra als Ṣaḍavatta[1].

[1] Vgl. VII. 24. 10 und III. 3. 5.

7. Die Adhyuddhi[1] bringt er dem Hotṛ (als Zugabe)[2].

[1] Vgl. VII. 22. 6, Bem. 4. [2] Diese Vorschrift ist fast buchstäblich aus der MS. (III. 10. 4: 135. 1) herübergenommen.

8. Dann erteilt er den Befehl: „Agnīdh, hole die glühenden Kohlen für die Zuopfer herbei. Vollzieher der Zuopfer, setze dich an dieselben. Brahman, wir wollen vortreten. Agnīdh, nachdem du das Holzscheit aufgelegt hast, wische die Umlegehölzer und das Feuer je einmal ab[1].“

[1] Vgl. III. 4. 5.

9. Vom Āgnīdhrafeuer holt der Āgnīdhra die für die Zuopfer nötigen

glühenden Kohlen, und in dem Hotṛfeuer bringt der Vollzieher der Zuopfer dieselben dar, wenn es sich um ein Tieropfer handelt, welches vom Somaopfer einen Teil ausmacht.

10. Beim selbständigen Tieropfer holt er sie vom Schlachtfeuer[1] und bringt sie an die nördliche (d. h. linke) Hüfte der Vedi, und in dem hier befindlichen Feuer sind in diesem Falle die Zuopfer darzubringen[2].

[1] So nach MS. III. 10. 4: 135. 15. [2] Weil die Zuopfer die Nachkommenschaft andeuten, sollen sie an dieser hinter dem Hauptfeuer befindlichen Stelle dargebracht werden; das Kind wird ja aus dem hinteren Teile des Weibes geboren (ŚBr. III. 8. 4. 10).

11. Nachdem der Pratiprasthātṛ (als Verrichter der Zuopfer) das noch vorhandene Stück des Mastdarms[1] der Quere nach in elf Stücke geschnitten hat, ohne die Stücke zu verwirren[2] und ohne sie umzudrehen[2] (d. h. nach außen umzuschlagen oder nach innen einzubeugen), legt er mit der Hand je ein Stück des Mastdarms in das Feuer[3], nach jedem Vaṣaṭrufe des Hotṛ am Schluß der elf Nachopfer[4], und zwar hintereinander mit den Formeln: „(1.) ‚Zum Ozean geh, svāhā. (2.) Zum Luftraum geh, svāhā. (3.) Zu Gott Savitṛ geh, svāhā. (4.) Zu Tag und Nacht geh, svāhā. (5.) Zu Mitra und Varuṇa geh, svāhā. (6.) Zu Soma geh, svāhā. (7.) Zum Opfer geh, svāhā. (8.) Zu den Metra geh, svāhā. (9.) Zu Erde und Himmel geh, svāhā. (10.) Zu den Himmelswassern geh, svāhā. (11.) Zu Agni vaiśvānara geh, svāhā[5]."

[1] Vgl. VII 24. 6. [2] So nach TS. VI. 4. 1. 1: „Die Zuopfer sollen dem Opferveranstalter Nachkommen verschaffen; wenn er sie verwirrte, so würden sich deren Aus- und Einhauch verwirren; wenn er sie umdrehte *(paryāvartayati)*, so würden seine Nachkommen an Harnverhaltung (? *udāvarta)* leiden." [3] Vgl. das vorhergehende Sūtra.

[4] „Elf Voropfer gibt es (vgl. VII. 14. 8), elf Nachopfer, elf Zuopfer: zusammen macht das dreiunddreißig; dadurch stimmt er die Gesamtzahl der dreiunddreißig Götter gnädig" (MS. III 10. 4: 135. 12). [5] TS. I 3. 11. a; in VI. 4. 1 werden alle diese Formeln in künstlicher Weise mit der Nachkommenschaft in Verbindung gebracht.

12. a. Nachdem der Pratiprasthātṛ alle Stücke ins Feuer gelegt hat, wischt er die Überreste des Fettes, welche an seinen Händen kleben, an der auf der Vedi liegenden Streu ab mit der Formel: „Den Wassern, den Kräutern dich"[1] und flüstert dann die Formeln: „Verleihe mir Geist und Herz. Möchte ich eine zarte Haut, einen Sohn, einen Enkel erlangen[2]."

[1] TS. I. 3. 11. b. [2] L. c. c, d.

12. b. Nachdem der Adhvaryu etwas gesprenkelte Butter in die Juhū gegossen und die Pṛṣadājyadhānī[1] als Upabhṛt unter dieselbe gebracht hat, bringt er mit dieser gesprenkelten Butter die elf Nachopfer dar.

[1] Vgl. VII. 8. 3, Bem. 3. — Jedes Nachopfer geht jedem Zuopfer voran, vgl. VII. 26. 11 (Bem. 4).

13. Für das erste fordert er den Maitrāvaruṇa auf mit dem Befehle: „Gib (dem Hotṛ) den Befehl (zum Hersagen der Opferformel) für die Götter", für die anderen jedesmal bloß mit: „Gib den Befehl[1]."

[1] Vgl. VII. 14. 7. Die Praiṣas: „Ṛgvedakhila V. 7. 3. a–l (ed. Scheftelowitz, S. 144).

14. Nach der Darbringung dieser Nachopfer spricht der Opferveranstalter die aus dem zugrunde liegenden Opferparadigma bekannten Formeln aus[1].

[1] Vgl. IV. 12. 1.

VII. 27.

1. Die erste Formel sagt er her nach den ersten vier Nachopfern und nach dem zehnten; die zweite nach den Nachopfern vor dem an Vanaspati dargebrachten; die letzte nach den übrigen[1].

[1] Die zu den gewöhnlichen Voropfern als *anumantraṇa* verwendeten Formeln (TS. I. 6. 4. a—c) sind nur drei an der Zahl (vgl. IV. 12. 1). Die erste spricht er aus nach dem 1. 2. 3. 4. und 10. Nachopfer; die zweite nach dem 5. 6. 7. 8. (= „nach den vor dem an Vanaspati dargebrachten“: das 9. Nachopfer gilt ja dem Vanaspati, vgl. Ṛgvedakhila V. 7. 3. i, ed. Scheftelowitz, S. 145); die dritte nach dem 9. und 11. Nachopfer.

2. Bei den letzten zwei abgeänderten Nachopfern[1] wird der Hotṛ mit den Worten: „Den Opfervers sage her“ von beiden, sowohl vom Adhvaryu wie vom Maitrāvaruṇa aufgefordert.

[1] Das 1. 8. und 11. (letzte) Nachopfer im Tieropfer sind dieselben wie bei dem zugrunde liegenden Opferparadigma des Voll- und Neumondsopfers (an barhis, narāśaṃsa und agni sviṣṭakṛt), die anderen sind Abänderungen. Bei den letzten zwei dieser hinzukommenden, also beim 9. und 10. Nachopfer, haben Adhvaryu und Maitrāvaruṇa (nicht bloß, wie sonst, nur der Maitrāvaruṇa) die Aufforderung zum Hersagen der Yājyā auszusprechen. Es ist mir bis jetzt nicht gelungen, zu ermitteln, auf welcher Śruti diese Angabe des Āp. beruht, noch welchen Sinn sie hat.

3. Nach der Überlieferung einiger findet hier (d. h. nach den Nachopfern) eine Besalbung des Svaru statt[1].

[1] Während dies nach den Taittirīyas bloß einmal stattfindet (vgl. VII. 14. 10), wird der Svaru (auch?) an diesem Zeitpunkte gesalbt von den Mānavas (MS. III. 9. 4: 119. 18, vgl. Mān. śrs. I. 8. 6. 9 und I. 8. 3. 18).

4. Nachdem der Adhvaryu von der Stelle, wo er die Nachopfer dargebracht hat, nordwärts zurückgeschritten ist, legt er den Svaru in die Juhū und schüttet denselben unmittelbar nach den Nachopfern mit der Formel: „Zum Himmel soll dein Rauch, zum Luftraum deine Flamme gehen, fülle die Erde mit deiner Asche, svāhā“[1] in das Feuer des Hochaltars[2].

[1] Die Formel, nicht in den Taittirīyatexten, stimmt, was den Anfang anbetrifft, mit dem Kāṭh., was den Schluß anbetrifft, mit der Vāj. S. überein. [2] Diese Handlung wird in der folgenden Weise begründet (TS. VI. 3. 4. 9): „Nach der Beendigung des Somaopfers warfen die Götter die Opferlöffel und den Opferpfahl in (das Feuer); da meinten sie: „Eine Opferstörung fürwahr bringen wir hierdurch zustande.“ Da erschauten sie als Ersatz für die Opferlöffel den Prastara (welcher ja auch sonst hinterdrein geworfen wird, vgl. III. 6. 6), als Ersatz für den Opferpfahl den Svaru. Nach der Beendigung eines Somaopfers wirft er den Prastara fort und opfert den Svaru: um der Opferstörung vorzubeugen“. vgl. MS. III. 9. 4: 119. 13ff., Kāṭh. XXVI. 6: 129. 15ff., ŚBr. III. 7. 1. 32, Ait. br. II. 3. 6—8.

5. Ohne Unterschied von dem zugrunde liegenden Opferparadigma sind die dann erfolgenden Handlungen bis zum Gegenruf zu vollziehen[1].

[1] Es finden also statt die Handlungen III. 5. 3—III. 6. 5.

6, 7. Die Aufforderung vonseiten des Adhvaryu zum Hersagen der „guten Worte“ erfährt hier aber eine Abänderung; diese soll hier nämlich vom Maitrāvaruṇa ausgesprochen werden und fängt an mit den Worten: „Den Agni erwählte sich heute dieser Opferveranstalter zum Hotṛ[1].“

[1] Vgl. oben III. 6. 5. — Die hier gemeinte Aufforderung ist eine dem *aindrāgna paśu* angepaßte Variation zu Ṛgvedakhila V. 7. 2. 1 (ed. Scheftelowitz, S. 144), vgl. TBr. III. 6. 15.

— Darauf folgen aus dem zugrunde liegenden Opferparadigma oben III. 6. 6—14. Diese letzte Handlung (14) erfährt jedoch beim Tieropfer eine leichte Abänderung, wie das nächstfolgende Sūtra dartut.

8. Mit den Neigen der vier Opferlöffel[1], nicht der Dhruvā[2], beopfert er die ins Feuer geworfenen Umlegehölzer[3].

[1] Also der Juhū, der Vasāhomahavanī, der Upabhṛt und der Pṛṣadājyadhānī (VII. 8. 3)

[2] Diese Hinzufügung scheint ziemlich müßig zu sein, da die Dhruvā auch sonst nicht zur *saṃsrāvāhuti* benutzt wird, weil der in diesem Löffel befindliche Rest für die Samiṣṭayajus aufbewahrt bleibt (vgl. III. 13. 2). [3] Vgl. III. 7. 14.

9. Nachdem er den Schweif des Opfertieres auf der Südseite des Opferplatzes nach Westen zum Gārhapatyafeuer gebracht hat, verrichtet man mit diesem die Patnīsaṃyājas[1].

[1] Vgl. III. 8. 1—9. 6.

10. Nachdem er die Spende an Soma und die an Tvaṣṭṛ mit Schmalz dargebracht hat, schneidet er von dem Schweife, an der unbehaarten Seite desselben, zwei Stückchen ab für die Gattinnen der Götter, von der behaarten Seite für Agni gṛhapati[1].

[1] Diese Details über die Patnīsaṃyājas (in Sūtra 9 und 10), welche, soweit ich sehe, nicht im Schwarzen Yajurveda erwähnt sind, finden sich, teilweise auch dem Wortlaut nach übereinstimmend, im ŚBr. III. 8. 5. 6—7 (vom Schweife, *jāghanī*, wird für die Gattinnen abgeschnitten, weil der Schweif der hintere Teil ist, und an den *jaghana*, die vulva, erinnert; also auch hier eine Art Prokreationszauber).

11. Von der unbehaarten Seite des Schweifes schneidet er die Iḍā für den Hotṛ, von der behaarten für den Āgnīdhra ab[1].

[1] Nl. für die im zugrunde liegenden Opferparadigma *ājyeḍā* genannte Iḍā (III. 9. 7—9).

12. Diesen (nl. den Rest des Schweifes) überreicht er der Herrin des Hauses, welche ihn dem Adhvaryu oder einem anderen Brahmanen übergibt.

13. Das Schulterstück überreicht er dem Schlächter.

14. Dieser überreicht es, falls er kein Brahmane ist, irgend einem Brahmanen[1].

[1] Diese Bestimmung wohl aus Ait. br. VII. 1. 2 am Ende.

15. a. Der Adhvaryu bringt drei[1] Samiṣṭayajusspenden dar mit den Formeln: „(1.) Opfer, geh zum Opfer, geh zum Opferherrn, geh ein in deine Geburtsstätte, svāhā. (2.) Dieses dein Opfer, o Opferherr, (soll) mit „guten Worten“ verbunden, reich an Nachkommen (sein), svāhā. (3.) Ihr Götter, die ihr den Weg kennet (usw. wie oben III. 13. 2) . . . in den Wind, svāhā[2].“

[1] Statt des einen, wie sonst (vgl. III. 13. 2). [2] TS. I. 4. 44. g—k.

15. b. Dann nimmt er den Herzbratspieß[1] und bringt ihn, ohne sich und die anderen mit demselben zu berühren, nach Norden, zwischen Cātvāla und Aufwurfstelle hinaus und entfernt (d. h. vergräbt) ihn an einer Stelle, die nicht von den Menschen oder vom Vieh betreten wird, nachdem er zuvor Wasser in der Nähe dieser Stelle ausgegossen hat, auf der Grenze des Trockenen und des Feuchten[2] mit der Formel: „Der Schmerz bist du, bringe Schmerz dem, der uns haßt und welchen wir hassen“[3], wobei er an seinen Feind denkt.

[1] Vgl. VII. 23. 11. a, Bem. 4. [2] Hierzu das Brāhmaṇa (TS. VI. 4. 1. 5 und vgl. MS. III. 10. 7 am Ende): „Der Schmerz geht in das Herz des Tieres ein, wenn es getötet wird

und geht von da in den Herzbratspieß über; wenn er den Spieß in die Erde entfernte, so würde er die Erde mit dem Schmerze treffen; wenn in das Wasser, so würde er das Wasser mit dem Schmerze treffen. Er entfernt (d. h. vergräbt) ihn auf der Grenze des Trocknen und des Feuchten: zur Beschwichtigung beider." [2] TS. I. 3. 11. e.

16. Nachdem sie (die Beteiligten) mit der Herrin des Hauses sich über demselben oder über dem Cātvāla gewaschen haben mit der Formel: „Freundlich gesinnt sollen uns die Wasser und die Kräuter sein, feindlich gesinnt mögen sie dem sein, der uns haßt und welchen wir hassen"[1] und stehend ihre Verehrung der Sonne dargebracht haben mit den zwei Versen: „Von jeder Gelegenheit (zur Sünde) erlöse uns, o König Varuṇa; wenn wir fluchen bei den Wassern, bei den Kühen, bei Varuṇa, davon erlöse uns, o Varuṇa[2]. — Löse, o Varuṇa, den oberen . . . (usw. wie oben III. 13. 1. a. 38) . . . schuldlos sein", und nachdem sie Holzscheite in den Āhavanīya gelegt haben mit der Formel: „Brennholz (*edhas*) bist du, möchten wir gedeihen (*edhiṣīmahi*), ein Scheit bist du, Glut bist du, lege Glut in mich"[3], bringen sie stehend dem Āhavanīya ihre Verehrung dar mit dem Verse: „Den Wassern bin ich gefolgt, mit Saft haben wir uns verbunden. Saftreich, o Agni, bin ich herausgekommen, verbinde mich hier mit Glanz (d. h. Gesundheit)[4]."

[1] TS. I. 4. 45. g. [2] TS. I. 3. 11. f. [3] TS. I. 4. 45. k. [4] L. c. l.

VII. 28.

1. „Eine Art des Tieropfers gehört zur Kategorie der unblutigen Opfer (*iṣṭi*), eine andere zur Kategorie der Somaopfer. Zur Kategorie der Iṣṭi's gehört dasjenige, wobei er das Wasser vorwärts führt[1], das volle Gefäß ausgießt[2] und die Viṣṇuschritte vornimmt[3]. Zur Kategorie der Somaopfer gehört dasjenige, was in diesen Hinsichten davon abweicht"[4], so lehrt das Vājasaneyaka[5]."

[1] Vgl. I. 16 1—11 [2] Deutet wahrscheinlich auf IV. 14. 3 (Bem. 2 am Ende). [3] Vgl. IV. 14. 6. [4] Bei einem selbständigen Tieropfer sollen also diese Handlungen stattfinden. [5] Āp. zitiert mit einiger Freiheit ŚBr. XI. 7. 2. 1.

2. Dem Opferpfahl bringt der Opferveranstalter stehend seine Verehrung dar mit der Formel: „Verehrung den Opferpfählen; geht nicht zu den (zur Ruhe) Gelegten hinab; möchte es mir nicht an Nahrung mangeln"[1] und mit den Versen: „Die mit dem Aufsatz versehenen Svarus auf der Erde gleichen den Hörnern der mit Hörnern versehenen (Stiere), diese göttlichen Svarus, die da stehen; Verehrung sei den Freunden; geht nicht zu den (zur Ruhe) Gelegten hinab[2]. Eine tüchtige Männerschar, Wohlstand und gute Rosse mir erbittend, durch Bṛhaspati mit Reichtum abgemacht, stehe du hier für mich, den Opferveranstalter[3]."

[1] Mit Kürzung und leichter Abänderung aus der MS. (III. 9. 4:120. 15). [2] TBr. II. 4. 7. 11. [3] TS. III. 5. 5. h.

3. Darauf flüstert er die Formel: „O Opfer, Heil sei mir (usw. wie oben IV. 16. 15) . . . für mich ab."

4. Behufs der Darbringung holt man diesen (Opferpfahl) von den Bäumen her, und die Leute ziehen ab, nachdem sie die Zuopfer verrichtet haben.

Der Opferpfahl nun nimmt (alles), was im Opfer verfehlt ist, auf sich. Wenn er den Opferpfahl berührte, so würde er (der Opferveranstalter oder einer der Opferpriester) auf sich nehmen, was im Opfer verfehlt ist. Er sage über ihm (wenn er ihn unversehens berührt hat): „O Vāyu, dieser (gehört) dir", wenn es einen gibt; wenn zwei, dann: „O Vāyu, diese zwei (gehören) dir": wenn viele, dann: „O Vāyu, diese (gehören) dir, o Vāyu[1]."

[1] Alles rührt aus der MS. (III. 9. 4: 120. 4—9) her: „Von den Bäumen fürwahr holt man diesen (Pfahl) her, und die Leute ziehen ab, nachdem sie die Znopfer verrichtet haben. Dadurch wird er von seiner Gottheit (von Vāyu, s. unten) getrennt. (Eigentlich müßte der Pfahl der Gottheit, welcher er gehört, übergeben, (als Opfer) dargebracht werden; das pflegt man aber nicht zu tun, sondern es wird nur der Svaru geopfert, der Pfahl bleibt stehen). Der Pfahl nun nimmt (alles), was im Opfer verfehlt ist, auf sich. Wenn er den Pfahl berührte, so würde er (der Berührende) auf sich nehmen, was im Opfer verfehlt ist. Deshalb soll der Pfahl nicht berührt werden. Wie ein brennender Schmerz wird er aufgerichtet; wenn man ihn nicht beschwichtigte, so könnte er diese Räume mit dem Schmerze treffen. Wenn es einen Pfahl gibt, so sage er: „O Vāyu, dieser (gehört) dir"; wenn viele: „O Vāyu, diese (gehören) dir." Der Wind (Vāyu) ist der Behüter der Bäume; er überläßt sie dadurch der eignen Gottheit." Im Āp. ist am Anfange des Satzes statt *āhutyai vā*. das keinen befriedigenden Sinn ergibt, *ā ha vā* zu lesen.

5. Das selbständige Tieropfer gilt dem Indra und Agni, dem Sūrya oder dem Prajapati[1].

[1] D. h. das Tier wird einer dieser drei Gottheiten (Indra-Agni gilt als eine) geopfert Diese Vorschrift beruht auf ŚBr. XI. 8. 3. 1—3.

6. Er (d. h. derjenige, welcher seine sakralen Feuer gegründet hat) verrichte es in jedem Jahre; einige verlangen eine halbjährliche Wiederholung.

7. Oder er bringe es dar bei dem Wechsel zweier Jahreszeiten oder zu einer Zeit, wo die Weide gut ist (d. h. während der Regenzeit), oder (falls es halbjährlich dargebracht wird) zur Zeit der Sonnenwende[1].

[1] Mit Sūtra 6 und 7 stimmt teilweise ŚBr. überein, wo die Bestimmungen gelten, daß das Tieropfer *suyavase* zu verrichten ist und daß kein Jahr vorübergehen soll, ohne daß er das Tieropfer verrichtet hat.

8. „Die Feuer eines nicht opfernden Opferveranstalters verlangen nach Fleisch, sie richten ihre Gedanken auf den Opferveranstalter und erstreben ihn. In den anderen (nicht geweihten) Feuern nun kocht man gewöhnliches Fleisch, aber diese (geweihten Feuer) haben kein anderes Verlangen nach Fleisch als von ihm, wem sie angehören. Er lasse also kein Jahr verstreichen, ohne ein Tieropfer darzubringen. Langes Leben fürwahr verschafft es (nl. das geopferte Tier) ihm, und es kauft ihn selbst los", so lehrt das Vājasaneyaka[1].

[1] Nl. das ŚBr. XI. 7. 1. 2, welche Stelle mit der unsrigen fast buchstäblich übereinstimmt Die Satztrennung in dem Garbe'schen Text ist irrig, und Eggeling's Übersetzung der Śatapathastelle ist zum Teil unrichtig.

Inhalt.

Zeitfracht Medien GmbH
Ferdinand-Jühlke-Straße 7
99095 Erfurt, Deutschland
produktsicherheit@kolibri360.de